U0452973

- 国家社会科学基金重大委托项目《巴蜀全书》(10@zh005) 系列成果
- 四川省重大文化工程《巴蜀全书》(川宣〔2012〕110号) 系列成果
- 贵州省2020年度哲学社会科学规划国学单列重大课题《中国西部儒学史》(20GZGX02) 系列成果
- 四川大学"创新2035"先导计划"文明互鉴与全球治理研究·儒释道思想融合创新与人类命运共同体构建"系列成果
- 四川大学古籍整理与经典文献研究中心培育基地重点资助出版项目

蜀学文库

舒大刚　李冬梅　著

蜀学与文献

中国社会科学出版社

图书在版编目（CIP）数据

蜀学与文献 / 舒大刚，李冬梅著. —北京：中国社会科学出版社，2021.9
（蜀学文库）
ISBN 978-7-5203-9203-7

Ⅰ.①蜀… Ⅱ.①舒…②李… Ⅲ.①巴蜀文化—文集 Ⅳ.①K871.34-53

中国版本图书馆 CIP 数据核字（2021）第 187552 号

出版人	赵剑英
责任编辑	郝玉明
责任校对	张爱华
责任印制	王　超

出　版	中国社会科学出版社
社　址	北京鼓楼西大街甲 158 号
邮　编	100720
网　址	http://www.csspw.cn
发行部	010-84083685
门市部	010-84029450
经　销	新华书店及其他书店
印　刷	北京君升印刷有限公司
装　订	廊坊市广阳区广增装订厂
版　次	2021 年 9 月第 1 版
印　次	2021 年 9 月第 1 次印刷
开　本	710×1000　1/16
印　张	21.5
字　数	342 千字
定　价	118.00 元

凡购买中国社会科学出版社图书，如有质量问题请与本社营销中心联系调换
电话：010-84083683
版权所有　侵权必究

《蜀学文库》编委会

学术顾问(按姓氏笔画排序)：

　　　王中江　朱汉民　刘学智　杜泽逊　李存山　李晨阳
　　　李景林　吴　光　张新民　陈　来　陈祖武　陈　静
　　　单　纯　郭齐勇　景海峰　廖名春

编　委　会(按姓氏笔画排序)：

　　　王小红　王智勇　王瑞来　尹　波　刘复生　杨世文
　　　吴洪泽　张茂泽　郭　齐　黄开国　彭　华　粟品孝
　　　舒大刚　蔡方鹿

主　　编：舒大刚

总　　序

　　岷山巍巍，上应井络；蜀学绵绵，下亲坤维。

　　蚕丛与鱼凫，开国何茫然？《山经》及《禹记》，叙事多奇幻。往事渺渺，缙绅先生难言；先哲谭谭，青衿后学乐道。班孟坚谓："巴蜀文章，冠于天下。"谢嵩庵言："蜀之有学，先于中原。"言似夸诞，必有由焉。若乎三皇开运，神妙契乎天地人；五主继轨，悠久毗于夏商周。天皇地皇人皇，是谓三皇；青赤白黑黄帝，兹为五帝。三才合一，上契广都神坛；五行生克，下符《洪范》八政。

　　禹兴西羌，生于广柔，卑彼宫室，而尽力于沟洫；菲吾饮食，而致孝乎鬼神。顺天因地以定农本，报恩重始而兴孝道。复得河图演《连山》，三易因之肇始；又因洛书著《洪范》，九畴于焉成列。夏后世室，以奠明堂之制；禹会涂山，乃创一统之规。是故箕子陈治，首著崇伯；孔子述孝，无间大禹。

　　若乎三星神树，明寓十日秘历；金沙赤乌，已兆四时大法。苌弘碧珠，曾膺仲尼乐问；尸佼流放，尝启商君利源。及乎文翁化蜀，首立学校，建国君民，教学为先；治郡牧民，德礼莫后。蜀士鳞比，学于京藩；儒风浩荡，齐鲁比肩。七经律令，首先畅行蜀滇；六艺诗骚，同化播于巴黔。相如、子云，辉映汉家赋坛；车官、锦官，衣食住行居半。君平市隐，《老子指归》遂书；儒道兼融，道德仁义礼备。往圣述作，孔裁六艺经传；后贤续撰，雄制《太玄》《法言》。"伏牺之易，老子之无，孔子之元"，偕"扬雄之玄"以成四教；"志道据德，依仁由义，冠礼佩乐"，兼"形上形下"而铸五德。落下主《太初》之历，庄遵衍浑天之说。六略四部，不乏蜀人之文；八士四义，半膺国士之选。焕焕乎，文章冠冕天下；济济焉，人材充盈河汉。

自是厥后，蜀学统序不断，文脉渊源赓连。两汉鼎盛，可谓灵光鲁殿；魏晋弘宣，堪比稷下学园。隋唐五代，异军突起；天下诗人，胥皆入蜀。两宋呈高峰之状，三学数蜀洛及闽。蒙元兵燹，啼血西川；巴蜀学脉，续衍东南。明有升庵，足以振耻；清得张（问陶）李（调元），可堪不觊。洎乎晚清民国，文风丕振，教泽广宣。玉垒浮云，变幻古今星汉；锦江风雨，再续中西学缘。尊经存古，领袖群伦；中体西用，导引桅帆。于是乎诵经之声盈耳，文章之美绍先。蜀学七期三峰，无愧华章；蜀勒六经七传，播名国典。

蜀之人才不愧于殊方，蜀之文献称雄于震旦。言经艺则有"易学在蜀"之誉，言史册而有"莫隆于蜀"之称，言文章则赞其"冠于天下"，言术数则号曰"天数在蜀"。人才不世出，而曰"出则杰出"；名媛不常有，犹称"蜀出才妇"。至若文有相如、子瞻，诗有太白、船山，历有落下、思训，易有资中、梁山，史有承祚、心传，书有东坡、嵩庵，画有文同、大千。博物君子，莫如李石、杨慎；义理哲思，当数子云、南轩。开新则有六译、槐轩，守文则如了翁、调元，宏通有若文通、君毅，讲学则如子休、正元。方技术数，必举慎微、九韶；道德文章，莫忘昌衡、张澜。才士尤数东坡、升庵，才女无愧文君、花蕊，世遂谓"无学不有蜀，无蜀不成学"矣！宋人所谓"蜀学之盛，冠天下而垂无穷"云云者，亦有以哉！

蜀之经籍无虑万千，蜀之成就充斥简编。石室、礼殿，立我精神家园；蜀刻石经，示彼经籍典范。三皇五帝，别中原自为一篇；道德仁义，合礼乐以裨五典。谈天究玄妙之道，淑世著实效之验。显微无间，体用一源。

至乎身毒偈人爱人，已见《山经》；佛法北道南道，并名《丹铅》。蜀士南航，求佛法于瀛寰；玄奘西来，受具足于慈殿。若夫蜀人一匹马，踏杀天下；禅门千家宗，于兹为大。开宝首雕，爰成大藏之经；圭峰破山，肇启独门之宗。菩萨在蜀，此说佛者不可不知也。

至若神农入川，本草于焉始备；黄帝问疾，岐伯推为医祖。涯涯水涘，云隐涪翁奇技；莽莽山峦，雾锁药王仙迹。经效产宝，首创始于昝殷；政和证类，卒收功乎时珍。峨眉女医，发明人工种痘；天回汉简，重见扁鹊遗篇。雷神火神，既各呈其神通；川药蜀医，遂称名乎海外矣。

又有客于此者，亦立不世之名，而得终身之缘。老子归隐青羊之肆，张陵学道鹤鸣之山；女皇降诞于广元，永叔复生乎左绵；司马砸缸以著少年之奇，濂溪识图而结先天之缘。横渠侍父于涪，少成民胞物与之性；蠋叟随亲诞蜀，得近尊道贵德之染。是皆学于蜀者大，入于蜀者远也。

系曰：巴山高兮蜀水远，蜀有学兮自渊源。肇开郡学兮启儒教，化育万世兮德音宣。我所思兮在古贤，欲往从之兮道阻艰。仰弥高兮钻弥坚，候人猗兮思绵绵。

舒大刚

目　录

绪　论 …………………………………………………………… （1）

第一章　源远流长，高潮迭起：蜀学的渊源与流变 ……… （4）
 第一节　先秦酉邦时期：蜀学的发轫 ………………………… （4）
 第二节　秦汉郡县时期：蜀学的初盛 ………………………… （9）
 第三节　魏晋南北朝"偏霸"时期：蜀学的持续发展 ………… （14）
 第四节　隋唐五代"统合"不定：蜀学异军突起 ……………… （16）
 第五节　宋代"川峡四路"州府：蜀学处于巅峰时期 ………… （19）
 第六节　元明清初行省时期：蜀学转入低迷 ………………… （22）
 第七节　晚清民国"开新"时期：蜀学的再盛 ………………… （27）
 结　语 …………………………………………………………… （28）

第二章　尊道贵德，明体达用：蜀学的成就与贡献 ………… （30）
 第一节　蜀学之盛，冠绝天下：制度创新 …………………… （30）
 第二节　易学在蜀，大在文史：学术创新 …………………… （32）
 第三节　尊道贵德：信仰体系 ………………………………… （35）
 第四节　尊经重教：经典体系 ………………………………… （37）
 第五节　明体达用：核心思想 ………………………………… （39）
 结　语 …………………………………………………………… （43）

第三章　故家乔木，文献旧邦：巴蜀文献概说 ……………… （45）
 第一节　文明初曙：早期巴蜀文献 …………………………… （45）
 第二节　历史积淀：巴蜀文献的著录 ………………………… （56）

第三节　述故与考文：巴蜀文献的整理 ……………………………（61）
　第四节　守藏与编目：巴蜀文献的收藏 ……………………………（68）
　第五节　传承与发展：新中国的巴蜀文献学 ………………………（82）

第四章　蜀学渊渊，易道亶亶：巴蜀的经学与文献 ………………（84）
　第一节　源远流长：巴蜀的经学 ……………………………………（84）
　第二节　"易学在蜀"：巴蜀易学与文献 ……………………………（92）
　第三节　"禹贡洪范"：巴蜀《书》学与文献 ………………………（95）
　第四节　"南音"余韵：巴蜀《诗》学与文献 ………………………（98）
　第五节　"礼云礼云"：巴蜀礼学与文献 ……………………………（102）
　第六节　"麟经在蜀"：巴蜀《春秋》学与文献 ……………………（106）
　第七节　古学渊深：巴蜀《孝经》学与文献 ………………………（111）
　第八节　尊经重子：巴蜀"四书"学与文献 …………………………（115）
　第九节　扬马师法：巴蜀"小学"与文献 ……………………………（118）
　第十节　文献大观："蜀石经"与群经文献 …………………………（123）
　结　语 …………………………………………………………………（126）

第五章　统观蜀学，文史独盛：巴蜀的文史典籍 …………………（128）
　第一节　西蜀史学：史部文献概述 …………………………………（128）
　第二节　文章冠天下：集部文献概述 ………………………………（132）

第六章　兼收并蓄，集杂成醇：巴蜀的子学文献 …………………（138）

第七章　含英咀华，尝鼎一脔：蜀学要籍百部述评 ………………（152）
　第一节　经学要籍 ……………………………………………………（152）
　第二节　史学要籍 ……………………………………………………（215）
　第三节　子学要籍 ……………………………………………………（244）
　第四节　文学要籍 ……………………………………………………（267）

参考文献 …………………………………………………………………（323）

后　记 ……………………………………………………………………（335）

绪　　论

中华学术，流派如林。如果从地域性考察，可以分成鲁学、齐学、蜀学、关学、洛学、朔学、湘学、徽学、闽学、婺学、浙学、滇学、黔学、陇学等。蜀学就是产生和流行于巴蜀大地的学术，长期与周边及中原学术互动发展。

巴蜀地区是人类文明又一发祥地，也是孕育中华学术的重要温床。这里不仅有嫘祖养蚕、大禹治水、蜀王五主（蚕丛、柏灌、鱼凫、杜宇、开明）互相禅代、巴将廪君以死护城忠君爱国等优美动人的历史传说，还有蜀师巴帅前歌后舞参与武王伐纣、戡定乾坤的旷世武功，以及考古发现距今204万年的"巫山猿人"、距今5万年左右的"资阳人"、距今5000—3000年的成都平原宝墩文化的系列古城。秦汉而降，巴蜀的地利和物产，更是统一全国和周济天下的物华天宝、质文并茂的"天府"，在这里演绎了悠久的历史文化，也孕育有源远流长的学术思想，即蜀学。

蜀学正式形成并初盛于两汉，然其渊源却可回溯至先秦酋邦时期。由于巴蜀地区与中原王朝联系的紧密疏阔程度不同，也造成了蜀学在不同时期呈现出不同的形态。大致而言，蜀学在先秦酋邦时期，独自发明、独立发展；在秦汉郡县时期，领先全国，初显繁荣；在魏晋南北朝"偏霸"时期，得到持续演进，时见新奇；在隋唐五代"统合"不定时期，异军突起，风动全国；在两宋"路府"时期，全面兴盛，达至鼎盛；在元明清初行省时期，则相对低迷，偶见奇峰；在晚清民国"开新"时期，又全面振兴，影响世界。其中两汉、两宋、晚清民国，可视为蜀学的三大高峰。

在多元一体的中华文化格局中，巴蜀以其丰富的自然资源和人文环境，哺育出一批又一批的杰出人物和蜀学精英，既有司马相如、扬雄、陈子昂、李白、苏轼、张问陶、巴金、李劼人等文学家，扬雄、蜀才（范长生）、卫元嵩、李鼎祚、房审权、来知德等易学家，苏洵、苏辙、张栻、唐甄、刘沅、段正元、吴虞等思想家，陈寿、常璩、范祖禹、李焘、李心传、刘咸炘、郭沫若、蒙文通等史学家，魏了翁、李石、虞集、杨慎、李调元、谢无量等博学之士，杨锐、刘光第、廖平、宋育仁、吴之英等改良派学者，严遵、郑子真、赵蕤、陈抟等大德隐士，张道陵、张鲁、杜光庭、圭峰宗密、马祖道一、破山海明、释通醉、王恩洋等宗教学家，李阳冰、黄筌、文同、杨朝英、王光祈、张善子、张大千等艺术家，唐君毅、贺麟等现代新儒家，又有文翁、张纲、张浚、虞允文、杨廷和、陈以勤、陈于陛、张鹏翮等良吏名臣，张澜、邹容、张培爵、朱之洪、杨沧北、熊克武、黄复生、吴玉章、尹昌衡等辛亥首义人物，朱德、刘伯承、邓小平、陈毅、聂荣臻、罗瑞卿等革命家。他们皆卓然振起，以天下为己任，既创造了辉煌灿烂的思想文化，也推动了中国社会历史的巨大变革，真是杰才秀士，代有其人。

四川既是文化大省，也是文献富省，历代学人为我们留下了汗牛充栋、丰富多彩的文献典籍。这些文献不仅数量庞大、内涵丰富，而且风格各异、形式多样。大而言之，遍及经史子集四部；细而言之，备具诗词歌赋诸体。从内容上讲，举凡政治之兴替、经济之发展、文化之繁荣、军事之谋略、社会之变革，以及思想学术之精妙、高人韵士之风雅、地理民族之风貌、民风民俗之奇异，应有尽有，多彩多姿。从学术史上讲，不少文献具备历史首创、引领风骚等创新价值，如《连山》《洪范》之首著"阴阳""五行"观念；《禹贡》之首定"九州"一统格局；"南音"之首开"二南""楚辞"风骚；《山海经》之首著志怪风物；石室"七经""蜀刻十三经"之更新儒家经典范式；《尔雅舍人注》之首启"雅学"；《太初历》之制订阴阳合历典范；《老子指归》之确立"道德仁义礼"核心价值观；《方言》之独继"輶轩"方语；《太玄》拟经以方驾"伏羲之易、老聃之道及孔子之元"；《三国志》之合和鼎足历史；《华阳国志》之奠定方志体裁；《陈拾遗集》《草堂集》之扭转大唐诗风；《花间集》之表率中华词坛；《道德指归》《长短经》《素书》之诸教合和、集杂成醇；《老子想尔注》之奠定道教哲学；《周易集解》《周易集义》《周易义海》之集成易林成果；《开宝大藏经》之首定佛藏雕印规模；

《蜀王本纪》《蜀中广记》之重构蜀史体系;《成都文类》《全蜀艺文志》《函海》之集成巴蜀艺文;《产宝》《十产方》之开创妇产科学科;《食性本草》之首开食疗保健;《海药本草》之首记域外灵药;《蜀本草》《证类本草》之启迪时珍《纲目》;《数书九章》之领先世界数学同行;《潜书》之倡言民主民本;《今古学考》之区别今文古文;《女神》《家春秋》之领袖新兴文学。如此等等,无不凿破鸿蒙,肇开新风,发于西南,化及四海。它们既是巴蜀文化的载体,也是中华文明的重要组成部分;既是思想学术的历史记录,也是巴蜀学人在各个时期、多个领域进行研究、思索和创新的集中展示。这些或由巴蜀学人所著,或记录巴蜀文化的文献,我们概命之为"巴蜀文献"。

综观蜀学历史及其文献内涵,无不闪耀出巴蜀学人的积极进取、推陈出新的勇气,大度恢宏、集杂成醇的气度,学术精深、文采飞扬的风格,以及铁肩担道义、敢为天下先的精神。借由这些杰出人物、多彩文献、丰富思想、精致学术,便构成了历史悠久、内容丰富的蜀学。

本书共由两个部分构成:第一至六章系蜀学源流及其文献的通论,重点介绍蜀学的产生与流变、历史与贡献,巴蜀文献的源流与类别,历史学人对于巴蜀文献的收藏、整理与研究等;第七章系蜀学要籍提要,精选百部蜀学典籍予以评述。

通过以上章节,庶可达到重温蜀学的历史与内涵,重审蜀学的文献与精华,重构蜀学的学术体系和文献体系,再燃"绍先哲,起蜀学"之雄心。了解蜀学及其文献,既是我们研究历史不可或缺的内容,也是我们坚持文化自信、实现学术创新的重要途径。希望借由本书所述,从对历史的回溯中以见学术之变迁,从对文献的考察中以见蜀学之精神,油然而生"睹乔木以思故家,考文献而爱旧邦"之情怀,"阐旧邦以维新命,思古贤而遗来思"之志向。

其有未备,识者教焉。

第一章

源远流长，高潮迭起：
蜀学的渊源与流变①

蜀学是中华学术宝库中少有的源远流长、内涵丰富的重要组成部分，它曾经经历了先秦孕育、两汉初盛、魏晋南北朝持续发展、隋唐五代异军突起、两宋高峰、元明清相对低迷、晚清民国极盛七个发展阶段，其中又以先秦、两汉、两宋和晚清民国四个时期成果较多、影响较大。蜀学在公元前316年秦并巴蜀前，都是独自孕育的，与中原学术并行发展；从秦并巴蜀以后，经历了"染秦化""儒化"（或"华化"）等过程，成为中华学术大观园中十分亮丽的明星。在长久的历史发展过程中，蜀学在一定程度上保持着自身的特色，时常具有特殊的创制，对祖国文化作出了重要贡献。先秦时期的阴阳观、三才观、五行观之于中国哲学，汉代以下形成的"七经""十三经"之于经典体系，"道德仁义礼"学说之于中华核心价值，儒道互补、诸学共治、兼融并包、集杂为醇等治学方法之于中国学术创新，都具有重要的推动作用，时至今日也还具有重要的借鉴意义。

第一节 先秦酋邦时期：蜀学的发轫

巴蜀地区指以今四川、重庆辖区为主体，北及天水、汉中区域，南至滇东、黔西，东至鄂西、湘西，西接康藏、安多等广大区域，几乎包

---

① 本章曾以"蜀学的流变及其基本特征"为题，发表于《江苏科技大学学报》（社会科学版）2017年第3期，今略有修改补充。

括长江上游流域各个地区。巴蜀文化源远流长，史称"巴蜀同囿""肇于人皇"①，说明巴蜀地区早在物类繁滋、人文肇始的上古时代，就已经有人类生存并生产于这一广袤的区域。这一传说，目前已为距今203万年的巫山人和距今约5万年的资阳人等文化遗迹所证实，李白"蚕丛及鱼凫，开国何茫然，尔来四万八千岁，不与秦塞通人烟"（《蜀道难》）的咏叹，并非无谓的夸诞。随着中原文明的不断发展和扩散，特别是各地经济文化交流的频繁，巴蜀的学术文化也与中原文明互动，在各个历史时期都有特别表现，呈现耀眼夺目的奇异光芒。毫无疑问，巴蜀的学术文化，一直是中华文化宝库中富有特色、最为厚重的一部分。据学人考察，在夏、殷、西周、春秋战国时期，在今四川盆地及其周边地区，曾经建立过近百个酋邦或部族②，其中又以在今成都平原为中心形成的"蜀"、在今盆地东部的重庆为中心形成的"巴"两大酋邦，最为雄长，故古来四川盆地就被称为"巴蜀"。

据人类学家研究发现，人类社会经历了氏族、部落、酋邦、国家等发展形态，"酋邦具有一种贵族统治性质的集权趋势和世袭的等级地位排序，但没有武力压迫的正式法定机构。它似乎普遍是神权型的结构，而且对权威的服从形式与宗教信众服从祭司——酋长如出一辙"③。贵族、集权、神权、世袭是酋邦的主要内核，这与史书称蜀人"椎髻左言，不晓文字，未有礼乐"，蜀王"各数百岁皆神化不死"（《蜀王本纪》，未必全是，然无大非），"今夫蜀，西辟之国而戎狄之长"④，以及三星堆、金沙出土的大量礼神器物、青铜神坛和祭司铜像等，十分吻合。酋邦的相对独立性、紧聚性和神秘性，极易产生自己的独特的文化和信仰。蜀人以成都平原为中心，北面辐射汉中、甘南、陇南，南面势力及于南中（今云南）、黔中（今贵州）等地区，与西南各族（西南夷）人民同生共

---

① （晋）常璩著，刘琳校注：《华阳国志新校注》卷1《巴志》、卷3《蜀志》，四川大学出版社2015年版，第5页、第97页。

② 参见蒙文通《巴蜀史的问题》之《巴蜀境内的小诸侯》，《蒙文通全集·古族甄微》，巴蜀书社2015年版。

③ ［美］埃尔曼·塞维曼著，龚辛、郭露莎、陈力子译，陈淳审校：《国家与文明的起源》，上海古籍出版社2019年版，第15页。

④ （汉）刘向编，缪文远、罗永莲、缪伟译注：《战国策·秦策》，中华书局2006年版，第31页。

处，形成了一个庞大的多民族的文化共同体，以及自己独特的文化模式和文献传承。

关于巴蜀学术，谢无量的《蜀学会叙》①（又名"蜀学原始论""蜀学发微"）中有"蜀有学，先于中国"之说。此处"中国"即中原，是说巴蜀学术先于中原而产生。接着谢先生主要从儒学的理论、道学的仙源、文学的发轫等方面，进行了论证。虽然这个命题还需要进一步探讨，但是历史已经显示，巴蜀文明至少与中原同步进行，并行发展，直到战国时期，秦国于公元前316年兼并了蜀国，进而灭巴，设立蜀郡、巴郡，才结束了酋邦的历史进程。无论是历史记载，还是考古发现，巴蜀地区在先秦时期就已经产生较高的学术和文化，诸如距今5000—3000年的成都古城遗址群（宝墩文化）、三星堆祭祀坑及青铜器、金沙玉器和金器，都显示出极高的科技水平、生产力水平、建筑水平、艺术造诣和精神诉求，表明巴蜀地区很早就进入了高度发达的文明状态；在巴蜀及其附近地区出土的春秋战国兵器、陶器、印章所带的刻符（"巴蜀图语"），表明巴蜀地区早在至少2500年前就已拥有自己的文字，可惜这些文字至今无法释读。

酋邦时期的巴蜀，在长期相对独立的发展进程中，形成了与中原不一样的古史传承体系和神话传说系统，呈现独特有趣的精神信仰。如文献记载的"三皇五帝"，中原文献多以伏羲、女娲、神农为"三皇"，以黄帝、颛顼、帝喾、尧、舜为"五帝"；而巴蜀地区则以天皇、地皇、人皇为"三皇"（即"三才皇"），以青帝、赤帝、黑帝、白帝、黄帝为"五帝"（即"五色帝"），表现出"三才合一"的形上思考和"五行相生"的哲学思维②；三星堆出土"青铜神坛"所象征的地界、人界、天界"三才一体"的结构；"通天神树"（建木，十鸟同株）所表现的"十月古历"遗法；金沙出土"太阳神鸟"所代表的四季十二月的"阴阳合历"，无不表现巴蜀地区特有的文明形态、高超的冶炼技术、精美的艺术造诣和形上的精神诉求。

---

① 参见谢无量《蜀学会叙》，中国国家图书馆藏民国间油印本。
② 参见舒大刚、尤潇潇、霞绍晖《"三才皇"与"五色帝"——巴蜀的古史体系与古老信仰》，《西南民族大学学报》（人文社会科学版）2017年第1期。

"生于石纽"（《孟子》佚文）、"兴于西羌"① 的大禹，一方面奠基和推动了中国第一个"家天下"国家——夏王朝的诞生；另一方面也创造了许多文化成果，成为中华三代文明的重要基石。传说他曾得《洪范》"九畴"用于平定水土、画畴九州："初一曰五行，次二曰敬用五事，次三曰农用八政，次四曰协用五纪，次五曰建用皇极，次六曰乂用三德，次七曰明用稽疑，次八曰念用庶征，次九曰向用五福、威用六极。"② 其中具有丰富的执政理念和治理章法，也创造性地总结和完善了"五行"观念，这也许是上古巴蜀最早，也最系统的哲学理念和学术文献。相传禹还继承"伏羲氏《河图》"，演绎为《连山》之易③，《连山》是"三易"之首，其中"阴阳"观念奠定了《归藏》《周易》共同的哲学基础。《连山》之"阴阳"，《洪范》之"五行"，形成了中国哲学的基本概念和共同范畴，为儒家、道家及阴阳家、医家等所共同遵守。禹所娶涂山氏（在古江州，今重庆南岸）之婢女曾作"候人兮猗"的"南音"，周公、召公取法此音"以为《周南》《召南》"④，屈原则据之演为"楚辞"

---

① 司马迁《史记·六国年表·序》："禹兴于西羌。"裴骃《集解》引皇甫谧："《孟子》称'禹生石纽，西夷人也'。传曰'禹生自西羌'是也。"《荀子·大略》"禹学于西王国"，杨倞注说："大禹生于西羌，西王国，西羌之贤人也。"西汉初陆贾《新语·术事》也有"大禹出于西羌"的记载；汉武帝时的《盐铁论·国病》也说"禹出西羌"；扬雄《蜀本纪》更明确地指明："禹本汶山广柔县人，生于石纽。"《三国志》裴松之注引皇甫谧《帝王世纪》："有莘氏女曰志……生禹于石纽。"又引谯周《蜀纪》曰："禹本汶山广柔县人也。生于石纽，其地名刳儿坪。见《世帝纪》。"《华阳国志》云"禹生于石纽村"。可见，禹兴西羌为蜀人，自是战国到两汉、三国相承不替的传说。

② （唐）孔颖达正义：《尚书·洪范》箕子乃曰："天乃锡禹洪范九畴，彝伦攸叙。"（清阮元校刻《十三经注疏》本，中华书局1980年版，第187页）

③ 按，《山海经》佚文有："伏羲氏得河图，夏后氏因之曰《连山》。"（罗泌《路史》卷32"论三易"引，文渊阁《四库全书》影印本）三星堆出土青铜神坛，底座圆盘，象"太极"；其上有首尾相衔的一对神兽，象"两仪"；双兽托起四位立人，象"四象"；立人上承四峰相连，象"连山"；山顶有四方之城，每方各配五位拱手而立的神像，象"五行之神"。这极易让人联想起"易有太极，是生两仪，两仪生四象，四象生八卦"（《周易·系辞传》）的易道生成学说。其上四峰相连，似乎印证了《山海经》佚文"夏后氏因之曰《连山》"的说法；四方之城的五位神像，又疑似"五行之神配四方"的古老传说。

④ （秦）吕不韦著，陈奇猷校释：《吕氏春秋校释·音初》，学林出版社1984年版，第335页。

文学。①

　　西周"江阳（今泸州）人"尹吉甫善作诗颂，相传今《诗经》中"《大雅·崧高》《韩奕》《江汉》《烝民》四篇，尹吉甫作也"②。这些传世文献记载的真实性，虽然尚待研究和证实，但于此依稀可见巴蜀与中原在文化上互相影响和交流互鉴。如周、秦时期入蜀的"迁客"苌弘、尸佼等，他们终老于蜀，著作也留传蜀中，他们所擅长的"天数""权谋"和"杂霸"之学，也深深地影响和重塑着巴蜀的历史。③

　　西汉以来流传有《山海经》系"禹使益疏记"④ 的说法，前辈学人（蒙文通等）根据书中涉及的地理方位和空间概念（以巴、蜀为"天下之中"，又特别详于岷江中上游）、历史人物的关系和世次（以帝俊、颛顼为主，与中原传说以黄帝为中心者异）、器物发明（舟车琴瑟等发明者，俱与《世本》所载异）、分"黄帝""轩辕"为二（中原文献则以二者为一人）、计数方式（以十万为亿，与中原以万万为亿不同）、方位顺序（以南西北东为序，与中原以东南西北异），都与中原文献，如《世本》、《竹书纪年》、《大戴礼记·帝系姓》、《韩非子》、"六经"等所记不同，而与《楚辞》《庄子》相似，说明《山海经》不是中原文化的产物，而是南方文明的代表——"《山海经》就可能是巴蜀地域所流传的代表巴蜀文化的古籍"。并具体分析说，《海内经》4篇可能是古蜀国的作品，《大荒经》以下5篇可能是巴国的作品，《五藏山经》和《海外经》4篇可能是接受了巴蜀文化以后的楚国的作品。⑤

　　直到公元前316年秦灭巴蜀前，巴蜀作为"西辟之国而戎狄之长"，

---

① 参见李冬梅、舒大刚《蜀学五事论稿：读谢无量先生〈蜀学会叙〉札记》，《湖南大学学报》（人文社科版）2015年第6期。
② （明）曹学佺：《蜀中广记》卷91《著作记第一》，文渊阁《四库全书》影印本。
③ 参见蒙文通《巴蜀史的问题》之《巴蜀文化的特征》，《蒙文通全集·古族甄微》，巴蜀书社2015年版。
④ （晋）郭璞：《山海经注》卷首载汉刘秀（歆）《上山海经表》："禹别九州，任土作贡，而益等类物善恶，著《山海经》。"（引自袁珂《校注》本，巴蜀书社1993年版，第540页）（唐）欧阳询等编：《艺文类聚》卷11引《吴越春秋》："（禹）登宛委山，取得书，得通水之理，遂周行天下，使益疏记之，名《山海经》也。"（引自汪绍楹校本，上海古籍出版社1965年版，第218页）
⑤ 蒙文通：《略论〈山海经〉的写作时代及其产生地域》，《蒙文通全集·诸子甄微》，第115—136页。

在文化上几乎都是独立发展的，有着自己的文化传统和学术造诣；但在与中原文化的接触和交流中，也呈现出向中原输入文明，同时向其靠拢融合的趋势，上面所举的早期汉文文献（及出土甲骨文）记载的巴蜀活动就是证明。不过在先秦时期，巴蜀文献尚处于孕育萌芽阶段，巴蜀文献的大量产生是秦汉以后的事情，这与巴蜀地区大量地接受中原文化、形成新的学术特征（史称"蜀学"）有莫大关系。

第二节　秦汉郡县时期：蜀学的初盛

秦惠文王九年（周慎靓王五年，前316），秦派司马错灭蜀，进而灭巴，其先以蜀治蜀，置蜀侯国，后又废侯置蜀郡、巴郡，下分若干道、县，巴蜀正式进入被中原政权郡县统治的时代，自此巴蜀便成为中央王朝统一全国、抵御外辱、安定全民和振兴中华的重要郡县。

郡县的政区由中央划分，长官由中央任命，制度上由中央决定，即所谓"车同轨、书同文、行同伦、政同制"，思想文化更要遵守中央法令。秦始皇正是统一调度和利用了巴蜀的丰富物产和骁勇士卒，才顺利灭掉六国，完成天下统一。特别是秦朝大力推行的"车同轨、书同文、行同伦"政策，大大加速了巴蜀融入华夏文化的进程。秦治期间，秦国常常将犯人流放到巴蜀，一定程度上改变了巴蜀的文化结构，使巴蜀原有的民风民俗、社会时尚也随之改变。项羽"亚父"——范增曾说："巴、蜀道险，秦之迁人皆居蜀。"[①]"迁人"即被流放之人。秦人自商鞅变法以来形成的奖励耕战、推崇功利的传统，也随"迁人"带入巴蜀，巴蜀民风遂出现了重商、豪奢等"染秦化"趋向。常璩《华阳国志》说："秦惠文、始皇克定六国，辄徙其豪侠于蜀，资我丰土。家有盐铜之利，户专山川之材，居给人足，以富相尚。故工商致结驷连骑，豪族服王侯美衣，娶嫁设太牢之厨膳，归女有百两之（徒）〔从〕车，送葬必高坟瓦椁，祭奠而羊豕牺牲，赠襚兼加，赗赙过礼，此其所失。原其由来，染秦化故也。"[②]

---

① 《史记》卷7《项羽本纪》，中华书局1975年校点本，第316页。
② （晋）常璩著，刘琳校注：《华阳国志新校注》卷3《蜀志》，第124页。

在这些"迁人"中，不乏有知识、有文化者，如商鞅的老师尸佼，帮助吕不韦编《吕氏春秋》的"宾客辩士为游说者众"，以及依附嫪毒的"舍人"千余家，当时"皆没其家而迁之蜀"①。这些人将秦国的文化、法令和功利主义一起带到蜀中。直到西汉初年，虽然已经时隔数十年，这一风气还依然如故。景帝时，入蜀为守的文翁尚见蜀人"读书法令，未能笃信道德，反以好文刺讥，贵慕权势"②。也就是说，蜀人虽然懂得了法令，但是却不相信道德，没有操守，正是孔子所担心"道之以政，齐之以刑，民免而无耻"③的不良效果。当时蜀中虽有文士却无君子，会写文章却不讲仁义，他们互相攻驳，擅兴笔墨官司④，与贾谊所说"汉承秦之败俗，废礼义，捐廉耻，今其甚者杀父兄，盗者取庙器"⑤的情形十分相似，而与孔子所提倡的"首孝悌，次谨信，泛爱众，而亲仁，有余力，则学文"的教育理念大相径庭。⑥

继而秦末农民大起义，楚汉争胜，最后汉定天下，巴蜀都是争夺天下的重要物质基地和战略要地。但巴蜀在秦国统治时的"染秦化"在文化风俗上的结果，仍然没有马上改变过来。直到汉景帝末年，庐江舒人文翁来守斯郡，仍然见成都市面"有蛮夷风"，针对这一情况，他才在蜀中设立学校，派张叔（宽）等18人前往长安从博士学习"七经"⑦。蜀

---

① 《史记》卷85《吕不韦传》，第2512页。
② 《汉书》卷28《地理志下》，中华书局1962年标点本，第1645页。
③ 杨伯峻译注：《论语·为政》，中华书局2009年版，第11页。
④ 即《汉书·地理志下》"好文刺讥"，常璩《华阳国志·蜀志》也说，巴蜀"承秦之后，学校陵夷，俗好文刻"[（晋）常璩著，刘琳校注：《华阳国志新校注》本，第118页]。
⑤ 《汉书》卷22《礼乐志》，第1030页。
⑥ 《论语·学而》载："子曰：弟子入则孝，出则弟，谨而信，泛爱众，而亲仁，行有余力，则以学文。"
⑦ "七经"，古来异辞，有"六经"加《论语》说，《后汉书·张纯传》："乃案《七经谶》《明堂图》。"李贤注："《七经》，谓《诗》《书》《礼》《乐》《易》《春秋》及《论语》也。"（中华书局1965年版，第1196页）张纯是光武时人，当时谶纬盛行，纬书中有《乐纬》不假，李贤注"七经谶"有《乐》家是对的。但是作为经书，《乐经》在西汉已无传授，遑论东汉呢？有"五经"加《论语》《孝经》说，见杭士骏《经解》（《皇清文颖》卷12，文渊阁《四库全书》影印本）。既然《乐经》在汉代不以教学，文翁石室当然也不例外，故"六经"加《论语》说为无征。考之《汉书·平帝纪》："征天下通知逸经……及以《五经》《论语》《孝经》《尔雅》教授者。"已将《论语》《孝经》与"五经"并列。晋傅咸作《七经诗》，其中也有《论语》《孝经》，可见"五经"加《论语》《孝经》之说为可信。

士学成归来，居学教授，使成都及其附近各县较早地接受了儒家教化。于是巴蜀才士，欣欣向学，史有"蜀地学于京师者比齐鲁焉"①，"巴汉亦化之"② 等说。从此蜀地"学徒鳞比"，民智大开，人才济济，文章大雅，不亚中原，涌现出一大批全国一流的学者和文学家，形成了影响深远的蜀学。文翁首开地方学府，不仅促进了蜀地迅速儒化、"华化"，还推动了儒学在全国范围的传播。汉武帝登基后，曾将文翁的办学经验向全国推广，"令天下郡国皆立学校官"③，加速了儒学向地方基层传播的速度。

汉代蜀学产生了一批重要成果，其一便是在"汉赋四家"（或"汉赋五家"）中，蜀人占据了二席（或三席，司马相如、扬雄，或有王褒）。他们既是当时全国著名的辞赋家，也是术业有专攻的学者，对当时世风改变、文明提升具有重大影响。《汉书·地理志》说："司马相如游宦京师、诸侯，以文辞显于世。乡党慕循其迹，后有王褒、严遵、扬雄之徒，文章冠天下。由文翁倡其教，相如为之师。"④ 其二，汉代蜀中易学（如胡安传《易》相如，赵宾授《易》孟喜，严遵善《易经》《老子》，扬雄仿《易》著《太玄》）⑤、"天学"（如落下闳参与制订《太初历》，提倡"浑天说"）、"训诂学"（如司马相如著《凡将》、犍为文学注《尔雅》、林闾翁孺传"輶轩语"、扬雄著《训纂》《方言》），都是全国一流甚至天下首创的成果，初步奠定了"蜀儒文章冠天下""易学在蜀""天数在蜀""小学在蜀"的基础。宋人田况说："蜀自西汉，教化流而文雅盛。相如追肩屈、宋，扬雄参驾孟、荀，其辞其道，皆为天下之所宗式，故学者相继，谓与齐鲁同俗。"⑥ 信然！其三，王褒、严遵、扬雄等人提出的"道德仁义礼"的核心价值观念，在中原"仁义礼智信"的观念外别

---

① 《汉书》卷89《文翁传》，第3626页。
② （晋）常璩著，刘琳校注：《华阳国志新校注》卷10《先贤士女总赞》，第403页。
③ 《汉书》卷89《文翁传》，第3626页。
④ 《汉书》卷28下《地理志》，第1645页。
⑤ 参见舒大刚、李冬梅《巴蜀易学源流考》，《周易研究》2011年第4期。
⑥ （宋）田况：《进士题名记》，载（宋）袁说友编，赵晓兰整理《成都文类》卷30，中华书局2011年版，第578页。

树一帜，奠定了巴蜀学人的理论框架和核心观念①；尤其是这种思维所反映出来的儒道兼容（尊道贵德）的包容精神，奠定了后世蜀学诸学并治、集杂成醇的治学特点，对形成博大精深的蜀学风格具有决定性作用。

常璩《华阳国志》指出，由于文翁开办学宫，巴蜀人士文化程度大为提高。特别是通过推行儒家教化（"宣德立教"），使巴蜀所染的秦之陋俗得到根本扭转，"自时厥后，五教雍和，秀茂挺逸，英伟既多，而风谣旁作，故朝廷有忠贞尽节之臣，乡党有主文歌咏之音"②。于是"风雅英伟之士，命世挺生"，这些巴蜀俊彦，成了汉家征召贤才的主要对象。当时朝廷向巴蜀征召人才的"玺书"，时时"交驰于斜谷之南"；礼敬巴蜀贤德的"玉帛"，也"戈戈乎梁益之乡"。以前这些身处僻远、不事表曝的"西秀彦盛"，此时或步入政坛，参预机谋；或隐居乡间，砥砺德行。连作皇帝近习弄臣的蜀人，如杨壮、何显、杨德意等人，也具有忠诚悫确之心、荐贤举德之行，个个是"华岷之灵标、江汉之精华！"③汉宣帝时，益州刺史王襄目睹蜀地济济多士，令王褒作《中和颂》，派何武等贵胄子弟以《鹿鸣》之声歌咏于朝堂之上，宣帝听了十分高兴，便将何武等歌者一起"拜为郎"（近卫侍臣），被史书誉为汉家得人之盛事。西汉是古代蜀学史上的第一个高峰。

这一形势一直延续到东汉。文翁石室仍然是成都的最高学府，依然坚持儒家经典教育，制度健全，规模不小，即使遇到兵荒马乱也没有废弃。宋代发现东汉《学师宋恩等题名碑》，其中"其称师者二十人、史二人，孝义掾、业掾各一人。《易》掾二人，《易》师三人，《尚书》掾、《尚书》师各三人，《诗》掾四人，《春秋》掾、议掾、文学、《孝》掾、文学掾各一人，文学师四人。从掾位及集曹、法曹、贼曹、辞曹史，又三十二人。其漫灭不可辨者十三人"④。掾是经师属官，为行政管理人员；师是经师，专司经典讲授；曹是分科办事机构，为后勤保障人员。总计当时题名的各类教职人员66人，足见其规模之大，制度设施之全。《隶

---

① 参见舒大刚、申圣超《道德仁义礼："蜀学"核心价值观论》，《社会科学研究》2017年第2期。
② （晋）常璩著，刘琳校注：《华阳国志新校注》卷1《巴志》，第15页。
③ （晋）常璩著，刘琳校注：《华阳国志新校注》卷3《蜀志》，第122页。
④ （宋）洪适：《隶释》卷14，文渊阁《四库全书》影印本。

释》于著录该碑后,又说:"成都又有左右生题名一巨碑,盖左学、右学诸生也。"①说明东汉成都的教育机构,还有左学、右学之分。

中原当"东汉之季,四海板荡,兵火相仍,灾及校舍,弦诵寂绝,儒俗不振"②,但是成都却在大兴礼乐教化。汉献帝兴平中(194—195)镇守成都的陈留人高眹于文翁石室旁"作为庙堂,模制闳伟"③,"图画圣贤古人像,及礼器瑞物"④,月祭岁祀,初步形成庙学一体规制。其所绘圣贤古人像,包括周公以下历代圣贤(故称"周公礼殿"),还有孔子及其门人、巴蜀历代乡贤,至此,文翁石室不仅是传道授业、解惑明智的教育场所,还是蜀人缅怀先贤、追慕典型的精神家园。这种礼殿崇祀制度,后来成为全国各地模仿学习的典范,形成中国学校"庙学合一"的特殊形态。⑤ 职是之故,巴蜀在整个东汉时期都"文化弥纯,道德弥臻"⑥,巴蜀才士更是济济昌昌,比肩联袂而出。

在《后汉书·儒林传》所列的42位名儒者之中,巴蜀籍贯的就有6人,如绵竹任安、繁县任末、梓潼景鸾、武阳杜抚、阆中杨仁、资中董均,都是当时著名的儒者。另外蜀人之位至公卿者不乏其人,据《华阳国志》所载,赵戒累迁至"三公九卿"的尊位("三迁台衡"),他的孙子赵谦、赵温也相继做过辅相("相继元辅"),成就了四世三公的佳话;司空张皓,使皇帝的权威得到树立("宣融皇极");太常赵典,号称"天下材英";广陵太守张纲,是能使"天下整理"的干才;武陵太守杜伯持,"能决天下所疑";王涣美名"震名华夏";常洽事迹"流芳京尹"。此外,还有张俊、秦宓,英才雄辩、博物通达;董扶、杨厚,深明天道,究知历象。一代名师任安,善于教育生徒,与当年孔子教授于洙泗之间同一风采。

在家庭伦常、道德模范方面,巴蜀也是层出不穷,代有其人。如孝

---

① (宋)洪适:《隶释》卷14。
② (宋)吕陶:《府学经史阁落成记》,《净德集》卷14,文渊阁《四库全书》影印本。
③ (宋)吕陶:《府学经史阁落成记》,《净德集》卷14。
④ (晋)任豫:《益州记》,载(唐)欧阳询等编,汪绍楹校《艺文类聚》卷38,上海古籍出版社1965年版,第692页。
⑤ 参见舒大刚、任利荣《"庙学合一":成都汉文翁石室"周公礼殿"考》,《四川大学学报》(哲学社会科学版)2014年第5期。
⑥ (晋)常璩著,刘琳校注:《华阳国志新校注》卷3《蜀志》,第122页。

悌之人，有姜诗、禽坚、隗通、吴顺等；忠贞之人，有王皓、朱遵、王累、张任等；淑媛贤女，有元常、靡常、程玦，及吴凡、先络、郫县二姚（妣、饶）、殷氏两女、赵公夫人等。这些贤士名媛，就像鳞类朝龙、羽类附凤一样，"比肩而进，世载其美"。文人雅士，撰文吟诗，"无不仰其高风，范其仪则"，巴蜀的"忠臣孝子、烈士贞女，不胜咏述"，巴士蜀女"擅名八区，为世师表矣！"常璩感慨地说，纵然是鲁国歌咏洙泗之儒生，齐国礼敬"稷下"之学士，也不过如此啊。①

确实，在两汉时期，巴蜀大地真是一个经济繁荣、人才辈出的地方。汉朝在成都设立"锦官城""车官城"，专门负责中央"衣""行"的织造。在人才方面，汉朝曾经征召"八士"，蜀中就推荐了四位；汉朝曾经选举"四义"，蜀中也占据了两名，都居当时天下人才之半！

在经济、荐举之外，巴蜀在两汉时期的宗教事业也非常发达，如张道陵入蜀修道，就在巴蜀正式创立了五斗米道，宣告中国道教的正式诞生。这么多的儒雅名流、高人逸士，必然创作出丰富多彩的精神产品和学术文化，使蜀学的形象得到继续维持并更加发扬光大。

第三节　魏晋南北朝"偏霸"时期： 蜀学的持续发展

自秦统一巴蜀，巴蜀便成为祖国大家庭中重要一员，成为维系全国稳定、巩固大一统局面的重要基地。不过，由于四川盆地四面凌险的特殊地形，有时也容易形成割据独立的局面。西汉武帝元封五年（前106），巴、蜀二郡划入全国十三州之一的益州；新莽地皇五年（24），蜀郡太守公孙述即起兵趁乱占据益州称帝，取起于成都之意，国号"成家"。东汉建武十二年（36），益州重归中央政权管辖。东汉末年黄巾起义之后，益州牧刘焉、刘璋父子又割据巴蜀，不久又为刘备所灭。221年，刘备又据巴蜀称帝，史称"蜀汉"，建都成都，直到263年为曹魏所灭。

在天下三分的对峙局势中，蜀汉以《禹贡》"九州"之一的梁州（即今汉中、四川、重庆、滇北、黔西一部）之地，东敌吴，北抗魏，六

---

① （晋）常璩著、刘琳校注：《华阳国志新校注》卷3《蜀志》，第123页。

出岐山，三战荆楚，壮者上前线，妇女事耕织，老弱任转输，苦苦维持45年的鼎立局面，蜀中物资和人才的功能，已经发挥到了极致！

265年四川归西晋王朝统治。西晋初年，划出益州一部设梁州。西晋末年，李特率流民起义军攻入益、梁二州。东晋永安元年（304），李特侄子李雄在成都称王，史称成汉。306年李雄起义成功，攻克成都，建立大成国；立国40余年，于347年为东晋所灭。南北朝时，巴蜀的益、梁二州先后归属南朝的宋、齐、梁和北朝的西魏、北周统治。内中除了西晋初和东晋初的短暂安定，其他时期长则十余年，短则数年，巴蜀基本上处于相对独立的"偏霸"状态。多年的内忧外患，使从前富庶之区竟成争战之场，不过巴蜀的学术文化也在这种与中原（或江南）若即若离、时统时分的状态中，保持故步节奏、原来风格，渐进地发展。

因此，中原（或江左）盛行的"玄学""骈文"的风气，对巴蜀地区影响不大，在"文衰""道溺"之际①，蜀中仍然继续其儒学、易学、古文和史学之特长，不时有重要人物和学术成果涌现出来。如谯周之博学（撰《论语注》《古史考》《三巴记》《法训》《五经然否论》等多种），李譔之古文经学（撰"古文《易》《尚书》《毛诗》《三礼》《左氏传》《太玄》指归"，遍注群经，是早于王肃与郑玄立异的学者），范长生（撰《周易蜀才注》）、卫元嵩（仿《易》著《元包》，采用夏易《连山》之法）之易学，陈寿（著《三国志》，记魏、蜀、吴历史，名列正史，又著《耆旧传》，记巴蜀历代乡贤名宦）、常璩（著《华阳国志》，记汉中、巴、蜀、南中及公孙述、晋世、李特等历史，为方志学鼻祖，又著《蜀李书》，记李特、李雄、李班、李期、李寿、李势祖孙称雄巴蜀的历史）之史学等，皆戛戛独造，影响后世中国的易学、文学、正史及方志研究甚巨。至于诸葛之忠武谋略（有《隆中对》《出师表》《后出师表》，并传《心书》《诸葛武侯集》等），李密之气节孝道（有《陈情表》等），更是千古传名，百世流芳。

---

① 语出（宋）苏轼：《潮州韩文公庙碑》："文起八代之衰，而道济天下之溺。"孔凡礼点校：《苏轼文集》卷17，中华书局1986年版，第509页。

第四节　隋唐五代"统合"不定：蜀学异军突起

隋取代北周，也继承了北周对巴蜀的管理，在此置蜀王，聚集了刘焯、王通等著名学者，南学、北学交汇融合。唐代继之，改益州为剑南道，梁州为山南西道，置县近300个，足见其经济之发达。五代时期，前蜀王建（907—925）和后蜀孟知祥（934—965）又先后在今四川地区建立蜀国政权。这一时期"统合"不定，巴蜀地远自安，特别是中唐以后，中原及江南常有战事，巴蜀相对稳定的环境成为文人雅士、豪族富室的避难场所，学术文化得到比较长足的发展，一定程度地保持了两汉古风和巴蜀特色的蜀学，在外间"四声八病"的靡靡之文和"说有谈空"的虚玄之气的映衬下，显得格外古朴苍劲、生机勃勃。直到初唐，在"轻薄为文哂未休"的时代里，蜀人粗豪怒视的文风和一往无前的勇气，更呈现异军突起、一鸣惊人之势。

政治的统一和物资的丰富，为巴蜀文化的发展带来了新契机，在诗文、佛教、道教、医药等方面，以及印刷术领域，此时的巴蜀都有极佳表现，人才、文章皆层出不穷。据史料记载，在唐代科举考试中，巴蜀士人范崇凯、尹枢、尹极、于环、李远、李余、张曙7人，皆高中状元；而结束绮靡香罗之态、宏开雄健奇伟之诗风者，实以陈子昂、李白为其称首。唐人魏颢有云："蜀之人，无闻则已，闻则杰出。是生相如、君平、王褒、扬雄，降有陈子昂、李白，皆五百年矣。"[①]

此外，李鼎祚汇集汉魏以下易学35家的成果，著成《周易集解》，兼包象数、义理，堪称"集汉易之大成"；融合三教九流、颇有纵横气息、擅长术数的赵蕤，广集诸子百家文献，撰著《长短经》，堪称"古今谋略之奇书"；道士王玄览、杜光庭，高僧马祖道一、宗密等，发幽阐微，大昌宗风，皆以玄思学理称誉于学林及宗教界。特别是杜光庭入蜀，收藏道教文献，"重建《道藏》"；唐代成都是佛教中心，释典非常丰富，宋太祖就令高品张从信利用这里丰富的佛教藏书和先进的雕刻技术，刻

[①] （唐）魏颢：《李翰林集序》，载（唐）李白著，（清）王琦注《李太白全集》卷31，中华书局1977年版，第1448页。

成首部雕版《大藏经》（"蜀藏"），成为后世各版藏经之鼻祖。

在术数（科技）、方技（医药）等领域，则有唐人蜀医昝殷撰《经效产宝》，是人类历史上第一部妇产学专著；严龟著《食法》、昝殷著《食医心鉴》，是最早的食医著作；梅彪著《石药尔雅》，仿《尔雅》解释中药性味；祖籍波斯定居蜀中的李珣撰《海药本草》，是第一部海外药物学专著；孟蜀韩保昇撰《蜀本草》，综合唐本草、图经等文献，形成给药物配图的编纂方法，成为后世本草著作的典范。

在图书出版方面，成都于晚唐时期已经广泛推广了雕版印刷术，为图书文献的传播和流通，开辟了更加广阔的道路。南宋朱翌《猗觉寮杂记》卷下云："雕印文字，唐以前无之，唐末益州始有墨板。"宋《国史艺文志》也说："唐末益州始有墨板，多术数、字书、小学。"① 墨板即雕版刷墨印制的书籍，唐以前没有，在唐末才出现于成都，时称"西川印子"。唐太和九年（835），日本僧人宗睿就从中国带去了"'西川印子'《唐韵》一部五卷，同印子《玉篇》一部三十卷"②。唐柳玭《家训

---

① （宋）王应麟著，（清）阎若璩、何焯、全祖望注，栾保群、田松青校点：《困学纪闻》卷8引《国史艺文志》，上海古籍出版社2015年版，第289页。
② 张秀民：《中国印刷术的发明及其影响》，上海人民出版社2009年版，第27页。又：1900年在敦煌石室发现"一卷木版雕刻印刷《金刚经》"，卷尾准确载有刊刻时间，云"咸通九年四月十五日王玠为二亲敬造普施"。咸通九年，即公元868年。1966年10月13日，韩国庆州佛国寺"发现了装在舍利盒内的古代印本《无垢净光大陀罗尼咒经》"，经过考证，"经卷是公元704年到751年之间的雕版印刷之作"。韩国学者遂以此为依据向世界宣称，印刷术起源于韩国。印刷史研究专家潘吉星仔细研究《无垢净光大陀罗尼咒经》的副本，发现这幅经卷之中使用了四个武则天创造的制字——证、授、地、初，一共出现了9次，证明这幅经卷是从中国流传到韩国去的。同样是在咸通九年，新罗人崔志远进入大唐东都洛阳国子监学习，那年他14岁；874年，崔志远参加唐朝科举考试，登进士第，在唐朝为官，专掌书记；十年以后（884年），崔志远回新罗，把大唐文化传播到韩国，被誉为"东国文学之父""新罗文化的圣人""韩国儒学第一圣人"。诸如《无垢净光大陀罗尼咒经》这样的唐刻经卷，就可能是崔志远等带回去的。公元824年，白居易在杭州做刺史，收到元稹一封书信，说他为白居易编的《白氏长庆集》已经编成，并撰序言，有"扬越间多作书模勒乐天及余杂诗卖于市肆之中也"语。"模勒"即刻石拓印（勒即"勒名燕然"之勒），已经离雕版印刷不远了。又：1983年，美国纽约克里斯蒂拍卖行《中国书画目录》第363号《敦煌隋木刻加彩佛像》，描绘了南无最胜佛和两名侍从。采用雕版木刻线条，之后又用画笔添加彩色的做法，制成木刻加彩佛像。此幅佛像底部有八行汉字："大业三年四月大庄严寺沙门智果敬为敦煌守御令狐押衙敬画二百佛普劝众生供养受持。"大业是隋炀帝年号，三年就是607年。这幅画片有填墨的痕迹，可能是由于当时雕版印刷技术还不成熟，印刷质量不好，这可能是中国最早的雕版印刷作品，但只是单幅，未装订成册。

序》云:"中和三年(883)癸卯夏,銮舆在蜀之三年也。余为中书舍人,旬休,阅书于重城之东南。其书多阴阳杂说、占梦相宅、九宫五纬之流,又有字书小学,率雕版印纸,浸染不可尽晓。"① 1907年,斯坦因(Marc Aurel Stein)在敦煌发现《剑南西川成都府樊赏家历》(简称《樊赏家历》),残页现藏于英国伦敦不列颠博物馆。此外,在伦敦、巴黎、北京等图书馆保存着十多份带有"西川过家真印本"字样的《金刚般若波罗蜜经》,都有年月日等明确题记,还包括"龙池坊卞家""成都府樊赏家""西川过家"等出版作坊题记,他们无愧为世界上最早的"出版家"和"图书发行者"。及至20世纪40年代,还在今四川大学望江校区的一座唐墓中"发掘出一张印本《陀罗尼经咒》,上有'成都府成都县龙池坊近卞印卖咒本'的题记"②,这是目前在国内发现并保存得最早的且有明确作坊的雕版印刷品。这些不仅是地道的"蜀刻本",而且雕版印刷术已经成为蜀版书的专利和专称(即"西川印子")。在这些技术条件基础上,孟蜀宰相毋昭裔乃发起雕刻印行儒家经典,此法为五代、北宋校刻之"监本"所效仿,不但使儒学文献更加定型,也使儒家经典在更大范围内以更加精确的方式得到广泛传播。同时毋氏还在石室学宫倡刻"石室十三经",有经有注,碑越千数,规模宏大,最终形成了儒家"十三经"经典体系。③"石室十三经"与文翁石室、"周公礼殿",同为影响天下学术的"蜀学三宝"④,宋人吕陶曾热情地称赞说:"蜀学之盈,冠天下而垂无穷者,其具有三:一曰文翁之石室,二曰周公之礼殿,三曰石壁之'九经'。"⑤同时重臣席益也说:"蜀儒文章冠天下,其学校之盛,汉称石室、礼殿,近世则石九经,今皆存焉。"⑥这既是蜀学的荣耀,也是蜀学对于中华文化的伟大贡献。

---

① (宋)叶寅:《爱日斋丛钞》卷1引,《守山阁丛书》本。
② 冯汉骥:《记唐印本陀罗尼经咒的发现》,《文物参考资料》1957年第5期;吴天墀:《宋代四川藏书考述》,《吴天墀文史存稿》,四川大学出版社1998年版,第190页。
③ 参见舒大刚《试论"蜀石经"的镌刻与〈十三经〉的结集》,《宋代文化研究》第15辑,四川大学出版社2008年版。又《"蜀石经"与〈十三经〉的结集》,《周易研究》2007年第6期。
④ 舒大刚:《"蜀学"三事:成都文翁石室丛考》,《孔学堂》2015年第3期。
⑤ (宋)吕陶:《府学经史阁落成记》,《净德集》卷14。
⑥ (宋)席益:《府学石经堂图籍记》,载(明)杨慎辑,刘琳、王晓波点校《全蜀艺文志》卷36,线装书局2003年版,第999页。

汉唐时期是巴蜀文献最有特色的时代,据不完全统计,此期有巴蜀著述400余种,许多著作在全国产生极大的影响,如司马相如、扬雄、陈子昂、李白的辞章,陈寿、常璩的史学,严君平、扬雄、卫元嵩、李鼎祚的易学,张道陵、马祖道一、宗密、杜光庭的道学、佛学,都是全国相关领域之典范。

第五节 宋代"川峡四路"州府:
蜀学处于巅峰时期

北宋咸平四年(1001),今川渝地区分为益州(治今成都)、梓州(治今三台)、利州(治今广元)、夔州(治今奉节)四路,合称"川峡四路",简称"四川"(是为四川得名之始)。在宋代,由于晚唐以来的藩镇割据、外族入侵和长期战乱,中原元气耗尽,经济文化落入低谷,而长期"偏霸"的巴蜀、江南和闽越等地,反而成为经济奥区和文化高地,以及拯救中央王朝起死回生的重要援手,巴蜀和江南等地的钱粮、文献和礼器,源源不断地运往东京开封,才使原本罄尽如洗的中央府库慢慢充实起来。

在经济文化都处于当时领先地位的蜀中,教育和学术事业也延续了五代后蜀的势头,得到更加飞速的发展,出现了蜀学史上的第三个高峰。北宋庆历年间,常州人蒋堂"知益州,汉文翁石室在孔子庙中,堂因广其舍为学宫,选属官与乡老之贤者,以教诸生,士人翕然称之"[①]。直到北宋末年,蜀中学校滋盛,苏轼侄孙苏元老曾为国子博士,回乡居汉州(今广汉)教授,绵竹人张浚以少年入学,为元老所赏识激励,终于成就其一代名器。[②] 南宋虽有战火,然蜀学不废,李石由太学博士黜居成都,主石室学宫的讲授,"就学者其合如云,至闽越之士,万里而来,刻石题诸生名几千人。蜀学之盛,古今鲜俪"[③]。

---

① (宋)王称:《东都事略》卷60,台北:文海出版社1979年版,第910页。
② 参见(宋)朱熹《少师保信军节度使魏国公致仕赠太保张公行状》,载(宋)朱熹著,郭齐、尹波点校《朱熹集》卷95,四川教育出版社1996年版。
③ (宋)邓椿著,刘世军校注:《〈画继〉校注》卷3,广西师范大学出版社2015年版,第71页。

由于汉以来的长期积淀，特别是唐五代、前后蜀的积累，宋代蜀学诸多方面在当时领先于全国。在文学上，由于隋唐以来实行科举考试，"朝廷以声律取士"，至宋代"学者犹袭五代文弊"，巴蜀人士却"通经学古，以西汉文词为宗师"①，且文章法古、学以明道，与中唐以来韩愈等人所倡"古文运动"正相合拍，于是"唐宋八大家"中，蜀人就占据了三位（苏洵、苏轼、苏辙）。在宋代科举考试中，苏易简、陈尧叟、陈尧咨、杨寘、马涓、何栗、何焕、赵逵、张孝祥、冯时行、蒲国宝、许奕等14人，皆状元及第。在由皇帝根据时务出题考试的"制科"中，巴蜀士人也有上佳表现，杨慎说："宋之制策，虚第一等以待伊、吕之流。其入等者，惟苏氏轼、辙兄弟，吴育、范百禄、李垕，终宋世仅五人，而蜀居其四，盖二苏、范、李皆蜀人也。"② 在政治领域，南宋时期巴蜀出了5位具有影响的宰相，谢枋得《毋制机墓铭》云："渡江后贤相如张公德远（浚）、虞公仲言（允文）、赵公景温（雄，一作叔温）、游公景仁（似）、谢公德方（方叔），皆蜀人也。"③ 在经学上，巴蜀易学仍然特别发达，程颐因有"易学在蜀"之誉，陈抟、龙昌期、苏洵、苏轼，以及南宋房审权、张浚、张栻、李心传、魏了翁等，皆各撰《易》著。

"三苏"父子，既是文学家，又是思想家，以他们为代表的北宋蜀学，与二程洛学（即理学）、王安石新学、张载关学，共同构成了北宋学术的四大主流。张栻、魏了翁是南宋理学宗匠，张氏不仅传衍蜀学道脉，而且创立"湖湘学派"之典范，与朱熹、吕祖谦同称"东南三贤"。魏了翁汉宋兼治，成果很多；他还力主解除"庆元党禁"，使朱子之学在南宋后期得到正常传授，对理学的广泛传播贡献尤巨。巴蜀长于史学传统，在宋代也是斐然成章，范镇与修《新唐书》、苏辙《古史》、范祖禹《唐鉴》（并助司马光修《通鉴》）、范冲重修《宋神宗实录》、李焘《续资治通鉴长编》、王称《东都事略》、李心传《建炎以来系年要录》《建炎以来朝野杂记》并续张从祖《总类国朝会要》、无名氏刻于蜀中的《宋史全文续资治通鉴》、校刻于此时的蜀大字本"南北朝八史"等，一起构成了

---

① （宋）苏轼：《眉山远景楼记》，载孔凡礼点校《苏轼文集》卷11，第352页。
② （明）杨慎：《制策入等》，《升庵集》卷68，文渊阁《四库全书》影印本。
③ （宋）谢枋得：《平山先生毋制机墓铭》，《叠山集》卷8，《四部丛刊续编》本。

宋代史学的主要面貌,故刘咸炘有"唐后史学,莫隆于蜀"之说。

在科技领域,唐慎微《证类本草》是世界上第一部药物学、方剂学结合的医学著作,也是第一部大型植物学著作,后来李时珍《本草纲目》即以它为蓝本。峨眉神医发明了人工接种流痘预防天花①技术,成就了医界"川药""蜀医"之说。王灼《糖霜谱》是世界历史上第一部专门记载甘蔗制糖工艺的专书。秦九韶《数学九章》,则将中国古代数学推向当时世界科学的顶峰,他的代数学运算(大衍求一术)、方程演算(正负开方术)方法,分别领先西方同行(高斯、霍纳)各500余年。

至于巴蜀地区的家族文化、乡村建设,也是硕果累累、佳话多多。苏轼说:"吾州之俗,有近古者三:其士大夫贵经术而重氏族,其民尊吏而畏法,其农夫合耦以相助。盖有三代、汉、唐之遗风,而他郡之所莫及也。"②"贵经术而重氏族""合耦以相助",正是接受儒家伦理教化的结果。这种风气自汉已然,前如东汉成都赵戒、赵温、赵谦祖孙三人,积德累功,皆位至三公、宰相。宋代这一现象更为普遍,或兄弟联袂,花萼齐芳,如眉山苏轼、苏辙,盐泉苏舜钦、苏舜元,井研李心传、李性传、李道传等人是也。或父子祖孙,世代书香,奕世载美,如北宋阆中陈省华及其子陈尧佐、陈尧叟、陈尧咨等,创造了"一门二相,四世六公,昆季双魁多士,仲伯继率百僚"③的奇迹;眉山苏洵、苏轼、苏辙及苏轼之子苏过、苏辙之孙苏籀,并善属文,号称"五苏";华阳范镇、范百禄、范祖禹、范冲为代表的范氏家族,绵延百禩,"世显以儒",一门有二十七位进士、四位翰林④;蒲江魏了翁、魏文翁、高稼、高定子、

---

① 参见(清)吴谦等编《医宗金鉴》卷60:"自宋真宗时,峨眉山有神人出,为丞相王旦之子种痘而愈,遂传于世。"(人民卫生出版社1956—1957年影印清乾隆七年武英殿刊本,第1页)

② (宋)苏轼:《眉州远景楼记》,载孔凡礼点校《苏轼文集》卷11,第352页。

③ 霍松林:《陈尧佐诗辑佚注析序》,载(宋)陈尧佐著、程瑞钊等注析《陈尧佐诗辑佚注析》卷首,巴蜀书社1991年版,第1页。

④ 胡昭曦:《宋代"世显以儒"的成都范氏家族》,《胡昭曦宋史论集》,西南师范大学出版社1998年版,第287页。

高斯得等，兄弟子侄"九进士、三公卿"①；梓州苏易简及其孙苏舜卿、苏舜元，俱善诗文，号称"铜山三苏"，与"眉山三苏"齐名；井研李舜臣及其子李心传、李道传、李性传，俱善史法道学，号称"四李"；丹棱李焘与其子李壁、李𡎚三人，俱善史学、文学，人称"前有三苏，后有三李"。如此等等，都引领和影响着全国的教育文化。这一环境必然有利于蜀学的发展，据学人考订，有宋一代巴蜀文献多达4000种以上，比此前巴蜀文献总和的两倍还多。② 宋代蜀学在文学、经学、史学、科技和医学等领域都取得了杰出成就。

第六节　元明清初行省时期：蜀学转入低迷

元朝至元二十三年（1286）设"四川行中书省"，简称"四川行省"，是为四川建省之始，明清皆沿此制。元代对四川州县大加减并，云南独立成立行省，汉中划出归陕西管辖，自此经济文化落入低谷。元末红巾军起义后，1361年，明玉珍及其子明昇在四川建立"大夏"政权，建都重庆，1372年为明朝所灭。明代，四川是全国13行省之一，辖区除今四川、重庆外，还包括今遵义和滇北等地。明末，张献忠入川屠蜀，进而在四川建立"大西"政权（1644—1646）。清初，初有康熙平定吴三桂叛乱，接着又有乾隆平定大小金川之战，川、滇、黔西南一带长期战乱，社会骚动，时有"天下未乱蜀先乱，天下已治蜀后治"③之说。此期间，蜀乱未已，生灵涂炭，巴蜀成了中央政权和各路势力既要争取，又要打压和严控的区域，必然严重影响学术文化的正常发展。

元明清初，巴蜀学术文化虽有所回落，但特色不甚明显，在全国的地位有所下降。南宋末年，宋蒙（元）长期战争，川陕一带由于处在战争最前线，战事长达45年之久，故所遭破坏最为惨烈，人口剧减，城邑

---

① 胡昭曦：《诗书持家，理学名门——宋代蒲江魏氏家族研究》，《胡昭曦宋史论集》，第326—329页。
② 参见许肇鼎著，许孟青等修订《宋代蜀人著述存佚录》，四川大学出版社2015年版。
③ （清）欧阳直：《蜀警录》，中华民国元年成都刻本。

被毁，由汉至宋延续了1300余年①的文翁石室也毁于战火。时人吴嗣昌描述当时的战争惨况说："臣窃惟蜀寇深矣，蜀祸惨矣！以艺祖荡平之境土，而今被天下莫强之寇；以高宗涵育之人民，而今遭振古所无之祸。……屠成都，焚眉州，蹂践邛、蜀、彭、汉、简、池、永康，而西州之人十丧七八矣！……昔之通都大邑，今为瓦砾之场；昔之沃壤奥区，今为膏血之野。青烟弥路，白骨成丘。哀恸贯心，疮痍满目。"②元既得四川，对曾经殊死抵抗的地区（包括四川、江南等地）实行民族歧视政策，进行野蛮的高压统治，使蜀学不振，文化凋零。当时虞集就说："吾蜀文学之盛，自先汉至于唐宋，备载简册，家传人诵，不可泯灭。宋南渡以来，蜀在斗绝一隅之地，然而文武忠孝之君子，冠盖相望；礼乐文物之懿、德行学问之成，立功立言，卓荦亨畅；下至才艺器物之类，其见诸文辞者，亦沛然非它州之所能及矣。丧乱以还，废轶殆尽！（虞）集虽尝从父师闻一二于千百，盖亦以微矣！"③吴天墀揭示说："由于蒙古贵族势力兴起，灭金侵宋，在战祸深重的40多年的日子里，四川人口锐减，城邑村镇化为丘墟，随南宋政权的山脉崩溃，一度繁荣的经济和文化，濒于萎谢，四川的面影就显得暗淡起来了。"④

世称"冠绝天下"的石室学宫，直到元朝后期才得以恢复。至正五年（1345），太原人王守诚为四川廉访使，"儒学提举谢晋贤请复文翁石室为书院"，守诚乃"采以上闻，成之，风采耸动天下，论功居诸道最"。⑤史称守诚"气宇和粹，性好学，从邓文原、虞集游，文辞日进"⑥，他之所以重视文翁石室的恢复，也许还与邓、虞两位乡贤的影响

---

① （宋）吕陶《府学经史阁落成记》云："蜀学之盈，冠天下而垂无穷者，其具有三：一曰文翁之石室，二曰周公之礼殿，三曰石壁之九经。……始汉景末距今凡十六代、千二百四十余年，崩离变革，理势不常，而三事之盛莫易其故。"（《净德集》卷14）说明文翁石室从汉至宋，一直在发挥其教育作用。

② （宋）吴昌裔：《论救蜀四事疏》，载（明）杨士奇、黄淮等编《历代名臣奏议》卷100，文渊阁《四库全书》影印本。

③ （元）虞集：《葛生新采蜀诗序》，《道园学古录》卷31，文渊阁《四库全书》影印本。

④ 吴天墀：《宋代四川藏书考述》，《四川文物》1984年第3期。又收入《吴天墀文史存稿》，四川大学出版社1998年版，第204页。

⑤ 《元史》卷182《王守诚传》，中华书局1976年标点本，第4210页。

⑥ 《元史》卷182《王守诚传》，第4209页。

有关，不过其时上距大元立国已75年，而下距其灭亡亦仅20余年矣。在这样长的时间里，号称天下第一学府的文翁石室一直处于废弃状态，岂不可叹！

　　故此，元代人才既少，文献亦寡，留下的巴蜀文献也就十分有限。至如赵采（潼川人，撰《周易程朱传义折衷》33卷）、任士林（居绵竹，著《松乡文集》10卷）、王申子（邛州人，撰《大易缉说》10卷）诸人，虽颇有著述，但仍未进入元文化之主流（如"元曲""理学"）。不过，祖籍巴蜀、迁居外地的人士，仍有不少人在传承蜀学，蔚为文化奇观。如元代教育家、易学家黄泽（字楚望），祖籍资州（今资中），迁于江州路（今江西九江），史称"近代覃思之学，推泽为第一。吴澄尝观其书，以为'平生所见明经士，未有能及之者'"①；祖籍蜀中导江（今都江堰），"侨寓江左金华"的张翚，精于朱子之学，与郝经、吴澄同称"三贤"，"其在维扬，来学者尤众，远近翕然，尊为硕师"②；祖籍仁寿，移居临川崇仁（今属江西）的虞集（虞允文五世孙），长于诗文，与姚枢、吴澄相往还，居"元诗四大家"③之首；祖籍绵州（今绵阳），避兵入杭的邓文原（字善之），擅长书法、诗文；苏轼九世孙，久居金华的苏伯衡（字平仲），博洽群籍，为古文有声；原籍嘉州（今乐山），生于吴中的杨基（字孟载，号眉庵），擅长诗文，与高启、张羽、徐贲同列"吴中四杰"；其先蜀人，徙居常州，再徙平江（今苏州人）的徐贲（字幼文，号北郭生），善画能诗，为"明初十才子"之一；祖籍四川，自号"青城杨朝英"，外居外地，编选元曲总集《阳春白雪》《太平乐府》（人称"杨二选"）。同时，受雕版印刷术普及之赐，元代巴蜀著作仍有80余种见称于各类文献。

　　及乎明世，专制更甚，对思想文化领域的钳制亦复如此。明代从初年开始，即以程朱理学束缚人心，以八股制艺扼杀才情，巴蜀士人，亦受害殊深。在明代前期，巴蜀学人除苏伯衡、杨基、徐贲及周洪谟等稍有事迹可陈外，在明代具有代表性的文学流派、学术团体中，蜀人皆身

---

① 《元史》卷189《黄泽传》，第4324页。
② 《元史》卷189《张翚传》，第4315页。
③ "元诗四大家"，除虞集外，其余三家为杨载、范梈、揭傒斯。

影寥寥。正德、嘉靖之时，杨慎尚云："吾蜀科第，莫盛于宋……经元兵之惨，民靡孑遗，积以百八十年，犹未能复如宋世之半也。"① 直到杨廷和为内阁首辅、杨慎高中状元后，这一学术不振的状况才稍有转机。是时，熊过、任瀚名列"嘉靖八才子"，杨慎、赵贞吉、熊过、任瀚同称"西蜀四大家"，一时声望炽甚。可是旋因"大礼议"忤旨，杨廷和遭罢相家居，杨慎遭廷杖远徙，蜀学又受到重创。后有陈以勤、陈于陛父子相继担任内阁大学士，蜀学稍见曙光，又因不屑于朋党之争，而罢相家居。

在儒学领域，无论是明代前期传衍的程朱理学流派，还是后期盛行的阳明心学学案，川人都是隐迹遁名、乏善可陈，网罗有明一代儒学人物而成的《明儒学案》，除邓豁渠、赵贞吉、来知德载于附传（或诸儒传）外，竟无一个学案以蜀儒为案主。明代四川学术之衰，亦已极矣！幸有杨慎撰书400余种（今存140余种），反理学而倡博洽，斥心学而尚考据，著述之富，明代第一；又撰《丹铅录》系列，提倡考据，开清代实学先声。易学家来知德隐德潜修，撰《周易集注》，发明"错综""反复"之义，尤有心得。思想家唐甄，撰《潜书》以斥专制君主，章太炎称其具有"上继孟荀、下启戴震"之功。蜀学得此3人，稍有振兴气象。据初步考查，明代有巴蜀文献800余种，数量也还不少，但较之汉、唐、宋时蜀学领军主流学术的盛况，已风光不再。元明时期的巴蜀学术，经不及汉，诗不及唐，文不逮宋，违背了汉唐两宋的"巴风蜀韵"。

明末清初，四川连年战乱，"争地以战杀人盈野，争城以战杀人盈城"的惨况，重现于巴蜀大地，其中又以省城所在地成都受害最深，不仅学校成为樵牧之地，连城市也是虎兕之场，四川学术再次陷入低谷。前有张献忠之乱，再有吴三桂之叛，明末清初的战乱，正是四川学术不振的重要原因。这一状况持续了60余年，至康熙四十三年（1704），锦江书院才在文翁石室的废墟上得以重建，石室教泽才有望得到延续和传承。可是，紧接着又有清廷对西南少数民族的用兵，以及道咸年间的社会动荡，"乾嘉以降，士气非不振兴，而又以金川、西藏日搆兵戎，教匪

---

① （明）杨慎：《升庵遗集》卷23《内江科贡题名序》，载王文才、万光治主编《杨升庵丛书》，天地出版社2002年版，第3册，第1069页。

盐枭相继猖乱",致使教育不兴,学术颓败,文献和学术当然就更不会被重视。于是"尘编蠹简,几解收藏,郡县志乘,率多简略",以至于"纵揭德振华之士挺起一时,未几而风微顿歇,姓字模糊",甚至于"在子孙且有不知其祖父之为何如人者!"①

  这样一种文化氛围,哪里还谈得上复兴蜀学呢?有清260余年,号称"文教昌明,超越古初",清儒在辞章、义理、考据三大学术领域,皆有超越前代的作为,唯四川"曾无一人达于国史,以列诸《儒林》《文苑》者!"②不仅国史无载,而且江藩《汉学师承记》《宋学渊源记》的主传也没有四川籍学人。学人因而感慨:"岂其江汉炳灵,顾至今寂寂也欤?良以蜀当献贼(张献忠)之乱,孑遗无几,文献已荡如矣。嗣复吴藩(吴三桂)煽逆,科举较迟。"③相对于全国而言,清初直至道咸,四川学术几于不振。

  唯因清代距今为近,学术文献尚易保存,故书籍著录为多,学人也略有事迹可述。论其著者,则有"丹棱彭氏"(端淑、端洪、肇洙、遵泗)、"遂宁张氏"(鹏翮、问陶、问安、问彤)、"新繁费氏"(经虞、密、锡璜、锡琮)、"罗江李氏"(化楠、调元、鼎元、骥元)、"蜀中三李"(剑州李榕、忠州李士棻、中江李鸿裔),以及"双流刘氏"(沅、桢文、咸荥等)。彭端淑自八股而文学,功名、辞章俱优为之,主锦江书院讲席多年,造就人才甚众;张问陶以"诗书画三绝"鸣于乾嘉之际,与吴梅村诸人相颉颃;费氏父子祖孙,三世传经,教泽施于蜀中,锦江书院之作育人材而有得,端赖于此;"罗江李氏"崇尚博学,文献故家,诗词盟主,调元尤拔乎其萃;"蜀中三李"擅长诗文,精于书法,李鸿裔尤为曾国藩所赏识;刘沅贯通三教、融会汉宋,遍注群经,于道儒两界卓然立一大宗派。

---

① (清)戴伦喆:《四川儒林文苑传·引首》,《儒藏·史部·儒林史传》,四川大学出版社2008年版,第79册,第788—789页。
② (清)戴伦喆:《四川儒林文苑传·引首》,《儒藏·史部·儒林史传》,第79册,第787—788页。
③ (清)戴伦喆:《四川儒林文苑传·引首》,《儒藏·史部·儒林史传》,第79册,第787—788页。

第七节　晚清民国"开新"时期：蜀学的再盛

晚清的"鸦片战争""太平天国"等战乱，使长江中下游和东南地区遭受重创，四川远离战争中心，波及较小。于是人流进川，衣冠入蜀，财富和文化再度聚焦于巴蜀大地，四川于是成为近代中国经济发达、文化繁盛的区域。如果说，东南学界以鸦片战争为界，战前普遍存在"古今"之辩，战后又存在"中西"之争的话，而在相对平和包容的巴蜀地区，则既无"古今"较量，也无"中西"对垒，而是在彼此接触、磨合中，达到互鉴和互容，从而生出"古今兼容，中西合体"的"开新"模式。

特别是洋务派名臣张之洞入蜀，经他在教育和科举等方面一系列的举措，蜀学不振的局面迅速得到扭转。尊经书院建立后，张之洞为之倡、王闿运为之师，促成了蜀学的近代复兴和转型，蜀中学术绍汉继宋，呈现出"返本开新"的蓬勃局势。其重要特征是摒弃八股时文，回归经典，回归孔孟，甚至回归古史，注重儒家元典、古史文化的讲习和时政时务的讲求。在动荡多变的时局中，"博古通今""通经致用""中体西用""返本开新"成为蜀学的突出表现。晚清蜀学曾以出思想、出人才著称全国，即以尊经书院一校论，就培养和聚集了许多时代精英：为维新变法英勇献身的"戊戌六君子"之中的杨锐、刘光第；出任英法领事馆参赞、力主新学的四川维新派核心人物宋育仁；博综古今、学凡"六变"的经学大师廖平；才思敏捷、擅长书法诗文的蜀学大师吴之英；海内以书法闻名的顾印愚；清代四川仅有的状元骆成骧；领导群众发动保路运动进而走向革命的蒲殿俊、罗纶、尹昌衡；有"川北孔子"之称的一代大儒张澜；为建立中华民国舍身杀敌的同盟会会员彭家珍；"一辈子做好事"的老革命家吴玉章；宣传新文化，号称"思想界清道夫"的吴虞。此外，还有邹容、岳森、刘子雄、胡从简、刘洙源、杜翰藩、方鹤斋、黄芝、林思进、傅增湘、刘咸炘、徐炯、夏之扬、张森楷、颜楷、邵从恩等一大批四川知识界和文化界的名流人物。[①] 清代巴蜀所拥有的3000余种文

---

① 参见隗瀛涛主编《四川近代史稿》，四川人民出版社1990年版。

献，主要就是晚清民初产生的。其中尤以廖平的《今古学考》（俞樾称为"不刊之书"）、"十八经注疏"构想，以及他所提出的"托古改制"理论，最具特色和影响。

清末民初，在成都还建有存古学堂（又称国学院、国学学校，后并入四川大学），也是出人才、出思想的重要阵地，曾经聚集谢无量、刘师培、廖平、吴之英、骆成骧等名师，培育出郭沫若、蒙文通、向宗鲁、周太玄、王光祈、刘子华、李劼人、李源澄等学术大家。此外，还有其他乡塾、书院培养的赵熙、龚道耕、庞俊、向楚、刘咸炘等人，经史辞章，日新又新。四川近代史上，真是英才荟萃，群星灿烂！学人将晚清蜀学与湘学同称为中国近代学术的两大重心[①]，诚非虚誉。

结　语

总之，蜀学不仅源远流长、相续不断，而且高潮迭起，成果丰富，大师辈出，贡献独特。在历史上，蜀学大致经过了7个发展阶段：第一期是先秦，蜀学处于孕育和萌芽状态，但一出不凡，产生了许多文化精品，如出土三星堆青铜器、金沙金器、宝墩古城等重要文化遗迹，还诞生了一批杰出的文化人物，造就了一批文化成果。其代表人物有大禹、涂山氏、彭祖、尹吉甫、苌弘、尸佼等；其成就主要有《连山》（阴阳），三才合一，《洪范》（五行），"南音"（艺术），《山海经》，巴蜀图语，"三才皇、五色帝"（信仰）等。第二期是两汉的初盛，代表人物有胡安、司马相如、文翁、落下闳、张宽、王褒、严遵、扬雄、赵典、高朕、张道陵等；成就主要有石室学宫、"周公礼殿"、"七经"体系、"小学"训诂、辞赋、天文历法、易学等，产生司马相如、王褒、扬雄的赋，《凡将》《训纂》《法言》等"小学"文献，《道德指归》《太玄》《法言》等哲学著作，《太初历》等科技成果；形成了"蜀学"概念，有"蜀学比于齐鲁""蜀儒文章冠天下"等说；张道陵入蜀学道，创立"五斗米道"。第三期是魏晋南北朝持续发展，代表人物有谯周、诸葛亮、李譔、

---

① 李学勤：《弘扬国学的标志性事业》，《西南民族大学学报》（人文社科版）2005年第9期。

陈寿、常璩、范长生、李密等人；主要成就在道教、史学、古文经学、孝道、易学、政教、军事等方面，都卓有建树，涌现出《古史考》《三国志》《华阳国志》《蜀才易注》等重要成果。第四期是隋唐五代蜀学异军突起，代表人物有陈子昂、赵蕤、李白、李鼎祚、马祖道一、宗密、杜光庭、毋昭裔、赵崇祚等；主要成就在诗歌、术数、易学、宗教、科举、雕版印刷等方面；成就有"子昂诗风"、"赵蕤术数"、"李白文章"、"资州易学"、"天下诗人皆入蜀"、中医中药、巴蜀佛道教、"西川印子"、"蜀刻石经"等；涌现出《长短经》、《周易集解》、《花间集》、"重建《道藏》"、"石室十三经"、《蜀本草》等重要成果。第五期为两宋的蜀学鼎盛，是时人才辈出、名著丰富，杰出人物以家族形式涌现出来，如"阆中陈氏""华阳范氏""眉山三苏""铜山三苏""井研四李""绵竹二张""丹棱三李""蒲江魏高"等，还有唐慎微、龙昌期、张商英、张思训、黄裳、王灼、秦九韶等学人；成就主要在文学、史学、医学、数学、政事、家族文化等方面，体现了"三教"并治、文史特长、科技领先等特点。第六期是元明清初相对低迷，在传统学术领域仍有不少成果，代表人物：如"井研虞氏"（虞集）、"内江黄氏"（黄泽），以上为元朝代表；"新都二杨"（杨廷和、杨慎）、"南充二陈"（陈以勤、陈于陛）、"梁山来氏"（来知德），以上为明朝代表；"新繁费氏"（费密等）、"丹棱彭氏"（彭端淑等）、"遂宁张氏"（张鹏翮、张问陶等）、"罗江四李"（李调元等）、"蜀中三李"（李榕、李士棻、李鸿裔），以上为清初代表。成就在政事、考据、文学和易学等方面，特别是杨慎重视博学考据，开启清代朴学之风。第七期是晚清至中华民国蜀学再盛，蜀学至道咸年间已经复苏，出现了吕吴调阳和"双流刘氏"（刘沅）等学术大家；至晚清尊经书院、国学院等兴办，蜀学形成近代高峰，主要在经学、革命、政事、史学等方面，主张"中体西用""托古改制""复古改制"，倡言"维新""革命"，代表人物有杨锐、刘光第、廖平、刘咸炘等。其中以先秦、两汉、两宋和晚清民国四个时段最为重要，形成了蜀学史上"七期四峰"的发展态势和文化奇观。

第二章

尊道贵德，明体达用：
蜀学的成就与贡献①

如前所述，蜀学作为中华学术的重要组成部分，在公元前316年秦并巴蜀前的酋邦时期，一直是独立孕育，与中原学术并行发展，是中华学术文化宝库中十分亮丽的明星。进入郡县时期后，蜀学在长久的历史发展过程中，仍然在一定程度上保持着自身的特色，时常具有特殊的视角和创制，对祖国文化作出了重要贡献。笔者认为蜀人虽优于文学和史学，但如果从不同层面来看，历代蜀人在制度创新、经典体系、信仰构建和价值观提炼等方面，也都有突出成就和重要影响。

第一节　蜀学之盛,冠绝天下:制度创新

制度建设是影响文化发展最为持久的深层次建设。古代巴蜀在制度建设方面领先全国的成就主要有文翁石室、"周公礼殿"和蜀刻"十三经"。文翁石室是西汉景帝末年蜀守文党所建，"周公礼殿"是东汉后期蜀郡太守高眹所建，蜀刻"十三经"则是五代孟蜀时期毋昭裔等人的创刻。宋吕陶《府学经史阁落成记》说："蜀学之盈，冠天下而垂无穷者，其具有三：一曰文翁之石室，二曰周公之礼殿，三曰石壁之'九经'。盖自周道衰微，乡校毁废，历秦之暴，至汉景、武间，典章风化稍稍复讲，

---

① 本章曾以"'蜀学'的特征与贡献"为题，发表于《中国哲学史》2017年第4期，今略有修改补充。

时文翁为蜀郡守，起学于市……"① 文翁此举的特别之处就在于，时值景帝和武帝之间（即景帝仍崇尚黄老无为而治，武帝重视儒学又未开始），文翁却率先在西南办学，推行儒家教化！

《汉书·循吏传》和《地理志》皆对文翁所办石室学宫给予了充分肯定，《循吏传》说：

> 文翁，庐江舒人也。少好学，通《春秋》，以郡县吏察举。景帝末，为蜀郡守，仁爱好教化。见蜀地僻陋有蛮夷风，文翁欲诱进之，乃选郡县小吏开敏有材者张叔等十余人亲自饬厉，遣诣京师，受业博士，或学律令。减省少府用度，买刀布蜀物，赍计吏以遗博士。数岁，蜀生皆成就还归，文翁以为右职，用次察举，官有至郡守刺史者。又修起学官于成都市中，招下县子弟以为学官弟子，为除更繇。高者以补郡县吏，次为孝弟力田。常选学官僮子，使在便坐受事。每出行县，益从学官诸生明经饬行者与俱，使传教令，出入闺合，县邑吏民见而荣之。数年，争欲为学官弟子，富人至出钱以求之。由是大化，蜀地学于京师者比齐鲁焉。至武帝时，乃令天下郡国皆立学校官，自文翁为之始云。文翁终于蜀，吏民为立祠堂，岁时祭祀不绝。至今巴蜀好文雅，文翁之化也。②

西汉时期，不仅地方政府办学自文翁始，而且以文入仕也自文翁始。当时汉朝做官的主要途径是察举孝廉和纳资，蜀郡却可以通过文化成绩入仕，这无疑对官员素质的提高大有好处，不仅影响了汉朝的吏制，也影响了后世中国的官制。文翁兴学意义重大，故蜀人要纪念他，"岁时祭祀不绝"。直至今天，成都石室中学的大门上还高悬着"文翁石室"牌匾，校内还设有文翁祠，成都市青羊区又有文家场，成都市内有文翁路，彭州也有思文场，皆为纪念文翁而设。值得一提的是，司马相如是否受到文翁兴教的影响？《三国志》等给予了肯定的答案。实际上，司马相如成名于文帝时，其学问必成于文翁化蜀之前。据《益部耆旧传》佚文载：

---

① （宋）吕陶：《府学经史阁落成记》，《净德集》卷14。
② 《汉书》卷89《循吏传》，第3625—3627页。

司马相如曾跟随临邛白鹤山隐士胡安学习《易经》，其辞赋也体现出深厚的经学功底。他以自己的成功对乡党后生起了表率作用，《汉书·地理志下》有言："司马相如游宦京师诸侯，以文辞显于世，乡党慕循其迹。后有王褒、严遵、扬雄之徒，文章冠天下。由文翁倡其教、相如为之师。"①文翁从制度上以文教治蜀，司马相如以自我成功来激励后学，两人共同成就了巴蜀士人"巴蜀好文雅""文章冠天下"的盛事。

《汉书·循吏传》将文翁列为第一位，原因就在于他对教育的重视。前人赞叹："以孝景之不任儒，又郡国向未立学，（文）翁振厉绝业，所举向风，固宜为循吏首。"②确实非常难得！杨慎《四川总志序》也说："昔汉代文治，兴之者文翁。礼殿之图，后世建学仿焉；七十子之名，马迁之立传征焉。当时号为'西南齐鲁、岷峨洙泗'。文之有关于道若此，文翁之功不可诬也！"文翁建石室时即有礼殿之图，这为后世所效仿。在制度层面，文翁兴办学校，开风气之先；用读书人做官，开文官先河。③北宋重臣席益《府学石经堂图籍记》又说："蜀儒文章冠天下，其学校之盛，汉称石室、礼殿，近世则石九经，今皆存焉。自孝景帝时，太守文翁始作石室。至东汉兴平元年，太守高朕作周公礼殿于石室东，图画邃古以来君臣圣贤。"④可见文翁石室至东汉时又有所发展，蜀郡太宗高公在石室东侧立"周公礼殿"，作为专门的祭祀礼拜场所。至此时，石室既是学校，又是礼殿；既作教育之用，又作祭祀之用，是中国"庙学合一"学校体制的表率，比中原王朝实行相同建制（公元497年北魏孝文帝在洛阳兴建孔庙）早了300余年。

第二节　易学在蜀，大在文史：学术创新

学术成就是一方学术赖以成立的主体内容。刘咸炘《蜀学论》说："统观蜀学，大在文史。寡戈矛之攻击，无门户之眩眯，非封畛以阿私，

---

① 《汉书》卷28下《地理志下》，第1645页。
② （清）李承熙：《锦江书院志略》卷中吴省钦：《重修锦江书院讲堂碑记》，《儒藏·史部·学校史志》，四川大学出版社2010年版，第246册，第314—315页。
③ （明）杨慎著，刘琳、王晓波点校：《全蜀艺文志》卷1，上册，第12页。
④ （明）杨慎著，刘琳、王晓波点校：《全蜀艺文志》卷36，中册，第999页。

诚惧素丝之染紫。"① 蜀学的主要成就在文学和史学，且无门户之见和师法、家法上的固守。可见，蜀学具有注重文史和兼包并容等特征。

刘氏还具体列举了蜀学在易学、文学、史学等领域的重要成就。首先，在易学方面，他说："学在六艺，经首三圣，《大易》之传，蜀为特盛。"其代表人物主要有商瞿（传孔子易学）、赵宾（说《易》"箕子"为"荄兹"，授孟喜②）、严君平（专精《大易》，传扬雄）、扬雄（仿《易》作《太玄》）、任安（传《孟氏易》）、景鸾（传《施氏易》）、卫元嵩（撰《元包经》）、李鼎祚（著《周易集解》）、谯定（传程氏《易》）、冯时行（传谯定之学）、张行成（撰《皇极》诸书）、房审权（集百家《易》解成《周易义海》）、来知德（撰《周易集注》）等。今传汉唐宋的许多易学成果，都是巴蜀学人保存下来的。如唐代李鼎祚的《周易集解》，保留了汉《易》和南北朝易学（特别是象数易学）35家的主要观点；南宋房审权辑《周易义海》，汇集了汉到宋的百家《易》注，是当时规模最大的易学集解。至于明代来知德的《周易集注》，更是集象数与义理之大成，开明代易学之生面。当然，巴蜀易学成就很多，刘咸炘总结得还不够全面，如晋代易学家范长生著《蜀才易》，其经本既不同于今文《易》，也不同于王弼《易》，是巴蜀特有的易学传统。宋一代文豪苏轼撰有《东坡易传》，融合易道、玄学、佛学理论以成新解，是北宋《易》解中非常重要的一部；南宋名臣魏了翁汉《易》、宋《易》并重，既删削孔颖达《周易正义》而成《周易要义》，又荟辑宋代理学易主要成果以为《周易集义》；南宋著名宰相张浚、理学家张栻父子俱有《易传》；史学家李心传也有《丙子学易编》。元代黄泽（《易学滥觞》）、王申子（《大易缉说》）、赵采（《周易程朱传义折中》），明代熊过（《周易象旨诀录》）等，亦有《易》书。清全祖望赞曰："甚矣，蜀之多《易》也。"③ 清以

---

① 刘咸炘：《蜀学论》，《推十文集》卷1，《推十书》，成都古籍书店1996年影印本，第3册，第2102页上栏。
② 按，《汉书·儒林传·孟喜》："（赵）宾持论巧慧，《易》家不能难，皆曰'非古法也'。云受孟喜，喜为名之。""受"字，颜师古注作"授"："'名之'者，承取其名，云实授也。"（《汉书》卷88《孟喜传》，第3599页）故刘咸炘《蜀学论》注引作"云授孟喜"（《推十文集》卷1，《推十书》，第3册，第2100页下栏—2101页上栏）。
③ （清）全祖望：《周易象旨诀录跋》，《鲒埼亭集外编》卷27，《清代诗文集汇编》影印本，上海古籍出版社2011年版，第303册，第293页。

后，巴蜀地区还出现了多位易学大家（如李调元、吕吴调阳、刘沅、何志高、范泰衡、尹昌衡、刘子华等）。刘咸炘赞同程颐"易学在蜀"之说①，并将其与绝伦的"唐诗"并论，"易学在蜀，犹诗之有唐矣"，可见成就之突出。

其次，在史学方面，刘咸炘说："史氏家法，至唐而斁。隋前成书，仅存十数，蜀得其二。"接着列举了陈寿（西晋，著《三国志》）、常璩（东晋，著《华阳国志》）、孙光宪（五代，著《北梦琐言》）、苏洵（宋，著《谥法》《太常因革礼》）、句延庆（宋，著《锦里耆旧传》）、张唐英（宋，著《蜀梼杌》）、范祖禹（宋，助编《通鉴》，自著《唐鉴》）、费枢（宋，著《廉吏传》）、王称（宋，著《东都事略》）、李心传（宋，著《建炎以来系年要录》《朝野杂记》《旧闻证误》《道命录》等）、李焘（宋，著《续资治通鉴长编》）、王当（宋，著《春秋列国诸臣传》）、杜大珪（宋，著《名臣碑传琬琰集》）、李攸（宋，著《宋朝事实》）、程公说（宋，著《春秋分纪》）、史炤（宋，著《通鉴释文》）、吴缜（宋，著《新唐书纠谬》《五代史记纂误》）等，其中多位大家的著作具有开创性意义。如范祖禹除协助司马光作史学名著《资治通鉴》（内容丰富，篇幅几占一半）外，还独著《唐鉴》，是关于唐代历史的史论著作。王称、李焘、李心传，著《东都事略》《续资治通鉴长编》《建炎以来系年要录》，既矫正了唐以前只重纪传体不重视编年体的偏颇，也系统地记录了宋代的历史。特别是《宋会要》，最后总其成的人（"总类国朝会要"的编纂和刊印），也是两位巴蜀学人（李心传和张从祖）。研究宋代历史几乎离不开蜀人及其著作，刘咸炘说"盖唐后史学，莫隆于蜀"，是有道理的。

最后，在文学方面，刘咸炘说："《二南》分纲，西主召公。蜀士之作，固已弁冕于《国风》；盛汉扬声，相如、（王）褒、（扬）雄，分国华之半，为词苑所宗。"是说西周当年周、召分治，周公主东，召公主

---

① 程颐与其兄在成都看到一箍桶匠读《周易》，并为二程讲"既济""未济"二卦；程颐在洛阳，向来请教易学的福建人袁滋说："易学在蜀耳，盍往求之？"（《宋史》卷459《谯定传》，中华书局1985年标点本，第13461页）袁滋入蜀，果然在眉、邛之间见到深通易学的"卖酱薛翁"，可见四川晓易之人很多。程颐写《易传》在四川，现在重庆涪陵仍留有程子"点易洞"，他讲卦变与《东坡易传》又完全相同（金景芳《周易讲座》贲卦），可见程氏易学也可能受巴蜀易学的影响。由于上述因缘，程子乃有"易学在蜀"之说。

西，其中《召南》已见蜀人之作。此后司马相如写赋成名，王褒、扬雄积极效仿，成就了自己的文章，"汉赋四大家"，其中三家在蜀。刘氏接着还列举了多位文学人物，如东汉李尤、杨终，唐代陈子昂、李白，宋代"三苏"、苏舜卿，南北宋之交的唐庚，元代虞集，明代杨慎，并盛赞"唐宋八家，晚学所祖，蜀得其三，维子承父。明允强劲（明允即老苏），兵家余绪（老苏善文且善言兵，撰《权书》）；子瞻多能，为广大主。苏氏之文，盖不可比古矣。而南渡以还，衣被天下，羊肉菜羹，竟成谚语焉"。是说南宋以下读书人争着学习苏轼文章，甚至有"苏文熟，吃羊肉；苏文生，吃菜羹"（陆游《老学庵笔记》）之说。

第三节　尊道贵德：信仰体系

信仰是一种文明和文化的精神家园，古代巴蜀人也有系统的信仰体系。中华民族的古老信仰往往与古史传说结合，如"三皇五帝"就是中华民族圣贤崇拜和祖先崇拜的集中体现，不过关于"三皇五帝"的具体人选巴蜀与中原所指并不一致。儒家经典《周礼》最早提到"三皇五帝"一词，当时却无具体指向，至汉以后乃生各种解释。关于"三皇"，中原是伏羲、燧人、神农（《尚书大传》），另外还有其他说法，如：伏羲、女娲、神农（《春秋运斗枢》），或伏羲、神农、祝融（《白虎通义·号》），或伏羲、神农、黄帝（《帝王世纪》），但皆出现于西汉及其以后。巴蜀的"三皇"，却是天皇、地皇、人皇。人皇见于战国史书《世本》和扬雄的《蜀王本纪》；天皇、地皇见于西汉的纬书。可见，巴蜀的"三皇"与中原的"三皇"是有区别的。《华阳国志》既明言"蜀之为国，肇于人皇"，是人皇原在蜀地矣。《路史》卷2"天皇氏"又说："天地成位，君臣道生。粤有天皇，是曰天灵。"还说："被迹无外，无热之陵。"罗苹注引《遁甲开山图》："天皇出于柱州，即无外山也。"郑康成注："无外之山，在昆仑东南万二千里。"说明天皇出于昆仑山东南（"万二千里"盖极言其远，非实指），正当巴蜀之地。又"地皇氏"："天皇氏逸，地皇氏作，出于雄耳、龙门之岳。"（注：见《遁甲开山图》）。雄耳，《古微书·春秋命历序》又作"熊耳"，在蜀地。《华阳国志》谓蜀王杜宇"自以功德高诸王，乃以褒斜为前门，熊耳、灵关为后户，玉垒、峨眉为城郭，江、潜、绵、洛为池泽，以汶山为畜牧，南中为园苑"。刘琳《校注》考证，熊耳即今四川青神县南岷江上之青神峡，在蜀国南境。三国蜀人秦宓有曰："三皇乘祗车出谷口，今之斜谷是也。"裴松之注："《蜀记》曰：'三皇乘祗车，出谷口。'"褒斜谷既然是"三皇"乘车出入之口，则此"龙门"当即今汉中境内褒斜谷口。"雄耳、龙门之岳"，即北起汉中，南至雅安境内的广大地域，俱为古蜀人领地，也为"地皇氏"的出生之地。可见上古巴蜀自是"三皇"（天皇、地皇、人皇）神话的产生与流行之区。

"五帝"亦如此。中原的"五帝"是：宓戏（虙羲）、神农、黄帝、尧、舜（见《战国策·赵策》）；或神农、黄帝、颛顼、帝喾、尧（舜）（见《吕氏春秋·尊师》）。另外有其他说法，如：黄帝、颛顼、帝喾、尧、舜（《大戴礼记·五帝德》），或少昊、颛顼、帝喾、尧、舜（见伪孔安国《尚书序》）。巴蜀的"五帝"，除了《蜀王本纪》讲"五主"（蚕丛、柏濩、鱼凫、蒲泽、开明）的传承外，还有"五色帝"信仰，《华阳国志·蜀志》称开明王朝"未有谥列，但以五色为主，故其庙称青、赤、黑、黄、白帝也"①。可见，"青帝、赤帝、黑帝、黄帝、白帝"等系统原是蜀人的"五帝"信仰。

中原的"三皇"以生产方式命名，且以单个人名出现，是"三人皇"；巴蜀的"三皇"则以"三才"命名，即天、地、人一统，是"三才皇"。此后道教将中原的"三皇"与巴蜀的"三皇"相结合，视中原"三皇"为"后三皇"，巴蜀"三皇"为"中三皇"，前面再加上"前三皇"，包括盘古、混沌等，就构成了"九皇"，成为名副其实的宗教信仰。此信仰不仅道教有，也流行于俗间，唐玄宗为倡导天下一统、三教合一，还在中央设立祭祀中原"三皇"和巴蜀"三皇"的寺庙，如此一来，诸种文化信仰便融为一体了。

"五色帝"代表的是一种五行观念。巴蜀尚"五"，有许多"五"的组合。相传大禹所传、箕子所述的《洪范》，讲到政教设施时也多是"五"的组合。三星堆出土的青铜神坛做五层，最上层配四方的神灵各为五位，后世文献甚至将四方改为五方，四季改为五季等。由汉中王称帝

---

① （晋）常璩著，刘琳校注：《华阳国志新校注》卷3《蜀志》，第103页。

的刘邦，也采用了巴蜀"五色帝"的概念，针对秦人黑帝、白帝、赤帝的残缺祭祀体系，声称"待我而五"①，于是建五庙来祭祀"五色帝"。这些都和巴蜀特殊的古史传承、信仰体系，特别是三才观念、五行观念有密切关系。②

第四节　尊经重教：经典体系

经典是学术文化赖以开启和传承的核心载体，儒家如此，以传衍儒学为主要内容的蜀学也如此。儒家经典的数量和体系有一个不断演进和形成的过程，在此过程中，蜀学也起到过重要的推动作用。史载孔子初年传"四经"，这是继承西周教育国子的教材"四经"（《乐记》"顺先王《诗》《书》《礼》《乐》以造士"；《史记》孔子"以《诗》《书》《礼》《乐》教，弟子盖三千"）而来，到晚年他增《易》与《春秋》形成"六经"。到了西汉时期，博士只传"五经"（《诗》《书》《礼》《易》《春秋》），而文翁石室则对"五经"体系有所突破，即在"五经"之外加《论语》《孝经》构成"七经"（见《三国志》《华阳国志》），又称"七艺"（2010年成都出土东汉《裴君碑》"孔修畔学，恢兴七艺"即其事）。因文翁要改变巴蜀的"蛮夷之风"和"好文刺讥"，《论语》《孝经》中伦理、道德教育，就很有价值，因此受到推崇。尽管中原也传《论语》《孝经》，但仅称其为"传"而非"经"，其地位可想而知。"七经"体系到东汉被普遍认可。郑玄"遍注群经"就有《论语》《孝经》注，汉庭刻"熹平石经"也是"七经"结构（有《公羊》无《孝经》）。这是蜀人对经典体系构建的第一次贡献。

至唐代，科举考试经典为"九经"，大儒通群经也叫"兼通九经"。即使"开成石经"刻了十二部也仍然叫它"石壁九经"，"九经"只数《诗》《书》《易》和"三礼"（《周礼》《仪礼》《礼记》）、"三传"（《左

---

① （北魏）郦道元注，（清）杨守敬疏：《水经注疏》卷18《渭水中》："汉高帝问曰：'天有五帝，今四何也？'博士莫知其故。帝曰：'我知之矣，待我而五。'遂立北畤，祀黑帝焉。"（江苏古籍出版社1989年段熙仲点校本，中册，第1533页）

② 参见舒大刚、尤潇潇、霞绍晖《"三才皇"与"五色帝"——巴蜀的古史体系与古老信仰》，《西南民族大学学报》（人文社会科学版）2017年第1期。

传》《公羊传》《穀梁传》），因为其他几种（《论语》《孝经》《尔雅》）当时人们认为只是"传"。蜀石经从五代孟蜀开始刊刻，延续到北宋宣和年间，共刻了十三部（"九经"加《论语》《孝经》《尔雅》《孟子》），合称"石室十三经"或"蜀刻十三经"，"十三经"概念由此形成。① 可见是"蜀石经"提升了《论语》《孝经》《尔雅》《孟子》的地位。当时"石室十三经"带有注文，因此石碑极多，晁公武称"其石千数"，是历代石经中最大的。西安"开成石经"是114块，北京国子监"乾隆石经"是190块，杭州的"绍兴石经"规模也很小。只有"蜀石经"规模最大，而且校勘精良，为朱熹所引用，可惜经过宋末元初战火，失传了。② 南宋时，邵武人廖莹中曾"节刻《十三经注疏》"未果③，已经继承"十三经"的组合；蜀人史绳祖的《学斋占毕》又载有人欲把与《礼记》同时产生且具有相同性质的《大戴礼记》列入，号为"十四经"。到了晚清，廖平严格区分今文经学和古文经学，试图按今文、古文两大系统来诠释儒家经典，将"十三经注疏"扩大到"十八经注疏"。可见，蜀人一直在不断努力充实经典，扩大规模，曾对"七经"和"十三经"体系形成作出过贡献。

蜀学对儒家经典体系的扩展，是有重要意义的：文翁石室时期将"五经"扩大到"七经"，明确提升了《论语》《孝经》的地位，使儒家的伦理道德观念迅速影响巴蜀地区，改变了"西辟之国而戎狄之长"（《战国策》）、"有蛮夷风"（《汉书》）的状况，汉代巴蜀地区孝廉辈出，学术鼎盛，有"蜀儒文章冠天下""蜀学比于齐鲁"（《三国志》《华阳国志》）之称。"蜀石经"将"九经"扩大到"十三经"，顺应了唐代中叶以来《孟子》入经的呼声，促进了心性儒学的最后形成，也支撑了宋儒

---

① 参见舒大刚《"蜀石经"与〈十三经〉的结集》，《周易研究》2007年第6期。
② "蜀石经"当时立于文翁石室，后来原碑被毁，仅以拓本传世。1965年，有人在中国香港古董市场发现刘体乾所藏"蜀石经"拓片要拍卖，于是上报周恩来，拨款购回，才使其失而复得。今有9册藏于中国国家图书馆，亦有刘氏石印本8册行世。
③ （清）王士禛：《居易录》卷2："贾似道……其与门客廖莹中刊书甚多，聊志其目：《全唐诗话》、《悦生堂随钞》一百卷、《九经》、《韩柳文集》、《三礼节》、《左传节》、《诸史要略》、《文选》。未刊者，《十三经注疏节》、姚氏《注战国策》、《注东坡诗》。"按，事见周密《癸辛杂识》后集"贾廖刊书"："又欲开手节《十三经注疏》、姚氏《注战国策》《注坡诗》，皆未及入梓，而国事异矣。"

"四书"体系的形成。廖平"十八经注疏"的构想,尽管尚未完成,却预示着以史学方法研究经学的全面到来,促成清人"以复古求解放"运动从东汉许郑之学(古文经学)恢复到西汉今文经学的新进境。①

第五节 明体达用:核心思想

先秦诸子,学术都各有所主,"老聃贵柔,孔子贵仁,墨翟贵廉(兼),关尹贵清,子列子贵虚,陈骈贵齐,阳生贵己,孙膑贵势,王廖贵先,兒良贵后"②。孔子的核心观念是仁,为了辅仁则有"智仁勇""道德仁艺""仁义礼"和"道德仁义"等组合。子曰:"知者不惑,仁者不忧,勇者不惧。"(《论语·子罕》)又曰:"志于道,据于德,依于仁,游于艺。"(《论语·述而》)又曰:"仁者人也,亲亲为大;义者宜也,尊贤为大。亲亲之杀,尊贤之等,礼所生焉。"(《礼记·中庸》)此外,《曲礼》又有"道德仁义非礼不成"(《礼记·曲礼上》)之说等。后世诸儒,或取"智、仁、勇",《中庸》:"知、仁、勇三者,天下之达德也。"或从"仁、义、礼"结构而增减之,《孟子·告子上》曰:"恻隐之心,仁也;羞恶之心,义也;恭敬之心,礼也;是非之心,智也。仁、义、礼、智,非由外铄我也,我固有之也,弗思耳矣。"又《离娄上》曰:"仁之实,事亲是也。义之实,从兄是也。智之实,知斯二者弗去是也。礼之实,节文斯二者是也。"可见,孟子加智而成"仁、义、礼、智"结构。此外,孟子有时还加圣形成"仁、义、礼、智、圣"为"五行",《尽心下》:"仁之于父子也,义之于君臣也,礼之于宾主也,知之于贤者也,圣人之于天道也,命也,有性焉,君子不谓命也。"③ 这个说法曾经遭到荀子(《非十二子》)的批判,但目前已得到出土文献(马王堆帛书、郭店楚简)的证实。汉儒董仲舒则以信易圣,组合成"仁、谊、

---

① 详见舒大刚《〈七经〉、〈十三经〉、〈儒藏〉——"蜀学"与儒家经典的体系构建》,韩国首尔:成均馆大学《儒教文化研究》第26辑,2016年8月。
② (秦)吕不韦著,陈奇猷校释:《吕氏春秋校释·审分览·不二》,第1123—1124页。
③ (汉)赵岐注,(宋)孙奭疏:《孟子注疏》卷14上《尽心章句下》,北京大学出版社1999年版,第393—394页。

礼、知、信五常之道"①,这一观念一旦形成,便影响中国士人的修身践行长达两千余年。

与上述诸家注重实践性的现实关怀稍异,孕育于巴蜀大地的古代蜀学,继承和发展了"道德仁艺"或"道德仁义礼"的组合,并与道家思想结合,创建了"道德仁义礼"的价值结构。王褒即主张"冠道德,履纯仁,被六艺,佩礼文"②,初步形成"道德仁艺礼"结构,将"道德"奉为"五德"之冠。到了严遵,出于对《老子》"失道而后德,失德而后仁,失仁而后义,失义而后礼"等"五德对立说"的修正,融会儒、道,构建并阐释了"道德仁义礼"的核心价值理念,成为后世蜀学(甚至道教)千古传承的独特体系:"故有道人,有德人,有仁人,有义人,有礼人。"又曰:"虚无无为,开导万物,谓之道人。清静因应,无所不为,谓之德人。兼爱万物,博施无穷,谓之仁人。理名正实,处事之义,谓之义人。谦退辞让,敬以守和,谓之礼人。凡此五人,皆乐长生。"③

严遵弟子扬雄继之,他在《法言·问道》中曰:"道、德、仁、义、礼譬诸身乎?"④又《问神》有言:"事系诸道、德、仁、义、礼。"⑤又《剧秦美新》有言:"神明所祚,兆民所托,罔不云道、德、仁、义、礼、智。"⑥在孟子"仁、义、礼、智"之四德前冠以"道德"。唐代赵蕤涵融百家,远绍严、扬,在《长短经·量才》中指出:"故道、德、仁、义定而天下正。"⑦又谓"故称之曰道、德、仁、义、礼、智、信"⑧。北宋张商英在其所传《素书》中也说:"夫道、德、仁、义、礼五者,一体也。"⑨ "三苏"也将蜀学核心价值观分为两个层面:其一,形上的层面

---

① 《汉书》卷56《董仲舒传》,第2505页。
② (汉)王褒:《四子讲德论》,载(南朝梁)萧统编《文选》卷51,中华书局1977年版,第715页。
③ (汉)严遵著,王德有点校:《老子指归》卷1《上德不德篇》,中华书局1994年版,第3—4页。
④ (汉)扬雄著,韩敬注:《法言注》,中华书局1992年版,第74页。
⑤ (汉)扬雄著,韩敬注:《法言注》,第374页。
⑥ (汉)扬雄著,张震泽校注:《扬雄集校注》,上海古籍出版社1993年版,第211页。
⑦ (唐)赵蕤:《长短经》卷1《量才》,《巴蜀全书》影印南宋杭州净戒院刊本,第7A页。
⑧ (唐)赵蕤:《长短经》卷8《定名》,第30A页。
⑨ (汉)黄石公著,(宋)张商英注:《素书·原始》,《汉魏丛书》本。

"道";其二,形下的层面"仁、义、礼、乐"。可见,蜀人在构建核心价值观时往往从两个层面来考虑:形上的道德层面,即本体的终极关怀;形下的实践层面,即日用常行的现实关怀。至明代杨慎也有"仁义起而道德迁,礼法兴而淳朴散"① 的说法;稍后的来知德也推尊:"冠道德,履仁义,衣百家,佩六艺"② 的说法;等等。

对于"道德仁义礼"这一结构,蜀人并非简单地取舍,而是有所论证、层层推进,进行了哲学思考和理论构建。如严遵,他之所以说"有道人,有德人,有仁人,有义人,有礼人",原因就在于,"天地所由,物类所以,道为之元,德为之始,神明为宗,太和为祖"。道是根源(元),德是开张(始),神明即阴阳变化,太和即平衡和合,万事万物皆有元有始,并受阴阳变化的制约,以太和平衡为鹄,其他"仁义礼"等皆为形下的具体事物。他又说:"道有深微,德有厚薄,神有清浊,和有高下。清者为天,浊者为地;阳者为男,阴者为女。人物禀假,受有多少,性有精粗,命有长短,情有美恶,意有大小。或为小人,或为君子,变化分离,剖判为数等。故有道人,有德人,有仁人,有义人,有礼人。"③ 道、德、仁、义、礼五种德行皆因人类所受先天禀赋不同而造成,即道行有厚薄,人品有异同,也就是孟子所谓的"物之不齐,物之情也"。但是这些都是社会现实所需要的不同人等,也是人类因应造化而形成的不同人格情态,都有存在的合理性,不存在每况愈下、存一去一的问题。

扬雄进而在《法言·问道》中将此"五德"视为一个人修养之所必须,他说:"道、德、仁、义、礼譬诸身乎?夫道以导之,德以得之,仁以人之,义以宜之,礼以体之,天也。合则浑,离则散。"④ 是说道是天道对人的引导,德是人禀受于天的德行,仁是待人的善心,义是处事的原则,礼是行事的规矩,一个人要想成为君子,甚至修成贤者、圣人,不能缺少此五种修养。

---

① (明)杨慎:《升庵集》卷65《琐语》,文渊阁《四库全书》影印本。
② (明)来知德:《来瞿唐先生日录》外篇《客问》,明万历刻本。
③ (汉)严遵著,王德有点校:《老子指归》卷1《上德不德篇》,第3页。
④ (汉)扬雄著,韩敬注:《法言注》,第74页。

赵蕤的《长短经》更是从人类行动的角度，完整地阐释了"道德仁义礼"（并"智信"）的重要性及其相互关系。他在《定名》中指出："夫道者人之所蹈也，居知所为，行知所之，事知所乘，动知所止，谓之道。德者人之所得也，使人各得其所欲谓之德。仁者爱也，致利除害、兼爱无私谓之仁。义者宜也，明是非、立可否谓之义。礼者履也，进退有度、尊卑有分谓之礼。"① 道通"蹈"，即人居、行、事、动所必须；德通"得"，即各得其所、各得其欲；仁即爱，兴利除弊、兼爱无私；义通宜，辨明是非、确定可否；礼即履，即行动有准绳、尊卑有分寸。道德与仁义礼智信，包含了人类知、行环节的各个方面，是辨别方向、得其所欲、兼爱互惠、明辨是非、动得其宜、行得其所的根本保障。

宋人张商英继承了赵蕤的基本理路，在其所传《素书·原始章》中说："夫道、德、仁、义、礼五者，一体也。道者，人之所蹈，使万物不知其所由；德者，人之所得，使万物各得其所欲；仁者，人之所亲，有慈惠恻隐之心，以遂其生成；义者，人之所宜，赏善罚恶，以立功立事；礼者，人之所履，夙兴夜寐，以成人伦之序。"② 在他看来，道还是"蹈"、德还是"得"、仁还是"亲"、义还是"宜"、礼还是"履"，可见他对赵氏学说有所继承。但在对"五德"的具体表述和解说上，却又有他自己的推进和提升：道曲成万物却"不知其所由"，增加了更多的玄妙感和神秘感；德除了人之所得外，还扩大到"万物各得其所欲"，从赵氏关注的"人"推进到了万物；仁除了客观地为了亲爱而兴利除害、兼爱无私外，还有"慈惠恻隐之心，以遂其生成"的功效；义除了客观地"明是非，立可否"外，还推进到"赏善罚恶，立事立功"的主动性；礼除了强调待人处事的"分"和"度"外，还增加了"夙兴夜寐，以成人伦"的内容。由此可见，张商英继承和发展了赵蕤的学说。

可以说，蜀人在使用"道德仁义礼"这五个概念时是有意识、自觉的，而且是完整的、系统的，甚至是理论的和哲学的。从王褒、严遵、扬雄以下，至赵蕤、张商英等人，他们在使用和解释这些概念时，也是

---

① （唐）赵蕤：《长短经》卷8《定名》，第30A页。
② （汉）黄石公著，（宋）张商英注：《素书·原始》，《汉魏丛书》本。

互相连贯、前后相承、层层推进的,具体来讲就是前有所继,后出转精。①

由于"道德仁义礼"的结构具有更大的包容性和生发性,故后世道教文献几乎予以全盘采纳。张君房《云笈七签》卷56《元气论》有言:"是知道、德、仁、义、礼此五者,不可斯须暂离,可离者非道德仁义礼也。道则信也,故尊于中宫,曰黄帝之道;德则智也,故尊于北方,曰黑帝之德;仁则人也,故尊于东方,曰青帝之仁;义则时也,故尊于西方,曰白帝之义;礼则法也,故尊于南方,曰赤帝之礼。然三皇称曰大道,五帝称曰常道,此两者同出异名。"将蜀学的核心价值观、"三才皇"、"五色帝"信仰和五行、五方观念都结合起来了。

结　语

作为产生于巴蜀大地的一方学术,蜀学不仅源远流长、相续不断、高潮迭起,而且丰富多彩、独具特色、自成体系。在长期的流传与发展历程中,蜀学与中原学术相互影响、相互作用、相互推动,从而成为中国文化宝库中的重要组成部分。两汉以后的巴蜀,西汉文翁首开地方学校,传播儒家《七经》;东汉高朕创设"周公礼殿",祭祀古先圣贤。特别是始刻于五代孟蜀、成于北宋宣和的"蜀石经",奠定了儒家"十三经"经典体系,流行中国1100余年,影响儒学发展至深至广。这些"文教兴蜀、庙学合一、大度包容、经传同尊"的规制,不仅为历代治蜀兴川树立了良好榜样,而且对后世中国儒学的教育和创新具有垂范和定型作用。

蜀学在制度设施、儒道合治、信仰体系、经典体系、核心价值等方面所取得的学术成果和成功经验,在历史上曾起到过导夫先路、率先垂范的作用。当代学人可以继承蜀学重教的传统,加强儒学学科建设,使儒学在当代获得新的生命和发展契机;继承蜀学经典体系的开放性,重新构建经典体系;借鉴蜀学独特而包容的"三才皇""五色帝"及"周

---

① 参见舒大刚、申圣超《道德仁义礼:"蜀学"核心价值观论》,《社会科学研究》2017年第2期。

公礼殿"祭祀系统,重新构建当代信仰体系;利用蜀学儒道兼治而形成的"道德仁义礼"核心价值,重新构建适合当代儒学普及与应用的理论体系。如此等等,假以时日,一个有阵地、有经典、有理论、有信仰、有系统的"新蜀学",必将应运而生!

第三章

故家乔木，文献旧邦：
巴蜀文献概说

故家乔木，文献旧邦。在历史上，巴蜀学人智慧早启，为我们留下了汗牛充栋的成果和丰富多彩的文献。这些文献，或由巴蜀学人所写，或由他方人士所录关于巴蜀文化者，我们概命名为"巴蜀文献"（或"蜀学文献"）。巴蜀文献具有历史悠久、绵延不绝、数量庞大、形式多样等特点。

第一节 文明初曙：早期巴蜀文献

一般而言，"文献"一词，后世通常指用文字记录的资料。但是稽之往籍，"文献"一词的内涵和外延却是非常广泛的。在古代汉语的用法中，"文献"一词实有广、狭二义：广义"文献"系指一切可资取证的资料，包括物质的和非物质的；狭义"文献"则专指用文字、图像记录的资料。《论语·八佾》云："子曰：'夏礼吾能言之，杞不足征也；殷礼吾能言之，宋不足征也，文献不足故也。足，则吾能征之矣。'"郑玄注曰："献，犹贤也。我不以礼成之者，以此二国之君文章、贤才不足故也。"郑玄以"文章"释"文"，以"贤才"释"献"。朱子在《论语集注》中又说："文，典籍也。献，贤也。"是朱子亦以"文"指文字资料，即物质资料；"献"指贤达之士的口传资料，即非物质资料。

我们要考察的巴蜀文献，是以文字、图像为记录手段的文献。由于巴蜀大地历史悠久，民族众多，讲巴蜀文献必然会涉及各民族的文献问题。关于少数民族文献，目前至少尚存藏文文献、彝文文献、纳西族文献、水族文献等种类，这当然是研究巴蜀文化特别是民族文化不可或缺的重要史料，但是由于本书的重点是以汉语言文献为主的，特别是著者本人对民族文字一无所知，所以这里只好暂时存而不论。至于在巴蜀地区是否存在古文字文献的问题，目前尚处于疑似之间、迄无定论。因此，我们讨论的巴蜀文献，必然是以汉语言为记录手段的文献。

关于蜀人"不晓文字，未有礼乐"的问题，最早言及巴蜀文献的是扬雄，他在《蜀王本纪》中有云：

> 蜀之先，称王者有蚕丛、柏濩、鱼凫、蒲泽、开明。是时人萌椎髻左衽（一作"言"，是），不晓文字，未有礼乐。①

这里说，蜀国酋邦时代（从蚕丛至开明）是"椎髻左言""不晓文字""未有礼乐"的，文明程度极低。常璩《华阳国志·序志》不同意此说，他辩驳说：在殷商时代，巴蜀就出了个彭祖，曾做殷人太史，"史"者"从右持中"，即操觚记录也，既做太史，就不能没有文化。周代巴蜀臣服于秦，也有不少峨冠文冕之人，他们不可能不懂得礼乐，等等。《蜀王本纪》所说蜀人"左言"，有人解释说这是立足中原汉语说的，"主谓语颠倒叫'左言'"，也就是与汉语不一致的民族语法。以此顺推，扬雄所说的"不晓文字"的"文字"应当也是汉字。许慎《说文解字》说，独体为"文"、合体为"字"，扬雄所言"文字"应是"六书"原理的汉字。推而广之，所谓"未有礼乐"，也都是从中原文化（或华夏文化、礼乐文明）的角度，说巴蜀人不知守中原礼法罢了。因为扬雄一族的祖先，正是从中原逃难到巴蜀的。礼乐作为一种制度或规范来强调，当然是儒家以仁义为内涵的文化。在颇重文化标志的上古社会，中原人士常常将不合乎华夏文化标准的人和事，谓为"左"、为"不晓"、为"未有"。犹之乎楚之文化本来不低，楚王熊渠却在以礼仪正宗自居的周人面前率

---

① （汉）扬雄：《蜀王本纪》，载（汉）扬雄著，张震泽校注《扬雄集校注》，第243—244页。

称:"我蛮夷也,不与中国之号谥。"① 公然表示蔑视。在地缘阻隔、信息罕通的上古社会,独居西南一隅的蜀人,虽有自己的风俗习惯和文化体系,但对华夏文明不太知晓甚至排斥,也是情理之中的事情。时至战国后期(前316),张仪还斥蜀为"西辟之国而戎狄之长",其情其理皆可知矣。不过,巴蜀既然有历史悠久的古文化和古文明,那么它有没有自创一套与中原文字和礼乐不同的体系呢?经过近些年的考古发现,特别是三星堆的青铜器和玉器、金沙的金器和骨器,已经证明巴蜀有自己高度发达的冶炼技术、铸造工艺、审美意识和宗教信仰,我们可称之为"巴蜀礼乐"(或"西南夷礼",而非儒家代表的"华夏礼乐")、"巴蜀文明"(或"酉邦文化",而非中原的三代文明)。

至于巴蜀是否存在古文字,随着考古研究工作的深入,答案也逐渐明朗起来。近代以来,在巴蜀或靠近巴蜀的地区出土的青铜兵器、乐器、礼器、生活用器及铜、石等印章和其他器物上,每每可见刻画或铸造在上面的各种并非纯是纹饰和图案的符号。早在1942年卫聚贤就发表《巴蜀文化》一文,第一次提出"巴蜀文化"的概念,认为这些符号是"巴蜀文字"。1960年以四川省博物馆集体名义发表的《四川船棺葬发掘报告》中也披露,在船棺葬上也存在两类巴蜀文字:一类是"与铜兵器上的铸文相同"的"符号";另一类则是"似汉字而又非汉字"的文字。数十年来,随着文物考古工作的进展,大批巴蜀古物出土,西起成都平原(郫县张家碾、郫县独柏树、战国新都马家大墓、广汉三星堆遗址和成都十二桥),东至重庆市涪陵(小田溪)、万县(新田),东南到湖南省常德(26号战国墓),在如此广大的地域内,都发现了与汉字类似却又不一样的巴蜀符号,其时代相当于春秋至战国末期。据学人初步统计,"巴蜀符号的单符已发现100余种,成组的复合符号已发现200余种"②。不过它们代表什么意思,其中又反映多少巴蜀文化信息,目前尚不得而知。寻找巴蜀古文字文献的工作,仍然是个任重而道远的课题,也是需要广大考古工作者和文献工作者继续探索的

---

① 《史记》卷40《楚世家》,第1692页。
② 李复华、王家佑:《关于巴蜀图语的几点看法》,《贵州民族研究》1984年第4期。

伟大事业。① 我们现在研究巴蜀历史文化，目前仍然主要依靠汉语言文献。

能够明确考见巴蜀早期身影的，是战国秦汉时期的文献。《战国策·秦策》载，秦惠文王后元九年（周慎靓王五年，前316）张仪说"今夫蜀，西辟之国而戎狄之长"；《汉书·地理志》亦述"武都地杂氐、羌，及犍为、牂柯、越巂，皆西南外夷，武帝初开置，民俗略与巴、蜀同"。据此来看，巴蜀风俗同于西南夷，而与中原或关中颇异。即便如此，我们也不能排除巴蜀地区曾经局部地接触华夏（或汉）文化，产生汉语文献的可能；更不能排除巴蜀文化影响中原或关中，从而使巴蜀的历史文化在汉语言文献中得到记载并得以保存的可能。

《世本》佚文与《蜀王本纪》皆说"蜀之先肇于人皇之际"，是"天皇、地皇、人皇"的后裔。又说："蜀无姓，相承云黄帝后。"可见蜀与黄帝也有联系。《史记·五帝本纪》说黄帝娶西陵氏之女嫘祖，生二子，"青阳降居江水"，"昌意降居若水"。《大戴礼记·帝系姓》说：黄帝之子"昌意取于蜀山氏"。汉唐人注：江水即岷江，若水即大渡河。西陵氏和蜀山氏，都在岷江上游地区。说明古蜀人与黄帝族是互婚的联姻集团。《吴越春秋》说："鲧娶于有莘氏之女，名曰女嬉。年壮未孳，嬉于砥山，得薏苡而吞之……剖肋而产高密……家于西羌，地曰石纽。石纽在蜀西川也。"《世本》说"禹娶于涂山氏"，涂山在江州，即今重庆，重庆为古巴国首都。《竹书纪年》也说："桀伐岷山，得女二人，曰琬曰琰。"殷龟、周卜，俱有蜀人。武王伐纣，蜀作为"西土八国"之一，会师于商郊牧野。《山海经·海内南经》说："夏后启之臣曰孟涂，是司神于巴"，

---

① 关于巴蜀古文字的信息，还可详参李复华《四川郫县红光公社出土战国铜器》，《文物》1976年第10期；童恩正、龚廷万《从四川两件铜戈上的铭文看秦灭巴蜀后统一文字的进步措施》，《文物》1976年第7期；刘瑛《巴蜀兵器及其纹饰符号》，《文物资料丛刊》1983年第7期；刘瑛《四川郫县发现战国船棺葬》，《考古》1980年第6期；杨桦《湖南常德德山楚墓发掘报告》，《考古》1963年第9期；魏学峰《古蜀地存在过拼音文字质疑——兼论巴蜀文字的性质》，《四川文物》1989年第6期；冯广宏《巴蜀古文字的破译途径》，《文史杂志》2000年第2期；冯广宏《巴蜀文字的期待（一）》，《文史杂志》2004年第1期；冯广宏《巴蜀文字探究和释读》，《成都理工大学学报》（社会科学版）2004年第3期；董其祥《巴蜀文字的探讨》，《西南师范大学学报》（社会科学版）1989年第3期；刘道军《巴蜀文字研究的回顾和展望》，《黑龙江民族丛刊》2007年第6期；等等。

是从夏朝开始，中原王朝已在巴国设官僚以佐其治理。武王伐纣，巴人亦参加牧野之战，史称"巴师勇锐，前歌后舞"；武王既得天下，"[封]其宗姬于巴"①，巴地亦接受了中原文化。看来，从"五帝"到"三王"时期，巴蜀之人都与中原华夏有联系，甚至有联姻。

后来"周失纲纪，蜀先称王"②；秦厉公二年，"蜀人来赂"③；如此等等，都是春秋战国时期蜀人与中原发生联系的记录。春秋之世，巴人与楚人时时战争，接触更多。在这许多与中原的接触或征战中，巴蜀文化不能不受中原影响，也不可能不影响中原。

关于巴蜀汉语文献的起源，尊经书院院生前贤吴福连在《拟四川艺文志》（下称"吴氏《艺文志》"）曾说："昔大禹有'同天'之谟，吉甫有'清风'之诵；风人采《诗》于江沱，瞿上受经于洙泗。蜀之艺文，由来尚矣！"④ 将巴蜀文献追溯到大禹、《诗经》和孔门时代。其中《大禹谟》系伪《古文尚书》，举此为证不妥；商瞿受《易》于孔子虽真，但他是否为蜀人还有争议。其他吉甫之诵、江沱之诗，则可以信据。

关于蜀学的起源，谢无量《蜀学会叙》（又名"蜀学原始论"）⑤ 又提出"蜀有学，先于中国"之说。"中国"即中原和关中地区。他的论据是，"禹受《洛书》乃制《洪范》"，而"《洪范》于儒家众说，范围而不过，实自禹起"；又说"《连山》禹制之"，而《连山》又居"三易"之首。可见儒家所推尊的《尚书》和《易经》（特别是其中蕴含的五行、阴阳观念），都经大禹而著于文献。

谢先生又说，"《道藏》数千卷，首著《度人经》"，《度人经》相传就是"峨眉天真皇人"传授给黄帝的最早道教文献。天真皇人是道教之祖，《度人经》列为道教最早经典，以"清净修身为本"，《道德经》不过是它的绪余流裔。道家经典也始于蜀中，为后来道教在蜀中的创立打

---

① （晋）常璩著，刘琳校注：《华阳国志新校注》卷1《巴志》，第6页。
② （晋）常璩著，刘琳校注：《华阳国志新校注》卷3《蜀志》，第99页。
③ 《史记》卷5《秦本纪》，第199页。
④ 吴福连：《拟四川艺文志·序》，载王闿运辑《尊经书院初集》卷9，清光绪成都刻本；又收入赵所生、薛正兴主编《中国历代书院志》，江苏教育出版社1995年影印本，第16册，第299页。
⑤ 谢无量：《蜀学原始论》，四川国学院《国学杂志》第6号，1913年2月；又转载于中央文史研究馆编《崇文集——中央文史研究馆馆员文选》，中华书局1999年版，第230页。

下了基础。

又说,《山海经》载"广都之野,其民播琴"。广都①,即今四川双流,是古蜀三都(成都、广都、新都)之一。"琴",清人毕沅解释为"种",无据。谢无量解释为琴瑟之"琴";"播"即表演,义合于上下文。如此则说明爱好音乐乃巴蜀传统,所以后来汉、晋乐歌都推崇《巴渝》之曲。

又说,大禹娶于涂山(在今重庆),涂山氏因思念治水在外的大禹,于是制作"南音"让婢女歌之以候大禹,这是古代诗歌的开始。后来屈原(生于秭归,古属巫山)即据"南音"造作《骚》体文学;《吕氏春秋》还认为"周公、召公取以为《周南》《召南》"(《音初》)。

又说,尹吉甫为周卿士,创作多首颂诗,今天还保存在《诗经·国风》中,尹吉甫相传是江阳人,江阳在今泸州。由此可证,中国上古音乐、骚赋、诗歌等文学艺术都源出巴蜀。

谢先生这么说,有没有道理和依据呢?考之文献,除了《度人经》本出于唐代以后,说它是黄帝时作品事属渺茫,难于征实。此外其他诸事皆确有理据,并非无稽之谈。孟子称:"禹生石纽,西夷人也。"②《史记·六国年表·序》亦曰"禹兴于西羌",谯周《蜀本纪》亦谓"禹本汶山广柔县人也,生于石纽,其地名刳儿坪"。石纽、刳儿坪在今汶川和北川都有遗迹。禹既是蜀人,禹之事即蜀之事也。上古文献,莫早于《易》卦阴阳,莫奇于《洪范》五行。《易·系辞》述《易》之起源时说:"河出图,洛出书,圣人则之。"圣人是谁呢?相传即伏羲、大禹是也。汉人说:"伏羲氏继天而王,受《河图》,则而画之,八卦是也;禹治洪水,赐《洛书》,法而陈之,《洪范》是也。"③张衡在《东京赋》中也说:"龙图授羲,龟书畀姒。"羲即伏羲,姒即禹姓。都说上古之世,黄河出"龙图",洛水出"龟书",伏羲根据龙图造成了八卦,即《易》的起源;禹根据龟书造成了《洪范》,后来箕子向武王所陈《洪范》,即

---

① 原文作"都广",校者以为系"广都"在流传中的误倒。
② 今《孟子》无此语,此为《史记·六国年表》注引皇甫谧所言"孟子称:'禹生石纽,西夷人也。'"之语(《史记》卷15《六国年表》,第686页)。
③ 《汉书》卷27上《五行志上》引刘歆说,第1315页。

来源于大禹。《尚书·洪范》序载箕子之言说："天乃锡禹《洪范》九畴，彝伦攸叙。""洪"者大也，"范"者法也，用今天的话说，洪范即大经大法，是治国的"大宪章"。禹得到了"天锡"《洪范》"九畴"，才使民间日常伦叙得到规范和条理。根据箕子所陈，"九畴"即九类治世理民的大原则："初一曰五行，次二曰敬用五事，次三曰农用八政，次四曰协用五纪，次五曰建用皇极，次六曰乂用三德，次七曰明用稽疑，次八曰念用庶征，次九曰向用五福，威用六极。"

"五行"是讲水、火、土、金、木五种物质的特性和功能，"五事"是讲人的五种感觉和思维，"八政"是讲政治的八个要务，"五纪"是讲五种天象历法，"皇极"是讲为君之道，"三德"是讲三种美德，"稽疑"是讲处理疑难问题的方法，"庶征"是讲预示吉凶的气象，"五福"是讲人有善德将获五种福祉，"六极"是讲人有恶行将受六种灾殃，"九畴"涉及面相当广泛。每一种下面还有许多具体的说明，也都是先民的经验总结和政治智慧的结晶，如果这真出禹之所传，那禹肯定是具有极高智慧的。所以当武王听完箕子所陈后，非常高兴，立即"封箕子于朝鲜，而不臣也"①，意思是不把他当成普通臣子对待。

关于《连山》，首载于先秦文献《周礼》：太卜"掌三易之法，一曰《连山》，二曰《归藏》，三曰《周易》。其经卦皆八，其别皆六十有四"（《春官·太卜》）。又："筮人掌三《易》以辨九筮之名：一曰《连山》，二曰《归藏》，三曰《周易》。"（《春官·筮人》）可见《连山》与《周易》是同一类型的书，都是由经卦、别卦组成的"易书"，是用来占筮的。汉人注说，《连山》是夏易，《归藏》为殷易，《周易》为周人的易。②《连山》首艮，艮为山，山下山上，象山之相连无绝，一说"似山出内气，连天地也"③，故称"连山"。《归藏》首坤，坤为地，万物莫不归藏于其中，故称"归藏"。《周易》首乾，乾者健也，健行不已，周还复始，故曰"周易"。《山海经》说："伏羲氏得《河图》，夏后氏因之曰

---

① 《史记》卷38《宋微子世家》，第1620页。
② 见（唐）孔颖达《周礼·太卜》正义引汉郑玄《易赞》。
③ 《三国志·魏书·高贵乡公传》淳于俊语（《三国志》卷4《魏书·高贵乡公传》，中华书局1959年标点本，第136页）。按，三星堆出土的"青铜神坛"，已经具备"太极生两仪，两仪生四象，四象成《连山》"的原理。详见第一章第一节脚注。

《连山》；黄帝氏得《河图》，殷人因之曰《归藏》；列山氏得《河图》，周人因之曰《周易》。"① 《连山》居"三易"之首，影响及于《归藏》和《周易》。

《周易》今天还在流传，义例彰彰。《连山》《归藏》今已亡佚，谜团多多。据说二易汉代还有流传，桓谭《新论》就说："《连山》八万言，《归藏》四千三百言。《连山》藏于兰台，《归藏》藏于太卜。"北魏郦道元作《水经注》还有称引，如《淮水注》引《连山易》："有崇伯鲧，伏于羽山之野。"② 晋皇甫谧《帝王世纪》亦引《连山易》："禹娶涂山之子，名曰攸女，生余（余即启或均）。"③ 可见《连山》实有其书，而且其中还有夏代故实，应当与禹有联系，可惜后世竟然失传了。④

至于"南音"问题，也是有依据的。《吕氏春秋·音初》讲乐歌起源时说："禹行功见涂山之女，禹未之遇而巡省南土，涂山氏之女乃令其妾待禹于涂山之阳，女乃作歌。歌曰'候人兮猗！'实始作为'南音'。周公及召公取风焉，以为《周南》《召南》。"韦昭注，"南音"，"南方国风之音"。"候人兮猗"四字，是见于信史最早的乐歌。当年周公、召公据其格调而整理成《周南》和《召南》，这类诗篇今天还见于《诗经》之中。涂山氏在何处？唐苏鹗《苏氏演义》说："涂山有四：一者会稽，二者渝州……三者濠州……四者……今宣州当涂县也。"依次为今天的浙江绍兴、重庆、安徽寿春和当涂。也许禹治四渎，四海为家，涂山氏前往居住，四地皆有可能。但是结合"南音"，特别是《周南》《召南》所涉及物候和地理特征看，其在江汉一带（即今重庆、鄂西、汉中）可知。

---

① 引文今本《山海经》不载，盖佚。王应麟《汉艺文志考证》卷1引。又朱震《汉上易传》卷上"卦图"、罗泌《路史》卷32"论三易"注皆引此文。又皇甫谧《帝王世纪》谓："炎帝得《河图》，夏人因之曰《连山》。"姚信又曰："连山氏得《河图》，夏人因之曰《连山》。"诸人言得《河图》者各别，而制《连山》者则皆禹也。

② （北魏）郦道元注，（清）杨守敬疏：《水经注疏》卷30《淮水》"又东至广陵淮浦县入于海"注引，第2567页。

③ （宋）王应麟著，张三夕、杨毅点校：《汉艺文志考证》卷1引，中华书局2011年版，第134页；《玉海》卷35引同，文渊阁《四库全书》影印本。

④ 关于《连山》，梁元帝和隋儒刘炫俱有补作，北宋《三坟易》亦有其言，俱不可信。近时，又有报道说，贵州独山县有人向贵州省民族图书馆捐赠了一本家族中流传七代的水族奇书《连山易》，精神可嘉。但据其所示《连山易图》，实乃《阴阳鱼太极图》，此图清人已经明辨其最早为北宋（或元代）的产物，故其是否为夏易之《连山》，还有待进一步研究。

故晋常璩《华阳国志·巴志》明确说:"禹娶于涂山,辛壬癸甲而去,生子启,呱呱啼,不及视,三过其门而不入室,务在救时。今江州涂山是也,帝禹之庙铭存焉。"江州即渝州,亦即今重庆市。可见涂山氏创作的"南音"始于巴地,是信而有征的。

关于尹吉甫所作之颂,亦见于《诗经》。曹学佺《蜀中广记·著作记》也著录:"《大雅·崧高》《韩奕》《江汉》《烝民》四篇,尹吉甫作也。吉甫,周宣王时人,以太师为大将。薄伐猃狁,有功,诗人美之。曰:'文武吉甫,万邦为宪。'宣王入淮,吉甫以卿士兼内史,掌策命;寻复文武之境土,会诸侯于东都。中兴之功,吉甫为盛。《蜀纪》《华阳国志》皆称'吉甫,江阳人'。"江阳即今泸州。"文武吉甫,万邦为宪"之句见于《诗经·六月》,说的是周宣王即位之年(前827),猃狁侵边,王命尹吉甫帅师伐之,有功而归,诗人于是作歌以颂之。相传吉甫不仅有武功,而且还会作诗,《诗经》中也屡有提及,《崧高》说:"吉甫作诵,其诗孔硕,其风肆好,以赠申伯。"《烝民》说:"吉甫作诵,穆如清风。"此外,据《诗序》,《韩奕》《江汉》皆吉甫所作。至于说吉甫为江阳人,曹学佺说见于《蜀纪》和《华阳国志》,《蜀纪》即《蜀王本纪》,今佚,《华阳国志》今本不载,疑为佚篇。北宋祝穆《方舆胜览》卷62《泸州》云:"尹吉甫,江阳人,有祠在城南。又报恩观建清穆堂以祠之。"《明一统志》卷60引四川《泸州志》卷72小传,皆有相同记载。还说吉甫有子伯奇,性至孝,由于后母之谮而被逐,伯奇"编芰荷为衣,采楟花而食。清朝履霜自伤,援琴鼓之,作《履霜操》"。可见伯奇既是个孝子,也是个擅长诗乐的人。嘉庆《四川通志·艺文志》也说:"粤自猗南寄咏,江渚兴歌,蜀之艺文所由肇也。""猗南寄咏"指涂山氏自制"候人兮猗"歌曲;"江渚兴歌"指江阳人伯奇(吉甫子)的《履霜操》。这些都是巴蜀艺文的起源。

这里我们需要补充的是,除了谢先生所举夏禹时文献外,还有数事可证:一是《禹贡》,二是《山海经》,三是《夏小正》。

《尚书·禹贡序》说:"禹敷土,随山刊木,奠高山大川。"《禹贡》是大禹治水成功后,根据各地土壤等级,撰写的贡赋方案。《禹贡》是中国地理学著作鼻祖,开中国地理文献之先河。可是,在怀疑一切的时代里,它却备受非议,以为它不过是战国以后,甚至秦汉时代的赝品,不值一顾；甚至连禹是否治过水，禹是否有其人，也都成了问题。事实证明这一怀疑是没有必要的。因为禹的事迹不仅广泛见于《左传》《诗经》《论语》等典籍，而且在2002年北京保利博物馆收的西周中期《遂公盨》铭文中，也有明确记载："天命禹敷土，随山浚川。"与《尚书·禹贡序》一模一样。这就为解释禹和《禹贡》的种种疑难提供了强有力的佐证。曹学佺《蜀中广记·著作记》将《夏书禹贡》著于"尚书"文献之首，曰："记禹敷土奠川及九州之田赋，与贡道所经，凡千百九十余言。"又引伏生《尚书大传》："《禹贡》可以观事。""事"者，王者治国理民之事也。又引《荀子注》曰："大禹生于西羌，学于西王国。"并注曰："西王国者，西羌之贤人也。"说明《禹贡》的产生不仅与巴蜀古人（禹）有关，而且还接受了西蜀羌人文化的熏陶，是巴蜀各族文化孕育的硕果。

关于《山海经》，自汉以来相传是"禹与伯益所作"的说法，在疑古时代也备受非议。蒙文通根据书中与中原文献不同的地理概念等问题，认为"《山海经》就可能是巴、蜀地域所流传的代表巴蜀文化的典籍"①。如果结合汉人《山海经》系"大禹、伯益作"的传说来考察，《山海经》作为巴蜀早期文献之一，是完全可能的。有人甚至推论《山海经》之所以记事奇怪，有可能原本就是用"巴蜀图语"写成，后来才转换翻译成华文版的。② 如果说《禹贡》所载是大禹入主中原后的全国性文献的话，那么《山海经》则是以巴蜀地区为中心的文献，是真正的巴蜀文献。

关于《夏小正》，相传亦禹所传，这是中国最早的授时历书，今载于《大戴礼记》。

此外，《汉书·艺文志》杂家著录"《大禹》三十七篇"，班固注："传言禹所作，其文似后世语。"《史记·大宛列传》又载："太史公曰：

---

① 蒙文通：《略论〈山海经〉的写作时代及其产生地域》，《蒙文通全集·诸子甄微》，第136页。

② 唐世贵《〈山海经〉成书时地及作者新探》［《辽宁师范大学学报》（社会科学版）2006年第4期］云："《山海经》巴蜀图语本成书于西周前期，战国初中期，华文本《山海经》由定居蜀地的楚国贵族后裔综合图语本、口头流传，再加入楚地神话以及中原、海外历史地理知识编写而成。"又，王应麟《玉海》卷14《咸平山海经图》引朱子说："《山海》诸篇记异物飞走之类，多云东向，或云东首，皆为一定不易之形，疑本依图画而为之。"可参证。

《禹本纪》言'河出昆仑'……至《禹本纪》《山海经》所有怪物，余不敢言之也。"这些文献也许为后人假托，也许是在经过长期口传后，到晚期才写定，因此难免带上后世特征（这是许多上古文献成书之通例，也是人类文化衍进之共性），正式成文可能稍晚（如战国时期），甚至增加了神话志怪传说，这里姑存其目，只将它们作为探讨巴蜀早期文献时的参考。

又有"禹碑"，传说为大禹治水时所刻，碑原在南岳衡山祝融峰上，因衡山又称岣嵝山，故此碑亦称"岣嵝碑""祝融碑"。后世怀疑其为伪碑，但其名称却始见于东汉罗含《湘中记》、赵晔《吴越春秋》，后来郦道元《水经注》、徐灵期《南岳记》、王象之《舆地纪胜》均有记述，韩愈、刘禹锡也曾为之赋诗。南宋嘉定五年（1212），何致游南岳摹拓全文，复刻于长沙岳麓山，总共77个字，像缪篆，又像符篆，字迹难辨，明杨慎释文为大禹治水事。① 后来，昆明、成都、绍兴、南京栖霞山和西安碑林等处皆有摹刻。

以上所举，是巴蜀历史文化在汉语言文献中的反映。至于中原人士影响巴蜀文献的产生肯定也是有的，如《汉书·艺文志》著录《尸子》《臣君子》《苌弘》诸书，实皆产生于蜀。

《汉书·艺文志》诸子略道家类载有《臣君子》，自注："蜀人。"列在被韩非称道的"六国人"《郑长者》书之前。清张澍说"臣"是姓，"君子"是尊号。蒙文通考证说："六国时蜀人臣君子远在韩子之前已有著述，并传于汉代，书在道家，这可能是严君平学术的来源。"②

又杂家著录"《尸子》二十篇"，注："名佼，鲁人。秦相商君师之，鞅死，佼逃入蜀。"《史记·孟荀列传》"楚有尸子"，裴骃《集解》引刘向《别录》："楚有尸子，疑谓其在蜀。今按，《尸子》书，晋人也，名佼，秦相卫鞅客也。卫鞅商君谋事画计，立法理民，未尝不与佼规之也。商君被刑，佼恐并诛，乃亡逃入蜀。自为造此二十篇书，凡六万余言。

---

① 或以为道士符咒。叶昌炽《语石》云："三代鼎彝，名山大川，往往间出。刻石之文，传世盖少。祝融峰铭，实道家之秘文。"
② 蒙文通：《巴蜀史的问题》之《巴蜀的文化》，《蒙文通全集·古族甄微》，第151—152页。

卒，因葬蜀。"可见《尸子》一书即写于蜀中。蒙文通曰："裴骃、刘向都是第一流学者，所称述的这件事当然可信。"①

又阴阳家著录："《苌弘》十五篇。"注："周史。"《庄子·外物》有"苌弘死于蜀，藏其血，三年而化为碧"的话，可见苌弘虽是周史，后来也死葬于蜀，其学亦应传于蜀。蒙文通说："这可说是落下闳一派学术的来源。"②

以上这些，就是目前依稀可考的先秦时期在巴蜀的古文献，其中已经涉及哲学宗教（《连山》）、文学艺术（"南音"、《诗经》）、政治（《洪范》）、历史地理（《禹贡》《山海经》）、科技（《夏小正》）、诸子（《苌弘》《尸子》《臣君子》等），还形成了阴阳、五行、九州、历法、八政、音乐、土风等文化要素。

第二节 历史积淀：巴蜀文献的著录

一 古代学人的著录

关于历代巴蜀文献，《汉书·艺文志》《隋书·经籍志》等正史艺文（经籍）志时见著录；宋晁公武《郡斋读书志》、陈振孙《直斋书录解题》，以及清代《四库全书总目》、中华民国《续修四库全书总目提要》等公私书目亦多有评价，但是以上诸书都属于全国性书目，且所著录之巴蜀文献，皆杂厕于诸书各目之下，未能得到集中、系统的著录。

至明代曹学佺撰《蜀中著作记》10卷，巴蜀文献才始有专述，自先秦至宋元的蜀人著作700余种，都得到了原原本本的著录和考述。然而明清以下，尚未有人续编。嘉靖修《四川总志》，其艺文部分委当时才子杨慎编纂，杨氏爱好文学、热心蜀故，所编艺文志64卷，广泛选录古今学人有关蜀事的诗赋文章，因别成《全蜀艺文志》一书。但是该书录文章有余，而纪书目却不足，史志"艺文"一体为之改变。雍正《四川通志》亦仅录文艺辞章，相承未改，至嘉庆重修《四川通志》，乃恢复"汉志""隋志"传统，自卷183至卷188，俱为巴蜀经籍的"四部"目录，自先

---

① 蒙文通：《巴蜀史的问题》之《巴蜀的文化》，《蒙文通全集·古族甄微》，第151页。
② 蒙文通：《巴蜀史的问题》之《巴蜀的文化》，《蒙文通全集·古族甄微》，第152页。

秦迄于清初的全蜀著述，略备于兹矣。及乎晚清，尊经书院开办，蜀学再兴，师生肄业，亦颇有人关注蜀学的发展历程和蜀人的著述成果，于是有《蜀学编》① 和《拟四川艺文志》② 之草创。《蜀学编》以人物为中心，考述历代蜀学的传承与流变；《拟四川艺文志》则以书为中心，总览巴蜀著作之分类目录。巴蜀古代学术及其成就，于此得到初步梳理和总结。

近时学人，又根据巴蜀历代府县方志，专题考察宋人和清人的著述成果，分别编成《宋代蜀人著述存佚录》（许肇鼎）、《清代蜀人著述总目》（王晓波），宋代和清代蜀人之著作文章信息，乃毕聚于兹。

随着《巴蜀全书》工程的进行，我们又开展了"巴蜀文献通考""巴蜀文献版本目录""巴蜀全书总目提要"等子项目，计划对历史上曾有的巴蜀文献和现存的巴蜀文献进行全面考述。据目前掌握的信息，其数量较上述各书所录增益约达 1/3。然而限于时日，以上 3 个子项目尚未取得最终成果，故兹仍据嘉庆《四川通志》所录，胪列巴蜀文献数量及分布情况如下：

表 3-1　　　　　　嘉庆《四川通志·经籍志》统计表

部类		汉唐	宋	元	明	清	类计
经部	易	13	63	12	17	18	123
	书	3	23		4	2	32
	诗	4	22		6	3	35
	礼 周礼		6	1		3	10
	礼 仪礼		2			1	3
	礼 礼记	3	3	3	3	2	14
	礼 通礼	1	5	3	7	1	17
	乐	1	9		1		11
	春秋	10	55	14	9	6	94
	孝经	4	4	1	1	1	11
	五经	2	20	7	10	3	42

---

① （清）高赓恩、伍肇龄同编《蜀学编》，系据尊经诸生方守道等"课艺"成果编成。
② 参见吴福连《拟四川艺文志》，载王闿运辑《尊经书院初集》卷 9，清光绪成都刻本；又收入赵所生、薛正兴主编《中国历史书院志》，江苏教育出版社 1995 年影印本，第 16 册。

续表

部类			汉唐	宋	元	明	清	类计
经部	四书	论语	1	21	1		1	24
		大学		1		2	1	4
		中庸		6		2	2	10
		孟子		13		1	1	15
		四书总		3	1	14	17	35
	小学		8	5		36	9	58
	经部合计		50	261	43	113	71	538
史部	正史		1	2				3
	编年			11			1	12
	纪事本末			4			1	5
	别史			16		1	1	18
	杂史		7	34	1	8	12	62
	诏令奏议		3	5	1	30		39
	传记		9	25	1	13	7	55
	史钞		4	14		6	5	29
	载记		8	5		2		15
	时令			1		2		3
	地理		8	57	5	36	45	151
	职官		1	14		1		16
	政书		4	43	1	19	2	69
	目录		1	1		2	2	6
	史评		1	20	1	6	5	33
	史部合计		47	252	10	126	81	516
子部	儒家		7	18	1	23	24	73
	兵家		3	7				10
	法家					3		3
	农家			1		1	1	3
	医家		13	14		5	13	45
	天文算法		7	5			1	13
	数术		13	16		5	9	43
	艺术		7	6	1	7	2	23

续表

部类		汉唐	宋	元	明	清	类计
子部	谱录	3	6	1	2	7	19
	杂家	4	28		53	24	109
	类书	6	10	1	11	1	29
	小说家	5	16		13	1	35
	释家	11	10		23	9	53
	道家	48	23		15	1	87
	子部合计	127	160	4	161	93	545
集部	别集	30	192	19	272	274	787
	总集	3	17		39	25	84
	诗文评	1	5		8	6	20
	词曲	1	6	2	12	7	28
	集部合计	35	220	21	331	312	919
四部总计		259	893	78	731	557	2518
别录：寓蜀文献	经部	14	10				24
	史部	66	69	2	51	27	215
	子部	49	5	4	4	2	64
	集部	47	28	1	21	15	112
	别录合计	176	112	7	76	44	415
各类总计		435	1005	85	807	601	2933

以上嘉庆《四川通志》共著录巴蜀四部文献凡 2933 种，时间上起先秦，下迄清乾隆年间；作者则分两类，一类是蜀人自撰著作，共计 2518 种；一类是外籍寓蜀者所著和所编著作，共计 415 种。总体来说，嘉庆《四川通志》分类比较合理，统计也较为完备，各类所反映出来的巴蜀文献也与蜀学的起伏和特征相统一。

晚清时期，尊经院生吴福连《拟四川艺文志》著录先秦至晚清"大凡书六略三十四种、千八十四家、千五百七十三部"。因其书重在以阐明蜀学源流和特征，故每个时代只大致著录重要的有特色的著作，而不在于网罗所有，因此连他频频引用的《四川通志》材料也未能尽录，其所著录的巴蜀文献仅及《四川通志》的一半（1573∶2933）稍强。

表 3-2　　《蜀中著作记》《拟四川艺文志》著录文献一览表

部类		《蜀中著作记》	《拟四川艺文志》
经部	易	27	73
	书	6	21
	诗	6	25
	礼	11	40
	春秋	21	67（另含史 266）
	孝经		7
	五经		29
	论语	9	
	乐	6	13
	小学	1	91
	谶纬	6	
	经部合计	93	632
史部	国史	76	
	蜀史	29	
	地理	128	
	史部合计	233	266（合于春秋）
子部	儒家	14	86
	兵家	9	25
	法家		13
	农家	2	10
	名家		11
	医家	8	68
	阴阳家		8
	术数	9	53
	艺术	3	
	墨家		23
	谱录	3	
	纵横家		7
	杂家	12	96
	小说家	14	67
	内典	43	
	道家	39	24
	子部合计	156	491

续表

部类			《蜀中著作记》	《拟四川艺文志》
集部	别集		142	
	总集		5	
	集部合计		147	439
四部总计			629	1562
别录：寓蜀文献			64	
总计			693	1562

二　近时学人的考述

已故四川大学图书馆研究馆员许肇鼎，于20世纪80年代撰《宋代蜀人著作存佚录》（巴蜀书社1986年版），收载宋代巴蜀学人所著文献2500余种（四川大学出版社2015年出版其后人校补本，又补充1000余条），前后两版收录图书多出《四川通志》所录同期资料2500余种，这还不包括同时代外籍人士所著以巴蜀为内容的著作。

王晓波等人撰《清代蜀人著述总目》，在广泛普查清代、中华民国四川各县县志的基础上，对清代巴蜀文献做出了前所未有的全面著录和统计。总计各类文献3000余种，在嘉庆《四川通志》所录清初文献基础上增加2400余种。

如果将嘉庆《四川通志》著录的先秦至明代文献2933种，加上"许目"多出的2500余种、"王目"多出的2400余种，已知巴蜀古代文献总数将达7800余种。如果再加上《巴蜀全书》普查时增多的1/3新目，历代巴蜀文献应当在10000种左右。

第三节　述故与考文：巴蜀文献的整理

一　巴蜀文献的整理

对巴蜀文献进行调查研究，一直是历代四川学人的梦想。在历史上，许多学人曾经对巴蜀文献的整理和出版付出过热情和心血，曾经将巴蜀文献编录入各类全国性文献之中，也曾经编纂有各类巴蜀文献的总集、全集和丛书。若溯其远源，春秋时孔子在"论次《诗》《书》、修起

《礼》《乐》"之时，就曾经将《禹贡》《洪范》编入《尚书》，将尹吉甫所作诸颂选入《诗经》，这就将巴蜀文献编录进了全国性文献之中，巴蜀文献因此得到最早的整理。及至汉代，刘向、刘歆父子校录《山海经》，这是将巴蜀文献作为主体进行的整理。

班固《汉书·艺文志》，于《诸子略·儒家类》著录："扬雄所序三十八篇：《太玄》十九、《法言》十三、《乐》四、《箴》二。"于《诸子略·道家类》著录："《臣君子》二篇。"于《诸子略·阴阳家类》著录："《苌弘》十五篇。"于《诗赋略》著录，"司马相如赋二十九篇""王褒赋十六篇""扬雄赋十二篇"。《汉书·艺文志》所录诸书，除班固后来所补扬雄等篇外，皆经刘向、刘歆父子整理，可见臣君子、苌弘、司马相如、王褒等人著作，皆在西汉经过整理之后获得著录。特别是《扬雄所序》是一套丛书规模，这是正史所载的巴蜀学者个人著述的首次汇集。

晋唐以后，这种整理和编录，更为常见。晋陈寿曾收集整理《诸葛亮集》。六朝时，又有人取司马相如《上林赋》《难蜀父老文》及《封禅颂》诸作，与其赋合辑成集，《隋书·经籍志》著录"《汉文园令司马相如集》一卷"①。《隋书》所录汉巴蜀人文集，还有"《汉谏议大夫王褒集》五卷，《汉太中大夫扬雄集》五卷"，这些集子也是后人所编。例如《扬雄集》，《郡斋读书后志》有著录，说："古无雄集，皇朝谭愈好雄文，患其散在诸篇籍，离而不属，因缀辑之，得四十余篇。"陈振孙在

---

① 按，唐刘知几《史通·杂说上·诸汉史》云："马卿为《自叙传》，具在其集中。子长因录斯篇，即为列传；班氏仍旧，更无改作。固于马、扬传末，皆云迁、雄之自叙如此，至于相如篇下，独无此言，盖止凭太史之书，未见《文园》之集。"以为司马相如曾经作《自叙》一篇，收在自己集子中，被司马迁采用来作成《司马相如列传》。王应麟《困学纪闻》卷12也说："《史通》云司马相如始以《自叙》为传，然其所叙但记自少及长立身行事而已。今考之本传，未见其为《自叙》。又云相如《自叙》记其客游临邛，以《春秋》所讳，特为美谈，恐未必然。意者《相如集》载本传，如贾谊《新书》末篇，故以为《自叙》欤?"似乎司马相如自己已将文章汇编成集，而且还仿时人（贾谊）故事，在卷末撰《自叙》一篇以殿之。然而考诸《史记》实无其事，《司马相如列传》说："而相如已死，家无书，问其妻，对曰：'长卿固未尝有书也，时时著书，人又取去，即空居。长卿未死时，为一卷书，曰：有使者来求书，奏之。无他书。'其遗札书言封禅事。"《汉书·艺文志》只著录《司马相如赋》29篇，说明西汉刘向校书时也只汇集其赋，他的其他作品多分散流传。其全集著录始见《隋书·经籍志》，后来旧、新《唐书》的"经籍""艺文志"都有著录，不久亦佚，今唯传明人辑本。据金德建考证，隋唐人所见所谓司马相如《自叙》，实为后人改《史》《汉》本传为之，非相如自撰（金德建：《司马迁见过〈司马相如集〉吗?》，《人文杂志》1986年第1期）。

《直斋书录解题》中也说："盖古本多已不存，好事者于史传类书中钞录，以备一家之作，充藏书之数而已。"而《王褒集》5卷的编纂情形，亦当如是。这说明西汉时巴蜀学人的文集，在六朝时期曾经得到整理和编录。

唐代整理个人文集自属多见，如李阳冰就曾受李白委托，整理过他的《草堂集》。而汇集一地文献以成总集者，在唐代也出现了。王象之《舆地碑记目》卷4载有《嘉定诗》，注云："岑参编。"五代前蜀时，在成都也产生过一部汇录地方文献的总集——《蜀国文英》，凡8卷，为前蜀嘉州司马刘赞纂集（见《宋史·艺文志》）。吴任臣《十国春秋》卷43有《刘赞传》，说他"幼文思迟钝，日祷天乞文才，忽梦吞小金龟一枚，文章大进。乾德时官嘉州司马。后主荒淫无节，日与近臣潘在迎辈宴饮亵慢。赞献陈后主《三阁图》，并作歌以讽，后主虽不之罪，而亦不能用也。未几迁学士，有《玉堂集》若干卷，又编《蜀国文英》八卷。一日吐金龟投水中，无何卒"。其生平颇具传奇色彩，但其为人还算正直，"文英"云者，文章之英华也，下启宋人"文苑英华"之名，其书乃选录蜀中有补政教之文章以供君主镜鉴。

后蜀赵崇祚又编纂以巴蜀词人作品为主体的《花间集》，是天下词作第一总集；《崇文总目》卷11又著录北宋章棨编《成都古今诗集》6卷。至于私家著述之编成集子得以流传者，如《东坡七集》（苏轼）、《栾城四集》（苏辙）、《鹤山全集》（魏了翁）等个人全集和《三苏文粹》（无名氏）、《三苏文类》等总集，更是更仆难数。南宋时，井度、晁公武在巴蜀收录各类图书，后由晁公武依据这些收藏，撰成第一部私家目录书《郡斋读书志》，其中类多巴蜀文献的提要。王象之《舆地碑记目》还载费士戣《固陵集》①，曹学佺《蜀中广记·著作记》说是"宋广都（今双流）费士戣达可著。嘉定中为夔守，编集管内山川建置碑文记颂为二十卷，多半夔门之书，在旁县者十之二三"。至南宋庆元中，制置使建安袁说友编《成都文类》50卷，至今仍传，保留了许多优秀的巴蜀诗文，其

---

① 杨慎曾在《全蜀艺文志序》中提到他编《全蜀艺文志》的主要资料来源之一是"李光所编《固陵文类》"。四川师范大学王文才教授认为《固陵文类》就是《固陵集》（参见王文才《杨慎学谱》，上海古籍出版社1988年版）。此说甚是，此书很可能是费士戣领衔，而实际编纂者为李光，但李光其人生平不详。

中有很多诗文为其他书所无。

及明嘉靖中至万历年间,杨慎博览群书,为配合当时《四川总志》的修纂而撰成的《全蜀艺文志》(又署周复俊)64卷,在《成都文类》《固陵文类》等书的基础上,"博采汉魏以降诗文之有关于蜀者,汇为此书。包括网罗,极为赅洽"①;万历续修《四川总志》时,杜应芳、胡承诏又在杨书基础上重辑《补续全蜀艺文志》56卷,将巴蜀诗文收录时代延伸到了明代,于是巴蜀历代艺文乃得集大成式的整理和收录。至万历年间,曹学佺入蜀历任右参政、按察使,曾编著《蜀中广记》180卷,将蜀中故实艺文分十二类(名胜、边防、通释、人物、方物、仙、释、游宦、风俗、著作、诗话、画苑),分别予以著录,"搜采宏富,颇不愧《广记》之名"②,堪称巴蜀文化资料大全。

清代李调元搜罗巴蜀稀见文献,校勘辑刻入大型丛书《函海》,多达160余种,1000余卷,实在是编纂《巴蜀全书》的首次尝试。晚清民国以来,又编有各类"蜀诗""蜀词""蜀文"和"川戏"等选集,都为巴蜀文献的编纂、出版做出了重要尝试。

不过,前人对巴蜀这些别集、总集或丛书的整理和编录,还局限于个人或家族性质,其稍具区域性者,也多限于单篇文章或稀见文献的汇刊,远未能对全部巴蜀古文献进行收集和整理,这对丰富多彩、卷帙浩繁的巴蜀文献来说,只是沧海一粟、冰山一角而已。20世纪初,宋育仁、谢无量等人在北京、上海先后发起组织蜀学会,以振兴蜀学为号召。谢无量更提出编纂《蜀藏》设想,宣称"本会拟渐次刊行蜀乡先辈遗书,名曰《蜀藏》,并广征蜀中私家著述,为之表章"③,立意宏阔,可惜因社会动荡而未果。后有胡淦等曾发起《四川丛书》编纂,也只留下《四川丛书拟目》(藏重庆图书馆)一编。

二 巴蜀文献的分类著录

关于巴蜀文献的分类,自汉至宋元都没有专门的巴蜀经籍志(或艺

---

① (清)永瑢等:《四库全书总目》卷189《全蜀艺文志》提要,中华书局1965年版,第1717页。
② (清)永瑢等:《四库全书总目》卷70《蜀中广记》提要,第627页。
③ 谢无量:《蜀学会叙·叙礼第三》。

文志），巴蜀文献同其他地方文献一道，散见于各种全国性书目的子目之下，即使是南宋晁公武主要依据蜀中文献著成的《郡斋读书志》也是如此，因为他所著录的对象虽然是以井度和晁氏自己在蜀中收集的文献为主，但其内容并不完全是我们所指的"巴蜀文献"（亦即巴蜀籍学人所著，或外乡人记录巴蜀的文献），尽管其中也包括了部分"巴蜀文献"在内，但并未专门针对"巴蜀文献"制订出一个著录体系。明代有《全蜀艺文志》一书，但也不是著录巴蜀经籍的书目，而是选录巴蜀的文章诗词，虽有分类，仅是依据文选体例按文体对文章进行编录，而不是对书籍目录的类聚群分。历史上对巴蜀文献进行分类著录尝试的主要有四家。

（一）曹学佺《蜀中著作记》

第一个对巴蜀文献进行专项系统分类著录的是曹学佺的《蜀中著作记》（以下简称"曹记"）。凡10卷，明代曾有单行本，黄虞稷《千顷堂书目》卷10有著录；又收入《蜀中广记》，从卷91至卷100，也是10卷。

"曹记"卷1为"经部"，著录孟蜀所刻"石本九经"及各经注疏93种（以下按《易》、《书》、《诗》、《春秋》、《礼》、《乐》、《论语》、《孟子》、谶纬、《尔雅》排列）。

卷2、卷3为"史部"，又分"国史"和"蜀史"两部分。其中卷2国史著录谯周《古史考》、陈寿《三国志》、苏辙《古史》、范祖禹《唐鉴》，以及李心传《建炎以来系年要录》《建炎以来朝野杂记》、李焘《续资治通鉴长编》等著作，都是全国性史书，属于蜀人史学成就的范围。卷3是"蜀史"类，著录吴昌裔、郭允蹈《蜀鉴》，以及安丙《靖蜀编》、李心传《西陲泰定录》、李珙《丁卯实编》（皆记平吴曦事）等以蜀中故实为主体的著作，属于研究巴蜀及全国历史必须依据的文献。

卷4为"子部"，著录严遵《老子指归》等156种，按道、儒、方术、小说（含小学）、历数、兵、医方、谱录、农等排列。卷5专录佛教、道教文献，特设"内典"（佛）、"玄书"（道）二类。卷6"地理志部"，著录《山海经》、水经、山志，以及记蜀（如《本蜀记》《华阳国志》《益部耆旧传》等）、咏蜀（《蜀都赋》等）、游蜀（《入蜀记》等）和地方志文献。

卷7、卷8、卷9、卷10为"集部"，前3卷包括《蜀国文英》《成都古今诗集》《成都文类》《全蜀艺文志》等总集,以及《司马相如集》等别集147种,皆蜀人所作;最后1卷(即卷10)则著录"宦游于蜀,及蜀中所辑刻者",我们姑以"别录"称之,如陈寿所编《诸葛亮集》24篇(蜀人所编宦蜀人士文集)、眉山成叔阳编《唐三百家文粹》400卷(在姚铉《唐文粹》100卷基础上,增益至300家,为400卷)。

如果将"曹记"的类目提炼出来,则有"经部"、"史部"("国史""蜀史")、"子部"、"内典、玄书"(即佛、道)、"地理"、"集部"六类。其最具特色的是,将"国史"与"巴蜀史"分开,将"地理"从"史部"独立(郑樵已如此),将佛、道("内典""玄书")从"子部"独立,又将"宦蜀"者文献和"蜀中辑刻"之文献独立出来,以与蜀人所著文献相区别,这些都是很好的创意,为后人编书提供了借鉴。

但该书明显的不足之处在于,"子部"仍然太过笼统,将研究子书的文献与巴蜀学人自著子书混杂在一起,特别是科技文献、医学文献也杂糅在子部之中,不仅不能体现巴蜀科技史和医学史发展的水平,而且也不利于突出历史继承性和学术创新性二者之间的联系和区别。

(二) 嘉庆《四川通志·经籍志》

清嘉庆重修《四川通志》卷183至卷188《经籍志》(以下简称"通志"),是迄今为止对相应时期内的巴蜀文献著录最为完整的目录。此目全盘继承了《四库全书总目》的分类法,按四部43类来著录2933种文献(各类文献数量详见前表3-1)。

"经部"仍按经典来分类,比曹目多"孝经"类"小学"类(曹目"小学"入子部"小说家")。"史部"分正史、编年、纪事本末、别史、杂史、诏令奏议、传记、史钞、载记、时令、地理、职官、政书、目录、史评。"子部"分儒家、兵家、法家、农家、医家、天文算法、术数、艺术、谱录、杂家、类书、小说家、释家、道家。"集部"除缺少"楚辞"类外,别集、总集、词曲、诗文评四类俱全。其中卷188为附录,乃是将"凡宦游于蜀及蜀中所辑刻者类为一编",也就是将外籍人士写蜀或入蜀所编刊的文献作为"附录"处理。

这样划分的优点是与国家书目统一了起来,但也随之产生了两个问题。第一个问题是四川一省要想兼备诸体并非易事,如"史部"中正史、时令俱各3种,本末类5种、目录6种,而地理类却有196种,显然有失均衡。"子部"法家、农家俱各 3 种,也与儒家 73 种、杂家 115 种不伦。第二个问题是,作为地方性文献目录,"通志"没能突出地方文献的地位和价值,将有关巴蜀的文献与其他文献掺杂在一起(特别是"史部",这种现象尤其严重),从目录上不易看出何为巴蜀学人的学术文献,何为研究巴蜀必须阅读和利用的文献,这当然起不到指明读书门径和研究指南的作用,也不能实现其目录学、史料学的功能。

(三) 吴福连《拟四川艺文志》

吴福连的《拟四川艺文志》(以下简称"吴志"),又摒弃"四部"分类法,而回复到刘歆的《七略》六分法,将 1562 部文献分入"六略三十四种"。其中,易 73 部、书 21 部、诗 25 部、礼 40 部、乐 13 部、春秋 333 部(内含史籍 266 部)、孝经 7 部(附群经总义 29 部)、小学 91 部,凡六艺 632 部;儒家 86 部、道家 24 部、阴阳家 8 部、法家 13 部、名家 11 部、墨家 23 部、纵横家 7 部、杂家 96 部、农家 10 部、小说家 67 部,凡诸子 345 部;凡诗赋 439 部;兵权谋 7 部、兵形势 6 部、兵阴阳 4 部、兵技巧 8 部,凡兵家 25 部;天文 8 部、历谱 8 部、五行 8 部、蓍龟 13 部、杂占 6 部、刑法 10 部,凡数术 53 家;医经 10 部、经方 27 部、房中 18 部、神仙 13 部,凡方技 68 部(详见前表 3-2)。

不过,六分法是西汉时代的旧法,甚至是刘向、任宏、尹咸、李柱国等人校书时的大致分工,这也大致适合当时的学术实际和文献状况。但是中国学术已经过两千余年的发展变化,学术内容、文献形式都与汉代大不相同,这时候再用此法,比之四部分类法反而是倒退。如诸子之书在经过汉武帝"罢黜百家"之后,除儒家、杂家著作大量出现外,其他诸家已经渐次衰微,溃不成"家"。如吴氏所录儒有 86 部,杂有 96 部,而阴阳家和纵横家各自的总数分别仅有 8 部和 7 部。再者,《四库全书总目》已经将墨、名、纵横合于杂家之中了,"吴志"却不思更改,一仍旧贯,这样做的结果便是各子目下所录之书,少者过少,多者过多,极不相称。又如巴蜀兵家文献一共才 25 部,"吴志"却分成"兵权谋、兵形势、兵阴阳、兵技巧"4 类,每类平均仅 6 部。数术一共才 53 家,"吴志"又分成"天文、历谱、五行、蓍龟、杂占、刑法"6 类,平均不到 9 部。似此之类,都过于细碎,徒具虚目,大大削弱了其实用价值。

另一方面,有些类的文献在后世又有了很大发展,"吴志"却仍然将其牢笼在旧有的目录框架内，可谓削足适履。如其目著录"巴蜀史"部文献已达266部，早已不是从前"六艺略"之"春秋"类的附庸地位可容纳的了，"吴志"却仍然将其归入"春秋"一类，结果史书远远多过《春秋》经学著作，枝大于干，末隆乎本！又史书归入"春秋"类，除按时代略分先后外，吴氏未做任何类别划分，遂使国史与方志同列、历史与地理混淆、传记与政书杂厕，若欲即类求书、因书就学，依据该目，则无从措手。

又如文集，在后世已经发展成一个独立体系，且有诗集、文集、诗文合集、词曲、别集、总集、诗文评等类型，"吴志"仍然将其囿于"诗赋略"中，而又未按《汉书·艺文志》的"屈赋、陆贾赋、荀卿赋、杂赋、歌诗"5类来加以区别，只将439种集类文献汇总著录于"诗赋略"中，显得太过臃肿，亦无区分。况且，在后世的文集中，赋已经不是主要的文学形式，再以"诗赋"为名，也有些名不副实。

关于四川（巴蜀）文献的著录，还有中华民国时期胡淦（名鸿勋，1856—1929）《四川丛书拟收书目》（抄本）。此稿为编纂《四川丛书》而作，依据当时四川各县县志著录其中书名，系按县域、作者排序，没有任何分类，而且所录著作是存是佚亦不清楚。

第四节　守藏与编目：巴蜀文献的收藏

对于文献的收藏，在古代巴蜀也是人人优为之。相传大禹治水时，登宛委之山，得"金简玉字"，从而知晓"水泉之脉"，治水功成，乃珍藏金书于所生之地广柔石纽，于是其地有"禹穴"之说。又故老相传，嬴秦焚书，秦之儒生负笈担簦，藏书于武陵山区的酉水之阳，于是有"二酉藏书""酉阳逸典"之掌故。① 是二者，为巴蜀地区藏书之最古者，然事属幽远，不可证实。

---

① （宋）李昉：《太平御览》卷49《小酉山》引盛弘之《荆州记》云："小酉（山）上石穴中，有书千卷，相传秦人于此讲学，因留之。故梁湘东王云'访酉阳之逸典'是也。"段成式的《酉阳杂俎》，亦取"大小二酉山多藏奇书"典故。

一 汉唐时期巴蜀的藏书

历史进入汉代，文翁兴学，传授儒家"七经"和"律令"，巴蜀学人气局广大，视野开阔，大率通"七经""七艺"，文献的收藏与爱惜，逐渐形成一方风气。

史志载，严遵"明经博古，尤精于《易》"（《蜀中广记》卷41），"会聚众书"，以撰《老子指归》（《三国志·蜀书·秦宓传》李权语）。扬雄"博览无所不见"（《汉书·扬雄传上》）。赵典"博学经书"，"学孔子七经、《河图》《洛书》、内外艺术，靡不贯综"（《后汉书·赵典传》及李贤注引《谢承书》）。谯周父谯岍"治《尚书》，兼通诸经"，谯周自己更是"耽古笃学""诵读典籍""研精六经""颇晓天文""诸子文章"（《三国志·蜀书·谯周传》），皆非贫于收藏者所可能也。

三国时蜀汉大将向朗，"年踰八十，犹手自校书，刊定谬误，积聚篇卷，于时最多"。他不仅藏书校书，还开馆纳宾，接纳天下读书人阅书其中，赢得人们的敬重，"开门接宾，诱纳后进，但讲论古义，不干时事，以是见称。上自执政，下及童冠，皆敬重焉"①。西晋史家陈寿富于藏书，相传他曾于南充果山之麓建"万卷楼"② 以储图书，历代传为一方胜景。

降及隋唐，公私之家，皆乐于藏书。隋炀、唐玄两朝所藏图书，规模盛极一时。至于私家藏书，亦大有其人，韩愈有"邺侯家多书，插架三万轴。一一悬牙签，新若手未触"③ 的诗句；杜兼聚书万卷，每题其后云："清俸写来手自校，汝曹读之知圣道，坠之鬻之为不孝。"④ 皆千古美谈。唐人喜书藏书之风在蜀中尤为奇特，赵蕤之撰《长短经》，遍引经史子集、稀见秘笈，以成一书；李鼎祚之作《周易集解》，广录两汉六朝《易》书35家，若非其家素来富于藏书，是不可能写成的。

中唐时期，蜀中发明雕版印刷术，大大促进了文献的流通和收藏。

---

① 《三国志》卷41《蜀书·向朗传》，第1010页。
② （明）曹学佺《蜀中广记》卷27"顺庆府"果山引"志云：'陈寿有万卷楼，在山之麓。'"
③ （唐）韩愈：《送诸葛觉往随州读书》，（清）方世举编年笺注：《韩昌黎诗集编年笺注》卷12，中华书局2012年版，第670页。
④ （明）杨慎：《升庵集》卷68《聚书诫子》，文渊阁《四库全书》影印本。

五代时期，前蜀王建永平元年（911），在成都建新宫，"集四部书，选名儒专掌其事"①；其相王锴"以（王）建起自戎伍，而据全蜀，未能兴用文教，乃作《奏记》一篇，备述伏羲"画卦"至唐玄宗"四库"，历代君主右文崇儒、兴学聚书之事迹，劝其"兴用文教"。王锴自己也是"家藏异书数千本，多手自丹黄，又亲写释藏经若干卷。每趋朝，于白藤担子内钞书，书法绝工"②。

后蜀主孟昶亦颇重文，组织编撰《蜀本草》《书林韵会》等书，是集成性质的专门学术著述。博览群书的杨慎说："宋世书传蜀本最善，以此。五代僭伪诸君，惟吴、蜀二主有文学，然李昇不过作小词、工画竹而已，孟昶乃表章《五经》，纂集《本草》，有功于经学矣。今之《戒石铭》，亦昶之所作。又作《书林韵会》，宋儒黄公绍《韵会举要》实祖之，然博洽不及也，故以《举要》为名。"③ 其相毋昭裔，则发起校刻规模宏大的"石室十三经"，并进而捐资，雕版印刷《文选》《初学记》《白氏六帖》及儒家"九经"、诸史等书籍；"其子毋熙，藏书最富"④。上有所好，下必甚焉。当时民间也出现以收藏图书为乐的人士。如"五代蜀程贲隐居西蜀，自号丘园子……喜藏书，简册铅椠，未尝离手"（马永易《实宾录》卷2）。陵州（贵平）孙光宪即"致书及数万卷"（周羽翀《三楚新录》卷3）。

前、后蜀在图书事业上的善举，促进了蜀中的教育和学术事业，也为宋、元的学术繁荣奠定了基础。特别是五代两蜀的四库之书，在北宋灭蜀后，与蜀宫的金银财宝、后宫佳丽，源源不断地运往开封，历时数年，对充实北宋的秘阁藏书，具有举足轻重的作用。李攸《宋朝事实》说："自建隆初，三馆有书万二千余卷，乾德元年后平诸国，尽收其图书

---

① （五代前蜀）王锴：《奏记王建兴用文教》，载（宋）袁说友编《成都文类》卷19，第403页。
② （清）吴任臣著，徐敏霞、周莹点校：《十国春秋》卷41，中华书局1983年版，第608页。
③ （明）杨慎著，王大淳笺证：《丹铅总录笺证》卷15"王锴藏书"条，浙江古籍出版社2013年版，中册，第621页。
④ （明）杨慎著，王大淳笺证：《丹铅总录笺证》卷10"南宋五贤相"条，中册，第355页。

以实三馆。"① 江少虞《宋朝事实类苑》也说："初平蜀，得书一万三千卷；平江左，又得二万余卷。参以旧书，为八万卷。"② 北宋从蜀中所得书可能比宋朝中央所藏书还要多。揆以当时实情，宋室千里迢迢从蜀中搬运13000卷图书，肯定是禁中所无者，如果当时加以收藏，必又倍蓰于兹矣。

二 宋代巴蜀的藏书与图书刊刻

进入宋代以后，蜀中藏书大盛于前。熙宁中，知府吴中度重修文翁石室，建经史阁，基势崇大，栋宇雄奥，"聚书万卷，宝藏其间"③，成为蜀中官府藏书的中心。阆中蒲氏、眉山陈氏，俱以藏书之富，而得苏轼、范祖禹、魏了翁为之赋诗撰文，盛极一时。

靖康之乱，中原沦陷，图书亡缺；而"四川五十余州，皆不被兵，书颇有在者"④。绍兴十四年（1144），井度为四川转运使，以俸入之半，购买蜀中图书，还修复刊刻不少文献；其属官晁公武出自书香门第，也颇有图书雅好，助其校刻，收藏甚富。后来井度离任，因子孙幼弱，难于自立，遂将50箧图书赠予晁公武；后来晁氏任官荣州，将两家藏书编成第一部私家提要目录，即《郡斋读书志》20卷，著录24500余卷。南宋陆游入蜀为官，也大量收购蜀中印本，及其任满"出峡，不载一物，尽买蜀书以归，其编目日益巨"⑤，陆家当时号称"会稽三大藏书家"之一，其"书巢"藏书之充实，蜀刻与有力焉。

南宋时，蜀人自己的藏书动辄也以万卷计，魏了翁在其所办鹤山书院中收藏图书，自谓所收各类写卷及"公私所板行者，凡得十万卷"⑥，比北宋国家三馆秘阁所藏8万余卷⑦还要多；《宋史·艺文志》是元人汇录南北两宋历朝书目而成的，也仅著录119972卷，四川的一个鹤山书院藏书

---

① （宋）李攸：《宋朝事实》卷9，台北：文海出版社1967年《宋史资料萃编第一辑》本，第380页。
② （宋）江少虞：《宋朝事实类苑》卷2，上海古籍出版社1981年版，上册，第15页。
③ （宋）吕陶：《府学经史阁落成记》，《净德集》卷14。
④ （宋）晁公武著、孙猛校证：《郡斋读书志校证》卷5，上海古籍出版社1990年版，第184页。
⑤ （宋）施宿等：《会稽志》卷16"藏书"，文渊阁《四库全书》影印本。
⑥ （宋）魏了翁：《书鹤山书院始末》，《重校鹤山先生大全文集》卷41，《四部丛刊初编》本。
⑦ 此从江少虞《宋朝事实类苑》卷2语，《宋史·艺文志》作73877余卷。

竟然与两宋国家所藏的总和相差无几！蜀中文献之盛，于此可见一斑矣。

据吴天墀《宋代四川藏书考述》所引资料为线索，现将宋世蜀人藏书事迹列表如下（其中对吴文稍有补充）：

表3-3　　　　　　　　　宋代蜀人藏书事迹表

序号	籍贯	藏书人/藏书楼	藏书	校书	出处
1	华阳	句中正	喜藏书，家无余财		《宋史》卷441《句中正传》
2	华阳	彭乘	聚书万余卷	皆手自刊校，蜀中所传，皆出于乘	《宋史》卷298《彭乘传》
3	成都	郭友直	善藏书，多至万余卷	誊写校对，尽为佳本。朝廷诏求遗书，上千余卷，皆秘阁所阙者	文同《丹渊集》卷39《龙州助教郭君墓志铭》；费著《氏族谱》
4	成都	郭大亨		熙宁七年（1074）献书3779卷，秘阁所无者503卷	《文献通考》卷114《经籍考》
5	成都	杨汇	藏书越万，石刻多于欧阳修所录	与苏轼善。对朝廷故实、士大夫谱牒，皆能通晓	《宋元学案补遗》卷19
6	外籍	沈立	宦游入蜀，"以公粟售书，积卷数万"		《宋史》卷333《沈立传》
7	外籍	吴中度	熙宁中为成都知府，建经史阁，"聚书万卷"		吕陶《府学经史阁落成记》，《净德集》卷14
8	眉山	孙长孺 孙降衷 孙辟 孙抃	孙抃祖长孺唐时建"书楼"，僖宗题匾；五代毁于火，宋初孙降衷"市书万卷贮之"	抃兄孙辟复于东山构屋三百楹，号"山学"，延成都何维翰为掌教，以聚四方学者，有公养之法。范镇、石扬休、蒲师孟皆执经其中	魏了翁《眉山孙氏书楼记》，《鹤山集》卷41

续表

序号	籍贯	藏书人/藏书楼	藏 书	校 书	出 处
9	丹棱	史子永	建"五经楼","藏书万卷"		家彬《史子永墓志铭》,《丹棱县志》卷2
10	眉山	史南寿	性嗜书籍,多所收藏		唐庚《史南寿墓铭》,《唐先生文集》卷6
11	郫县	李 定	多藏书	天禧中,诏访天下书籍,定率先投牒,监中群书,多出其家	《蜀中广记》卷98
12	犍为	王 氏	云是昔人藏书处,磊落万卷今生尘		苏轼《犍为王氏书楼》
13	简州	刘讽	疏草焚来应见史,橐金散尽只留书		司马光《续诗话》
14	荣州	杨处士	裒辑古今书史万卷		文同《荣州杨处士墓志铭》,《丹渊集》卷38
15	资州	魏润博	知资州,建聚书楼	南宋时,宇文绍奕知州,重新购置,较前多数千卷	李石《聚书楼记》,《资州直隶州志》卷631
16	阆州新井(今南部县)	蒲宗孟	家有藏书楼"清风阁",作清风阁藏书,教子孙极严厉	惟昔隐君子小筑兹考盘,图书件藏室,一一手自刊。蒲氏固蜀望……族氏散居蜀土,宋季有列朝著、登虞庠、撷高科者,皆醇谨,富辞藻,诗书流泽,其来盖有自	范祖禹《寄题蒲氏清风阁》,《范太史集》卷2;邓文原《送蒲廷瑞北游序》,《巴西集》卷上

续表

序号	籍贯	藏书人/藏书楼	藏 书	校 书	出 处
17	阆州	会经楼	保宁城内，宋元祐建会经楼	置经史子集一万余卷，东坡题额，蒲宗孟为记，范百禄皆有诗	彭遵泗《蜀故》卷7（按：《蜀中广记》卷24作"三万余卷"）
18	彭水	万卷堂	黄庭坚建，聚书于此		彭遵泗《蜀故》卷7
19	外籍	井 度	天资好书，自知兴元府至领四川转运使，常以俸之半传录	历二十年，所有甚富。临卒付书五十篋予公武，公武撰《读书志》，著录书籍二万四千五百余卷	晁公武《郡斋读书志序》
20	华阳	郭 绛	喜爱书籍	丹铅点勘不去手，自经史百氏、浮屠黄老、阴阳医卜之术，皆究其妙	《四川通志》卷38之一
21	华阳	郭叔谊	筑室藏万卷	皆手所校雠	魏了翁《知巴州郭君叔谊墓志铭》，《鹤山集》卷83
22	眉山	成叔阳	眉山多藏书	编《唐三百家文粹》四百卷	彭遵泗《蜀故》卷18
23	丹棱	孙道夫	仕宦三十年，俸给多置书籍		《宋史》卷382《孙道夫传》
24	焘	李 焘	家藏积数万卷	所至求奥篇隐帙，传录雠校，虽阴阳小说，亦无遗者	周必大《李文简公神道碑》，《全蜀艺文志》卷47
25	普州	刘仪凤	任国史院编修、权秘书少监，俸入半以储书，几万余卷，誊录国史无遗	被斥归。蜀人关著孙赠诗：十年成底事，赢得载书归	《宋史》卷389《刘仪凤传》，《宋诗纪事》卷46，《老学庵笔记》卷2

续表

序号	籍贯	藏书人/藏书楼	藏 书	校 书	出 处
26	资州	赵逵	读书数行俱下，尤好聚古书	考历代兴衰治乱之迹，与当代名人巨公出处大节，根穷底究，尚友其人	《宋史》卷381《赵逵传》
27	资州	李石	主石室，拓石经	我集四库书，琬琰藏洛河。此外有石经，参酌正舛讹	《蜀中广记》卷99
28	彭州	穆深之	藏书万卷，学问广博		李石《穆承奉墓志铭》，《方舟集》卷16
29	青神	杨泰之	家故藏书数万卷	手自校雠	魏了翁《杨公墓志铭》，《鹤山集》卷81
30	遂宁	苏振文	落落不偶，聚书数万卷，圣经贤传，山经地志，私乘野史，以至虞初稗官、旁行敷落之书，靡不搜罗		魏了翁《苏伯起振文墓志铭》，《鹤山集》卷84
31	蒲江	魏了翁	家故有书，某又得秘书之副而传录焉，与访寻于公私所板行者，凡得十万卷		魏了翁《书鹤山书院始末》，《鹤山集》卷41

从上表可知，宋代巴蜀地区藏书家，明确收藏达"万卷"以上者，约有17家；其中达到"数万卷"者，又有5家。除了吴先生所列外，我们还可以补充以下诸例。

一是中江牟焕，"隐居读书，躬耕而食"，"凿石龛藏书，铭之曰：'龛虚其中，唯书之容。……书传世久，永亲以寿。'至今名其地曰'牟谷'"[①]。这是民间隐者凿窟以藏书，并且希望自己与所藏之书一起永传

---

① （明）曹学佺：《蜀中广记》卷30《中江县》，文渊阁《四库全书》影印本。

并寿。

二是熙宁初，蜀民献书，王安国《花蕊夫人诗序》："熙宁五年，臣安国奉诏定蜀民所献书可入三馆者，得花蕊夫人诗。"释文莹《续湘山野录》载此事："王平甫安国奉诏定蜀民、楚民、秦民三家所献书可入三馆者，令令史李希颜料理之。"熙宁五年（1072）曾有蜀民与楚民、秦民一道，向朝廷献书，《花蕊夫人宫词》即在此次缴进之中。

三是成都宇文绍奕，其所撰《博雅堂记》云："凡二十年聚书，上自孔氏，下至历代诸史、稗官小说，与夫国典名公之文，合万余卷，手所校录者几半之。"①

四是新繁勾友于，李石在《勾氏盘溪记》中："楼以藏书，堂以教子，亭以赋诗，榭以置酒。"② 盘溪在新繁县，其主人勾友于在其中构楼以藏书。

五是荣州助教张颐，"进所藏书二百二十一卷，秘书官言：'此皆阙遗之书，乞加褒赏。'诏赐进士出身"③。一个小小的县学教谕，其所献之书中竟有220余卷为朝廷所无，可见巴蜀藏书风气之盛。

六是绍兴二十四年（1154），夔州沈知州重修州学，使"横经有堂，肄业有舍，藏书有阁，膳羞有所"④。

以上所举仅是一麟片爪，并不全面，不过从上引资料已经可见，宋代四川藏书区域十分广泛，从成都、华阳、眉山、丹棱、彭州等中心城市，到川北重镇遂宁、阆中，东隅的彭水，南鄙的泸州，皆有藏书。当时的四川人，无论是本籍人士，还是客居宦旅，都有爱书之人、藏书之家。其藏书单位，则既有个人，也有政府学府（如成都府学的经史阁），还有地方书楼，如阆中会经楼、蒲江鹤山书院等，无异于今天的公立图书馆。宋代四川藏书如此普遍，当然与当时蜀中图书业发达、崇尚文雅不无关系。

---

① （明）曹学佺：《蜀中广记》卷8《资县》，文渊阁《四库全书》影印本。
② （宋）李石：《勾氏盘溪记》，载（明）杨慎辑《全蜀艺文志》卷39，中册，第1212页。又（明）曹学佺：《蜀中广记》卷1引，文渊阁《四库全书》影印本。
③ （清）雍正《四川通志》卷7上，文渊阁《四库全书》影印本。
④ （宋）徐粹中：《重建州学记》，载（明）杨慎辑《全蜀艺文志》卷36，中册，第1017页。

当时四川藏书既有一定规模,也有相当的质量,有的甚至是两宋国家图书馆所无。如成都郭氏,其先郭友直所献的1000余卷书俱宋室秘阁所阙,后其子郭大亨所献3000余卷中,又有500多种为秘阁所无。荣县助教张颐所献书,也有200多卷为国家"阙遗之书"。郫县李定,投牒献书,竟致宋时国家"监中群书,多出其家"①。据记载,北宋时期蜀中藏书,是充实国家库藏的三个主要来源之一;南宋时期,蜀版又与杭版、建版,同称"天下三大版刻系统"。②

三 元代的巴蜀藏书

历经宋末元初战乱,城毁人亡,世间藏书,在山崩地裂、栋摧梁折之际,又岂能完好?如临川故家饶氏,被吴澄称为"有邹鲁之质行,学术雅正,守醇谨而不变"③者,虞集记其"好史学,家藏书万卷",可是"内附初",亦即蒙元统一江南之际,"散轶无存者"④;临川艾氏自宋以来也是诗书传家,至元已历八九世矣,其"东偏楼藏书万卷,内附后多遗失"⑤。虞集的姻家临川陈氏,"旧多藏书,更代之后,散轶罕存者"⑥。凡此之类,举不胜举。

战事不多的东南地区尚且如此,作为抗蒙第一线、战事长达45年的巴蜀地区,必然罹祸更盛。世乱如此,遑论文化的传承?事实上,巴蜀这一时期的文献毁损极其严重,立于文翁石室"石越千数"的"蜀刻十三经"就是在当时化为乌有的。其他公私藏书之毁损,更是不计其数。

宋末蜀中许多世家大族为躲避战乱,纷纷逃往东南,希求苟存。但是随着蒙古铁骑的继续南下、大宋江山的分崩瓦解,他们大都过着艰难的生活,家资、图书又何得有保全希望?宋末谢枋得《平山先生母制机墓铭》说:"公仁人也,少年见蜀人死于乱离,如痛入肌髓,收遗骸露

---

① (明)曹学佺:《蜀中广记》卷42《人物记第二》,文渊阁《四库全书》影印本。
② (宋)叶梦得著,侯忠义点校:《石林燕语》卷8云:"今天下印书,以杭州为上,蜀本次之,福建最下。"(中华书局1984年版,第116页)
③ (元)虞集:《送饶则明序》,《道园学古录》卷31,文渊阁《四库全书》影印本。
④ (元)虞集:《送饶则明序》,《道园学古录》卷31,文渊阁《四库全书》影印本。
⑤ (元)虞集:《跋艾圣传三绝碑后》,《道园学古录》卷40,文渊阁《四库全书》影印本。
⑥ (元)虞集:《题苏文忠公诸帖》,《道园学古录》卷40,文渊阁《四库全书》影印本。

骼，藏之丛冢者以万计。流亡苦寒饥，赖衣食以更生者，又几万人。帑不留钱，廪不留粟，悉倾倒施舍，以活民命，家以此屡空。"① 毋氏系五代后蜀毋昭裔的后人，自然是文献故家，然而为救济流离失所的蜀中乡亲，自家也是落得一贫如洗。

元赵汸《邵庵先生虞公行状》："宋之将亡，蜀先被兵，其世家大族，狼狈奔走，仅保遗息于东南。内附以来，日以衰微，忘其所自者众矣。"虞集的父亲虞汲，宋时为黄冈尉，宋亡后侨居临川崇仁，"稍收养其族人于伤残驱迫之余，蜀既不可返，而家益贫，无以为生。盖不胜遗绪之忧也"②。汲与吴澄为友，澄称其文"清而醇"。汲曾两次到京师，"赎族人被俘者十余口以归，由是家益贫"，晚年乃起家为诸生教授；后得李术鲁翀、欧阳玄推荐，乃以翰林院编修官致仕，得以善终。③

邓文原又说："蜀人自罹兵祸，转徙东南，所至如羁臣逐客，呻吟无聊。"他们中间幸而"仕且贵"者，也仅能糊口，"往往无由以周其家"，只不过以"禄代耕"而已；其"不得仕则营他业"者，温饱也不能解决（"鲜克自给"）。至于"以礼法自绳者"，连生计都成问题（"拙生事"）。自从邓家迁居杭州后"余八十年，计耳目所睹闻类若此！"④ 可见外迁蜀人生活之窘迫和无奈！

他们的财产特别是图书，更是没有任何保障。周密在叙述宋元之际图书毁损状况时说：当时藏书最富的东南士人要数直斋陈振孙家了，他传录多家而成的《直斋书录解题》著录图书达"五万一千一百八十余卷"，"近亦散失"。周密自家的藏书经"三世积累"，其父"尤酷嗜，至鬻负郭之田以供笔札之用，冥搜极讨，不惮劳费"，家藏图书"凡有书四万二千余卷，及三代以来金石之刻一千五百余种"，都收藏在"书种""志雅"二堂之中。可是到了周密这一代，却"遭时多故，不善保藏，善和之书，一旦扫地"，令人痛心疾首。同时，周密还叙述了外迁蜀人图书的存佚情况："至如秀岩、东窗、凤山、三李、高氏、牟氏，皆蜀人，号

---

① （宋）谢枋得：《平山先生毋制机墓铭》，熊飞等校注：《谢叠山全集校注》卷4。毋氏"讳廷瑞，字仁叔"，毋昭裔后世裔孙。华东师范大学出版社1994年版，第97页。
② （元）赵汸：《邵庵先生虞公行状》，《东山存稿》卷6，文渊阁《四库全书》影印本。
③ 《元史》卷181《虞集传》，第4174页。
④ （元）邓文原：《送蒲廷瑞北游序》，《巴西集》卷上，文渊阁《四库全书》影印本。

为史家,所藏僻书尤多,今亦已无余矣。"① 秀岩即李心传,与兄李道传、弟李性传号"三李";东窗即高斯得,蒲江人,魏了翁兄子;凤山即牟子才。三家俱有史才,李心传著有《建炎以来系年要录》《建炎以来朝野杂记》二书;高、牟二人,是李心传绍定四年(1231)在成都续修《总类国朝会要》时所辟助手("检阅文字"),二人后来身居高职,都兼史职。南宋末期,李、高、牟三家迁居湖州(今浙江吴兴),三家的藏书也随世运萧条而灰飞烟灭矣。

元代,蜀中藏书亦时有其人,但不多见。如南充有果山书院,在城北五里,相传为蜀汉谯周建,其后郡人边速达以秘书监致仕,归隐于此。元至正八年(1348)碑刻云,"藏书四千二百七十一册"②。客居外省已久的苏伯衡,在为王祎后人王举直"藏书之堂"(勤有堂)作记时,曾自述:"余家故多藏书。"③ 说明文献故家,仍然重视图书收藏,传统依旧。

明人陆琛说:"元至正初,史馆遣属官驰驿求书东南,异书颇出。时有蜀帅纽邻之孙,尽出其家赀,遍游江南,四五年间,得书30万卷,溯峡归蜀。可谓富矣!"④ 蜀帅纽邻又作纽璘,《元史》有传,随元宪宗取蜀,升都元帅。其孙倾一家之财力,从江南收得30万卷,数量如此之大,实在前无古人。其间实际数量不免令人怀疑⑤,然即便以 1/10 的可信度计算,也在 3 万卷上下,数量也不可谓不富;特别是他倾其家资,经历四五年来搜访图书,亦云壮且勤矣!

四 明清时期的巴蜀藏书与文献整理

明清时期,由于雕版印刷技术更趋成熟,图书的流通与收藏也更为方便,民间藏书万卷者,实繁有徒。特别是一些具有爱书藏书雅好的士

---

① (宋)周密:《齐东野语》卷 12《书籍之厄》,文渊阁《四库全书》影印本。
② (明)曹学佺:《蜀中广记》卷 27《顺庆府》,文渊阁《四库全书》影印本。
③ (明)苏伯衡:《题勤有堂卷》,《苏平仲集》卷 10,中华书局 1985 年《丛书集成初编》本,第 2138 册,第 242 页。
④ (明)陆深:《豫章漫抄四》,《俨山外集》卷 21,文渊阁《四库全书》影印本。
⑤ (明)胡应麟《少室山房笔丛》正集卷 1 云:"隋文父子以天下之力收书,仅三十七万,遂冠古今。元边帅子罄一家之产,骤得三十万卷,亦宇宙奇事。然但欲其多,而不计重复,则在今甚不难,顾正本不知几何耳?……况元时板本尚稀,又非文明之世,纽氏子三十万卷,芟其重复,政恐不能三万耳。"

大夫，即使身处迁客流人之境，也不忘多聚图书、寄心涵咏于其间，杨慎在滇南的生活场景即是如此。雍正《四川通志》卷45载："豫章简西峃绍芳，弱冠客游滇南，题诗山寺。杨升庵先生一见异之，使人物色，遂为忘年交。凡先生出入，必引与俱。先生藏书甚多，简一览辄记。每清夜剧谈，他人不能答，简一一应如响。在滇南倡和，及订较文艺，唯简为多。"升庵穷愁在滇南徼外，能著书400余种；又成就当地人才，端赖自家丰富的文献收藏。

清代，随着朝廷大规模的收书、编书工程开展，大大推动了巴蜀文献的收集和整理。如乾隆时期，罗江（今属安县）李调元，家有"万卷楼"，藏书之富，号称"川西第一家"。时值四库馆开，李调元利用身为翰林之便，每得善本，辄遣胥录之，因辑自汉迄明蜀人著述罕传秘籍，汇刊为《函海》。前后历刻数十年，总计成40函、160余种、1000卷，其书第一函至第十函为魏晋六朝至唐宋元明诸人未见书，第十一函至第十六函为杨慎所著不常见之书，第十七函至第二十四函为蜀中不常见之书，第二十五函至第四十函为李调元自己的著作，《函海》实为当时四川地区具体而微的"巴蜀全书"。

不过，由于清初四川长期战乱，文化建设并未引起朝廷重视，乾隆皇帝所修《四库全书》七个副本，也只收储于沈阳、北京、镇江、扬州、杭州等地，整个中国的中部和西部都无缘一见，这与四川在唐代"扬一益二"的经济地位，和宋代"诸学在蜀"的文化地位形成强烈反差，此亦经济文化重心南移之时势使然，非人力所能及也。

五 中华民国以来的巴蜀藏书家

降及近代，四川文化事业又得到复苏，特别是晚清尊经书院成立后，张之洞在四川以纪（昀）阮（元）"两文达之学"相号召，四川的考据学、文献学得到空前发展，涌现出严雁峰、严谷孙父子，傅增湘等文献学家和图书收藏家、出版家，还建立了四川省图书馆、重庆图书馆、四川大学图书馆等大型藏书机构，在文献收集和整理方面做出了前所未有的业绩。

严雁峰（1855—1918），名遨，本字岳莲（一字德舆），后更字雁峰，号贲园。原籍陕西渭南，入蜀就学尊经书院，拜师王闿运，后弃仕从商，经营盐业成为巨富，乃从事图书收藏，建贲园书楼，平生藏书11万卷。其子严谷孙（又作谷声，1889—1976）继之，收藏扩大到30万卷，内中善本5万余卷。还刻印图书出售，有刻板3万余片。这成为四川省图书馆古籍收藏的基础。傅增湘（1872—1949）是光绪进士、中华民国教育总长，工书善文，喜于收藏。平生藏书20万册，其中宋金善本150余种、4600余卷，元刻善本数十、3700余卷，明清精校精刻本无数。傅氏藏书是继晚清皕宋楼（陆心源）、八千卷楼（丁丙）、海源阁（杨氏）、铁琴铜剑楼（瞿氏）之后，又一著名藏家。其后图书分赠北平图书馆（今中国国家图书馆）、四川大学图书馆，至今仍是二馆藏品中富有特色的部分。

宣统元年（1909），四川省图书馆开始筹建，1912年正式开馆服务，1952年正式命名为四川省图书馆。作为中国最早建立的公共图书馆之一，经过百余年发展建设，四川省图书馆目前已经成为国际图联成员馆和世界银行资料存放馆，在全国具有重要地位，在西部具有带动和示范作用。著名学者林思进、蒙文通、伍非百、穆济波等先后出任馆长。现有馆藏文献480万册，其中四川地方志书、历代文学诗词集、中国古医药图书、抗战版文献、中华民国时期期刊、"文化大革命"资料、国外原版大型图书最有特色，该馆还藏有隋唐手写经卷、近代文化名人手稿等珍稀文献，计70万余册。

重庆图书馆创建于1947年，经过70余年风雨历程，现已拥有馆藏300万余册，并形成了在国内外颇具影响的三大特色馆藏：中华民国时期出版物、古籍线装书、联合国资料。该馆是收集中国抗战时期出版物最全的图书馆，也是我国西南地区古籍线装书收藏数量最多、质量最好的图书馆，与四川省图书馆并为我国两个最早的联合国文献寄存馆。

四川大学图书馆始建于1896年，是我国西南地区藏书规模最大的大学图书馆，现有馆藏纸质文献591万余册，并拥有丰富的电子文献资源。其中文理分馆的收藏以社会科学类和自然科学类为主，其中国古代史、中国古代文学、中国古文字学、汉语史、宗教学、四川地方文献等图书具有收藏优势；珍藏线装古籍30万册，包括宋、元刻本及唐代以来的各种稿本和抄本；还收藏有大量抗日战争时期出版的图书和中华人民共和国成立前刊发的报刊。该馆还建有"巴蜀文化特色数据库"，独具巴蜀地域及其历史人文特色，覆盖与巴蜀（四川和重庆）的地方历史、文化相关的文献资源。

第五节　传承与发展：新中国的巴蜀文献学

中华人民共和国成立后，曾由四川省政府组织力量对民族问题、社会问题、文物古迹、图书收藏，进行多次调查，留下许多调查资料。特别是改革开放以来，古籍整理事业在各个领域都取得了前所未有的辉煌成就。

首先，表现在儒学方面。20世纪80年代初，改革开放，拨乱反正，四川省社科院院刊《社会科学研究》开辟"经学研究"专栏，邀请冯友兰、李耀仙、钟肇鹏等著名学者，展开对经学家廖平的研究，揭开儒学研究和蜀学复兴的序幕。继而李耀仙主编的《廖平学术论著选（一）》、《廖平选集》（上、下册），蒙默整理的《蒙文通文集》，贾顺先主编的《四川思想家》及注译的《退溪全书》相继出版，标志着儒学研究的坚冰打破和规模初具。及至20世纪90年代后期以来，四川大学古籍整理研究所筹划《儒藏》编纂（总计650册，已经出版452册），并相继撰著出版《中国儒学通案》《儒学文献通论》《近百年儒学文献研究史》《中国孝经学史》，则将儒学研究推进到一个新的阶段。

其次，表现在子学方面。消沉已久的诸子研究在20世纪也重新兴起，整理并新版了向宗鲁《说苑校注》、张国铨《新序校注》、伍非百《中国古名家言》、吴毓江《墨子校注》、李源澄《诸子概论》、杨明照《抱朴子外篇校笺》《文心雕龙校注》及《拾遗》、王利器《新语校注》《盐铁论校注》《风俗通义校注》《颜氏家训集解》《文心雕龙新书》《文心雕龙校证》《文镜秘府论校注》等，将中国子学文献整理与研究带入新的高度。四川大学古籍整理研究所编《诸子集成》正编、补编、续编，汇集先秦到清末民初重要子学著作及其注本600余种，构成当时最大的子学丛书。

再次，表现在宗教学方面。王恩洋与蒙文通都曾从近代佛学大师欧阳竟无学习佛学，在中国禅学史、唯识学的现代研究方面，卓有成就。巴蜀以道教研究实力雄厚而成为中国道教研究的基地之一。20世纪巴蜀学人对道书和道教的研究，首推蒙文通。他汇辑《道藏》中各家《老子注》及敦煌卷子所引，首发成玄英《老子疏》之覆，发现并辑校唐李荣《道德经注》，使晋唐以来一直湮没的重要学派"重玄学"得以重见天日。他还探寻千数百年道教流变之迹，从若隐似现的佚书中，辑出许多重要的有关道家的著作，成《道书辑校十种》，成为数百年来道书最重要的辑校成果。继之而有重大成就者是卿希泰，其《中国道教史》（4册），是国内外学术界迄今为止第一部且是最为全面和系统的多卷本道教史，填补了学术研究的一大空白，代表了改革开放时期中国道教学术研究的辉煌成果和最高学术思想水平。该书及后来出版的《中国道教思想史》（4卷）、《中国道教通史》（5卷），为全面认识中国传统文化，尤其是全面研究中国学术史，提供了主要的依据。在宗教文献整理方面，巴蜀书社出版的《藏外道书》，龙显昭等校点的《巴蜀道教碑文集成》《巴蜀佛教碑文集成》，不仅可与宗教文献集大成之作《道藏》《佛藏》互补，而且极大地充实了《道藏》《佛藏》所缺的巴蜀文献资料，为其他省区道教、佛教历史文献的集成和整理提供了范本。

最后，表现在语言文字学方面。20世纪30年代以前，巴蜀地区的语言文字学研究基本上仍保持传统"小学"的治学方法。如由著名学者龚道耕和向楚等共同倡议，严式诲辑刊的《音韵学丛书》，凡收有宋以来诸家音韵学著述32种123卷，可谓这个时期语言文字学方面的重要成果。30年代以后，语言学家们运用现代语言学的理论和方法，或编纂大型语言文字工具书，或对成都地区的方言和少数民族语言进行实地调查和整理归纳，使成都地区传统的"小学"研究有了新的突破。如赵少咸《广韵疏证》《经典释文集说附笺》等，徐中舒等《汉语大字典》《甲骨文字典》，张永言等《简明古汉语字典》，张怡荪《藏汉大辞典》，马黑木呷《汉彝词典》，赵振铎《集韵校本》等，皆平生心力所萃，是国内这类著作之翘楚。

第 四 章

蜀学渊渊，易道亶亶：
巴蜀的经学与文献

以经典为研究对象的儒家经学，是中华学术的主干内容，其所产生的海量文献也是中国古籍的重要组成部分。在中国古代社会，经学的繁盛与否、经学文献的数量多少，是衡量一个地区文化是否繁荣、学术是否发达的重要标志。巴蜀地处西南地区，其易守难攻的地势和得天独厚的物产，为这里带来了相对安宁和繁荣的环境，儒家经学也早早地传入巴蜀，衍生出生生不息的经学传统，产生出丰富多彩的经学文献。它们是先贤智慧的结晶，也是中华学术宝库的闪光部分。作为经学重要组成部分的巴蜀经学及其文献，源远流长，创新性强，诸经并治，长于易学，在中国经学史上具有重要地位。

第一节 源远流长：巴蜀的经学

经学是对儒家经典进行专门研究和引申阐释的工作，这一工作在巴蜀产生很早，积淀也很丰富。据文献记载，"兴于西羌"的大禹得《河图》而撰《连山》，《连山》居"三易"之首。"三易"者，夏人之易《连山》，殷人之易《归藏》，周人之易《周易》也，"其经卦皆八，其别皆六十有四"，是"三易"之学实始于禹也。禹治洪水，还总结发明了《洪范》"九畴"，禹得《洛书》以制《洪范》；洪水既平，复任土作贡，后世传为《禹贡》，可见《尚书·洪范》《禹贡》与禹皆有关系。江阳（今四川泸州）人尹吉甫作《崧高》《韩奕》《江汉》《烝民》4篇，孔子皆编在《大雅》之中，可见《诗经》中亦有蜀人作品。蜀学渊源，可谓悠远！

及西汉文翁，兴起教化，遣张宽等18人东诣京师，从博士"受《七经》"，遂开巴蜀士子向学风气，《汉书》有"蜀地学于京师者比齐鲁焉"① 的记载。文翁还修起学校于成都市中，设置"学宫玉室"，学成归来的蜀中士子，即以"七经""律令"教授吏民。"七经"者，《易》《书》《诗》《礼》《春秋》《孝经》《论语》是也。西蜀遂广受儒经之化，渐渐跻于圣贤之域。史又称，巴、汉亦化之，颇立学校，民风为之丕变，礼俗随之整齐。从此儒经传播遍及巴蜀大地、西南边陲，儒化影响也泽润千秋万代。在齐鲁之外，较早地形成了又一个儒学传播和研究的中心，史有"西南齐鲁，岷峨洙泗"②，"蜀学比于齐鲁"③ 之誉。

当时可考的蜀学人士，西汉时期有胡安、司马相如、赵宾、何武、严遵、扬雄之传《易》，文翁、张宽（有《春秋章句》）、胥君安之传《春秋》，相如、郭舍人、严遵、林闾翁孺、扬雄之传"小学"，皆史书之信而有征者。至于礼学，相如亦有专长，史称汉武帝欲举封禅，而董仲舒之徒不能知其礼，卒得相如所草《封禅书》而后遂事。④ 至于长卿（司马相如）、子渊（王褒）、子云（扬雄）之辞章，名列"汉赋大家"之林；严遵、郑璞兼综儒、道，敦励风俗，而归本儒术；李弘、扬雄，博通群经，而不喜章句，都名留青史，为世景仰。

西汉末公孙述据有陇蜀，不废蜀学。光武继起，儒学更盛，《后汉书·儒林传》著录东汉师儒42人，蜀有6位名列其中。蜀中俊彦不仅游学东京，问业博士，还家传经学，世守儒业，形成"经学世家"。吴福连在《拟四川艺文志》中谓："谯玄世以《易》传，杨统世以《书》传，

---

① 《汉书》卷89《循吏传》，第3626页。
② （明）杨慎：《全蜀艺文志序》，载王文才、张锡厚辑《升庵著述序跋》上卷，第44页。
③ （晋）常璩著，刘琳校注：《华阳国志新校注》卷3《蜀志》，第118页。
④ 按：《三国志》卷38《蜀书·秦宓传》云："仲舒之徒，不达封禅，相如制其礼。"（第973页）

翟酺世以《诗》传，张霸世以《春秋》传。"① 皆其显者。

谯玄，字君黄，巴郡阆中人也。少好学，能说《易》《春秋》。成帝时举"敦朴逊让有行义者"，对策高第，为议郎。平帝时为中散大夫，元始四年（4），朝廷选"明达政事、能班化风俗"者8人为绣衣使者，谯玄为"八使"之一，持节与太仆任恽等分行天下，观览风俗，所至专行诛赏，会王莽居摄，玄遂归隐。公孙述时，辟召不应，"独训诸子勤习经书"，世传易学。子瑛以"善说《易》"，为东汉明帝师，官尚书、北宫卫士令。②《后汉书》入《独行列传》，《华阳国志》以"高清""洁白"誉其父子。

杨统，字仲通，广汉新都人。自其曾祖仲续，"代修儒学，以《夏侯尚书》相传"。父春卿，"善图谶学"，为公孙述将。统继父学，从同郡郑伯山受《河图》《洛书》及天文推步之术，撰《家法章句》及《内谶》2卷解说，位至光禄大夫，为国三老。③

翟酺，字子超，广汉雒（在今广汉城区）人。四世传《诗》。酺好《老子》，尤善图纬、天文、历算。征拜议郎，迁侍中，补尚书。东汉末年，学校颓废，至为蔬园、樵采、刍牧之处，酺上书建议"宜更修缮，诱进后学"④，顺帝从之。酺免官后，太学再开，学者为酺立碑铭于学。

张霸，字伯饶，蜀郡成都人。年幼数岁而知孝让，出入饮食，自然合礼，乡人号为"张曾子"。7岁通《春秋》，复从樊儵受《严氏公羊春秋》，遂博览"五经"。永元（89—105）中，为会稽太守。霸以樊儵删《严氏春秋》犹多繁辞，乃减定为20万言，更名"张氏学"。《后汉书》与郑兴、郑众、范升、陈元、贾逵同传。霸子楷，字公超，通《严氏春秋》《古文尚书》，门徒常百人，宾客慕之，自父党宿儒偕造门焉，车马填街，徒从无所止。黄门及贵戚之家，皆起舍巷次，以收过客往来住宿之利。乡里司隶举茂才，除长陵令，不至官。子陵，官至尚书。陵弟玄，

---

① 吴福连：《拟四川艺文志》，载王闿运辑《尊经书院初集》卷9，清光绪成都刻本；又收入赵所生、薛正兴主编《中国历代书院志》，第16册，第315页。
② 《后汉书》卷81《独行列传》，第2666—2668页。
③ 《后汉书》卷30上《苏竟杨厚列传上》，第1047—1050页。
④ 《后汉书》卷48《翟酺传》，第1606页。

沉深有才略，以时乱不仕。

以上吴氏所述诸事，皆信而有征。至于董均（资中人）之习《庆氏礼》，李业（梓潼人）之习《鲁诗》，杜抚（资中人）、杨仁（阆中人）之习《韩诗》，杨终（成都人）、何英（郫县人）、张皓（武阳，今彭山人）之习《春秋》，任末（繁县人）之习《齐诗》，杜真（绵竹人）兼善《易》与《春秋》，景鸾（梓潼人）善治《齐诗》《施氏易》，任安（绵竹人）博通《施氏易》及"五经"，以及李尤（雒县，今广汉人）之善辞章，撰著高文，李固（南郑人）之博览群籍，尤善历数，董扶（绵竹人）之发辞抗论，号称"至止"（犹言"极至"）。史书所录，炳炳麟麟，不胜枚举。

魏晋以降，蜀学稍迟，然程元敏《三国蜀经学》[①] 犹考得蜀地之明于经学者53家，其中蜀地本地人士即有36人。延及两晋南北朝，蜀学之知名者犹不乏大家名师。秦宓（绵竹人，通《春秋》，为谯周所师）、杜琼（成都人，撰《韩诗章句》）、谯周（西充人，通"五经"，著《法训》《五经论》《论语注》等多种）、李譔（涪县人，属今绵阳，撰古文群经及《太玄》诸书《指归》）、李密（武阳人，即今彭山，与陈寿同师谯周，有孔门子游、子夏之比。学通"五经"，尤精《左氏》，撰《陈情表》）、陈寿（安汉人，今南充，通《春秋》"三传"、《尚书》及《史》《汉》，撰《三国志》）、常宽（江原人，通"五经"，尤邃于《易》，撰《蜀后志》《后贤传》）、范长生（号蜀才，涪陵丹兴人，今黔江，有《周易注》）、常璩（江原人，今属崇州，博学，撰《华阳国志》）、卫元嵩（成都人，撰《元苞》）、何妥（郫县人，撰《周易》《孝经》《庄子》等义疏）等大家，犹见称于国史，续蜀学之正脉。

隋唐时期的巴蜀文化，重在文学与宗教，然而古之士人，推十合一，博览诸方，其于儒家经学固无不通贯。历仕隋唐两朝的成都人袁天纲，习阴阳五行之学，精天文、相术，亦依《易》理撰《易镜元要》；被誉为"唐之诗祖""古体之祖""近体之祖"[②] 的陈子昂（射洪人），也是"经

[①] 参见程元敏《三国蜀经学》，台北：台湾学生书局1997年版。
[②] （元）方回：《瀛奎律髓》卷1"登览"类，上海古籍出版社1993年版，第3页。

史百家，无不该览"，"雅有相如、子云之风骨"①；赵蕤撰《长短经》，以"术数"著称，但也长于经术，潜心《易》理，有《注关子明易传》；被杜甫赞为"笔落惊风雨，诗成泣鬼神"②的李白（江油人），亦是"五岁诵六甲，十岁观百家。轩辕以来，颇得闻矣。常横经籍诗书，制作不倦"③，自叙则云："我志在删述，垂辉映千春。希圣如有立，绝笔于获麟。"④至于李鼎祚（资中人）之纂集《周易集解》，汇综35家易说；孟蜀之石刻"十三经"，订定儒家经典之体系，更是此期经学文献之代表和珍品。

宋代蜀学复振，为当时中国学术之冠冕。吕陶有"蜀学之盈，冠天下而垂无穷"⑤之说，席益亦有"蜀儒文章冠天下"⑥之评。李石则曰："汉历世，暨我皇宋，蜀学之盛当绍汉，得书以补晋唐之缺文，寥寥亦复不可见。"⑦释道璨又说："自蜀学盛行于天下，蜀士之明秀肤敏者，袂属而南。"⑧如"华阳王氏""新津张氏""铜山三苏""眉山三苏""华阳二范""阆中四陈""井研四李""丹棱三李""蒲江魏高"，皆世传家学，固无论矣。在经学文献上，较大的成绩则有"三苏"父子遍注群经，明人辑为《两苏经解》，为宋代蜀学奠定了经学基础。魏了翁之删取《九经注疏》而成《九经要义》，其书皆摘注疏中精要之语，标以目次，以便简阅，颇得简明扼要之效。

自兹以降，学官教授，家学传承，方驾并行，同臻化境。加之自唐中叶雕版印刷术畅行，图书易求，经学钻研可自学而成，不必如前人须待师传授受乃可。由宋而元、由明而清，以迄中华民国，巴蜀地区的儒

---

① （唐）陈子昂：《陈拾遗集》附录《陈氏别传》，上海古籍出版社1992年版，第129—130页。
② （唐）杜甫著，高仁标点：《寄李十二白二十韵》，《杜甫全集》卷10，上海古籍出版社1996年版，第154页。
③ （唐）李白著，鲍方校点：《上安州裴长史书》，《李白全集》卷26，上海古籍出版社1996年版，第241页。
④ （唐）李白著，鲍方校点：《古风五十九首》，《李白全集》卷2，第12页。
⑤ （宋）吕陶：《府学经史阁落成记》，《净德集》卷14。
⑥ （宋）席益：《府学石经堂图籍记》，载（宋）袁说友编《成都文类》卷30，第583页。
⑦ （宋）李石：《左右生图记》，载（宋）袁说友编《成都文类》卷45，第872页。
⑧ （宋）释道璨：《送源虚叟归蜀序》，《柳塘外集》卷3，文渊阁《四库全书》影印本。

学传授，历代相续，绵绵不绝。其间虽然有隆有替，有盛有衰，通儒大雅，不难并世同出。他们或专书研究，或群经通诂，渐成系统，名著巨构，时亦杰出于其间。

如元代黄泽、张翚、王申子、赵采之经学，虞集、邓文原、杨基之文学，俱有可观。至明，来知德之《周易集注》，极古今卦变学说之最；清李调元之《函海》，多经学、"小学"秘笈；刘沅之诸经《恒解》，得以理解经之趣。至于吕吴调阳、姜国伊、何西夏、范泰衡、杨国桢、杨锐、刘光第、骆成骧、廖平、吴之英、宋育仁诸人，无不从经学起家，发而为经义、政事、辞章、史学、小学，皆各有贡献，相得益彰。张之洞为蜀士所撰《书目答问》指引的"由小学入经学者，其经学可信；由经学入史学者，其史学可信；由经学、史学入理学者，其理学可信；以经学、史学兼词章者，其词章有用；以经学、史学兼经济者，其经济成就远大"①的治学道路，在近世蜀中士人这里，表现得尤为突出。张氏之于近代蜀士，自有拨雾开迷、北斗指南之功。

历代巴蜀学人冥思苦索，勤于著述，曾经产生和留下了大量的经学文献。明曹学佺《蜀中著作记》卷1"经部"，著录有孟蜀所刻"石本九经"及各经注疏93种（含《易》、《书》、《诗》、《春秋》、《礼》、《乐》、《论语》、《孟子》、谶纬、《尔雅》等著述）。晚清吴福连《拟四川艺文志》，以刘歆《七略》六分法，著录巴蜀经学著作632种（易73部、书21部、诗25部、礼40部、乐13部、春秋333部、孝经7部、群经总义29部、小学91部）。

以上两项统计，一在网罗放佚，猎奇有趣（曹著重在有故事），一在辨章学术，考镜源流（吴著借用"六略"以考述学术源流），故对实际文献的数量反映并不全面。嘉庆年间所修《四川通志》，其《经籍志》著录历代巴蜀文献稍全，共录本籍人士著作2518种，外籍寓蜀人士著作415种，其中经部文献有562种。兹列表（见表4-1）展示于下。

---

① （清）张之洞编撰，范希曾补正，孙文泱增订：《书目答问补正》附二《姓名略》，中华书局2011年版，第570页。

表 4-1　　嘉庆《四川通志·经籍志·经部》统计表
（汉—清初）

部类		汉唐	宋	元	明	清	类计
经部文献	易	13	63	12	17	18	123
	书	3	23		4	2	32
	诗	4	22		6	3	35
	礼　周礼		6	1		3	10
	礼　仪礼		2			1	3
	礼　礼记	3	3	3	3	2	14
	礼　通礼	1	5	3	7	1	17
	乐	1	9		1		11
	春秋	10	55	14	9	6	94
	孝经	4	4	1	1	1	11
	五经	2	20	7	10	3	42
	四书　论语	1	21	1		1	24
	四书　大学		1		2	1	4
	四书　中庸		6		2	2	10
	四书　孟子		13		1	1	15
	四书　四书总		3	1	14	17	35
	小学	8	5		36	9	58
经部合计		50	261	43	113	71	538

另有寓蜀人士所著经学文献 24 种，共 562 种。

以时代分，汉唐 50 种，宋代 261 种，元代 43 种，明代 113 种，清代（迄嘉庆初）71 种。一个明显的现象是，宋代经学文献最盛，这与当时巴蜀社会稳定、文化繁荣、学术兴盛有很大关系，其间全国一流的大家辈出，流传后世的经学名著累累就是证明。元代逼近汉唐（只少 7 部）、明代两倍于汉唐（尚余 17 部），但不能说元明经学就比汉唐高，而是斯时流行雕版印刷，文献易于传承，故见载于史者相对完整。当然，这个统计仍然是不完全的，除了汉唐宋元明文献仍然有所遗漏外（如关于宋代，许肇鼎的《宋代蜀人著述存佚录》就增多不少），清代也只统计到嘉庆初年，此后迄于"蜀学高潮"的晚清都付阙如，这样的数据所反映的经学面貌当然就是不完整的。

四川大学杨世文教授所编《清代四川经学著述简目》(《儒藏论坛》第二辑,四川大学出版社 2007 年版),对清代巴蜀经学文献进行了分经著录,共得 679 种。其中除去与《嘉庆志》重复的 71 种,还多出 608 种,这应该能反映清代巴蜀经学的基本面貌。特制为一表(见表 4-2),以增加直观效果。

表 4-2　　　　　　　　清代经学文献分类统计表

经目	周易	尚书	诗经	礼经			乐经	春秋				孝经	四书				尔雅	小学		群经总义	合计
				周礼	仪礼	礼记	通礼		春秋经	左氏传	公羊传	穀梁传		论语	学庸	孟子	四书通		说文	音韵		
数量	110	37	51	30	17	18	32		26	25	5	5	21	15	40	16	45	15	40	59	72	679

如果将《嘉庆志》所著录的汉至明代经学文献 467 种,与杨世文教授"目录"所统计的清代经学文献 679 种相加,可得巴蜀各种经学文献 1146 种,列表(见表 4-3)如下:

表 4-3　　　　　　　　巴蜀各种经学文献数量一览表

经目	周易	尚书	诗经	三礼				乐经	春秋三传	孝经	四书				小学	群经总义	合计
				周礼	仪礼	礼记	通礼				论语	学庸	孟子	四书通			
汉至明	105	30	32	7	2	12	16	11	88	10	23	11	14	18	49	39	467
清代	110	37	51	30	17	18	32		61	21	15	40	16	45	114	72	679
总计	215	67	83	37	19	30	48	11	149	31	38	51	30	63	163	111	1146
				134							182						

综合以上数据，可知历代巴蜀学人所撰经学著作，各经数量分别是：易学文献 215 种，尚书文献 67 种，诗经文献 83 种，三礼文献 134 种，春秋三传文献 149 种，孝经文献 31 种，四书文献 182 种，小学文献 163 种，群经总义文献 111 种，总计 1146 种。

第二节　"易学在蜀"：巴蜀易学与文献

大禹《连山》，子木瞿上，文献盖阙，姑无论焉。即从西汉开始，巴蜀易学已经十分活跃，但因时代久远，文献散佚，其具体学说不可得其详。东汉蜀《易》具有家法，也出现了易学著作。六朝承之，《易》著稍多。及至唐宋而后，蜀《易》文献稍存于世，巴蜀易学成就才可得详说。①

方志载，西汉胡安居临邛白鹤山传《易》，司马相如从之问学。② 相如（前179—前117）在文帝时亦已知名，他从胡安受《易》，必在文帝末年（前157）以前。③ 汉初田何传《易》，至惠帝时尚存，《高士传》谓"惠帝亲幸其庐受《易》"，则胡安当与田何同其时。田何在中原传《易》，胡安亦在蜀中传《易》，二人即或稍有前后，亦相距不远。司马相如的时代应与易学博士杨何相当，其《上林赋》有"修容乎《礼》园，翱翔乎《书》圃，述《易》道"云云，说明他也是关注群经及"易道"的。

稍晚蜀《易》传人有赵宾，曾为孟喜师。《汉书·儒林传》称："蜀人赵宾好小数书，后为《易》，饰《易》文，以为'箕子明夷，阴阳气亡箕子。箕子者，万物方荄兹也'。宾持论巧慧，《易》家不能难，皆曰非古法也。云受（授，从刘咸炘、谢无量说）孟喜，喜为名（称扬）之。后宾死，莫能持其说，喜因不肯仞（承认），以此不见信（伸）……博士

---

① 参见舒大刚、李冬梅《巴蜀易学源流考》，《周易研究》2011 年第 4 期；金生杨《汉唐巴蜀易学研究》，巴蜀书社 2007 年版。

② （明）曹学佺：《蜀中广记》卷 13 所引《益部耆旧传》，文渊阁《四库全书》影印本。

③ （明）王廷节《新建汉儒胡先生讲易书院记》："临邛胡先生安，生汉武时，深于易学，逸其字而以名称。其故宅在郡西隅，岁久湮灭，莫识居址，惟传《易》洞，历代亦无修举之者。"（嘉庆《邛州直隶州志》卷 43）将其时代定在"汉武时"，不知为何。

缺，众人荐喜。上闻喜改师法，遂不用喜。"① 赵宾既然曾经传术于孟喜，他生活的时代就应当与丁宽同，当景帝时。可惜，赵宾除了留下以"菱兹"说《易》"箕子"外，别无其他《易》说可考。

稍晚有严遵，"卜筮于成都市，以为卜筮者贱业，而可以惠众。人有邪恶非正之问，则依蓍龟为言利害。与人子言依于孝，与人弟言依于顺，与人臣言依于忠。各因势导之以善，从吾言者已过半矣"②。他"雅性淡泊，学业加妙，专精《大易》，耽于《老》《庄》"③。郑樵在《通志·艺文略》"五行家"之"易占"类著录《周易骨髓诀》1卷，注曰"严遵撰"；《宋史·艺文志》"筮龟"类有《严遵卦法》1卷。二书不见于汉唐之间著录，疑后世依托，但颇得其易学特征。扬雄少时曾从君平游学，仿《易经》而撰《太玄》，这是中华学人仿《易》而作的第一书。自兹以后，巴蜀易学名家，代有其人，巴蜀易学著作，也时有其书。

刘咸炘《蜀学论》说："学在六艺，经首三圣，《大易》之传，蜀为特盛。"④ 并且举出一些易学人物，除商瞿、赵宾、君平、扬雄外，还举了东汉任安（传《孟氏易》）、景鸾（传《施氏易》），北周卫元嵩（仿《易》作《元包》），唐代李鼎祚（著《周易集解》），宋代谯定（传程氏易）、冯时行（传谯定之学）、张行成（撰《皇极》诸书）、房审权（集百家易解成《义海》），明代来知德（撰《周易集注》），等等。

当然他所举的还有遗漏，最大的一个遗漏就是前面提到的大禹，《连山》是大禹所造，居"三易"之首，"经卦皆八，其别卦皆六十有四"（《周礼》），"三易"最根本的观念是阴阳，阴阳观念首先系统化于《连山》。其实，晋代还有位易学家叫王长文，通《春秋》《易经》，亦仿《易》著《通玄经》，"有文言、卦象，可用卜筮，时人比之扬雄《太玄》"（《晋书》本传）。又有范长生，初隐青城山，后为李特政权宰相，著《蜀才易注》，其经本既不同于今文易，也不同于王弼易，是巴蜀所传特有的系统。此外还有普州陈抟发明先天图，开启宋人图书说《易》的

---

① 《汉书》卷88《儒林传》，第3599页。
② 《汉书》卷72《王贡两龚鲍传》，第3056页。
③ （晋）常璩著，刘琳校注：《华阳国志新校注》卷10上《蜀郡士女》，第398页。
④ 刘咸炘：《蜀学论》，《推十文集》卷1，《推十书》，第3册，第2100页下栏。

先河。龙昌期（撰《易》《书》《诗》《论语》《孝经》《阴符经》《老子》注），会通三教，开一时风气。苏东坡，有《东坡易传》，颇切近人事。

现在能数出来的几位中国古代传世的著名易学家，有好几位都是巴蜀的，唐代李鼎祚的《周易集解》中，保留了汉《易》和南北朝易学（特别是象数易学）的一些主要说法；苏东坡的《东坡易传》，是一部融合易道、玄学，特别是佛学的重要《易》解，也是北宋仅存的四部《易》解之一；张浚、张栻俱有《易传》，李心传有《丙子学易编》；南宋房审权的《周易义海》，汇集百家易注，是当时最大规模的易学集解；李石的《方舟易学》《周易十例略》，仿杜预《春秋左传例》、王弼《周易略例》，撰易学十例。魏了翁除了删节《周易正义》成《周易要义》外，还有《周易集义》一书，荟辑北宋理学《易》的成果；元代黄泽（《易学滥觞》）、王申子（《大易缉说》）、赵采（《周易程朱传义折衷》），明代杨慎（《易经说》）、熊过（《周易象旨诀录》）等，俱有易学著作。清全祖望有"甚矣，蜀之多《易》也"之赞。

清以后，巴蜀地区还出现了多位易学大家（如李调元、吕吴调阳、刘沅、何志高、范泰衡、杨国桢、尹昌衡等）。刘咸炘赞同程伊川"易学在蜀"之说，并将其与"诗歌在唐"相提并论，并非过誉。巴蜀易学成就真是举不胜举，合嘉庆《四川通志·经籍志》与杨世文教授《清代四川经学著述简目》而统计之，历代巴蜀易学著作约有215种。

就巴蜀易学的特色言之，尚辞之义理《易》（苏轼《苏氏易传》）、尚象尚变之象数《易》（李鼎祚《集解》、来知德《集注》）、尚占之卜筮《易》（严遵等人），诸种俱全，而尤以卜筮《易》源远流长，颇有特色。至于《易》《老》兼治（严遵、扬雄），图书说《易》（陈抟、胡世安），佛陀解《易》（苏轼、龙昌期），以及仿圣拟经（扬雄、王长文、卫元嵩），则又巴蜀易学者所优为者也。刘咸炘曰："易学在蜀（伊川语），如诗之有唐矣。"① 诚非虚语。

---

① 刘咸炘：《蜀学论》，《推十文集》卷1，《推十书》，第3册，第2101页上栏。

第三节 "禹贡洪范"：巴蜀《书》学与文献

《庄子·天下》曰："《诗》以道志，《书》以道事，《礼》以道行，《乐》以道和，《易》以道阴阳，《春秋》以道名分。"《书》者，先王之政典，而治世之金鉴也。相传禹治洪水，得《洛书》以演《洪范》"九畴"；洪水既掩，复任土作贡，画天下以为九州，是成《禹贡》。《尚书》中最具思想性、争议最多，也最有研究价值的两篇：《洪范》《禹贡》，皆出自大禹，并载于帝典，成为"虞夏《书》"的重要组成部分。

汉以来，《尚书》在巴蜀地区传授不绝，据嘉庆《四川通志·经籍志》和《清代四川经学著述简目》统计，约有专门著作67种。其时代分布大致是，汉代1种，唐五代2种，宋代23种，明代4种，清代37种。考其学术特征，汉代不出"今古文"窠臼，唐五代不出《正义》范围，宋代不脱"宋学"习气，清代则多"考据"之作。

《尚书》在汉代文帝时，得济南伏生传《书》29篇，胜又有《大传》41篇（今残）。伏生传济南张生、千乘欧阳生；欧阳授倪宽，宽授欧阳生之子，世世相传，至其曾孙欧阳高，始形成系统《尚书》学体系，号称"欧阳氏学"。张生传夏侯都尉，都尉授族子始昌，始昌授族子胜，于是形成《尚书》"大夏侯氏学"；胜传从兄子建，形成"小夏侯氏学"。《尚书》欧阳、大小夏侯三家之学，今文也，后皆立于学官，各以家法教授，亦各撰《尚书章句》若干篇。武帝末年，鲁恭王坏孔子宅，而得《古文尚书》，孔安国为之《传》，是为古文之学，未立学官。

文翁遣张叔等入京从博士受"七经"，还教吏民，《尚书》即在其中，此时尚在景帝末年。其时"五经"博士未设，但济南伏生早在文帝时已将《尚书》传与晁错诸人，蜀人所传似是此本。但是司马相如《封禅文》云："《书》曰：'元首明哉，股肱良哉。'因斯以谈，君莫盛于唐尧，臣莫贤于后稷。"[①] 两句引文今见今文《尚书·皋陶谟》《古文尚书·益稷》（古文系割裂《皋陶》篇而成）。但是今本该篇却没有后稷其人，无由得

---

① （汉）司马相如：《封禅文》，载（清）吴汝纶评选《汉魏六朝百三家集选》，浙江人民出版社1985年影印本，第2册，第16A页。

出"臣莫贤于后稷"的结论，颇疑相如所见乃未经改纂之《尚书》也。

及至东汉，巴蜀治《尚书》学的人物有三位：张楷、杨统、何随。据《后汉书》本传载，张楷，字公超，成都人，为汉和帝时郡守、司隶校尉张霸中子，"通《严氏春秋》《古文尚书》"。《严氏春秋》为《公羊》学，自是今文；《尚书》却是古文学，《后汉书》说他父亲张霸"从樊儵受《严氏公羊春秋》，遂博览'五经'"，是公超之学亦得于家传。公超不乐仕进，隐居弘农山中，学者随之，所居成市，华阴遂有"公超市"。五府连辟，举贤良方正，皆不就。桓帝时"坐系廷尉诏狱，积二年，恒讽诵经籍，作《尚书注》"。公超所作《古文尚书注》是巴蜀第一部《书》学著作，考其时代，略迟于马融，稍早于郑玄，也是未经改纂的真《古文尚书》，在中国《古文尚书》学史上应有一席之地。

杨统家居新都，五世皆传《夏侯尚书》。何随字季业，蜀郡郫人，汉司空何武之后，"治《韩诗》《欧阳尚书》"。蜀汉时因"世有名德，征聘入官"。入晋不仕，"居贫固俭，衣弊蔬食，昼躬耕耨，夕修讲讽"，"目不视色，口不语利。著《谭言》十篇，论道德仁让"。① 杨、何两家皆今文学。特别是何随，其祖何武乃为汉宣帝唱王褒《中和诵》、留从博士习《易》者，自西汉中期至魏晋时期垂三百年，家学不衰，亦可谓能世其家学矣！此外，吴福连《拟四川艺文志》又考得"汉又有王涣、李譔、谯岈，晋又有常宽、常勋、陈寿，皆通《尚书》"②。王涣《后汉书》卷106有传，史称"涣少好侠"，"晚而改节敦儒学，习《尚书》，读律令，略举大义"。李譔见于《三国志·蜀书》，其父李仁与尹默同赴荆州从司马徽、宋衷学习古文经学。譔传其业，复从尹默"讲论义理，五经诸子，无不该览"，曾著《古文尚书指归》，与王肃所著书"意归多同"，而与郑玄立异。谯岈即谯周父，"治《尚书》，兼通诸经及图纬"（《三国志·蜀书》）。常宽、常勋俱见《华阳国志》卷11，勋叔而宽侄，史称"阖门广学，治《毛诗》《三礼》《春秋》《尚书》，尤耽意《大易》"。陈寿即《三国志》作者，"受学于散骑常侍谯周，治《尚书》《三传》"（并见

---

① （晋）常璩著，刘琳校注：《华阳国志新校注》卷11《后贤志》，第492页。
② 吴福连：《拟四川艺文志》，载王闿运辑《尊经书院初集》卷9，清光绪成都刻本；又收入赵所生、薛正兴主编《中国历代书院志》，第16册，第302页。

《华阳国志》卷11）云云。则自汉至晋，巴蜀《尚书》之学，不替其传矣！

《尚书》佶屈聱牙，自孔颖达撰为《正义》，颁行天下，以为科举程序。武则天时，有王玄感撰《尚书纠谬》《春秋振滞》《礼记绳愆》略持异议，除此以外的200余年间，学者遵行，并无异词。但据《宋史·艺文志》著录："冯继先《尚书广疏》十八卷，又《尚书小疏》十三卷。"①《崇文总目》说是"伪蜀冯继先撰，以孔颖达《正义》为本，小加己意"②。可见其书在"孔疏"之外尚加以己意，其突破《正义》程式、补充前贤之用意十分明了。冯氏为五代后蜀时人，兼善《春秋》，今尚传《春秋名号归一图》一书。

入宋，《尚书》之学大兴，文献陡增，然多散佚。其有佚说可寻者，则有范镇之《正书》，王应麟《困学纪闻》解《甫刑》"流宥五刑"引其一条："舜之五刑：流也，官也，教也，赎也，贼也。'流宥五刑'者，舜制五流，以宥三苗之劓、剕、荆、宫、大辟也。"③ 胡宏《皇王大纪》、谢伯采《密斋笔记》皆采此说，朱彝尊赞为"精确之论"（《经义考》卷79）。

又有绵竹杨绘认为："《诗》《书》《春秋》同出于史，而仲尼或删或修，莫不有笔法焉。《诗》《春秋》先儒皆言之，《书》独无其法耶？"④、于是作《书九意》，推断仲尼选编和表彰《尧典》、《虞书》、《夏书》、禅让、稽古、《商书》、《周书》、《费誓》、《秦誓》之用意，总共9篇，合为1卷。杨氏因《诗》《书》《春秋》都是孔子取自"旧法世传之史"加以修订而成，然《诗》有《诗》例，《春秋》有笔法，唯独《尚书》之例无人揭示，杨氏乃起而补之，力揭孔子选编之用意，这一做法与伏生"五观说"异曲同工，亦可补《尚书》学之缺。

至于苏洵之撰《洪范图论》，范祖禹之撰《说命讲义》《无逸讲义》，张栻之撰《酒诰解》，或"援经以系传"（苏），或引申以议政（范），或

---

① 《宋史》卷202《艺文志》，第5042页。
② （宋）王尧臣等：《崇文总目》卷1，中华书局1985年版，第6页。
③ （宋）王应麟著，（清）翁元圻辑注，孙通海点校：《困学纪闻注》卷2，中华书局2016年版，第175页。
④ （明）曹学佺：《蜀中广记》卷91《著作记第一》，文渊阁《四库全书》影印本。

别儒释之分（张），皆得"《书》以道事"之本。而对于《尚书》经传进行解释有成就者，在宋代则以苏轼《东坡书传》为最早。其书有感于熙宁以后专用王安石《书经新义》穿凿之言进退多士，于是传中以驳正新说为多；又以《胤征》为羿篡位时、《康王之诰》为失礼，调整了《禹贡》等篇之错简文字，发前人所未发，同时也开后人怀疑《尚书》之端。特别是此书作于苏轼贬官岭南之时，而作者忠君爱民之心不泯，"于治乱兴亡，披抉明畅"（《四库全书总目》本书提要），尤存经学致用之风。因此，朱熹等人因为程颐与苏轼矛盾的缘故，对苏氏诸经解痛加驳难，唯于此书推崇引用为多，良有由矣。

南宋时期，巴蜀《尚书》学著作出现了一繁一简的奇观：魏了翁取孔颖达《尚书注疏》，删繁去冗，标目摘要，令读者有以简驭繁之快。而《宋史·艺文志》著录眉州成申之《四百家尚书集解》58卷，搜集《尚书》文献达400家之多，亦云勤矣！惜其不传。

明清《尚书》之学，成就主要在于辨《古文尚书》及《孔传》之伪，蜀人虽无杰出者，然亦有人焉。自《古文尚书孔传》经梅赜献于东晋，唐人取以为《正义》；至宋，吴棫、朱熹诸人始以语气不古而疑之。明梅鷟撰《尚书考异》专书力辨《古文尚书》之伪，清阎若璩《古文尚书疏证》则尽发其作伪之覆，《古文尚书》《孔传》之伪遂成定谳。然毛奇龄著《古文尚书冤词》，针对阎氏之失，力挺《古文尚书》为真。后有惠栋《古文尚书考》、王鸣盛《尚书后案》出，乃又针对毛书而攻之，借以巩固阎氏阵营，《古文尚书》真伪之辨几乎定矣。然而巴蜀学人犹有未能心服者，于是有王劼者出，撰《尚书后案驳正》2卷，又对王鸣盛之书发起反击，而不随风从众，唯理是求，精神可嘉。

第四节 "南音"余韵：巴蜀《诗》学与文献

《舜典》说："诗言志，歌永言。"有人斯有情，有情斯有歌。生产劳动，饮食男女，乃人情之大者，"饥者歌其食，劳者歌其事"，故"断竹，续竹，飞土，逐肉"之词生，而诗篇与生民同步创作。然而《诗经》非仅歌也，"诗"必有志，"经"必有法，故《诗经》必待义法规范、圣贤删削而后成。《吕览》有曰，涂山氏婢女"始作南音"，"周公、召公取之以为《周南》《召南》"之说。《诗经》首于"二南",而"二南"又取法"南音"。然则蜀人涂山氏,其亦"诗义""经法"之祖乎?《诗经》之中,多有江汉之篇;吉甫作诵,选为风雅之诗。则《诗经》固多巴蜀之风矣。

《诗》可以兴、可以观、可以群、可以怨,本为性情而作。《乐》正立"四教",仲尼删"六经",《诗经》遂成为"达政""专对""正言""多识"之经典。及秦皇专制,焚弃《诗》说最严。《诗经》之所以经秦火而得传者,盖由于讽诵在人口,不独以竹帛得传。汉朝开始,鲁申公为《诗》作训诂,齐辕固生、燕韩生亦为《诗》作传,于是《诗》有鲁、齐、韩氏之学,皆立于学官,是为今文《诗》学。又有毛公之学,自称传于子夏,河间献王好之,不得立于学官,是为古文《毛诗》之学。

西汉时期,《诗》亦在巴蜀广为传诵,文翁石室所授"七经"之中即有《诗经》,唯不详何人研《诗》专长?考司马相如《美人赋》,有所谓"途出郑卫,道由《桑中》,朝发《溱洧》,暮宿上宫"①之辞,郑、卫即《诗经》十五《国风》之一,《桑中》《溱洧》又为鄘、郑之诗,"上宫"乃《桑中》所约……一篇《美人赋》,俨然在作《诗经》郑、卫之旅!自非熟于《诗》者所不能为。

东汉至于魏晋,四家《诗》并传于时。据吴福连《拟四川艺文志》考证:当时"习《鲁诗》者李业,习《齐诗》者任末、景鸾,习《韩诗》者杜抚、杨仁、杜琼、何随。三家之学,不绝于蜀矣!"以上诸人分见《三国志》《华阳国志》及《后汉书》。然而这只是博士《诗》学的情况,与中原一样,民间学人之专攻,则以《毛诗》为盛。吴氏又说:"而其时习《毛诗》者,倍多于三家,故《毛诗》最显于后世。若文立、司马胜之、常勖、王化、李譔、任熙、常骞、常宽,皆常璩所称治《毛诗》者也。"② 以上诸人见《华阳国志》。

巴蜀专著性质的《诗》学文献,见于东汉。《后汉书·景鸾传》载:

---

① (汉)司马相如:《美人赋》,载(宋)章樵注,(清)钱熙祚校《古文苑·上》卷3,商务印书馆1937年版,第86页。

② 吴福连:《拟四川艺文志》,载王闿运辑《尊经书院初集》卷9,清光绪成都刻本;又收入赵所生、薛正兴主编《中国历代书院志》,第16册,第302—303页。

鸾"能理《齐诗》","作……《诗》解","名为《交集》"。①又《杜抚传》载,抚犍为武阳（今彭州）人,受业于薛汉,定《韩诗章句》。后归乡里,教授弟子千余人。"所作《诗题约义通》,学者传之,曰'杜君法'。"②《三国志·蜀书》又载,传任安之术的杜琼"年八十余,延熙十三年（250）卒,著《韩诗章句》十余万言"③。又载,李譔传其父仁、师尹默所得荆州古文经学,"著古文……《毛诗》……指归"④,与《郑笺》立异。据以上所引,景鸾有《齐诗交集》;杜抚定《韩诗章句》,撰《诗题约义通》;杜琼著《韩诗章句》十万余言;李譔撰《毛诗指归》,今皆不传。自东汉末年郑玄据《毛诗》作《笺》,三家《诗》遂废,经学形成"郑学"时代。而蜀人杜琼犹在蜀汉时为《韩诗》作十万余字的《章句》,李譔又以"贾马"之学以驳郑,是皆不屑作人云亦云、随风而靡之学者。

自后《齐诗》亡于三国曹魏,《鲁诗》西晋已亡,《韩诗》虽存而无传之者,于是《毛诗》独盛。及唐撰《毛诗正义》,《诗》学不仅成为《毛诗》之一统天下,而且也成了《正义》的一统天下。

入宋,巴蜀有《诗》学文献22种,数量远胜于前,质量亦领先于后。如华阳范百禄之撰《诗传补注》20卷,哲宗元祐四年（1089）进献于朝,深得圣眷,褒奖诏书有云:"卿博识洽闻,留心经术,讨论之外,尤深于《诗》。揽商周之盛衰,考毛郑之得失,补注其略。绅次成书。真得作者之微,颇助学官之阙。"⑤《毛传》《郑笺》是《诗》古文学最权威的注本,唐孔颖达修《正义》即以之为本。在唐代已随《正义》颁于学官,遵行达200余年矣,"传曰""笺云""孔疏"或"正义",已经成为人们引证《诗》训的固定格式。其间虽有人对《正义》提出过不满,然却未有人敢公开指斥《毛传》《郑笺》不是撰书而为之补葺者,有之实自范百禄始,可惜其书不存矣。

---

① 《后汉书》卷79下《儒林列传下》,第2572页。
② 《后汉书》卷79下《儒林列传下》,第2573页。
③ 《三国志》卷42《蜀书·杜琼传》,第1022页。
④ 《三国志》卷42《蜀书·李譔传》,第1027页。
⑤ （宋）苏颂:《赐尚书吏部侍郎范百禄进撰成诗传补注二十卷奖谕诏》,《苏魏公文集》卷22,中华书局1988年版,第293页。

有如苏辙《诗集传》，亦20卷，他认为《诗经》小序"反复烦重，类非一人之词"，遂疑为"毛氏之学而卫宏之所集录"①，不是子夏原文，更不是孔子的本意。于是他在作《诗集传》时，只保留"发端一言"，而以下余文悉从删汰。较之范百禄，他不仅怀疑毛郑，更怀疑《诗序》了。他的这个发现，为后来许多证据所证实，四库馆臣即举《礼记》："《驺虞》者，乐官备也。《狸首》者，乐会时也。《采蘋》者，乐循法也。"证明"古人言诗，率以一语括其旨。小序之体，实肇于斯"②。王应麟《诗考》所载，"《芣苢》，伤夫有恶疾也"；"《汉广》，悦人也"；"《汝坟》，辞家也"；"《蝃蝀》，刺奔女也"；"《黍离》，伯封作也"③；如此等等，皆证明三家《诗》也是这一风格。因此后来王得臣、程大昌等都沿用苏辙的做法，只取小序首句言《诗》。这无异是在《序》《传》《笺》《疏》这个固定的汉学模式上，打开了一个缺口，最终导致《诗》汉学体系崩溃，因此朱熹等注《诗》，甚至连首句也不要了，为自创新《诗》阐释体系开辟了广阔空间。

明代巴蜀有《诗》著6种，以杨慎、章调鼎为其魁。杨慎撰《四诗表传》1卷，取齐、鲁、韩、毛四家《诗》文及其经说，列表以示，并施以传，已经突破宋儒空言说经之弊。至于富顺人章调鼎，因朱子《诗集传》排斥《毛传》《郑笺》，遂取钟惺未定之稿，补撰成《诗经备考》24卷，专以批评朱子为能事，这在朱学独尊的时代里，确实是需要胆识的。

至于清代，巴蜀亦有《诗》学著作51种，独李调元《童山诗音说》深审《诗》之音切与叶韵；王劼《毛诗读》又以为子夏序《诗》，毛公作《传》，皆责备贤才，明臣道，与《春秋》相表里。张慎仪的《诗经异文补释》16卷，以阮元校刻本为主，而将各家异文罗列其下，予以审定。凡此数子，差可以备一家之学。

---

① （宋）苏辙：《诗集传》卷1，载舒大刚、李文泽主编《三苏经解集校》，四川大学出版社2017年版，下册，第429页。
② （清）永瑢等：《四库全书总目》卷15《诗集传》提要，第121页。
③ （宋）王应麟：《诗考》，中华书局1985年版，第6—21页。

第五节 "礼云礼云":巴蜀礼学与文献

《说文解字》曰:"礼,履也。"(卷1上)《庄子》曰:"礼以道行。"(《天下》)举凡人类一切约定俗成之规范皆为"礼仪"之属。然儒家为此,不仅重视整齐规范繁文缛节之仪,更注重节文背后之精神义理,故孔子曰:"礼云礼云,玉帛云乎哉?乐云乐云,钟鼓云乎哉!"(《论语·阳货》)又曰:"义以为质,礼以行之。"(《论语·卫灵公》)又曰:"质胜文则野,文胜质则史,文质彬彬,然后君子。"(《论语·雍也》)至狂者为之,倡为性天礼伪之说,越名教而任自然,以为"礼法岂为吾辈设?"殊不知,无义则乱,无礼则野,欲做文明之君子,驯致秩序之社会,正迫切需要礼和义。无礼无义,岂不复归禽兽,此"礼法正为吾辈设"也!居仁由礼,是为据乱升平以致太平之路;毁礼蔑义,无非丧家败国甚而灭身之途。问道君子,能无慎乎?

儒家礼学文献,包括《周礼》《仪礼》《礼记》及"总义"文献,以及将礼乐精神融入制度建设之礼制文献。《礼》曰:"经礼三百,曲礼三千。"经礼者,治国理民之大经大法,汉儒以为《周官》(即《周礼》)是也。曲礼者,家族、社会、生活、交游之行为规范,汉儒以为《士礼》(即《仪礼》)是也。《礼记》则是关于《仪礼》各节所含义理的说明。故《仪礼》主于仪节,《礼记》主于义理,而《周礼》则主于官守,"三礼"相须而行,不可偏废。

旧志蜀人"椎髻左衽,不晓文字,未有礼乐"之謷言,常璩固已驳斥之矣。即使蜀人之治"三礼",亦不晚于中夏。文翁"七经"教化,"礼经"即在其中;阳城制作《乐书》,王莽取立博士,事皆在天下郡国之前。然而蜀人礼学,似不主于文字纂述,而在于日用常行。

考诸嘉庆《四川通志》和《清代四川经学著述简目》,巴蜀古今礼学文献,汉有3种,唐1种,宋16种,元7种,明10种,清代97种,总计134种。数量虽然不多,然特色却很鲜明。据吴福连《拟四川艺文志》考证说:"蜀之制《封禅书》者,前有相如,后有杨终,典礼莫重于此也。《范史》称,犍为董钧习《庆氏礼》,永平中(东汉明帝年号,58—75)草创礼制,多用其议,其礼学之名家与?《华阳国志》说李譔、常宽、文立、司马胜之、王化、常骞，皆治'三礼'，而《礼》之传益广矣！"《范史》即范晔《后汉书》；李譔等人则见于《华阳国志》卷11。这是汉晋之间蜀人礼学传授的情况，可谓代有其人，世传其美。

礼仪的最高境界当然是祭天，而祭天最隆重之举则是封禅。汉武帝文治武功既成，欲告天祭地，以炫百世无有之功烈，而董仲舒诸儒不知其仪，得司马相如临死所草《封禅书》而成其事，其书自今犹部分保存在《史记》之中。蜀人礼学论著，应以此为最早。其后则有：东汉景鸾撰《礼略》，三国王长文撰《约礼》，晋杜龚撰《丧纪礼式》，虽然今已不传，但顾名思义，都是"熔铸礼经，自成一家言"①。甚至唐代峨眉人仲子陵撰《五服图》10卷，取丧礼所服缌麻、大功、期、齐衰、斩衰五种服制，绘成图解，贞元九年（793）上于朝，其实质仍然是主于实用的。

入宋，礼学著作渐多，内容和类型也大胜于前。其主于治经者，则有魏了翁《仪礼要义》50卷、《礼记要义》33卷、《周礼要义》30卷、《周礼折中》2卷，高斯得《仪礼合抄》②，史通《礼记义》1卷、《详说》4卷，游桂《礼记经学》12卷，许奕《周官讲义》6卷，高崇《周官解》12卷，史守道《周礼略》10卷，李心传《丁丑三礼辩》23卷。其主于说理者，则有苏轼父子之《礼说》《礼论》，龙昌期《礼论》。其主于单篇研究者，则有范祖禹《中庸解》1卷、张浚《中庸解》1卷、吴之巽《中庸口义》3卷、魏文翁《中庸大学讲义》2卷。其主于专题研究者，则有樊建绍兴中作《古今服饰仪》1卷、魏了翁作《周礼井田图说》1卷。其主于实用者，则有苏洵《太常因革礼》③、范祖禹《范氏家祭仪》1卷、张栻《四家礼范》5卷、李耄《公侯守宰士庶通礼》30卷等。

其中魏了翁"三礼"《要义》皆取唐人注疏加以删节，以归简约；苏洵的《太常因革礼》则是北宋一代礼制汇编，当时即享盛名；李心传的

---

① 吴福连：《拟四川艺文志》，载王闿运辑《尊经书院初集》卷9，清光绪成都刻本；又收入赵所生、薛正兴主编《中国历代书院志》，第16册，第304页。
② 按：此书当是《仪礼》与《礼记》合抄，亦朱子之为。
③ 按：此书系苏洵与欧阳修、姚辟合作。

《丁丑三礼辩》20万余言，撰于丁丑年（1217），凡200日而成书①，其书专就郑玄"三礼"注（附《大戴礼》）而辩之，共923条，《中兴书目》说"皆有据"，必有可观，惜已不传。至于李壁之书，明代《文渊阁书目》有"宋《士庶通礼》一部十二册"，未知是否？马端临盖尝见之："臣庶祖庙之制……近代，司马温公及伊川、横渠各有礼书。朱文公作《家礼》，又参取三家之说，酌古今之制而损益之，可以通行。嘉定间，李秘监（壁）又著《公侯守宰士庶通礼》一书，于祭礼特详。俱有专书，文繁不果悉录。"②《明集礼》卷24《士庶冠礼》总叙："汉晋以来，士礼废而不讲；至于唐宋，乃有《士庶通礼》，虽采《士冠》仪文，然失之太繁。"知其为摘引经传、斟酌古今、参以时制而撰成的各阶层通行之行为通则。此外，近时成都考古队在江安发掘出宋墓石刻雕像，手捧《礼记全》1册，该书未见于古今著录，疑是主人生前得意之作，盖亦蜀人《礼记》学成果之一。

元代，张翼有《丧服总类》《冕弁冠服考》《释奠仪注》，黄泽有《二礼祭祀述略》《礼经复古正言》，赵汸撰《黄楚望先生行状》言黄泽"祭祀之法，则兼《戴记》而考之"，并引其"辩王肃混郊丘、废五天帝，并昆仑神州为一祭之说"③ 大段文字，略可考见其说精要。

明代，陈一经（成都人，成化进士，巡盐监察御史、布政使）《大学大全纂》1卷、谢东山（射洪人，嘉靖进士、布政使）《中庸集说启蒙》1卷、来知德《大学古本释》1卷，俱为"四书"学之流。唯宿进（夹江人）《礼经章段》，胡相（富顺人，成化举人）《家礼仪制》，母恩（蓬州人，弘治进士）《家礼考》，阴秉衡（内江人，隐士）《慎终录》《婚礼节要》，杨慎《檀弓丛训》2卷、《夏小正解》1卷、《家礼仪节》8卷，熊过《读曾子问、文王世子》2篇，李实（巴州人，弘治进士）《礼记疏解》等书，各得礼学之一体。至于宋英宗朝翰林学士王珪之参与"濮议"，明嘉靖朝大学士杨廷和、翰林学士杨慎父子之参与"大礼议"，为

---

① 按：据宋高斯得《耻堂存稿》卷5《跋李秀岩先生学易编诵诗训》云："又其天质强敏绝人，《三礼辩》二十余万言，二百日而成。"（文渊阁《四库全书》影印本）
② （元）马端临：《文献通考》卷105，中华书局2011年版，第3216页。
③ （元）赵汸：《春秋师说》附录下，文渊阁《四库全书》影印本。

维护嫡庶之分、宗法之制，不惜挑战皇权，担负罢官削爵风险，则又为礼学实践之典范。

清朝"三礼"之学特盛，然蜀学之士却长期没有表现。唯费密撰《四礼补录》10卷，李调元撰《仪礼古今考》2卷、《礼记补注》4卷、《周礼摘笺》5卷，于古学有补。至于费密《大学中庸古文》《大学中庸驳论》，沈复瑛《大学铭》，曾懋《中庸解》之伦，亦"四书"之范围，非复礼学名家。及于晚清，廖平、吴之英、宋育仁等人出，蜀中礼学复兴。廖平之"长于《春秋》、善说礼制"（刘师培语），则又据礼制以区别汉代今古文学，撰《今古学考》，被俞樾推为"不刊之书"；廖氏以《周礼》主古学、《仪礼》主今学，宣扬"托古改制"，则又凿破鸿蒙，发千古未悟之秘，实乃石破天惊。此晚清蜀中礼学之概貌也。吴之英亦明于《公羊》，"尤邃三《礼》"，著有《寿栎庐丛书》，论者谓其"言《周礼》者最多最精"①，其《仪礼奭固》《仪礼礼器图》《仪礼礼事图》三书，尤称精绝。宋育仁擅长文学，亦善经学，撰《问琴阁丛书》，有《周礼十种》，主张"复古改制"，宣传维新变法，为改革号角。

儒者以为"礼主分，乐主和"，而"礼之用，和为贵"，讲礼学不可以不言乐。嘉庆《四川通志》著录巴蜀学人乐学著作11种，多已不存。吴福连《拟四川艺文志》于礼学文献之后，复撰乐类文献，今录其序言，以备观览："巴歌渝舞，渐近雅声，而王充《论衡》言'阳城作《乐》，极窅冥之深'，亦蜀之知乐者也。自是以后，扬雄著《琴清英》，杨统与司律鲁恭定音律，又皆于乐有助。何妥考定钟律，作《乐要》，隋开皇中制乐，专用其说，黄钟之音，绝而复续。夫古律沦亡，议者不一，魏汉津以三指为法，异于汉儒之用累黍；房庶父子持'以律生尺'之说，用汉法也（房庶撰《补亡乐书总要》3卷，房审权撰《大晟乐书》）。范镇取旧章乐书，去其抵牾，各为之论（撰《元祐新定乐法》1卷、《乐书》1卷、《乐议》1卷），其所上之乐法，则犹依准房庶也。"其中"阳城作《乐》"指西汉后期蜀人阳城子张制作《乐经》，被王莽立于学官教授弟子。

---

① 谢兴尧：《周政三图》提要，载中国科学院图书馆整理《续修四库全书总目提要（稿本）》，齐鲁书社1996年版，第32册，第128页。

第六节 "麟经在蜀":巴蜀《春秋》学与文献

《春秋》源于史而高于史,孟子曰:"晋之《乘》,楚之《梼杌》,鲁之《春秋》,一也。其事则齐桓、晋文,其文则史。孔子曰:'其义则丘窃取之矣。'"(《孟子·离娄下》)孔子因鲁史记而加"王心",即用仁义标准进行褒善贬恶,对原文进行笔削,寓寄其社会政治理想,《春秋》之事迹无非历史陈迹,《春秋》之精神则是孔子的新思维、新思想。因此孔子说:"吾志在《春秋》,行在《孝经》。"①《庄子》说:"《春秋》以道义。"(《庄子·天下》)司马迁说:"《春秋》推见至隐,《易》本隐以之显。"② 这都表明《春秋》不仅是历史著作,而且是理论著作、政治著作。所以研究《春秋》不仅是历史学内容,也是政治学的使命。历代志士仁人,欲谈政治理想,没有不究心于《春秋经》的。

《春秋》文成数万,其指数千,措辞考究,用语隐晦。为阐发揭示《春秋》之微言大义,自战国初年即已形成解经传说,有所谓"五传"文献:《左传》主于事,《公羊》主于义,《穀梁》主于例;又有邹氏、夹氏,然"邹氏无师,夹氏有录无书",后世唯传"三传"。《春秋》非"三传"无以明其义例与事实,"三传"非《春秋》则无以发挥和衍义,故《春秋》经传相需而行,相得益彰。

汉人之传《春秋》,初期唯有《公羊》学,齐胡毋子都、公孙弘、赵董仲舒,皆传《公羊》学。后来衍为颜氏、严氏,俱立于学官,是为《春秋》今文学。宣帝时,以其祖故戾太子喜《穀梁》,于是议立《穀梁》博士。至成帝时,刘歆于整理群书时得古文《左氏春秋》,以为事富而辞艳,请立《左传》于学官,今文诸博士不肯置对,歆撰《移太常博士书》,从而引发《春秋》今古文之争。

蜀中传《春秋》大致与中原同步。史称庐江人文翁"少好学,通《春秋》","景帝末为蜀郡守,仁爱好教化",遣张叔等东受"七经",还

---

① (唐)李隆基注,(宋)邢昺疏:《孝经注疏》卷首《孝经序》,北京大学出版社1999年版,第12页。
② 《汉书》卷57下《司马相如传下》,第2609页。

教吏民,《春秋》必在其中,这也许是《春秋》传入巴蜀的最早记录。《华阳国志》说,张叔从博士受经,撰《春秋章句》,此乃蜀人有《春秋》学著作之始。常璩还说:"《春秋穀梁传》首叙曰:'成帝时议立三传博士,巴郡胥君安独驳《左传》不祖圣人。'"① 这是迄今可考的巴蜀学人最早的《春秋》学说。

《后汉书·张霸传》说:"霸以樊儵删《严氏春秋》犹多繁辞,乃减定为二十万言,更名'张氏学'。"② 两《汉书》凡言"某氏学"者,皆学派师法也,张霸是史书明确记载蜀人在《春秋》学上形成学派的第一人。

汉晋时期蜀中治《春秋》者,据吴福连《拟四川艺文志》考述:"而治《公羊》者,又有张楷、刘宠、张裔、王化;李譔著《左氏指归》,黄容著《左传抄》,又有尹默、李宓,皆治《左传》;而寿良、王长文,则'三传'并治。此汉晋之最有名者也。"③ 然而这一时期,蜀中史学发达,而经学稍衰,《春秋》文献除上述所举者外,仅有杨终《春秋外传》12篇(《后汉书·杨终传》),王长文《春秋》"三传"13篇(《华阳国志》卷11),黄容《左传抄》数十篇(《华阳国志》卷11)。及唐,则有阴弘道《春秋左氏传序》1卷(《新唐书·艺文志》)。五代,又有孟蜀"冯继先《春秋名号归一图》,又《春秋名字同异录》五卷"(《宋史·艺文志》)。皆《左传》之属。

以上诸家书皆亡,唯冯氏《归一图》存。清阎若璩《潜邱札记》卷6谓冯书时代"宜冠孙复之首",但又说继先之名,"当作元",则不知所据。冯书因左丘明为《春秋》作传时,称举列国君臣名字,各处不一,有的异称多至四五个,"始学者盖病其纷错难记"④。继先核其异称,使归于一,以便初学。是书尚存宋代刻本,弥足珍贵。

宋代是一个内忧外患都十分严重的朝代,《春秋》因其所提倡的"尊

---

① (晋)常璩著,刘琳校注:《华阳国志新校注》卷10下《先贤士女总赞》,第480页。
② 《后汉书》卷36《张霸传》,第1242页。
③ 吴福连:《拟四川艺文志》,载王闿运辑《尊经书院初集》卷9,清光绪成都刻本;又收入赵所生、薛正兴主编《中国历代书院志》,第16册,第311页。
④ (明)曹学佺:《蜀中广记》卷91《著作记第一》"春秋名号归一图"条引李焘语,文渊阁《四库全书》影印本。

王攘夷""大一统"和"君君、臣臣、父父、子子"的观念,切合了宋儒经世致用的思想,故而有宋一代大兴《春秋》之学。巴蜀的《春秋》学著作,亦从汉唐时期的十余种陡然增多至55种。其存者有苏辙《春秋集解》12卷,王当(眉山人)《春秋列国诸臣传》51卷,崔子方(涪陵人)《春秋本例》20卷、《春秋例要》1卷、《春秋经解》12卷,李石(资州人)《左氏君子例》1卷,程公说(丹棱人)《春秋分记》90卷,赵鹏飞《春秋经筌》16卷,魏了翁《春秋左传要义》31卷,家铉翁《春秋详说》30卷、《序例》1卷,等等。

北宋前期,孙复《春秋尊王发微》废传言经,后之解《春秋》者多废"三传";及王安石改革贡举法,讥《春秋》"断滥朝报",不以取士,《春秋》于是经传皆废。苏辙有感于此,遂作《春秋集解》以矫时弊。其说以《左氏》为主,而辅以《公》《穀》及唐啖助、赵匡诸说,不存门户,毫无滞碍。涪陵人崔子方,针对王安石贬低《春秋》的做法,于绍圣(1094—1098)年间曾经三次上疏,乞置《春秋》博士,不报。乃隐居杜门,著书30余年,成《春秋经解》及《本例》《例要》三书。其《经解自序》谓"圣人欲以绳当世之是非,著来世之惩劝,故辞之难明者,著例以见之;例不可尽,故有日月之例,有变例。慎思精考,若网在纲"。所谓"例"即书法、体例;日月例,即以考察书不书月(或日),来寄寓褒贬。又《后序》具述撰疏宗旨,"大抵推本经义,于三传多所纠正"。《本例》一书则以为"圣人之书,编年以为体,举时以为名,著日月以为例;而日月之例又其本,故曰《本例》"。强调义例,重视日月,乃《公羊》本色。四库馆臣说"子方著是书时,王安石之说方盛行,故不能表见于世。至南渡以后,其书始显"①。可见其书既反对王氏"新学",又不苟同于孙复、苏辙之论,实有真知灼见,于经义有所弥补。

同时又有眉山王当,"于经学尤邃《易》与《春秋》,皆为之传"(《宋史》本传),他改变《春秋左传》编年体例,类聚《左传》人物资料191人,各为传记,以见本末,并附论赞于后,以示褒贬,成《春秋列国名臣传》,"人竞传之"(本传)。陈振孙《直斋书录解题》称其"论议纯正,文辞简古,于经传亦多所发明"。南宋绵州人赵鹏飞《春秋经

---

① (清)永瑢等:《四库全书总目》卷27《春秋经解》提要,第217页。

筌》，则又"主于弃传从经"，虽于史实时有讹误，然"持论平允"，故青阳梦炎说他"独抱遗经，穷探冥索"，"有功于圣经甚大"①，清编《四库全书》，二书皆有收录。魏了翁书，乃取唐人《左传注疏》，提纲挈领，以见旨要；删繁节要，以便学者。

至于资州李石自太学博士，罢居石室教授，学者云会，达千余人，蜀学之盛，古今鲜俪。其《左氏君子例》摘录《左传》中"君子曰"73则评语，排斥"君子曰"为"孔子说"的传统说法，以为"似出左氏品藻，似例非例"。又撰《左氏圣语例》录孔子（仲尼）之说32则，正可参证。又有《左氏诗如例》3卷、《左氏卦例》1卷，专于人所忽处下功夫。

程公说曾官邛州教授，时值吴曦之乱，携《春秋》诸稿，避居安固山中，著成《春秋分记》90卷、《左传始终》36卷、《通例》20卷、《比事》10卷，诸书甫成而卒，年仅37岁。其《分记》乃分类编录考述《春秋左传》史事，计有年表9卷、世谱7卷、名谱2卷、书26卷、周天王事2卷、鲁事6卷、大国世本26卷、次国2卷、小国7卷、附录3卷，年表前又冠以"周及列国而后夫人以下与执政之卿"，类聚群分，井然有序，盖以史法治经者也，《四库全书总目》谓："顾栋高作《春秋大事表》，体例多与公说相同。"又说："宋自孙复以后，人人以臆见说《春秋》。""举三传义例而废之。""公说当异说垒兴之日，独能考核旧文，使本末源流，犁然具见，以杜虚辨之口舌，于《春秋》可谓有功矣！"（卷27）家铉翁值宋元易代之际，隐居河间，"以《春秋》教授弟子"（《宋史》本传），成《春秋详说》一书，谓《春秋》"主乎垂法，不主乎记事。其或详或略，或书或不书，大率皆抑扬予夺之所系"，是深味乎经史之言。四库馆臣又谓"其论平正通达，非孙复、胡安国诸人务为刻酷者所能及"②。

南宋青阳梦炎《春秋经筌序》云："麟经在蜀，尤有传授。盖濂溪先生仕于合，伊川先生谪于涪，金堂谢持正先生亲受教于伊川，以发明笔削之旨。老师宿儒，持其平素之所讨论，传诸其徒。虽前有'断烂朝报'

---

① （宋）青阳梦炎：《春秋经筌序》，载（宋）赵鹏飞《木讷先生春秋经筌》卷首，《通志堂经解》本。
② （清）永瑢等：《四库全书总目》卷27《春秋详说》提要，第224—225页。

之毁，后有'伪学'之禁，而守之不变，故薰陶浸渍所被者广。"① 所叙南宋情形，信不诬矣。

　　征诸嘉庆《四川通志》及《清代四川经学著述简目》，蜀人《春秋》学著作，元有 14 种，明有 9 种，清则有 61 种。其中杰出者，元有黄泽，明有熊过，清则有廖平。赵汸撰《黄楚望先生行状》载黄泽说《春秋》之书，有《元年春王正月辨》《笔削本旨》《诸侯取女立子通考》《鲁隐不书即位义》《殷周诸侯禘祫考》《周庙太庙单祭合食说》《作丘甲辨》《春秋指要》。朱彝尊《经义考》又载其《三传义例考》，今皆不传。黄泽传《春秋》于赵汸，为有元一代《春秋》学大家。赵汸著《春秋师说》尚存，可考黄泽为学之宗旨。赵汸《左传补注序》又说："黄先生论《春秋》学，以左丘明、杜元凯为主。"则为《左传》学可知。

　　熊过曾撰《周易象指决录》，不以先儒旧说为遵；又撰《春秋明志录》，亦多自出新意。四库馆臣谓其书对前人之说多所辩驳，"于《公羊》《穀梁》及胡安国《传》，俱有所纠正；而攻《左传》者尤甚"。是亦勇于自创而羞于承袭旧说。馆臣又说其书虽有"弃传"之失，但也有"微中"之长："断制分明，纰缪者极其纰缪，平允者亦极其平允。卓尔康《春秋辨义》谓其'颇出新裁，时多微中，亦《春秋》之警策者'，语固不诬。"②

　　及至晚清民国，巴蜀《春秋》学迎来集大成的硕果，此即廖平是也。廖平学凡"六变"，"长于《春秋》，善说礼制"（刘师培语），撰《春秋》学著作十余种，主于尊经，而遍治"三传"。其代表作有《穀梁春秋经传古义疏》《何氏公羊解诂三十论》《春秋左氏古经说疏证》《三传折中》等。《穀梁春秋经传古义疏》成于廖氏"初变""二变"时期，凡十易其稿而后成。此书大旨在发明范宁《穀梁集解》以前之古义，推原礼制以证本经。《叙例》自称：首明古义，说本先师，推原礼典，参之《王制》。次厘全经大义，属辞比事，条而贯之，并缀以表图；旁及"三传"异同，辩驳何、郑，纠范释范，靡不加详。终以诸国地邑山水图。清人于"十二经"皆有新疏，唯《穀梁》缺如，得廖平此书而后形成《清人

---

① （宋）青阳梦炎：《春秋经筌序》，载（宋）赵鹏飞《木讷先生春秋经筌》卷首。
② （清）永瑢等：《四库全书总目》卷28《春秋明志录》提要，第231页。

十三经新疏》。《疏》后附《释范》《起起穀梁废疾》各1卷,系廖平针对范宁、何休、郑玄之说的纠弹之作。蒙文通评曰:"《穀梁》解经最密,先生用力于《穀梁》最深,著《穀梁古义疏》《释范》《起起废疾》,依经之例以决范、何、郑氏之违失,而杜后来无穷之辩,植基坚厚。旋复移之以治《公羊》《左氏》,皆迎刃自解。"①

廖平《何氏公羊解诂三十论》,主要针对何休(也有针对董仲舒)而发,大旨持续其以礼制区别"今古学"之标准,用以判定何氏之义是否合理,对董、何《公羊》理论有所修正和补充。其《春秋左传古义凡例》提出:"(《公羊》《穀梁》)二《传》今学,《左传》古学;二《传》经学,《左传》史学;二《传》质家,《左传》文家;二《传》受业,《左传》不受业;二《传》主孔子,《左传》主周公;二《传》主《王制》,《左传》主《周礼》;二《传》主纬候,《左传》主史册;二《传》鲁齐人,《左传》燕赵人。"以《公羊》《穀梁》为今学,《左传》为古学,纠正前人颇以《穀梁》为古学的误会,后为晚清今文学派所普遍接受。

第七节 古学渊深:巴蜀《孝经》学与文献

《孝经》曰:"夫孝,天之经也,地之义也,民之行也。"孔子曰:"吾志在《春秋》,行在《孝经》。"郑玄《六艺论》曰:"孔子以'六艺'题目不同,指意殊别,恐道离散,后世莫知根源,故作《孝经》以总会之。"②《孝经》者,盖日用常行之规,为子为臣之行也。故孝为百善之首务,经乃群书之总会。孔子曰:"教民亲爱,莫善于孝;教民礼顺,莫善于悌;移风易俗,莫善于乐;安上治民,莫善于礼。"(《孝经·广要道章》)孝、悌、礼、乐,实乃治民安邦、移风易俗的锦囊妙计和灵丹妙药。因此,文翁立学化蜀,引进"七经",自然就有《孝经》了。

《孝经》文献,在汉代也有今文、古文两种,今文为颜芝所藏、颜贞所献,共分18章,1798个字,行于博士之间。《古文孝经》与《古文尚书》《古文论语》同出孔壁,分22章,1872个字,为孔安国所传。两本

---

① 蒙文通:《廖季平先生传》,《蒙文通全集·儒学甄微》,第301页。
② (汉)郑玄著,(清)陈鳣辑:《六艺论》,中华书局1865年版,第5页。

文字相差无几，桓谭《新论》说"《古孝经》千八百七十二字，今异者四百余字"，故汉代并没有多大争议；刘向以二本参校，发现"《庶人章》分为二也，《曾子敢问章》为三，又多（《闺门》）一章，凡二十二章"（《汉书·艺文志》注引），于是以18章作为定本。马融、郑玄等人为《孝经》作注，都是采用今文经为底本，《古文孝经》一直处于隐伏状态。《后汉书》记载广汉翟酺著《援神契》《钩命诀》解诂，《援神契》和《钩命诀》都是《孝经》纬书的篇名，纬书是属于今文经范围的，这表明汉代蜀人治《孝经》是以今文为主的。

南北朝时期，由于出现《古文孝经孔传》，王肃等人以为汉孔安国所作，南朝曾一度立于学官，不久即亡于梁末。隋时，王劭、刘炫等又发现一种《古文孝经孔传》，由于目录文献无录，文字不类西京（西汉），"儒者喧喧，皆云炫自作之，非孔旧本"①。至唐玄宗时，产生了今文古文、《郑注》《孔传》孰优孰劣的剧烈争议。及唐玄宗作御注，以今文《孝经》18章为本，于是今文盛行而古文转衰，终致失传（清代从日本传来一本《孔传》，显系伪托，兹不赘议）。隋蜀人何妥撰有《孝经义疏》，《隋书·经籍志》不载，而见于本传，此亦今文之注。

在孔传《古文孝经》失传的同时，唐代又出土了一种新的《古文孝经》，此本后来一直由蜀人传承，并影响了整个宋代的《孝经》学研究。李士训《记异》云："大历初（766），予带经鉏瓜于灞水之上，得石函，中有绢素《古文孝经》一部，二十二章，壹仟捌佰柒拾贰言。初传与李太白，白授当涂令李阳冰。阳冰尽通其法，上皇太子焉。"② 这是在"孔壁本"以外的一次新发现。

李士训说他"大历初"在灞上发现一个石函，其中有一部用古文字写在绢素上的《孝经》。他先将这部《古文孝经》传给蜀之彰明人李白，李白又传给蜀之合州人李阳冰，李阳冰将《古文孝经》全部研究清楚后，又献给了皇太子（即后来的唐德宗）。史志所录"李阳冰《古文孝经》"即此本。

---

① 《隋书》卷32《经籍志》，中华书局1973年标点本，第935页。
② （宋）郭忠恕著，（清）郑珍笺正：《汗简笺正》卷7《略叙目录》，上海书店1994年版，第146页。

另一方面，李阳冰又将《古文孝经》传与其子李服之。贞元中（785—805），李服之又传给了韩愈等人。韩愈《科斗书后记》云："贞元中，愈事董丞相幕府于汴州，识开封令服之者，阳冰子，授余以其家科斗《孝经》、汉卫宏《官书》，两部合一卷。愈宝蓄之，而不暇学。后来京师，为四门博士，识归公（登）。归公好古书，能通之……因进其所有书属归氏。元和末……因从归公乞观二部书，得之留月余。张籍令进士贺拔恕写以留，愈盖得其十四五，而归其书归氏。"① 可见，李阳冰又将《古文孝经》作为家传之宝留给了儿子李服之，李服之传给了韩愈，韩愈又传给归登；后来又传给了张籍、贺拔恕等人。

五代两宋时期，《古文孝经》吸引了越来越多的士人。句中正，华阳（今双流）人，曾为孟蜀宰相毋昭裔的门生，自孟蜀归宋，与徐铉等"重修许慎《说文》"，曾作《三字孝经》，系据22章"旧传《古文孝经》"与其他篆、隶"相配而成"。此本科斗《古文孝经》在五代、北宋有传授，郭忠恕将其字形编入《汗简》，凡7例；蜀人李建中，亦是毋昭裔门生，亦"尝得《古文孝经》，研玩临学，遂尽其势"②。北宋夏竦说："周之宗正丞郭忠恕首编《汗简》，究古文之根本；文馆学士句中正刻《孝经》，字体精博；西台李建中总贯此学，颇为该洽。"③

夏竦《古文四声韵》引录《古孝经》字形404字，与桓谭说《古孝经》与《今孝经》异者400余字的说法相符；其叙录《古文孝经》的情形也与李士训所记相仿。仁宗时，司马光从秘府发现科斗文《古文孝经》，并据之作《古文孝经指解》；范祖禹复作《古文孝经说》，并手书其文，至今仍保存在大足北山石刻之中。《崇文总目》著录《古文孝经》曰："今孔注不存，而隶古文与章数存焉。"④ 朱熹作《孝经刊误》，就是用的这个本子。

---

① （唐）韩愈著，马其昶校注：《韩昌黎文集校注》卷2《科斗书后记》，上海古籍出版社1986年版，第95页。

② （宋）苏轼著，（清）王文诰辑注，孔凡礼点校：《苏轼诗集》卷28《古今体诗四十五首·金门寺中见李西台与二钱唱和四绝句，戏用其韵跋之》其三，中华书局1982年版，第1513页。

③ （宋）夏竦：《古文四声韵》卷首《古文四声韵序》，中华书局1983年版，第1页。

④ （宋）王尧臣等：《崇文总目》卷2，第30页。

这部"灞上本"《古文孝经》，经由李士训发现，初传李白（蜀人），后又经历李阳冰（蜀人）、李服之（蜀人）、韩愈、归公、张籍、贺拔恕、李建中（蜀人）、句中正（蜀人）、郭忠恕、夏竦、司马光、范祖禹（蜀人）等人的先后传承。其文本与西汉"孔壁本"相比，在分章起讫、文字形体等方面，都有一定差别，与隋朝才出现的《孔传》本古文，更是相去甚远。① 该本对宋代《孝经》学影响很大，整个宋代《古文孝经》研究都是依据此本进行的。不过遗憾的是，宋以后所传《古文孝经》都经过改篡（一改于朱子《孝经刊误》，再改于钱时《融堂孝经管见》），只有留刻于大足石刻中的范祖禹书《古文孝经》还保留了原貌，弥足珍贵。

至于巴蜀研究《孝经》的文献，据嘉庆《四川通志》及《清代四川经学著述简目》的考录，汉唐有4种，宋有4种，元明各有1种，清代有21种，凡31种。如北宋范祖禹据"灞上本"《古文孝经》所作的《古文孝经说》，说理明白，曾经进讲于皇帝之前，其书至今尚与司马光《指解》合编行世。南宋史绳祖又"集先正名贤《孝经》注解"，以朱熹《孝经刊误》为本，"汇次成编"②，成一部《孝经》集解著作，惜其不传。

晚清，刘沅有《孝经直解》，姜国伊有《孝经述》。廖平更是对《孝经》研究提出了系统的设想，撰《孝经学凡例》，并在其《群经凡例》中提出编写《孝经丛书》的计划，拟撰16种：《今文孝经注疏》《古文孝经注疏》《孝经释文》《孝经旧传》《孝经两汉先师佚说考》《孝经纬注》《孝经仪节》《孝经广义》《孝传》《问孝》《曾子十八篇注》《孝经通礼》《孝经通论》《孝经附篇》（《弟子职》《内仪》并传胎教）《古孝子传》3卷（上卷孝、中卷疑似者、下卷不孝）。这是一个全面整理和研究孝悌文化和《孝经》学史的庞大计划，可惜并未撰成。③ 此外，宋育仁撰《孝

---

① 参见舒大刚《今传〈古文孝经指解〉并非司马光原本考》（《中华文化论坛》2002年第2期）、《司马光指解本〈古文孝经〉的源流与演变》[《烟台师范学院学报》（哲学社会科学版）2003年第1期]、《试论大足石刻范祖禹书〈古文孝经〉的重要价值》[《四川大学学报》（哲学社会科学版）2003年第1期]。

② （宋）魏了翁：《题史绳祖孝经》，《鹤山集》卷65，文渊阁《四库全书》影印本。

③ 按：据廖宗泽《六译先生年谱》卷4云：廖平"又命侄师政为《孝经广义》二卷、门人曾上游为《孝经一贯说》一卷、《孝经决事》、《孝经大义》四卷、《孝经传记解》四卷。除已成上述数种外，余均未成，并不详其目。其既成者，今惟任峤《孝子传》一册"（舒大刚、梁国典主编：《儒藏·史部·儒林年谱》，四川大学出版社2008年版，第99册，第802页）。

经正义》《孝经讲义》二书,以及《周礼孝经演讲义后叙》《说孝经》等文,又主于实用。当然,同时由于思想解放,巴蜀又出现了吴虞等人的"非孝"之说。

中华民国时期,龚道耕《孝经郑注》辑校,在严可均等人辑佚成果的基础上,进行了更为充分的校理,是在敦煌写本《孝经郑注》发现之前,对《郑注孝经》进行的最好辑佚,达到了同时代《郑注》整理的最高水平。

第八节　尊经重子:巴蜀"四书"学与文献

宋儒以《论语》与《大学》《中庸》《孟子》配而成"四书",用以取代汉唐以《论语》《孝经》加"五经"为代表的经典体系。然汉唐而上,唯传《论语》《孝经》,《孟子》虽在汉文帝时置有博士,但时间不长,普及不广,所以研究文献无多。《大学》《中庸》乃《礼记》之篇章,虽有研究,然终究是"礼学"内容之一。故兹重点叙述《论语》文献源流如下。

《论语》是孔子及其弟子、时人言行资料的精选,成于孔子弟子和再传弟子之手。汉代《论语》与《孝经》是博士弟子必读之书,因此甚为普及。其传授之本,则有《齐论》《鲁论》《古论》及《张侯论》。《齐论》为齐人所传,别有《问王》《知道》二篇;《鲁论》为鲁人所传,《古论》则出于孔宅坏壁,同系一地传本,故内容不异,《古论》唯分两《子张》;《张侯论》即张禹据《鲁论》,兼采齐说,校定而成。及至东汉郑玄,复以《张侯论》为本,校以《古论》,为之注解,于是形成今天传授的文本。

蜀中经学有"尊经重子"的传统。汉传《论语》,尚称其为"传";石室学宫,乃尊之为"经"。文翁始立"七经"教典,前人解"七经"为"六经"(即《诗》《书》《礼》《乐》《易》《春秋》)加《论语》,然西汉之时,无论是文帝的"一经"博士,还是武帝的"五经"博士,都没有《乐》经博士,《乐》之为书已久失其传,中原尚无,何得蜀中独有?根据《汉书》载王莽时曾经征召天下"明于'五经'《论语》《孝经》《尔雅》"云云者,是知当时"七经"乃"五经"(无《乐经》)加

《论语》《孝经》。无论"七经"作何解释,其中已尊《论语》为"经"盖无疑义。可见《论语》之流传于蜀,尊且久矣!

不过,汉代《论语》的这些版本和师法的区别,对蜀学似乎都没有太大影响。蜀人治经,重大体而略细故,精义理而厌章句,蜀人《论语》之学,亦不斤斤于版本、章句之间,而是措意于整体把握其体系和学习其精神。故首批蜀人《论语》文献,不是《论语》的章句和训诂,而是《论语》的模仿和再造。史称扬雄"以为经莫大于《易》,故作《太玄》;传莫大于《论语》,作《法言》"①,《法言》就是蜀人最早的《论语》学文献。《华阳国志》又说郪(今三台)人王长文"著《无名子》十二篇,依则《论语》。又著《通经》四篇,亦有卦名,拟《易》《玄》"②,可见王氏也是一位拟经高手!斯二人,才是真正的精通《论语》而又善学《论语》的大儒。

谯周有一部真正意义上的《论语注》,原书已佚,佚说在《后汉书·礼仪志》的刘昭注中,陆德明《经典释文》尚有引用。《论语·乡党》"乡人傩":《后汉书·礼仪志》"先腊一日,大傩",注引谯氏注云:"傩,却之也。"③又《学而》"不亦乐乎":陆氏《经典释文》引谯氏注"悦深而乐浅"④,悦的程度深,乐的程度浅。这种解释为程、朱所采纳。

此后,据嘉庆《四川通志》和《清代四川经学著述简目》著录,宋代蜀人有《论语》文献21种,元1种,清116种,而以宋代最有特色。苏轼贬官黄州期间,曾撰《论语说》一部,苏辙称此书"时发孔氏之秘"⑤,评价可谓不低。苏辙又自述说:"予少年为《论语略解》,子瞻谪居黄州,为《论语说》,尽取以往,今见于书者十二三也。"⑥可见《论语说》中还容纳了苏辙的心得。但他并不以此为满足,后来又撰《论语

---

① 《汉书》卷87下《扬雄传下》,第3583页。
② (晋)常璩著,刘琳校注:《华阳国志新校注》卷11《后贤志》,第500页。
③ 《后汉书·礼仪志》,第3127—3128页。
④ (唐)陆德明:《经典释文》卷24《论语音义》,中华书局1983年影印本,第345页。
⑤ (宋)苏辙著,曾枣庄、马德富点校:《亡兄子瞻端明墓志铭》,《栾城后集》卷22,《栾城集》,上海古籍出版社1987年版,第1422页。
⑥ (宋)苏辙著,曾枣庄、马德富点校:《论语拾遗引》,《栾城第三集》卷7,《栾城集》,第1535页。

拾遗》来匡正之,还"恨不得质之子瞻也"①。

二苏有一位乡亲范祖禹,与二苏是好朋友,同为元祐党中人,属于"蜀党"。他也撰《论语说》20卷,其书虽佚,但据《郡斋读书志》著录说,其书未引二苏,却"数称引刘敞、程颐之说"②;此外,又有记载言:"又其所著《论语说》《唐鉴》,议论亦多资于程氏。"③ 蜀之人可变亲而不党矣。

张浚、张栻父子亦皆有《论语说》。魏了翁序张浚书曰:浚为人醇实,"既从北方学者讲诵遗言,又与南渡诸贤更历事变,自事亲而事君,治己而治人,反复参验,无一不合。故其为是书也,非苟知之,凡皆精察力践之余,先儒所谓笃其实而艺者书之也"④。可见,张浚之书主于实用常行。张栻则曰:"辄因河南(二程)余论,推以己见,辑《论语说》,为同志者切磋之资。"⑤ 可见他的《论语说》已经不同于乃父之说,而朝着理学化发展了。至于他所称的"与同志切磋",即指与朱熹商订。以上数例,俱可见蜀学之唯善是从!

至于对《孟子》《大学》《中庸》的研究,蜀学亦有其人,然不专门,也不与朱子亦步亦趋。即父子兄弟,乡党门生,亦各抒己见,不为苟同。北宋时期,王安石尊孟,立《孟子》入明经考试之典;而司马光、苏轼等人,乃宣言疑孟。苏洵乃以孟子再世自居,而为之评(虽疑伪托,必有依据);苏辙又撰《孟子解》1卷,又倡言尊孟,也与其兄苏轼异。宣和年间,蜀帅席贡在成都补刻《孟子》以成"石室十三经",《孟子》入经于斯遂定,蜀学"重子"传统再见佳绩!

此外,范祖禹有《中庸解》1卷,苏轼有《中庸论》1篇,此皆早于程、朱,而上比乎司马光之作。至于南宋,"四书"规模即成,蜀学诸儒作解者渐多,如张浚、张栻、魏文翁、李舜臣等,俱从程、朱者也。

---

① (宋)苏辙著,曾枣庄、马德富点校:《论语拾遗引》,《栾城第三集》卷7,《栾城集》,第1535页。
② (宋)晁公武著,孙猛校证:《郡斋读书志校证》,第137页。
③ (宋)朱熹:《伊洛渊源录》卷7,中华书局1985年版,第1013页。
④ (宋)魏了翁:《张魏公紫岩论语说序》,《鹤山集》卷54。
⑤ (宋)张栻著,杨世文点校:《南轩先生论语解序》,《张栻集》,中华书局2015年版,第1册,第94页。

及乎明世,来知德撰《大学古本释》1卷,清初费密又作《大学中庸古文》1卷;迄于道、咸,刘沅亦著《大学古本质言》1卷,晚清姜国伊并有《大学古本述注》《中庸古本述注》各1卷。所谓"古本""古文"者,程、朱篡改前之文本也——此又不从程、朱改定之本,而从古来相传原本直解其意,与朱子立异,则与钱时、王阳明合矣。非特此也,晚清李滋然又撰《四书朱子集注古义笺》6卷,用汉唐相传"古义"以驳辩朱子之《章句》《集注》,是又明确与朱子为敌矣!

第九节　扬马师法:巴蜀"小学"与文献

文献乃王政之本,文字为文献之始。《易·系辞下》:"上古结绳而治,后世圣人易之以书契,百官以治,万民以察,盖取诸《夬》。"《易经》曰:"夬,扬于王庭。"意即文字记录乃王者之事,为王政内容之一。儒家者流,乃"助人君,顺阴阳、明教化者",故征文考献、识字善书,是其本业,因之孔门施教,"礼、乐、射、御、书、数","六艺"皆备;向、歆序书,"小学"亦归"六艺"之略。"六经"之《书》为经典,"六艺"之"书"乃技艺。经为载道之器,书为写经之具,欲明道必须明经,欲明经必先识字。后世因之,凡文字、音韵、训诂"小学"之书,皆归于经部。

相传"黄帝之史仓颉始作文字",周室保氏"掌教六书"。"六书"者,象形、指事、会意、形声、转注、假借也。时有古今,地有南北,音有异声,体有异形,士人习文,必兼通"六体""别字"。"六体"者,古文、奇字、篆书、隶书、缪书、虫书也;"别字"者,方言是也。识文考音,辨形析义,于是而有《史籀》《仓颉》《尔雅》《说文解字》《方言》以及《广韵》等书。《史籀》者,"周时史官教学童书也"[①];《仓颉》者,秦丞相李斯所作(此外,赵高作《爰历》,胡毋敬作《博学》,汉人合为《仓颉》3篇),皆单字组成而有韵语的识字课本。至于《尔雅》《说文》《方言》,皆析文考义,辨方别语之书;《广韵》则释音之书。因此,"小学"诸书,粗可分成启蒙识字系列、说文解字系列、方言

---

① 《汉书》卷30《艺文志》,第1721页。

别语系列、音韵训诂系列等。在上述四大系列中，蜀人皆有良好表现。

旧志谓蜀人"不晓文字"，然而黄帝正妃嫘祖出于西陵（蜀山），二族既结婚姻，文明岂无互相影响？虽禹书金简玉牒，事出渺茫，而《洪范》与《禹贡》，实成文书。20世纪以来在巴蜀地区出土的春秋战国文物，多带"巴蜀图语"，可证巴蜀实有文字，只是形音体系和造字原理与中原不一样。即使以识读和研究中原"六书"文字而言，巴蜀学人也不落后。

据班固《汉书·艺文志》所载，西汉时期识字之书有六。一是秦代所传《仓颉》3篇，有文字3300字。二是武帝时司马相如《凡将》。三是元帝时史游《急就》。四是成帝时李长《元尚》。《急就》和《元尚》二书文字不出《仓颉》篇，只有司马相如《凡将》有超过，而且没有重复字。五是扬雄《训纂》，这是《仓颉》3篇的续篇，其文字来源是：平帝时曾"征天下通小学者以百数，各令记字于庭中"①，扬雄再从他们所记的文字中"取其有用者"，编录而成。六是扬雄《仓颉训纂》，系扬雄对原《仓颉》中重复之字进行抽换，并加注释而成（东汉时班固有再续《仓颉训纂》）。至此，"六经"群书的文字盖无遗漏了。据上所述，汉代最早、收字最多的"小学"著作是司马相如的《凡将》。后来扬雄《训纂》《仓颉训纂》又有补充。吴福连赞："《凡将》《训纂》，蜀儒小学，冠冕海内。"② 良有以也。

扬雄不仅有识字韵语《训纂》，还有汇释各地习语的著作——《方言》，而这些又是他从林闾翁孺、严遵两位先辈那里继承来的，渊源有自。扬雄说："先代輶轩之使奏籍之书，皆藏于周秦之室；及其破也，遗弃无见者。独蜀人有严君平、临邛林闾翁孺者，深好训诂，犹见輶轩之使所奏言。翁孺与雄外家牵连之亲。又君平过误，有以私遇；少而与雄也，君平财有千言耳。"③ 他于是依据严氏、林闾所藏底本，增补而成第一部方言辞典《方言》，开辟了中国区域语言研究之先河。

---

① 《汉书》卷30《艺文志》，第1721页。
② 吴福连：《拟四川艺文志》，载王闿运辑《尊经书院初集》卷9，清光绪成都刻本；又收入赵所生、薛正兴主编《中国历代书志志》，第16册，第315页。
③ （汉）扬雄著，（清）钱绎撰集，李发舜、黄建中点校：《方言笺疏》卷13《扬雄答刘歆书》，中华书局1991年版，第520—521页。

《尔雅》是汇集"五经"训诂资料的书，在中国训诂学史上影响甚巨，地位比于经典。张揖《进广雅表》称："周公著《尔雅》一篇。今俗所传三篇，或言仲尼所增，或言子夏所益，或言叔孙通所补，或言沛郡梁文所考。"① 其源起是非常悠远的。《隋书·经籍志》著录犍为文学有《尔雅注》3 卷②；陆德明《经典释文·叙录》亦著录"犍为文学《注》三卷"，并自注："一云犍为郡文学卒史臣舍人，汉武帝时待诏。阙中卷。"③ 陆说犍为文学是汉武帝时人，他作的注就是《尔雅》的最早注本。汉代蜀人在识字、方言、训诂三个系统，都有著述，而且都具有开创性。吴福连说："蜀之小学，最著于汉矣。"④ 实不虚美。

　　东汉许慎撰《说文解字》，用"六书"原理解析文字，文求本义，字详转注，是东汉古文经学的重大成果。但是如果要考察，此前扬雄的《仓颉训纂》即为文字释义的先河。杨慎《丹铅余录》卷 4 引："扬雄《训纂》说：匽，𪓞，为虫名。"可见，扬雄《仓颉训纂》已经开始为所收文字进行注解。许慎之作，即是对此前（包括扬雄在内）的训诂成就的集大成。

　　接下来魏晋南北朝时期，由于政权分裂，文字使用十分混乱，人们对传写"六籍旧文"，"多求便俗"，使古书文字"渐失本原"。连《尔雅》中所载"草木鱼鸟之名"，也胆敢"肆意增益"，终致其面目全非。对经书作传释的诸儒，"亦非精究小学之徒"，对这些讹误也"莫能矫正"。《说文解字》在流传过程中也未能"幸免于难"。传写中这种"多求便俗"的做法，造成文字和篆体的极大讹误。这一情形，直到唐代李阳冰校定后，才有所好转。

　　南唐宋初文字学家徐铉说："唐大历中，李阳冰篆迹殊绝，独冠古今，自云'斯翁之后，直至小生，此言为不妄矣'。于是刊定《说文》，修正笔法，学者师慕，篆籀中兴。……今之为字学者，亦多从阳冰之新

---

① （清）永瑢等：《四库全书总目》卷 40《尔雅注疏》提要，第 338 页。
② 《隋书》卷 32《经籍志》，第 937 页。
③ （唐）陆德明：《经典释文》卷 1《注解传述人》，第 17 页。
④ 吴福连：《拟四川艺文志》，载王闿运辑《尊经书院初集》卷 9，清光绪成都刻本；又收入赵所生、薛正兴主编《中国历代书院志》，第 16 册，第 315 页。

义。"① 他的侄儿李腾，又取其刊定过的《说文目录》刻石于滑州，"以为世法"②。后来，徐锴、徐铉治《说文解字》，就是以李阳冰所校为底本的。

五代时，孟蜀王朝聚集了一批精通"小学"、擅长书法的儒生，毋昭裔主刻石经、雕版印刷古籍文献，颇得力于这些善书人士。《十国春秋》载，《孟蜀石经》乃由张绍文写《毛诗》《仪礼》《礼记》，孙朋古写《周礼》，孙逢吉写《周易》，周德政写《尚书》，张德钊写《尔雅》，"字皆精谨"③。毋昭裔"又令门人句中正、孙逢吉书《文选》《初学记》《白氏六帖》，刻板行之"④，这是中国首批雕版印刷的书籍。北宋初，其子毋守素将这些书写、刻印俱美的书"赍至中朝，诸书遂大彰于世"⑤。毋昭裔撰有"《尔雅音略》三卷"⑥，可见他也是一个"小学"家。

此外，蜀人句中正、李建中、林罕等人研究古文字，也非常知名。句中正曾据《古文孝经》撰《三字孝经》，献给宋太宗，获得嘉奖；又撰《雍熙广韵》100卷、《序例》1卷，"集韵学之大成"⑦；又与徐铉、王惟恭等共同校定《说文解字》14篇、并《序目》1篇，改定"凡六百余字"。

李建中亦善古文，后周郭忠恕撰《汗简》而世不知，得李建中写进并题词方始显于世。建中先仕于蜀，后入宋。太宗朝，"（蜀人）苏易简方被恩顾，多得对，尝言蜀中文士，因及建中。太宗亦素知之，命直昭文馆……改集贤院"，由是仕进。"建中善书札，行笔尤工，多构新体，草、隶、篆、籀，八分亦妙，人多摹习，争取以为楷法。尝手写郭忠恕《汗简集》以献，皆科斗文字，有诏嘉奖。好古勤学，多藏古器名画，有

---

① （南唐）徐铉著，李振中校注：《徐铉集校注》卷23《重修说文序》，中华书局2016年版，第688页。
② （宋）王尧臣等：《崇文总目》卷2，第36页。
③ （清）吴任臣：《十国春秋》卷49，第721页。
④ （清）吴任臣：《十国春秋》卷52，第769页。
⑤ （清）吴任臣：《十国春秋》卷52，第769页。
⑥ （清）吴任臣：《十国春秋》卷52，第769页。
⑦ 吴福连：《拟四川艺文志》，载王闿运辑《尊经书院初集》卷9，清光绪成都刻本；又收入赵所生、薛正兴主编《中国历代书院志》，第16册，第315页。

集三十卷。"① 夏竦说他"总贯此学（古文字学），颇为该洽"② 云云。

《宋史·句中正传》附传："蜀人又有……林罕……亦善文字之学，尝著《说文》二十篇，目曰《林氏小说》，刻石蜀中。"③《十国春秋》说林罕"博通经史"，初为温江主簿，后迁蜀国太子洗马，"尤善六书之学，尝注《说文》二十篇，目曰《林氏小说》，刻石蜀中"④。《宋史·艺文志》著录"林罕《字源偏傍小说》三卷、《金华苑》二十卷"⑤。《郡斋读书志》亦著录《林氏小说》3卷，为注解《说文》的书。其书久佚，其字形则多为《汗简》和《古文四声韵》所引用。

宋代"小学"之书为蜀人所作者5种，除上述诸家外，南宋李焘《说文解字五音韵谱》10卷也颇有特色，他将《说文》"始一终亥"的排列顺序，改为《集韵》的"自东至甲"，颇便检阅，但是却破坏了许书原有次第，只具有索引功能，学术价值甚微。

至于文谷《备忘小钞》10卷，陈鄂《四库韵对》98卷，《十经韵对》20卷，杨九龄《名苑》50卷，郭微《属文宝海》100卷，苏易简《文选菁华》24卷、《文选钞》12卷、《文选双字类要》3卷，范镇《国史对韵》12卷，邓至《群书故事》15卷、《故事类要》30卷，等等，或是类聚掌故，或是精选文章，以供博闻习词者所用，盖亦类书、语料之流。

明代蜀人"小学"之书特盛，共达36种，其中又以杨慎为多，一人撰有32种。杨慎"小学"之书，著录于《四库》者有：《奇字韵》5卷（异体字典：标字体之稍异者，类以四声）、《古音骈字》1卷（通假字典：取古字通用者，以韵分之）、《古音丛目》5卷、《古音猎要》5卷、《古音余》5卷、《古音附录》1卷（古今音对照字典：皆仿吴棫《韵补》之例，以今韵分部，而以古音之相协者分隶之）、《古音略例》1卷（上古音字典：取《易》《诗》《礼记》《楚辞》《老》《庄》《荀》《管》诸子有韵之词，标为《略例》）、《转注古音略》5卷（叶韵字典：前有《自

---

① 《宋史》卷441《李建中传》，第13056—13057页。
② （宋）夏竦：《古文四声韵》卷首《古文四声韵序》，第1页。
③ 《宋史》卷441《句中正传》，第13050页。
④ （清）吴任臣：《十国春秋》卷43，第637页。
⑤ 《宋史》卷202《艺文志》，第5074页。

序》，大旨谓《毛诗》《楚辞》有叶韵，其实不越保氏转注之义)、《墨池琐录》4卷（书法札记：中间或采旧文，或抒己意，往往皆心得之言），此外，还有《韵藻》4卷、《古文韵语》2卷、《六书索隐》5卷、《六书练证》5卷、《韵林原训》5卷、《古音复字》5卷，及《韵藻述》5卷、《杂字韵宝》5卷、《古音余录》5卷、《古音拾遗》5卷等。吴福连说："杨慎最精小学，其《音略》诸书，尤为近世言音韵者所本。"① 另李实撰《蜀语》《吴语》各1卷，重续扬雄《方言》之绪。

入清，巴蜀有"小学"著作114种。李调元撰《童山诗音说》4卷、《奇字名》10卷、《古音合》3卷、《六书分毫》1卷、《方言藻》2卷、《通诂》2卷，一定程度上延续了方言研究的余脉。晚清，张之洞创建尊经书院，革除书院唯教"八股"之陋习，畅兴"实学"之伟论，以"两文达"之学相号召："两文达"者，纪文达昀，主目录之学；阮文达元，主考据之学。自是蜀中仓雅、许郑之学复起，而文字、音韵、训诂之学再兴。中华民国时，经林思进提议，龚道耕、向楚编校，严式诲刊刻了《音韵学丛书》，辑有宋以来中国音韵之作，并详加校定，汇于一编，起宋司马光《切韵指掌图》2卷、吴棫《韵补》5卷，迄清陈澧《切韵考内篇》6卷、《外篇》3卷，凡32种、123卷，其收罗之富、校刻之精，实为音韵文献出版之大观。入中华民国，张慎仪长于"小学"，著《广释亲》《续方言新校补》《蜀方言》《方言别录》等书，尤为讲语言学所不可少之作。

至于20世纪80年代，巴蜀学人主编的《汉语大字典》《汉藏大辞典》《彝汉词典》等，则又极古今辞书之冠矣！

第十节　文献大观："蜀石经"与群经文献

石经即刻在石头上的经书。作为一种刊刻经典的方式，在雕版印刷术发明以前，曾对经书的传播及其文字的统一化和标准化，产生过重要影响。石经之刻，相传始于王莽，然文献无征。据史载，实始于东汉灵

---

① 吴福连：《拟四川艺文志》，载王闿运辑《尊经书院初集》卷9，清光绪成都刻本；又收入赵所生、薛正兴主编《中国历代书院志》，第16册，第315页。

帝熹平（172—178）之时。《后汉书·蔡邕传》："（蔡）邕以经籍去圣久远，文字多谬，俗儒穿凿，疑误后学。熹平四年（175）……邕乃自书册于碑，使工镌刻，立于太学门外。"① 字体是当时最典雅的篆隶合体"八分书"。经数凡七：《周易》《尚书》《毛诗》《仪礼》《左传》《公羊传》《论语》，史称"熹平石经"，或"一字石经"。

后世继刻者，有《正始石经》，刻于三国曹魏齐王芳正始（240—249）年间，由虞松等考正"五经"，邯郸淳、钟会等以古文、小篆、八分三体书之，刻石于鸿都学宫。共成《尚书》《春秋》二种，又称"三体石经"。

唐代的《开成石经》，文宗太和七年（833）诏郑覃等"于国子监讲论堂两廊创立《石壁九经》，并《孝经》《论语》《尔雅》"②，历时四年，至开成二年（837）竣工，称"开成石经"或"石壁九经"。凡刻《周易》《尚书》《毛诗》《周礼》《仪礼》《礼记》《左传》《公羊》《穀梁》共"九经"，以及《孝经》《论语》《尔雅》三书，一共12种。

再者即刻于成都的《蜀石经》。创于孟蜀广政初年，由蜀相毋昭裔创议并主持。他以唐《开成石经》为蓝本，在对经文加以精心订正后，聘用著名书法家、精湛刊刻工人刊石。计有《孝经》《论语》《尔雅》《毛诗》《礼记》《仪礼》《周易》《尚书》《周礼》及《左传》十经。赵宋又继"蜀石经"后补刻有三经：北宋仁宗皇祐元年（1049）蜀帅田况将《左传》续刻完毕，又增刻《公羊》《穀梁》二传；南宋徽宗宣和五年（1123），蜀守席贡又补刻《孟子》。至此，儒家"十三经"刻竣，后世称"石室十三经"。以后大规模刊刻石经还有三次：一为北宋嘉祐年间刻于开封的《嘉祐石经》，篆、楷二体，凡《易》《书》《诗》《周礼》《礼记》《春秋》《论语》《孝经》八种；二为南宋高宗御书《石经》刻于杭州，其中《周易》《诗经》《尚书》《春秋左氏传》《礼记》为真书，《孝经》《论语》《孟子》为行书；三为清乾隆刻"十三经"，由蒋衡手书，立于北京国子监。历代大规模的石经刊刻凡七，然总体而言，宋以下石经都是在雕版印刷术之后进行的，其价值、意义和作用都不及前四次刊

---

① 《后汉书》卷60下《蔡邕传下》，第1990页。
② （宋）王溥：《唐会要》卷66，中华书局1955年版，第1162页。

刻重要。在前四刻中，就体制和规模而言，又以"蜀石经"为最：一则儒家"十三经"首次结集于此，奠定了儒家经典体系的范式；二则"蜀石经"有经有注，石逾千数，是历朝石经中规模最大的。

群经总义文献是综合论说或解释诸经的文献，相对于专经文献而言，群经总义文献往往在同一书中涉及两经以上直至"十三经"的内容，其论说方式包括通论、通释、通考，或杂论、杂考、札记等。大致而言，先秦时期仅有片段语言论及"六经"，至西汉始有专篇文章讨论"六经"，迄乎东汉乃有专著评说"六经"。六朝以下，群经总义文献在形式和内容上都逐渐增多，两宋时期群经总义文献的各种形式基本定型，至于明清，群经总义文献乃达于极盛。巴蜀之群经总义文献，据嘉庆《四川通志》和《清代四川经学著述简目》载，分别有39种和72种之多。

其中如三国蜀谯周《五经然否论》，主于驳正诸儒，杜佑《通典》和朱彝尊《经义考》均载有其就事论辩之词，兹不备举。至宋，巴蜀群经总义文献甚为发达。如其新释经义者，则有杨绘《群经索蕴》33卷、范祖禹《三经要语》、唐彦通《四经彻旨》30卷、李舜臣《群经义》7卷、毛璞《六经解》、高定子《经说》5卷、黄敏求《九经余义》100卷；其授课讲义者，则有高定子《绍熙讲义》、史尧辅《诸经讲义》50卷、吴之巽《诸经讲义》5卷、程公许《金华讲义》、牟子才《经筵讲义》5卷；其讲明音义者，则有许奕《九经直音》9卷、《九经正讹》1卷、《诸经正典》10卷及牟巘《六经音考》。

此外，蜀人受以图解经方法的启发，也编撰了一些群经图解类著述。如李焘《五经传授图》1卷、杨甲《六经图》6卷。前者已亡佚，今幸存蜀人杨甲书。

金元时期，群经总义文献沿袭宋人体例，继续有所创获。如张翚《经说》《四经归极》，黄泽《六经补注》《翼经罪言》《经旨举要》《稽古管见》等，皆能发明经旨，表一家之言。明清时期，巴蜀群经总义文献数量最多，种类最繁。如明有周洪谟《群经辨疑录》3卷、郑明郁《五经注》、赵贞吉《经义进讲录》2卷、马升阶《经旨举要》1卷、刘启周《五经蠡测》、余玮《五经实解》、刘文琦《五经讲义》及杨慎《经说丛钞》6卷、《升庵经说》8卷、《经书指要》1卷，等等。其中杨慎之作或专门讨论经书"本义"，或侧重经典考据之学，江瀚谓其说"极为正大","好诋朱熹","为明人经说之翘楚"。①

晚清经学大师廖平为区别汉代今文、古文经典和学派而作《今古学考》，则发前人所未发，为经学史中的今古文学之争提供了一个绝佳的解决方案，被俞樾推许为"不刊之作"。至于总结群经条例和治学方法者，如廖平《群经凡例》16卷、李滋然《群经纲纪考》16卷、龚道耕《经学通论》，都为学人治经指出了门径。

经学丛书文献，明清正史艺文志多列入"群经"类，巴蜀经学丛书，导源甚早，如南宋魏了翁《九经要义》，对唐修《周易》《尚书》《诗经》《仪礼》《礼记》《周礼》《春秋左传》"七经"正义及宋修《论语》《孟子》注疏进行分类整理和专题摘录，这是以宋代理学的观点来重新审视汉学，使经传注疏中所蕴含的义例资料得到了进一步的阐发和突出。全书采掇谨严，别裁精审，精华毕撷，实为读注疏者之津梁，于学者最为有功。明万历年间，焦竑又千方百计收集苏轼、苏辙二兄弟著述，得苏轼《东坡先生易传》9卷、《东坡先生书传》20卷，苏辙《颍滨先生诗集传》19卷、《颍滨先生春秋集解》12卷、《论语拾遗》1卷、《孟子解》1卷、《颍滨先生道德经解》2卷，汇刻为《两苏经解》，为宋代蜀学的杰出代表。

至清，又有何志高《西夏经义》、杨国桢《十一经音训》、廖平《四益馆经学丛书》、吴之英《寿栎庐丛书》、宋育仁《问琴阁丛书》、严式晦辑刻《音韵学丛书》（32种、123卷）等，诸多重要的经学著作丛书，兹不赘述。

结　语

归纳起来，巴蜀经学的成就和特点，大致有五个方面。其一是起源很早，流衍很久，真可谓源远流长。早自"兴于西羌"的大禹，其所造《连山》居于"三易"首，其治水所得《洪范》，治平之后所著《禹贡》，后来都成了儒家经籍的元典。大禹妻涂山氏婢女所歌"候人兮猗"的"南音"，奠定了《诗经》"二南"和《楚辞》的基调。江阳人尹吉甫所作《崧高》

---

① 《续修四库全书总目提要·经部》《升庵经说》提要，第1325页。

《韩奕》《江汉》《烝民》四诗，亦是构建"诗三百"的原始名篇。

其二是巴蜀经学连续不断，每进益上。自从汉文翁建石室传授"七经"以来，不仅开启了地方政府以官方力量推行儒家教化的先河，也为经学的地域化、蜀学化开启了先声。自兹以后，巴蜀人士爱好文雅，名家辈出，至宋而达于高峰，时有"蜀儒文章冠天下"（席益）之称；巴蜀民俗亦有"贵经术而重氏族"（苏轼）的传统。于是开创："汉征八士，蜀得其四"，"汉表四义，蜀有其二"（《华阳国志》），汉赋四家，蜀有其两，唐宋八大家，蜀居其三，嘉靖八才子，蜀有其二等诸多业绩。及至晚清，蜀学与湘学遂成为当时全国学术的两大重心（李学勤语）。

其三是巴蜀经学成果丰富，文献厚重。通计巴蜀经部文献1146种，即使亡佚不少，也完全可以构建起一部大型"蜀经解"丛书。其中名著较多，进入《四库全书》者30种，收入《续修四库全书总目提要》者160余种，内中如扬雄《太玄》（四库入术数），李鼎祚《周易集解》，苏轼《易传》《书传》，苏辙《诗集传》《春秋集解》，杨慎《升庵经说》及诸音韵学著作，来知德《周易集注》，刘沅诸经《恒解》，廖平《春秋》学著作，等等，都是各个经学时代的代表性成果，在经学史上具有重要地位。

其四是巴蜀地区兼容并包，诸经并治，尤精于《易》。历代共有易学文献215种，《尚书》文献67种，《诗经》文献83种，"三礼"文献134种，"《春秋》三传"文献149种，《孝经》文献31种，"四书"文献182种，"小学"文献163种，群经总义文献111种。其中又以易学、《诗经》学、《春秋》学、"小学"文献较有特色，内容也较丰富。故史有"易学在蜀""麟经在蜀""小学在蜀"等称说。

其五是创新性强，自成体系。如汉庭传"五经"时，蜀学已经传授"七经"；唐宋科举考试重视"九经"，蜀学则刊刻成"石室十三经"，从而奠定儒经范式；及至晚清，廖平又欲超越《十三经注疏》，按经今古文学的思路，别撰《十八经注疏》，对儒家经典新体系的构建进行了新的尝试。

所有这些，都从一个侧面表明，巴蜀地区自古具有高度发达的物质文明与精神文化，作为中国经学重要组成部分的巴蜀经学及其文献，在中国经学史上是具有一定地位的，讲中国经学史自然不宜将其遗忘。

第 五 章

统观蜀学，文史独盛：
巴蜀的文史典籍

刘咸炘在《蜀学论》中说："统观蜀学，大在文史。"① 认为蜀人优于文学和史学。揆之以历史文献，其说信然。由于目前已经有多种巴蜀文、史专著（如杨世民《巴蜀文学史》，巴蜀书社 2003 年版；谭兴国《蜀中文章冠天下：巴蜀文学史稿》，四川人民出版社 2001 年版；粟品孝《巴蜀史学史》，四川人民出版社即出）和专论（粟品孝《巴蜀史学通论》，《蜀学》2014 年第 9 期）出版、发表，故此处只就巴蜀文、史著述做一概述。

第一节　西蜀史学：史部文献概述

古之王者，世有史官，有大史、小史、内史、外史、左史、右史，凡司文字之役者，莫不为史；而凡记言记动之文，无不可以为史料。又"史"者"从又持中"，持也者，操觚著述之谓；中也者，直书不倚之谓，盖"史"之一字已兼有史学方法和治史态度之义。史可以知往，亦可以鉴今；既可以言学，又可以资政，古之史职盖亦重矣！中国史官文化发达，亦云久矣！

蜀之史学，起源甚早，虽彭祖为殷太史，事属邈远，不可得而详，但汉魏以下，蜀之史学，却代有其人。如前汉司马相如、严遵、扬雄并

---

① 刘咸炘：《蜀学论》，《推十文集》卷 1，《推十书》，第 3 册，第 2102 页上栏。

撰《蜀纪》，扬雄、阳城衡还续《史记》，都有文献可考。后汉李尤（雒人，今广汉）与刘珍同修《东观汉记》143卷，何英（郫县人）撰《汉德春秋》15卷，杨终撰《哀牢夷传》，以救史官之急，皆有明文足征。自兹以后，巴蜀史学绵延不绝，蔚为大观。据嘉庆《四川通志》统计，巴蜀有史学著作516种，其中汉唐47种、宋代252种、元代10种、明代126种、清初81种。夷考其迹，又以蜀汉两晋、南北宋两段最为鼎盛，而五代前后两蜀亦有嘉迹可述焉。

吴福连《艺文志》著录蜀汉两晋史著17种。其中，全国性著作如陈寿《三国志》65卷、杨戏《季汉辅臣赞》；史考性文献如谯周《古史考》25卷、陈寿《古国志》50卷；地方性史籍，如谯周《三巴记》1卷，陈寿《益部耆旧传》10篇及《杂传记》2卷，王崇《蜀书》，常宽《蜀志》1卷、《后贤传》《益州篇》，杜龚《蜀后志》，常璩《华阳国志》12卷附录1卷、《南中志》1卷、《汉之书》10卷、《蜀李书》9卷，等等。特别是《古史考》专引经传以订正《史记》之误，开中国史考类著作之先河。《华阳国志》超越《吴越春秋》，使方志体更加完善，有学者将其并列入"前五史"之中。在中国现存汉晋十余部史书中，《三国志》《华阳国志》是最为耀眼的两颗明珠。

南朝李膺《益州记》2卷，唐代卢求《成都记》，樊绰《蛮书》10卷，俱为一时名著。五代十国，中原混乱，而蜀中安定，学者入蜀，史学亦盛。吴福连《拟四川艺文志》说："十国攘攘，蜀独尚文，载记特备。"并著录前后蜀史书17种，其中有以治史方法治经者，如冯继先《春秋名号归一图》2卷（存）、《春秋名字同异录》5卷（佚）；有以治经方法治史者，如杨九龄《河洛春秋》2卷、《历代善恶春秋》20卷、《经史目录》7卷。特别是关于前后蜀历史的记录，更属珍贵，如李昊《前蜀书》40卷、《后蜀孟先主实录》30卷、《后蜀孟后主实录》80卷（俱佚）；句延庆《锦里耆旧传》8卷（存）等。只惜散佚者多，保存者少。

宋代是巴蜀史学发展的高峰时期，有"西蜀史学"（王应麟言）之称，史学文献数量众多（达250余种），史家辈出。其研究前代古史者，则有范镇参与修《新唐书》，苏辙《古史》60卷（重修《史记》），范祖禹《唐鉴》24卷、并助司马光修《资治通鉴》（负责唐代），郑少波《唐史发挥》12卷，梁成《晋鉴》10卷；考证前史的，则有史照（眉山人）《通鉴释文》，吴缜（成都人）《新唐书纠谬》《五代史记纂误》；类聚人物传记以成新著者，则有王当《春秋列国诸臣传》51卷，费枢《廉吏传》10卷，杜大珪《名臣碑传琬琰集》107卷；研究当朝史而有正史规模者，则有王称《东都事略》130卷，俨然北宋九朝之史事全编；讲制度者，则有李攸《宋朝事实》30卷、《通今集》20卷，张崇祖、李心传《总类国朝会要》等；汇聚史料者，则有杨泰之《三国志类》《东汉名物类》《南北史类》《唐五代史类》《历代通鉴类》《本朝长编类》等。还有范冲重修《宋神宗实录》，李心传撰《孝宗要略初草》23卷、《建炎以来系年要录》200卷、《建炎以来朝野杂记》40卷、《读史考》12卷、《西陲泰定录》90卷、《旧闻证误》15卷等，多鸿篇巨制，卓然国史气象。

宋代蜀人修史的另一个特点，是十分注重乡土历史特别是蜀中大事的研究和记录，如张唐英《蜀梼杌》之补记前后蜀历史。此外，记载成都古今大事，则有孙汝听《成都古今前后记》60卷。记载宋军灭后蜀，则有康延泽《平蜀实录》1卷、张逵《蜀寇乱小录》1卷及《平蜀录》1卷。记载安丙平定吴曦之乱，则有安丙自著《靖蜀篇》4卷、李心传《西陲泰定录》90卷、李琪《丁卯实编》1卷、李好古《李好义诛曦本末》1卷及《复四川本末》1卷、张革之《平吴录》1卷、郭士宁《平叛录》1卷等十余种。

同时，宋人继承常璩《华阳国志》传统，修纂了大批巴蜀地方志和山水志。如郭友直《剑南广记》40卷、宋如愚《剑南须知》10卷、吕昌朋《嘉州志》2卷、张开《峨眉志》3卷、宇文昭奕《临邛志》20卷、句台符《青城山方物志》5卷，以及华阳、潼川、沈黎、隆山、涪州、夔州、永康、旭川、龙门、江乡、江阳、清化、资中、垫江、长宁、梁山、安康、富顺、江州、宕渠、忠州、果州、南平、大宁、益州、梓州、成都等地方志，多达60余种，是研究巴蜀文化及史学的丰富资料。可惜率多亡佚，无由考详。

巴蜀史学多大家，如李焘著史33部，包含纪传体（《四朝史稿》50卷、《四朝国史》350卷）、编年体（《续资治通鉴长编》980卷、《举要》68卷、《续宋编年资治通鉴》18卷）、个人传记（《陶潜新传》3卷、《赵普别传》1卷）、世谱（《晋司马本支》1卷、《王谢世表》1卷）、谱录

(《唐宰相谱》1卷)、专题年表(《历代宰相年表》33卷、《五代三衙将帅年表》1卷、《江左方镇年表》16卷、《天禧以来谏官、御史年表》《续宋百官公卿表》112卷)、纪事本末(《宋政录》12卷、《宋异录》1卷、《思陵大事记》36卷、《阜陵大事记》2卷、《建隆遗事辨》1卷、《谕西南夷事》1卷、《科场沿革》1卷、《本朝事始》2卷)、帝王实录(《重修徽宗实录》200卷)等，堪为名家。

由上可知，宋代巴蜀史学十分发达，大家辈出，史书体裁完备，内容丰富，多所创新，价值很高。刘咸炘即称赞说："盖唐后史学，莫隆于蜀。"①

元代费著《岁华纪丽谱》，记述宋代成都民情风俗、游乐景观，以时间顺序为秩，从正月元日至岁末冬至，逐一记载各个节庆日内成都官民的游乐活动，形象生动，足可与孟元老《东京梦华录》媲美。虞集主修《元经世大典》，成就有元一代典制大观。明代杨慎以天纵之才，驰骋乎著述，遍及四部，于史学亦有《春秋地名考》1卷、《希姓录》5卷、《全蜀艺文志》64卷、《滇载记》1卷、《蜀志补罅》4卷、《水经补注》1卷、《云南山川志》1卷等，稍补明代蜀中史学之缺。清代巴蜀史学的主要成就在方志修纂，举凡200余县，几乎县县有志、州州有史，有的甚至一修再修，多至四五。这些文献的产生，自然多由于清政府"盛世修志"、粉饰太平之私心，但也反映出巴蜀学人治史成绩和修志成就，或多或少地保留了巴蜀历史文化之史料，不可忽略。

从辛亥革命到20世纪二三十年代，宋育仁、刘咸炘、叶秉诚、祝屺怀、张森楷、蒙文通、李思纯、李源澄等，或在高校讲授历史，或著书修志，基本上遵循着传统史学的路径方法。最具有代表性的史学成果有张森楷的《二十四史校勘记》《通史人表》《史记新校注》《华夏史要》，刘咸炘的《汉书知意》《太史公书知意》及《史学述林》，蒙文通的《古史甄微》《周秦民族史研究》《古地甄微》《中国史学史》，李思纯译《史学原论》、著《江村十论》，李源澄的《秦汉史》，等等。

抗战爆发后，许多名校内迁川中，大批著名学者前来执教，川籍学者亦纷纷回川，一时间，人才济济，成果丰硕。具有代表性的研究成果

---

① 刘咸炘：《蜀学论》，《推十文集》卷1，《推十书》，第3册，第2101页。

有蒙思明《元代社会阶级制度》《六朝士族形成的经过》，徐中舒《耒耜考》《井田制度探原》等。同时，鉴于当时四川古史研究的空白，徐中舒撰写了《四川古代之文化》等文章，并与顾颉刚等学者加以倡导，从而使四川古代史研究蔚然成风。中华人民共和国成立后，巴蜀史学取得重大进展，呈现繁荣景象。如吴天墀《西夏史稿》，填补了二十五史中缺乏西夏史的空白；蒙默、刘琳等《四川古代史稿》，隗瀛涛《四川近代史稿》，贾大泉、陈世松等《四川通史》，推动了四川地方史研究的蓬勃发展。

近代以来，西方考古学方法引入中国，在四川也产生了一批重要考古成果：省市文物考古工作者开展了大规模的文物普查和田野考古，取得了相当丰富的成果。五代前蜀王建墓的发掘，是国内首次用科学方法发掘帝王陵墓；广汉三星堆遗址的大规模发掘，使辉煌的古蜀文明再现于世；成都商业街战国船棺葬的发掘，第一次以规模宏大、精美的实物展现了古蜀开明王朝迁都成都以后至秦灭蜀前的蜀文化面貌。重要的考古学术成果有冯汉骥《前蜀王建墓发掘报告》，以及《三星堆祭祀坑》《成都商业街船棺葬》《四川汉代石阙》《四川彭州宋代金银器窖藏》《什邡城关战国秦汉墓地》《成都十二桥》等。较为全面地展示了四川文物分布的工具书，则有《中国文物地图集·四川卷》。

第二节 文章冠天下：集部文献概述

集部文献盖由古之诗赋发展而来，《汉书·艺文志》有诗赋略著之，吴福连《拟四川艺文志》从之。荀勖《中经新簿》以丁部纪诗赋文集，《隋书·经籍志》易以"集部"，嘉庆《四川通志》从之。

就诗赋而言，巴蜀文献也是起源甚古，吴福连叙录说："涂山作歌，首倡《南音》；江沱载咏，化美《召南》。蜀诗萌芽，亦云远矣！孝养则咏'旨酒'，祭祀则咏'黍洁'，纳妃则'东平'有歌，悼亡则'陇归'有曲，皆《风》《雅》之逸篇也。"[1]

---

[1] 吴福连：《拟四川艺文志》，载王闿运辑《尊经书院初集》卷9，清光绪成都刻本；又收入赵所生、薛正兴主编《中国历代书院志》，第16册，第334页。

"南音"、《召南》皆见于《吕氏春秋·音初》,已详前论。"旨酒""黍洁"之咏则见于《华阳国志·巴志》,云:"其民质直好义,土风敦厚,有先民之流。故其诗曰:'川崖惟平,其稼多黍。旨酒嘉谷,可以养父。野惟阜丘,彼稷多有。嘉谷旨酒,可以养母。'其祭祀之诗曰:'惟月孟春,獭祭彼崖。永言孝思,享祀孔嘉。彼黍既洁,彼牲惟泽。蒸命良辰,祖考来格。'"重风物,贵孝悌,字句典雅整齐,有《三百篇》遗风。"东平歌""陇归曲"则见于《蜀记》佚文,为:"武都山精,化为女子,美而艳。蜀王纳为妃,不习水土,欲去,王必留之,作《东平》之歌以悦之。无几,物故。蜀王乃遣五丁于武都山担土为冢……王见,悲悼,遂作《臾邪》之歌,《龙归》之曲。"①"陇归"即"龙归"。这些都是先秦时期巴蜀地区诗赋创作的情况。

两汉的巴蜀,《汉书·地理志》有"王褒、严遵、扬雄之徒文章冠天下"之称,其成就之富,几得汉家文学半壁江山。刘咸炘说:"相如、褒、雄,分国华之半,为词苑所宗。"②史称相如之赋,"铺张扬厉""劝百讽一",相如自言"包括宇宙,总览人物",时人皆称"典而丽","不似从人间来,其神化所至耶!"③其气势和修辞,实居汉赋之首。王褒之言情小赋,如《洞箫赋》,小巧玲珑,修辞典丽。扬雄赋则雕章琢句,穷其譬喻,一赋之成,竟梦肠流地下!此三家者,皆穷艳极巧,为辞赋之冠。田况说:"蜀自西汉,教化流而文雅盛。相如追肩屈、宋,扬雄参驾孟、荀。其辞其道,皆为天下之所宗式。故学者相继,谓与齐鲁同俗。"④吴福连亦云:"司马、王、扬,词赋竞爽,侈丽闳衍,班固所称。"⑤信然!三子文章,不仅为史所称,而且为后世所仿效,刘咸炘言:"韩(愈)、柳(宗元)之俦,衍扬(雄)之绪;班(固)、张(衡)以下,蹑马(司马相如)之踪。盖东南之美水涣文章而包络吴楚者,岷山之滥

---

① 《蜀记》佚文,载(宋)乐史著,王文楚等点校《太平寰宇记》卷72引,中华书局2007年版,第1464页。

② 刘咸炘:《蜀学论》,《推十文集》卷1,《推十书》,第3册,第2101页。

③ (宋)李昉:《太平广记》卷198《文章》,中华书局1961年版,第1482页。

④ (宋)田况:《进士题名记》,载(宋)袁说友等编,赵晓兰整理《成都文类》卷30,第578页。

⑤ 吴福连:《拟四川艺文志》,载王闿运辑《尊经书院初集》卷9,清光绪成都刻本;又收入赵所生、薛正兴主编《中国历代书院志》,第16册,第334页。

觞也。"①

东汉以下，蜀儒继响，作者代有。其善于写铭文者，有广汉雒（今属广汉）人李尤，撰铭120篇，今存85篇，居两汉铭文之冠。善于写赞词者，有犍为武阳（今彭山）人杨戏，著《季汉辅臣赞》，陈寿撰《蜀志》时多有摘取。魏晋六朝，政局荒乱，巴蜀僻远，不通中朝，但也留下简洁明快的《三国志》（陈寿）和乡情浓郁的《华阳国志》（常璩）等史志文学，以及哀婉动人的《陈情表》（李密）等。

唐代文学，在经历了六朝"绮靡香罗"之态和初唐的"轻薄为文"之后，力矫时弊，志于复古，而这复古运动的开山人物，便是蜀中射洪人陈子昂。他提倡"汉魏风骨"，鄙弃"逶迤颓靡"的"陈隋风流"，大揭自然朴素之文风，开一代诗风、文风之新姿。杜甫咏叹："公生扬马后，名与日月悬。"② 韩愈也颂道："国朝盛文章，子昂始高蹈。"③ 明人高棅更推许他"继往开来，中流砥柱，上遏贞观之微波，下决开元之正派"④。彰明李白继起，将陈子昂开创的朴质豪放、浪漫恣肆的诗风推向极致，他师法《庄子》，寄意玄妙，横空出世，一泻千里，言必己出，出必惊人，杜甫赞其"笔落惊风雨，诗成泣鬼神"⑤，成为后世一直效法的"诗仙""词宗"。特别是中原经"安史之乱""黄巢起义"，促成"天下诗人例到蜀"，高适、岑参、杜甫、元稹、白居易、刘禹锡、贾岛、李商隐等，皆资蜀中之山水、人文，发为亘古未有之绝唱。五代时期，中原扰攘，藩镇割据，蜀中相对安定，"衣冠之族多避乱入蜀"，王蜀、孟蜀，独存唐风，文化之盛，外间罕匹。继李白所创《菩萨蛮》《清平乐》后，温庭筠、郑谷、韦庄在五代成都形成了婀娜多姿的《花间集》词，肇开宋词婉约一派。

---

① 刘咸炘：《蜀学论》，《推十文集》卷1，《推十书》，第3册，第2101页。
② （唐）杜甫：《过陈拾遗故宅》，载（元）辛文房著，周绍良笺证《唐才子传笺证》卷1引，中华书局2010年版，第104页。
③ （唐）韩愈：《荐士》，载（元）辛文房著，周绍良笺证《唐才子传笺证》卷1引，第104页。
④ （明）高棅编选，载（明）汪宗尼校订，葛景春、胡永杰点校《唐诗品汇·五言古诗叙目》，中华书局2015年版，第131页。
⑤ （唐）杜甫：《寄李十二白二十韵》，载（唐）李白著，（清）王琦注《李太白全集》卷32，第1487页。

中唐以迄北宋，文学复古运动取得最后胜利，形成以"唐宋八大家"为代表的"古文"风范，为后人所师法。而"八家"之中，蜀得其三，而且父子相承，花萼齐芳。苏洵议论严密，辞风劲竞，有兵家、纵横家之风。苏轼文风潇洒，多技多能，诗文词赋，无所不精，文若行云流水，词开豪放一宗；苏辙汪洋淡泊，运思深邃，而秀杰之气终不可掩。于是苏氏之文名满京城，风动天下。南宋朝廷衡文取士，多以苏文为范式，陆游《老学庵笔记》载有"苏文熟，吃羊肉；苏文生，吃菜羹"的民谚。"三苏"之外，蜀人之善文章者，尚有苏舜卿（有《苏学士集》15卷①）、文同（有《丹渊集》40卷②）、唐庚（有《唐子西集》20卷）、韩驹（有《陵阳集》4卷）、李焘（有《巽岩文集》）、李石（有《方舟集》24卷）等，皆称名当时，或为欧阳修所识，或为陆游所赏。

元明时期，巴蜀文学相对寥落，缺乏引领全国风骚的人物，但是岷峨灵气，巴蜀文脉，杰人君子，亦不择地而出。如侨迁江西崇仁的虞集，少师母氏（眉山杨文仲之女），3岁即知读书；后避兵迁岭外，干戈中无书册可携，母亲杨氏"口授《论语》《孟子》《左氏传》、欧苏文，闻辄成诵"（《元史》本传）。及长还长沙，始得刻本，而虞集"已尽读诸经，通其大义矣"。后来登朝为国子太常博士、秘书少监、侍读学士，学问与吴澄、姚枢方驾，诗名与杨载、范梈、揭傒斯同称"四大家"，史称"集弘才博识，无施不宜，一时大典册，咸出其手"③，著有《道园学古录》。巴西邓文原，元时亦官至集贤直学士，兼国子祭酒，著《巴西文集》，其文温醇典雅，与鲜于枢同在赵孟頫"复古"大旗下，为元代文学复古运动之主将、干城。元朝巴蜀文学，有虞、邓二人，亦可稍补其缺矣。

明初，文学可观者有苏伯衡、杨基、徐贲等。川籍文人杨基、徐贲二人与长洲高启、浔阳张羽并称"吴中四杰"。但在随之而起的"台阁体""公安派""竟陵派""前七子""后七子""前五子""后五子""广五子"等文学流派中，川籍文人仅张佳胤名列"后七子"，表明是时巴蜀文坛缺乏全国性的影响人物。正德以后，这一状况稍有改观，新都杨廷

---

① 上海古籍出版社1981年出版整理本《苏舜钦集》16卷。
② 巴蜀书社1999年出版《文同全集编年校注》。
③ 《元史》卷181《虞集传》，第4179页。

和位居首辅,其子杨慎又高中状元,蜀人熊过(有《熊南沙文集》8卷)、任瀚(有《遗稿》6卷)并列"嘉靖八才子",杨慎(著述明代第一)、赵贞吉(有《赵文肃公集》23卷)、熊过、任瀚号称"西蜀四大家",巴蜀文学稍有振兴气象。但是新一轮野蛮专制统治(即"大礼议")又将这一势头彻底粉碎,杨廷和被无情罢黜,杨慎远贬永昌,蜀学进入核心阶层影响学术的可能性被截断。

不过杨慎居夷30年,却又给他带来了专心从事文学与考据事业的良好机会。他在贬所,潜心学术,撰书400余种,遍及经、史、子、集,体兼诗、文、词、曲、杂剧,多能多技,东坡第二;高文高行,明代第一。他反道学而重实学、反空谈而重考据的治学方法,为清人考据学的兴起扫清了道路。刘咸炘说:"明学靡靡,用修(慎)广采,遥和何(武)、李(仲元),是古学清尘之彗也。"①

明末清初,由于战乱的破坏,巴蜀文化几于不振,被远远地排除在全国主流文化之外。初期只有少数由明入清之士,在艰难地传续着蜀中学术。如清初新繁人费密,其父费经虞是崇祯举人,在经学上颇有著述,具有家学。费密身经战火,窜身荒野西漠,中年后乃潜心学术,史称"蜀中著述之富,自杨升庵后,无如密者"②。今传有《弘道书》《燕峰文钞》《诗钞》《剑阁芳华集补》。达州人唐甄,其父也是明朝进士,为文化世家;唐甄做过地方县令,因目睹战乱和生计落拓之苦,著《潜书》97篇,发出"君民皆人""凡君皆贼"的呐喊。其文字则"闳肆如庄周,峭劲如韩非,条达如贾谊"③。泸州人先著,因明末蜀中战火,寄籍江南,与诸名士往来,唱酬无虚日,李调元说他"造句必新,遣言必雅",为"词坛飞将军。"④

经过康熙、雍正两代的休养生息,蜀中文化有所恢复,至乾隆时期,出现了号称"四川三才子"的彭端淑、李调元、张问陶。彭是丹棱望族,雍正、乾隆间,与兄弟彭仲尹、彭遵泗相继中进士,号称"三彭",著有

---

① 刘咸炘:《蜀学论》,《推十文集》卷1,《推十书》,第3册,第2101页。
② (清)刘景伯:《蜀龟鉴》卷4,《四库未收书辑刊》本。
③ (清)潘耒:《潜书序》,载(清)唐甄著,吴泽民编校《潜书》卷首,中华书局1955年版,第6页。
④ (清)李调元:《蜀雅》,绵州李氏万卷楼刊,道光五年补刻《函海》本。

《白鹤堂文稿》。中年辞官归里，主讲锦江书院达30年，为培养蜀中俊才作出了重要贡献。罗江李调元，乾隆进士，入翰苑为庶吉士，官学政。中因得罪权贵被充军伊犁，历经苦难幸得回归。晚岁绝意仕途，悠游山水，交结文学、戏曲人士，著书130余种，遍及经、史、小学、考据、辞章、戏曲等各个方面，博学多能，苏轼、杨慎之后，一人而已！编《函海》《全五代诗》《蜀雅》《粤风》，为整理文献、传承学术，作出了重要贡献。张问陶，字船山，遂宁人，康熙朝名臣张鹏翮四世孙。乾隆末中进士，官御史、郎中、知府，中年辞官居吴门。文学上反对寻章摘句，主张直抒胸臆，为"性灵派"中坚，有《船山诗草》传世。

辛亥革命以后，特别是20世纪前期掀起的文学革命，使四川文学进入全面繁荣时期，各体文学都达到前所未有的高峰境界，文学大家、文化巨星，辈出迭见，同时辉耀于时代天空：郭沫若、吴芳吉、巴金、阳翰笙、李劼人、艾芜、沙汀、何其芳等，这一串串响亮的名字，不仅作为文学象征载入巴蜀文化史册，而且他们的作品也成为文化珍品收藏在中国文化的宝库之中。①

此外，古典文学研究中，基础性研究成果突出，杨明照《文心雕龙校注》《文心雕龙校注拾遗》、王利器《文心雕龙校证》《文镜秘府论校注》等著作，均有重要影响。至于总集、丛书之编纂，稍早傅增湘所辑《明蜀中十二家诗钞》《宋代蜀文辑存》，为断代总集；杨析综、刘君惠《近代巴蜀诗钞》，为诗文总集；吴虞《蜀十五家词》、李谊《历代蜀词全辑》，为词总集；曾枣庄、刘琳主编《全宋文》，为宋文总集；舒大刚主编《宋集珍本丛刊》，为宋集优秀版本丛书；林孔翼《成都竹枝词》《四川竹枝词》，是巴蜀俗文学之冠冕；如此等等，俱为近时巴蜀文学及其文献整理研究的重要成果。

---

① 其详可参谭兴国《蜀中文章冠天下——巴蜀文学史稿》，四川人民出版社2001年版。

第 六 章

兼收并蓄，集杂成醇：
巴蜀的子学文献

刘咸炘《蜀学论》说："若夫经生考典，子部成家，斯则让于他国，不敢饰其所无。"意谓蜀中在经学考据、子学名家等方面，不及其他省份。但是此乃先秦诸子时期的情况，若要说对诸子著作的阐释与研究，巴蜀的诸子之学并不让于他邦。

曹学佺《蜀中广记》之《著作记》有"子部"著录传统诸子书，又有"内典""玄书"二目录佛、道书，共录书150余种。嘉庆《四川通志》之《艺文志》亦有"子部"，下设儒、兵、法、农、医、天算、术数、艺术、谱录、杂、类书、小说、释、道各类，录书545种。吴福连在《拟四川艺文志》诸子、兵书、术数、方技四略中，也对巴蜀"子部"文献进行了著录和叙述，凡录书491种。吴书有目、有叙，体例较善，可以考见蜀中子学流派及文献状况，兹据之概述于后。

在儒家类，吴氏《艺文志》著录汉代扬雄《太玄》19篇、《法言》13篇、《乐》4篇、《箴》2篇；三国王长文《无名子》12篇、《通玄经》4卷；北周卫元嵩《元包》5卷；宋范祖禹《帝学》8卷、苏辙《孟子解》1卷、张行成《潜虚衍义》16卷、张栻《孟子说》、黎靖德《朱子语类》140卷；至清费密《宏道书》10卷、《圣门旧章》24卷、张鹏翮《信阳子卓录》8卷、《敦行录》1卷、李调元《逸孟子》1卷；等等，52家86部。

吴氏叙录蜀儒源流说：扬雄造《太玄》《法言》，仅次于孟、荀，刘向、刘歆父子"深敬服之"，桓谭认为扬雄构建的"玄"学体系可与

"伏羲之易，老子之道，孔子之元"方驾并驱，陆绩甚至称扬雄为"圣人"。其后，有任安、李譔、谯周、李宓，都是常璩《华阳国志》称赞的"名儒"。至宋，"蜀儒最盛，与洛抗衡"。以道学名家的，有张栻、魏了翁；而李道传、李性传兄弟，则又辑录朱子言论成书，黎靖德据之编成《朱子语类》，对朱子"道学"推广帮助很大。明以后，理学家们多宗濂洛程朱，而何祥则宗崇姚江"心学"。清代张鹏翮又反其道而行之，"持循礼法，以敦本适用为教"，又回到程朱重践履的时代。需要补充的是，明代唐甄撰《潜书》，是一部思想启蒙著作，章太炎说它上继孟荀、下开戴东原。晚清杨锐、刘光第、廖平、宋育仁、吴之英等，是维新变法的宣传者和实践者；谢无量、张澜、吴玉章等，又开民主革命的先声。

在道家类，《艺文志》著录22家24部，其知名者如：《臣君子》2篇，是蜀人最早的道家著作。严遵《老子注》2卷、《老子指归》2卷，是汉代河上公注之外的最早《老子》著作，对东汉张陵《老子想尔注》影响甚巨，对道教在巴蜀的诞生也具有理论奠基作用，故而被吴福连誉为"道书大宗"。《后汉书》说折像"好黄老言"，《华阳国志》说冯颢"修黄老"，二人都以"清虚自守"为宗旨。唐人张君相曾经汇集汉晋以来各家之注，成《三十家老子注》8卷，为《道德经》注解资料集成，可谓详赡，惜其不传。宋代苏辙著《道德经解》2卷，屡引《中庸》为说，是汇通儒道的重要尝试。苏轼注《庄子广成子篇》，以阐发其汪洋恣肆之文气；杨慎撰《庄子阙误》1卷，颇能匡谬补阙，亦属可贵。

在阴阳家类，《艺文志》著录汉景鸾《月令章句》，宋张行成《皇极经世索隐》，以及张鉴《衍义》、李竹《发明》等6家8部。吴氏将阴阳之书上推至夏禹《小正》一书，以为是羲和授时传统的产物。邵雍的"元会运世"之说，也与古来阴阳消长之说吻合；张行成、张鉴、李竹皆拾取邵氏牙慧而成篇。

在法家类，《艺文志》著录1家13部。吴氏叙录说：文翁遣小吏受业博士，"或学律令"，蜀中的法家之学实始于此。《后汉书》说王涣读律令，略举大义；《华阳国志》称王堂任右扶风，政教严明。诸葛亮治蜀，崇尚严峻，他在教育后主时，常常书写《申》《韩》《管子》之书；苏洵《几策》，也主张治乱世用重典、信赏必罚。还有苏易简《淳化编敕》30卷，王珪《在京诸司库务条式》130卷、《铨曹格勒》14卷，蒲宗孟《八路敕》1卷、《省曹寺监事目格子》47卷，虞允文《乾道重修敕令格式》120卷，都属于当时的刑罚类文献。

在名家类，《艺文志》著录龙昌期《天保正名论》8卷以下9家11部。说名家是"辨上下、定民志"的，龙昌期的书正好合乎这个标准。范镇、苏洵所编《谥法》诸书，也符合"正名"内容。不过，他将张和卿《皇朝事类枢要》250卷、虞允文《续会要》300卷、李心传《国朝会要总类》588卷、魏了翁《国朝会典》200卷都归在名家，似有不妥。《谥法》等诸书在于明典章制度，而《皇朝事类枢要》等书恐怕与厘定概念、循名责实的名家也有所区别。倒是在吴氏身后，有秀山吴毓江（1898—1977）著《公孙龙子校注》、蓬安伍非百著《中国古名家言》①，是地道的"名家"著述，可惜"吴志"不可得而著录。

在墨家类，《艺文志》著录冯颢《刺奢说》等18家23部。不过，其所著录并非纯粹墨家著作，而是杂入道教、佛教著述，如隋费长房《历代三宝记》3卷、《开皇三宝录》10卷，唐圭峰《禅源诠》110卷，宋张商英《护法论》1卷，释祖觉《僧史》100卷，明释无际《道林录》1卷，清释通醉《锦江禅灯》10卷等。墨家与名家一样，本是先秦学术，至战国便与儒家合流（名与法合），入汉已经无复独立的名家和墨家了。历代著录，虽时或有名、墨著作，但也只是研究名家和墨家的成果，而不是信奉名墨之学、持守名墨之说的学派了。此处需要补充的是，比吴氏晚一辈的秀山吴毓江，撰《墨子校注》，为20世纪继孙诒让《墨子间诂》之后最重要的墨学成果。其书15卷，收入《察今堂丛书》，1944年1月由重庆独立出版社印行，其后由西南大学、上海古籍出版社出版，后又由中华书局收入"新编诸子集成"中出版。

为满足著录需要，吴氏在名家中大量引入典制文献，在墨家中又大量引录佛家文献以凑数。他还说："张鲁行宽惠，以鬼道教，立义舍，置义米义肉其中，行者取之，不得过多，云鬼病之，可谓'右鬼'而'兼

---

① 按：伍氏先时整理《墨子经》上、下，《经说》上、下，历5年成书，初名"墨子辩经解"，后改名为"墨经解故"，廖季平、谢无量等名家均为之序。后又写成《大小取章句分》《尹文子略注》《公孙龙子发微》《荀子正名解》《齐物论新议》《形名杂篇》，合前著《墨子辩经解》，总称"中国古名家言"，由中国社会科学出版社于1983年出版。

爱'矣。""释氏言慈悲，即墨氏'兼爱'之意；其教信佛，即'右鬼'类也。"是吴氏不知此乃学术旨趣相近，并不是三者之间有什么传承关系。他说："墨学之亡，赖释以存"，故"以释书附墨"。亦游戏之言，于"考镜源流，辨章学术"无补。

在纵横家中，吴氏认为"秦之张仪，两次入蜀"，这是巴蜀传入纵横学说的开始。纵横家的特征是既能摇鼓舌，纵横排阖，搬弄是非，又能游走江湖，穿梭列国，折冲樽俎。因此吴氏将善于持纵横之术和善于办理外交之务的人，都归于纵横家中，这倒也合乎《汉书·艺文志》"纵横家者流，盖出于行人之官"的说法。因此，三国时期邓芝本是大将，由于孙权有"和合二国，惟有邓芝"的话，吴氏即认定邓芝属"纵横之类"。宋代余嵘出使过燕国，明代李实（合州人）出使过北庭，清朝李仙根出使过安南，张鹏翮出使过倭国和俄罗斯，周煌出使过琉球国，都具有纵横家本领，因此将诸人的《使燕录》1卷（余嵘）、《出使录》1卷（一名"使北录"，李实）、《安南使事纪》1卷（李仙根）、《出使倭俄罗斯纪略》2卷及《琉球国志略》16卷（周煌）等都纳入纵横家著录。不过，巴蜀学人真正持纵横理论而成"家"者，他认为有唐之赵蕤和宋之苏洵："《国策》一名短长，赵蕤取以名书，而其中惟《阴谋》一卷，颇近纵横，孙光宪称其博学韬钤，长于经世。苏洵究心《国策》，深得权事制宜之妙，宜其撰述，成一家言。"所以他将二人的《长短要术》10卷（赵蕤）、《权书》10篇和《衡论》10篇（苏洵），列入纵横类，可谓有识。

杂家是"合儒墨，兼名法"的混合学派，《艺文志》著录64家96部。吴氏说，先秦就有《尸子》《吕氏春秋》等杂家著作，后来尸佼、吕不韦（家人和门客）迁入蜀中，蜀中杂家即从此时开始。西汉司马相如撰《荆轲论》，为巴蜀杂家著作的开端。后世持相同风格的"作者尤多"，如孙汶之论《世务》、李尤之论《政事》、何攀之论《时务》，皆于政事不无帮助。至于北周卫元嵩《齐三教论》7卷，宋龙昌期《泣歧书》3卷及《三教圆通》（《艺文志》无）、傅代渊《老佛杂说》，明赵台鼎《脉望》8卷、黄时耀《知非录》2卷，清马升楷《二氏指要》1卷，等等，都主三教合一，于世教亦非无补。宋田锡《御屏风》5卷、张浚《省记时政》、李舜臣《镂玉余功录》、史绳祖《学斋占毕》4卷、魏了翁《经外杂钞》3卷、《古今考》1卷、《读书杂钞》2卷、员兴宗《辨言》1

卷、吴泳《嘉绍本议》3卷，明王德完《鉴古名篇》300卷、刘卿《博雅篇》140卷、王化隆《真如子醒言》9卷、朱应奎《翼学编》13卷、陈于陛《意见》1卷、黎尧卿《诸子纂要》8卷、杨宗吾《检蠹随笔》2卷、李士震《宰官须知》1卷，清唐甄《衡书》3卷、费密《瓮录》1卷、《蚕此遗录》2卷、《筹筈归来晚暇记》4卷、吴学孔《茗西问答》1卷，等等，都是诸学兼治的杂家著作。至于文立（晋人）《章奏集》10篇以下，历代蜀人的诸臣奏议和代拟诏令，吴氏亦都纳入杂家，则未免过滥而不知统，嘉庆《四川通志》随《四库全书》将其归入"史部"之诏令奏议，则比较合理。

吴氏《艺文志》著录巴蜀农家著作10家10部。巴蜀素有"天府之国"的美称，农业发达，农家之事，是其本业。吴氏追述说："禹平水土，岷嶓既艺，杜宇王蜀，教民务农，蜀之农政，于是增修矣！"其后，秦国蜀郡守李冰"穿渠作堰"，蜀汉宰相诸葛亮"殖谷息农"，事皆载于班固《汉书》和陈寿《三国志》中。这些措施促进了巴蜀农业的发展，而多种经营也随之出现。种茶、酿酒、养蚕、制糖、艺花等，在蜀中蔚然成风，是农民致富的重要途径，总结这些行业的经验和文化，也就成为文人雅士的课题之一。于是在五代，出现了毛文锡《茶谱》1卷，宋代则有孙光宪《蚕书》2卷、田锡《曲本草》1卷、王灼《糖霜谱》1卷、苏轼《酒经》1卷、唐庚《斗茶记》1卷，明朝也有万邦宁《茗史》2卷，清朝有李化楠《醒园录》2卷、李调元《醒园花谱》2卷，都是有益于农家之书。至乾隆中张宗法（什邡人）《三农记》24卷出，乃集斯学之大成。吴氏称赞此书："于树艺之法，纤悉不遗，采摭古书，亦云该备。蜀之农书，当以此为冠！"

吴氏对小说家类图书特别钟情，著录五代蜀潘远《纪闻谈》3卷以下34家67部。张衡称"小说九百，本自虞初"，《虞初周说》是《汉书·艺文志》著录的最早小说，说是武帝时人。① 不过，吴福连说："蜀

---

① （清）永瑢等：《四库全书总目·小说家类·序》云："《汉书·艺文志》载《虞初周说》九百四十三篇，注称武帝时方士。则小说兴于武帝时矣。故《伊尹说》以下九家，班固多注依托也。然屈原《天问》杂陈神怪，多莫知所出。意即小说家言。而《汉志》所载《青史子》五十七篇，贾谊《新书·保傅篇》中先引之，则其来已久。特盛于《虞初》耳。"（第1182页）

人尤喜谈神怪。"如说苌弘逃于蜀而死,蜀人藏其血,三年化为碧珠;蜀王杜宇登西山而化,其魂化为杜鹃之类。都是将史事神化、仙化,其时代在东周时期。《汉书·艺文志》说:"小说家者流,盖出于稗官,街谈巷语、道听途说者之所造也。"四库馆臣说:"迹其流别,凡有三派:其一叙述杂事,其一记录异闻,其一缀缉琐语也。"

巴蜀崇尚志怪,于此道最盛。因此,吴志所录志怪传奇与笔记野史,最为繁富。如五代何光远《广政杂录》3卷、《鉴戒录》3卷,宋杨九龄《三感志》1卷、冯鉴《广前定录》7卷、周挺《警鉴录》5卷,明杨慎《广夷坚志》20卷,等等,述果报异闻。五代冯鉴《续事始》5卷,宋李石《续博物志》10卷,元费著《笺纸谱》《蜀锦谱》《器物谱》《钱币谱》《楮币谱》,等等,言事物起源。宋孙光宪《北梦琐言》20卷、黄休复《茆亭客话》10卷、苏辙《龙川略志》6卷、《别志》4卷,等等,录政事琐闻。元费著《岁华纪丽谱》1卷,明彭汝实《六诏纪闻》2卷,清李调元《南越笔记》16卷,是异域风情。明杨慎《古今谚》2卷、《异鱼图赞》4卷、《古今风谣》2卷、《丽情集》1卷、《玉名诂》1卷,清李调元《淡墨录》16卷、《乐府侍儿小名录》2卷,乃艺林掌故。性质不一,体裁各异,吴氏皆汇入一编,真可谓薰莸同器!

吴氏《艺文志》在"兵书略"著录兵书22家25部,其小序说:"兵家出于古司马之职。"但是《尚书》记载"禹征有苗",是以司空职兼征讨之任,说明大禹才兼文武。后来,武王伐纣,从征的"西土八国"就有蜀人,接受过武王《牧誓》"不愆于六步七步,乃止齐焉""不愆于四伐五伐六伐七伐,乃止齐焉"的战阵训练,和"尚桓桓,如虎如貔,如熊如罴","弗迓克奔,以役西土"的纪律约束。史载,巴国亦派出部队参加灭纣战斗,"巴师勇锐""前歌后舞"的独特战术,为周革殷命立下汗马功劳。

秦兼并六国,首先取得巴蜀之地;汉高祖先封于汉中巴蜀,然后再还定三秦;刘备据有四川,以此为基地,屡次北伐,欲伸大义于天下。这些都表明了巴蜀地区战略位置的重要,多出军事人才,所以历史上有"巴将蜀相,世有其人"之说。《后汉书》说宕渠冯绲"少学《春秋》《司马兵法》",是一个讲求实用的军事人才。吴氏《艺文志》著录唐赵蕤《长短经》有军事篇章,是纵横家军事理论。李远《武孝经》,则发挥

"战阵无勇非孝也"学说,是儒家军事理论。北宋张商英注释《素书》,依本黄帝以为说,是道家军事理论。王当、任谅《兵书》(王书12卷、任书10卷),是兵家权谋理论。王当《筹边要略》、邓嘉猷《西南备边志》2卷,则是军事理论在边防上的应用。南宋李焘撰《六朝通鉴博议》10卷,李舜臣、李道传父子分别撰《江东十鉴》《江东十考》(各1卷),郭允蹈、吴昌裔各撰《蜀鉴》,又从古今历史形势,探讨军事问题。

至于诸葛亮推演《八阵图》,研制"木牛流马",系善于军事技巧。先秦《苌弘》15篇,唐李鼎祚《兵钤手历》1卷,宋王适《安营立阵观灾气》1卷、《行军立成七十二篇》1卷,利用鬼神来发挥"兵者诡道"之术。因此,吴氏《艺文志》仍按《汉书·艺文志》分类,将不多的兵书按"兵权谋""兵形势""兵阴阳""兵技巧"四种分别予以著录,亦颇恰当。

"数术"之书,《汉书·艺文志》已有著录。"数术"之法,略如后世之科学与技术,即使有神秘其事者,也无非试图运用对自然和人事的已知经验,推知未知世界而已。其子目排列已寓斯义:"天文"者,天道也;"历谱"者,拟天之行也;"五行"者,物理也;"蓍龟"者,预知其理也;"杂占"者,欲尽其变也;"形法"者,欲穷其术也。只因先民认识方法和手段落后,其所得认识有真也有假,其推知方法有效也有无效,其推论结果更是有准确、也有不准确,科学与迷信杂厕,正确与虚妄同器,真理与谬误连蒂。对此类文献,视其为人类认识史上一过程可矣,不必迷信,也不必深闭固拒。

吴氏《艺文志》于"数术"一目,共著录39家53部,反映了历代巴蜀学人认识天道物理之微、运行变化之妙,并进而推见至隐、本隐以之显的探索企图。但其中也存在科学与谬误并存的现象。吴氏考察说,"苌弘入蜀,素称'执数',学者沿波,不替其传";"自汉以来,蜀通数术者最多,大抵祖述苌弘者也"。说明巴蜀"数术"之学源远流长,远祖于东周之苌弘。又说:"落下、(任)文公,图纬最笃;庄遵、杨厚,占验尤奇。"庄遵、杨厚占验如何"奇"法,不得而知。其"历谱"类著录"落下闳《太初历》",却实有其事。

汉武帝时,使用已久的《颛顼历》出现重大偏差,于是在全国征召知历者予以修订,最后得阆中落下闳而成《太初历》。《太初历》的依据是夏历，其运算方法是浑天术，为后世所沿用。自后蜀人多知历法，唐李远《龙纪圣异历》3卷、《正象历经》1卷，宋贾浚《历法九议》1卷、魏了翁《正朔考》1卷、张方《夏时考异》1卷，明冷逢辰《用正考》1卷，等等，都载在目录，有案可稽。

需要补充的是，唐文宗九年（835），东川节度使冯宿奏称："剑南两川及淮南道，皆以版印历日鬻于市。每岁司天台未奏颁下新历，其印历已满天下。"[①] 古代历法乃由司天监主管，每年得朝廷颁布乃能实行，蜀中却例外，不等朝廷颁布，每年新历就已经"印满天下"了！其非知于历数，何至于此！五代又有孙光宪撰《续通历》1卷，伪蜀胡秀林撰《永昌正象历》，史称："推步之妙，天下一人。"南宋端宗时，"礼部侍郎邓光荐与蜀人杨某等作历，赐名《本天》"；双流邓至著《通书》10卷、《往事龟鉴》10卷，"亦本历书而作"[②]。

至于天文类，唐赵蕤《长短经·天文篇》，宋张商英《三才定位图》1卷、《大象列星图》3卷，清唐乐宇《步天简法图》1册，都是巴蜀先民认识天体运行的文献。天文、历谱二类所录，可以说是巴蜀"数术"类文献的精华所在。

不过，吴氏漏收了北宋天文学家张思训和南宋天文学家黄裳。张氏曾任司天丞，巴州人，制作了水运"浑天仪"。其以"三关四轮"结构，"法天象地"，模拟天地运行，达到了与"天体运行不差"的效果，宋太宗命名为"太平浑天仪"。为解决北方天寒水冻无法流转的问题，张氏还发明了用水银代替自然水流作为动力，这比意大利人托里拆利（Evangelista Torricelli）1643年用水银于气压计早了664年。黄氏为南宋礼部尚书，剑州人，他绘制有大量包括天文、地理在内的图片，其中以《天文图》最巨。黄氏此图以元丰实测为基础，共绘有1440颗恒星，类似的图纸300多年后才在欧洲出现，但所绘星数比黄图还少了418颗。

至于在五行、蓍龟、杂占、形法等方面，巴蜀大地也是奇人世出，代有佳作。《华阳国志》载何宗预知"刘备应汉九世之运"，已云奇验；

---

① （宋）王钦若著，周勋初校订：《册府元龟》卷160，凤凰出版社2006年版，第1782页。

② （明）曹学佺：《蜀中广记》卷94《著作记第四》，文渊阁《四库全书》影印本。

新旧《唐书》说袁天纲预知杜淹、王珪、韦挺、武曌等人前途，其应如响。袁天纲更是遍通诸术，著述满篮：《太白会运逆兆通代记图》1卷，天文也；《贵贱定格五行相书》《五行元统》（俱1卷），五行也；《易镜元要》1卷，蓍龟也；《九天玄女六壬课》《太乙命诀》《玄女坠金法》《射覆诗诀》（俱1卷），杂占也；《气神经》5卷、《要诀》3卷、《骨法》《相笏经》《人伦龟鉴赋》《元成子》（俱1卷，《新唐书》有袁天纲《相书》7卷），形法也。术精学深，古今一人！

此外，吴氏漏载了安岳人秦九韶及其《数书九章》。其书9卷（后分18卷），内容丰富，上至天文、星象、历律、测候，下至河道、水利、建筑、运输，各种几何图形和体积，钱谷、赋役、市场、牙厘的计算和互易，应有尽有。许多计算方法和经验常数至今仍有很高的参考价值和实践意义，被誉为"算中宝典"。是书的"大衍求一术"，比西方高斯（Gauss）创用的同类方法早500余年，被公认为"中国剩余定理"；书中还作正负开方术，对任意次方程的有理根或无理根求解，也比19世纪英国霍纳（W. G. Horner）的同类方法早500多年。

方技类即医药卫生文献。吴氏《艺文志》亦随《汉书·艺文志》分"医经""经方""房中""神仙"四种。"医经"是讲医学原理的文献，"经方"是讲治病方剂汤头的文献，"房中"是讲两性健康生活的文献，"神仙"则是讲经过修炼达到长生久视、辟谷飞升境界的文献。吴氏《艺文志》著录巴蜀方技文献60家68部，其中不乏精品之作。不过，那还不是巴蜀医药学的全部。

据考古发现，距今4000多年的巫山大溪文化遗址中，出土了两枚骨针，这说明巴蜀医学至少可以上溯至新石器时代晚期（约当夏朝）。《山海经》亦记载了当时在巴、蜀境域中的巫彭、巫咸等十几位巫医（郭璞注："皆神医也"）的采炼药物和治疗疾病的活动，并详细记录了一些药物的治病疗伤和食用滋补功能。如《南山经》：䧿山"有草焉，其状如韭而青花，其名曰祝余（或作桂荼），食之不饥。""有兽焉，其状如禺而白耳，伏行人走，其名曰狌狌，食之善走。"又柢山："有鱼焉，其状如牛，陵居，蛇尾有翼，其羽在魼下，其音如留牛。其名曰鯥，冬死而夏生，食之无肿疾。"基山："有鸟焉，其状如鸡，而三首、六目、六足、三翼，其名曰鹣鹩，食之无卧。"青丘之山："即翼之泽，其中多赤鱬，其状如鱼而人面，其音如鸳鸯，食之不疥。"又如《西山经》：小华之山："其草有萆荔，状如乌韭，而生于石上，亦缘木而生，食之已心痛。"符禺之山："其上有木焉，名曰文茎，其实如枣，可以已聋。其草多条，其状如葵，而赤花黄实，如婴儿舌，食之使人不惑。"石脆之山："其草多条，其状如韭，而白华黑实，食之已疥。""肥遗，食之已疠，可以杀虫。"如此等等，对这些草木动植的生长地点、习性、形状和食用、药用价值，都进行了描述，真可以说是第一部药物学典。

司马彪在《庄子注》中说："彭祖八百，犹悔不寿。"又曰："彭祖饵云母，御女，凡数十娶。"《神仙传》："彭祖善于补导之术，服水桂、云母粉、鹿角散，常有少容，殷末已七百六十七岁，而不衰。"彭祖自尧舜以迄殷商，凡历800岁，无论这是一个部族的称号，还是传说中的长寿之人，彭祖都是最早的善行房中之术的专家，他的家乡传说在今四川彭山。吴氏《艺文志》据《汉书·艺文志》首载《容成阴道》26卷，而据谯秀《蜀记》"蜀中八仙"，容成实居其首，可见中国第一部房中术著作也是巴蜀人士所撰。

此后，巴蜀医人不绝于书，据统计，从《后汉书》《华阳国志》始，截至中华民国年间，见诸文献记载的四川医家达1000余人，各种医学著述700多种。《后汉书·郭玉传》载："初，有老父不知何出，常渔钓于涪水，因号涪翁。乞食人间，见有疾者，时下针石，辄应时而效，乃著《针经》《诊脉法》传于世。弟子程高寻求积年，翁乃授之。高亦隐迹不仕。玉少师事高，学方诊六征之技、阴阳不测之术。和帝时，为太医丞，多有效应。"这是见于正史的关于巴蜀三代医人擅长医术、针法并撰有医书的记录。1993年在绵阳从西汉早期古墓中发现了一具标有人体经络流注的木质漆人（又称"涪水经脉木人"），这是当时所见最早的"经络漆人"，是后世"针灸铜人腧穴"的前辈，这正好可与《后汉书》所载涪翁"时下针石，辄应时而效"相印证，绵阳因之而被尊为"中国针灸故乡"。2012—2013年，考古工作者又在成都天回镇发掘的西汉古墓中，发现扁鹊系医简900余枚，还出土了完整的"经穴髹漆人像"，高约14厘米，五官、肢体刻画准确，白色或红色描绘的经脉线条和穴点清晰可见，不同部位还阴刻"心""肺""肾""盆"等字，这又是迄今发现最早、最完整的经穴人体模型。时代远在"涪水经脉木人"之前，天回镇遂成

"针灸故乡"的"老家"!

《华阳国志》卷10下:"李助多方,以兹立称。"自注:"助字翁君,涪人也。通名方,校医术,作《经方颂说》,名齐郭玉。"《宋史·艺文志》载"《李八百方》一卷",说是汉代蜀人所作。可见自汉代开始,蜀中医学已经发展起来,并有著述传世。

唐代,蜀医昝殷撰著《经效产宝》2卷,多述顺产各法,这是人类史上第一部妇产专著。北宋杨子建又撰《十产方》,述逆产各法;周颋撰《保童法》,述儿童保健。三书一道构成了完整的妇产、儿科文献体系。中医提倡"不治已病治未病",注重预防,提倡食疗。在唐代,蜀人严龟撰《食法》10卷、昝殷撰《食医心鉴》3卷,在中医预防史上具有重要的价值。宋代,峨眉女医还发明了人工接种牛痘预防天花的技术(见清吴谦《医宗金鉴》),这在全球史上也是最早的记录。可见"蜀医"一出,即已不同凡响。

巴蜀地区气候温和,地理复杂,是中药材生长的天然沃壤,"川药"系列①,历来为医家所重,文天祥《赠蜀医钟正甫》有"炎黄览众草,异种多西川"之说,故历代蜀医撰著"本草"者比比皆是。唐代梅彪《石药尔雅》2卷,仿《尔雅》之法解释中药性味。自波斯来华定居蜀中的李珣,亦撰《海药本草》6卷,是第一部记录和说明海外药物性能的专著。孟蜀韩保昇《蜀本草》20卷,在唐修《本草》的基础上,增加了药物图绘。陈仕良《食性本草》10卷,则是首部专记食疗药物的著作。刘咸炘说:"本草之集,莫博于唐。"正是就此而言。

入宋,则有陈承《元祐本草别说》30卷、唐慎微《证类本草》30卷(后增为32卷)。尤其是《证类本草》,在《蜀本草》的基础上,增加药物600余味,比《唐本草》多出1倍以上;还首次在本草中配附了汤药,便于实用,成为明李时珍撰著《本草纲目》所依据的最主要的蓝本。另有眉山人史堪(字载之)的《史载之方》,则是著名临床医书,其治病立法,强调"保真去邪",重视运气学说,处方用药多有创见,对脉诊也有诸多发挥。而南宋时锦官司史崧进献家藏《灵枢经》并作音释,使这部

---

① 四川盛产中药,据调查统计,川药占全国药物的75%,而且许多以蜀中所产为贵,如川芎、川连、川贝、川附、川乌、川楝、巴豆、天麻、虫草等,皆名品上药。

失传已久的医学经典得以复现并一直流传至今，对保存、整理和传播这一重要医学经典著作，作出了重要贡献。

明代，蜀中名医有韩懋（泸州人，撰《韩氏医通》，又著最早梅毒专书《杨梅疮论治方》1卷）、张介宾（原籍绵竹，撰《景岳全书》）。清代，郑寿全（撰《伤寒恒解》《医理真传》和《医法圆通》等著述，重视辛温扶阳，善用辛热药剂，独具特色，自成一家，被誉为"火神"，影响至今）、唐宗海（天彭人，撰《中西汇通医书五种》，力倡中西汇通，是中西医汇通派代表人物）等，对中医药理论创新，甚至中医与西医结合作出贡献。

中华民国时期，巴蜀学人仍然延续着重视医药学的传统。中华民国初年，四川开办存古学堂（后改国学院、国学校），也以经、史、医学会通为小学目标，要求生员"以读经为主，参杂纬书、岐黄，故横通医学"。廖平、吴之英等，既是博通周孔之道的经师，也是深通岐黄之术的名家。儒门事亲、医儒会通，似乎成了巴蜀儒学的特点之一。廖平在《四益馆经学丛书》外，还撰《四益馆医学丛书》，著医书20余种；双流张骥辑复《雷公炮炙论》及篆刻《汲古堂医学丛书》等，都对医药学的推广作出了贡献。

20世纪初，国外教会组织在成都设立华西协合大学，分设医科，引进现代西医教育，为四川医药学事业注入了新鲜空气。同时，三台人萧友龙（1870—1960年，名方骏，号"医隐"，曾给袁世凯、孙中山、梁启超等诊过病。著有《整理中医学意见书》《中医药学意见书》《现代医案选》）在北京创办北平国医学院。

奉节人、武昌首义元老冉雪峰（1878—1963年，著有《辨证中风问题之解决》《大同药物学》《大同方剂学》《大同生理学》《温病鼠疫问题解决》《霍乱症与痧症鉴别及治疗法》《麻疹商榷正续篇》《新定救护药注解》《健忘斋医案》《国防中医学》《冉雪峰医学丛书·方剂学》《内经讲义》《伤寒论讲义》《冉雪峰医案》《八法效方举隅》《中风临证效方选注》《冉注伤寒论》等）在武昌创办湖北武昌中医专门学校及《湖北省中医杂志》。

成都人李斯炽（1892—1979年，名煐，著有《实用内科选》《金匮要略新诠》《中医内科杂病》《医学三字经浅释》《运气学说管窥》《素问玄机厚病式初探》《实用内经选释义》《李斯炽医案》《医学歌诀三种》等 20 余种）在成都开办国医学院、成都中医学院等，则为挽救式微的中医时局，培养中医新生力量，作出了积极贡献。据中华民国五年（1916）四川省长公署内务厅统计，全省已有中医人员 7 万余人，居于全国前列。

此外，巴蜀作为道教的发源地和佛教南入的第一站，特别是作为密宗、华严宗的主传之地，其宗教方面的文献并不逊色。故曹学佺《蜀中广记》之《著作记》特设"内典""玄书"两门（内典即佛教书籍，玄书即道教书籍），嘉庆《四川通志》亦设"释家""道家"，两类予以著录相关文献，共得道教文献 87 种、佛教文献 43 种。特别是唐代在巴蜀形成的《道藏》规模、明清以来在成都辑刻的《道藏辑要》，及北宋在成都刻成的《开宝大藏经》，更对佛道二教经典的保存和流传，作出了特殊的贡献。

从上述可知，巴蜀的子部文献类型很多，数量也不菲（吴氏《艺文志》著录 491 部，嘉庆《四川通志》著录 545 部）。不过，由于大量文献已经散佚不存，我们所能看到的巴蜀子学文献十分有限。尽管如此，除研究型文献外，在医药（尤其是草本学）、数学等领域，仍独具特色，颇有影响。

20 世纪以来，随着"子学复兴"潮流的到来，巴蜀学人对"诸子文献"的整理和研究热情高涨，大家辈出，许多子学研究成果，独步全国学林。如向宗鲁（《说苑校证》）、伍非百（墨学与名学，撰《中国古名家言》上、下卷）、吴毓江（墨学，撰《墨子校注》15 卷）、郭沫若（《管子集校》《〈盐铁论〉读本》）、蒙文通（儒道诸子，《道书辑校十种》）、王恩洋（佛学）①、王利器（诸子、文论）②、杨明照（文论）③、

---

① 王恩洋撰有《摄大乘论疏》《二十唯识论疏》《大乘阿毗达摩杂集论疏》《唯识通论》《八识规矩颂释》《大乘佛说辨》《佛教概论》《佛学通论》《佛法真义》《解脱道论》《心经通释》《大菩提论》《佛教解行论》《佛说无垢称经释》《世间论》《人生学》《儒学大义》《论语疏义》《孟子新疏》《老子学案》《新理学评论》《大足石刻》《王国维先生之美学思想》等。

② 王利器撰有《新语校注》《盐铁论校注》《风俗通义校注》《颜氏家训集解》《文心雕龙新书》《文心雕龙校证》《文镜秘府论校注》《历代笑话集》《元明清三代禁毁小说戏曲史料》《李士桢李煦父子年谱》《吕氏春秋比义》等，又有论文集《耐雪堂集》《晓传书斋文史论集》《王利器论学杂著》等。

③ 杨明照撰有《文心雕龙校注》《抱朴子外篇校笺》《刘子校注》等，还对《吕氏春秋》《庄子》《淮南子》《史通》等作过校正。

张国铨（《新序校注》）、袁珂（上古神话，撰《山海经校注》）、何宁（《淮南子集释》）、钟肇鹏（《春秋繁露校释》）等人，考据笺疏，斐然成章！将巴蜀的子学研究推向了新的高峰。

第七章

含英咀华，尝鼎一脔：
蜀学要籍百部述评

第一节 经学要籍

一 《易》类

1. 《太玄》，汉扬雄撰

扬雄（前53—18），字子云，西汉蜀郡成都人。少时师事严遵，得其易学之传。后入京师，由杨庄推荐给成帝，任黄门郎，待诏承明之庭。王莽时，官大夫，校书天禄阁，因事牵连，投阁几死，后以病免，又召为大夫，年71卒。早年以辞赋见称，与司马相如、王褒并称，世称"扬马"或"渊云"，《汉书·艺文志》于"诗赋略"著录"扬雄赋十二篇"。中年后以辞赋为"雕虫篆刻"，转而研究哲学。以为经莫大于《易》，拟《易》而作《太玄》。又以为传莫大于《论语》，仿其书而著《法言》。《汉书·艺文志》于"诸子略·儒家"著录"扬雄所序三十八篇"。此外，还著有语言文字学著作《方言》《训纂》，古史著作《蜀王本纪》等。《汉书》卷87有传。

是书为中国儒家早期的拟经作之一，系依据汉代"浑天说"的理论及《太初历》的成就，仿《周易》卦、爻、辞、象、变、占等原理而作。全书原本包括《玄经》《玄说》《章句》三部分，今本《章句》已佚，仅存经、传两部分。在数理方面，与《周易》"倍偶法"（即"太极生两仪，两仪生四象，四象生八卦"，八卦演为六十四卦）相对应的是，《太玄》蕴含了"一分为三""以三统众"的原理。其经文部分，以一二三为三方，四重之以为八十一首，形成一玄统三方，三方生九州，九州生二十七家，九九乘之以成八十一首的"太玄"学体系。其八十一首的次序，就首的符号而言，是按照三进位制排列的；就首的名义而言，则是按照汉《易》卦气值日的次序排列的。其传文部分，共有《玄首》《玄冲》《玄错》《玄测》《玄摛》《玄莹》《玄数》《玄文》《玄掜》《玄图》《玄告》11篇，拟《易传》"十翼"以解经。其中《文》拟《文言》，《摛》《莹》《掜》《图》《告》拟《系辞》，《数》拟《说卦》，《冲》拟《序卦》，《错》拟《杂卦》。

在哲学观念上，此书以"玄"为最高范畴，笼括天、地、人，故其书3卷，分别命名为"天玄""地玄""人玄"，从文献到思想建立起一个思辨性极高的"三才合一"体系，对后世产生了较大影响。桓谭、张衡、王充就对其推崇备至，桓谭比"扬雄之玄"，与"伏羲之易，老子之道，孔子之元"方驾并驱，"汉兴以来未有此也"①。张衡谓崔瑗曰："吾观《太玄》，方知子云妙极道数，乃与《五经》相似。"② 王充亦曰："扬子云作《太玄经》，造于妙思，极窅冥之深，非庶几之才，不能成也。"③ 不过，此书虽模拟《周易》相当完美，几乎无与伦比，但其变化性却没有《周易》丰富。此外，它又引入五行、律吕、天文、历法等学术，内容十分庞杂，用字十分古涩，故学人亦有所批判。当时即有人"嘲雄以玄尚白"④，以为玄学未为精到；刘歆亦谓雄曰："空自苦！今学者有禄利，然尚不能明《易》，又如《玄》何？吾恐后人用覆酱瓿也。"⑤ 然而雄终不为所动。就思想而言，《太玄》融会《易》、老，建立起以"玄"为最高本体的哲学思想体系，而要点在于"贵将进，贱始退"，颇用心于义理之学，对魏晋玄学的兴起有先导作用。李光地称："扬雄作《玄》拟《易》，虽袭京、焦之绪，而颇推道德性命之指。"⑥

---

① （汉）桓谭：《新论》（佚文），载（清）朱彝尊《经义考》卷268引，上海古籍出版社2010年新校本，第2A页。
② 《后汉书》卷59《张衡传》，第1897页。
③ （汉）王充著，黄晖校释：《论衡》卷13《超奇篇》，中华书局1990年版，第608页。
④ 《汉书》卷87下《扬雄传下》，第3566页。
⑤ 《汉书》卷87下《扬雄传下》，第3585页。
⑥ （清）李光地：《周易通论》卷1《易教》，文渊阁《四库全书》影印本。

是书东汉时渐为人所研习，特别是在蜀中一直不断被后人传衍，号称"太玄经"。三国以后，历代注释《太玄》者尤众。朱彝尊《经义考》卷269著录自宋衷、李譔、王肃、陆绩、虞翻、范望以下至于清初，即有各类注《太玄》著作60余种，俨然形成一种"太玄学"。其重要者有晋范望《太玄经注》（有《四部丛刊》本）、宋司马光《太玄集注》（有中华书局1998年标点本）。今人著述，则有郑万耕《太玄校释》（北京师范大学出版社1989年版）、刘韶军《太玄校注》（华中师范大学出版社1996年版）等，俱可参读。（李冬梅）①

2. 《周易集解》17卷，唐李鼎祚撰

李鼎祚，生卒年不详，资州盘石（今四川资中）人。两《唐书》及蜀中志乘皆无传。据清刘毓崧考证，为唐开元时人，安史之乱玄宗入蜀，献《平胡论》，后召为左拾遗。肃宗乾元元年（758），上书以山川辽远，请割泸、普、渝、合、资、荣六州地，置昌州，从之。后充内供奉，曾辑梁元帝及陈乐产、唐吕才书，以推演六壬五行，名"连珠集"（又名"连珠明镜式经"），上之于朝。其撰《周易集解》，于代宗朝上之。② 另著有《易髓》《兵钤手历》等。

唐代初年，经学处于统一时期，孔颖达撰《周易正义》，以王弼、韩康伯注为"本注"，为之疏证，重在阐发义理玄言。然而《易·系辞》有"圣人之道四焉：辞、象、变、占"，汉《易》重象数，"四道"得其三；王弼主义理，舍"象、变、占"而独言其"辞"。南北朝时期，郑玄《易》与王弼《易》并行，象数与义理同行于易学界；至孔颖达独取王《注》而舍弃郑玄，于是"王氏《易》兴而汉《易》遂亡"。《周易正义》之统一经说，只有去取而无兼容，大量汉学师说被抛弃在外，并未实现融合式的真正的经说统一，是以不能尽服汉学家之心。于是，在《周易正义》撰成百余年后，李鼎祚再撰专辑汉学成果的《周易集解》。

是书撰著大旨，其《自序》云："臣少慕玄风，游心坟籍，历观炎汉，迄今巨唐，采群贤之遗言，议三圣之幽赜，集虞翻、荀爽三十余家，

---

① 每条提要末尾处，标注提要撰写者姓名。
② 参见（清）刘毓崧《周易集解跋》，《通义堂文集》卷1，南林刘氏求恕斋木刻本；余嘉锡《四库提要辨证》卷1引，中华书局1980年版。

刊辅嗣之野文，补康成之逸象，各列名义，共契玄宗。先儒有所未详，然后辄加添削，每至章句，金例发挥，俾童蒙之流一览而悟，达观之士得意妄言。当仁既不让于师，论道岂惭于前哲。"可见撰作此书的目的乃是要将王弼《易注》中的"鄙野之文"亦即老庄玄言加以删削，而对郑玄所代表的象数之学则予以增补。然其书为"集解"体，修书之旨在于辑录，故只有在先儒"未详"处，乃有自己的"添削"和"发挥"。

关于其书所引"三十余家"名氏，晁公武《郡斋读书志》举："所集有子夏、孟喜、京房、马融、荀爽、郑康成、刘表、何晏、宋衷、虞翻、陆绩、干宝、王肃、王辅嗣、姚信、王廙、张璠、向秀、王凯冲、侯果、蜀才、翟玄、韩康伯、刘瓛、何妥、崔憬、沈麟士、卢氏（卢景裕）、崔觐、孔颖达三十余家。又引《九家易》《乾凿度》义。"① 宋《中兴书目》在京房前载有"焦赣"，明朱睦㮮又考出伏曼容、焦赣（《中兴书目》已有），清朱彝尊复多得姚规、朱仰之、蔡景君三位。综合诸家所考，《集解》引汉《易》之说共35家。其中又以虞翻《易》说引录最多，几近全书之半。

这些作者的原书，几乎全部亡佚，其遗说遗言，幸赖此书得以保留。陈振孙曰："隋唐以前《易》家诸书逸不传者，赖此犹见其一二，而所取于荀、虞者尤多。"② 信然。《中兴艺文志》又说："李鼎祚《易》宗郑康成，排王弼。"今核其书，实亦不废王弼之说。《自序》谓："其王氏《略例》，得失相参，采葑采菲，无以下体，仍附经末，式广未闻。"即其明证。他又将《序卦传》散置各卦之首，并解及"十翼"传文。

论者以为：自子夏之后，传疏百家，唯王弼、郑玄之传颇行于时，然郑则多参天象，王乃全释人事，独鼎祚所集诸家之说，汉魏南北朝易学，于此可见其大旨。所以说，孔颖达从义理《易》角度统一易学经说，李鼎祚则从象数《易》角度保留《易》说。若说唐代的易学统一，必合观孔氏《正义》、李氏《集解》二者，乃为全面。若缺其一，皆不足以言统一。

是书正文实本10卷，别有《索隐》6卷专论重玄之意，另附王弼

---

① （宋）晁公武著，孙猛校证：《郡斋读书志校证》卷1上，第18页。
② （宋）陈振孙：《直斋书录解题》卷1，上海古籍出版社1987年版，第6页。

《略例》1卷，共为17卷。在流传过程中，所附《索隐》佚失，《略例》亦不复载，故著录有10卷之说。后毛晋汲古阁本又析10卷为17卷，加《略例》1卷，而成18卷。今传有《津逮秘书》本、《四库全书》本、《学津讨原》本及1991年巴蜀书社出版的整理本等。此外，清人多有补充与疏解，如孙星衍《周易集解》、李富孙《易解剩义》、李道平《周易集解纂疏》、曹元弼《周易集解补释》等，亦可参考。（李冬梅）

3. 《苏氏易传》9卷，宋苏轼撰

苏轼（1037—1101），字子瞻，又字和仲，号东坡居士，谥文忠，眉州眉山（今四川眉山）人。嘉祐二年（1057）进士，仕至中书舍人、翰林学士。与其父苏洵、弟苏辙皆以蜀学名世，世称"三苏"。著有《易传》《书传》《论语说》《东坡志林》《仇池笔记》《东坡七集》《东坡乐府》等。后人将其经学著作与苏辙《春秋集解》《诗集传》《老子解》等合编为《两苏经解》；又将其诗文与苏洵、苏辙作品合编为《三苏文粹》和《三苏大全集》等。《宋史》卷338有传。

是书为现存的宋代最早的义理派易学著作之一，时代与程颐的《程氏易传》相当。其作者虽署苏轼，但其实是由"三苏"父子合力完成的，凝聚了"三苏"父子的智慧和心血。其父苏洵27岁始发愤读书，继而因科举失利，"益闭户读书，绝笔不为文辞者五六年，乃大究六经、百家之说"①，对"六经"进行了深入研究，写成《六经论》，其中就有《易论》一篇。《易论》比较全面地论述了《周易》的性质、作用等，初步奠定了苏洵的《周易》观。苏洵晚年还立志撰写一部系统的《易传》。欧阳修在《苏君墓志铭》中说他："晚而好《易》，曰：'《易》之道深矣，汩而不明者，诸儒以附会之说乱之也，去之，则圣人之旨见矣。'"② 他自己则说，嘉祐五年（1060），"始复读《易》，作《易传》百余篇"③，凡"十

---

① （宋）欧阳修著，李逸安点校：《故霸州文安县主簿苏君墓志铭并序》，《欧阳修全集》卷35，中华书局2001年版，第513页。

② （宋）欧阳修著，李逸安点校：《故霸州文安县主簿苏君墓志铭并序》，《欧阳修全集》卷35，第514页。

③ （宋）苏洵著，曾枣庄、金成礼笺注：《上韩丞相书》，《嘉祐集》卷13，上海古籍出版社1993年版，第353页。

卷"①，为构建苏氏易学体系做出了奠基性工作，他曾自负地认为，此项工作乃"拨雾见日"，重现易道，"此书若成，则自有《易》以来，未始有也"②。只惜《易传》未成身先死。在弥留之际，苏洵将《易传》的续写工作留给苏轼、苏辙兄弟。苏辙《亡兄子瞻端明墓志铭》载：苏洵"作《易传》未完，疾革，命公（苏轼）述其志。公泣受命，卒以成书"③。苏籀《栾城遗言》则谓："先曾祖（苏洵）晚岁读《易》……作《易传》未完，疾革，命二公述其志。东坡受命，卒以成书。初二公少年读《易》，为之解说。各仕他邦，既而东坡独得文王、伏羲超然之旨，公（辙）乃送所解予坡，今《蒙卦》犹是公解。"可见，《苏氏易传》实为苏洵、苏轼、苏辙三父子共同写成的，故《四库全书总目》说"此书实苏氏父子兄弟合力为之"是有依据的。书名或称《苏氏易传》更合乎实际，但更多是称《东坡易传》题"苏轼撰"，因苏轼深其旨、总其成也。

其解经方法继承了王弼《周易注》扫除象数、放言义理的传统。《四库全书总目》称："（苏）籀（《栾城遗言》）又称（苏）洵晚岁读《易》，玩其爻象，因得其刚柔、远近、喜怒、逆顺之情，故朱子谓其惟发明爱恶相攻，情伪相感之义，而议其粗疏。胡一桂记晁说之之言，谓轼作《易传》，自恨不知数学。而其学又杂以禅，故朱子作《杂学辨》，以轼是书为首。"④ 说《苏氏易传》探讨了《周易》中的"刚柔、远近、喜怒、逆顺之情"，这其实就是易学的阴阳互动、矛盾对立、运动变化原理；又说苏轼"自恨不知数"，是说苏轼对当时盛行的邵雍等人的图书易数不感兴趣。又说"其学又杂以禅"，是说《苏氏易传》走的是儒释道"三教合一"的路子，这也是北宋学术时代特征的体现，不能过斥苏轼。《四库全书总目》又称："今观其书，如解《乾卦·彖传》性命之理诸条，诚不免杳冥恍惚，沦于异学，至其他推阐理势，言简意明，往往足以达难显之情，而深得曲譬之旨。盖大体近于王弼，而弼之说惟畅玄风，轼之说多切人事；其文词博辨，足资启发，又乌可一概屏斥耶？"说明

---

① （宋）张方平：《文安先生墓表》，《乐全集》卷39，《宋集珍本丛刊》本，线装书局2004年影印清钞本，第6册，第235页上栏。
② （宋）苏洵：《上韩丞相书》，《嘉祐集》卷13，第353页。
③ （宋）苏辙：《亡兄子瞻端明墓志铭》，《栾城后集》卷22，《栾城集》，第1422页。
④ （清）永瑢等：《四库全书总目》卷2《东坡易传》提要，第6页。

《苏氏易传》虽继承了王弼义理之学的方法，但在具体内容上又与王氏有别。王氏引老庄入《易》，但只推崇玄虚，不切人事；苏轼则以"文辞博辨""多切人事"为特征，是用易学来讨论人生哲理的专门著作。

是书卷数诸书所记不一，据其《黄州上文潞公书》[作于元丰五年（1082）]说："到黄州……作《易传》九卷。"可见其本为"九卷"。然宋代目录书多作"十卷"（陈振孙《直斋书录解题》卷1）、"十一卷"（王应麟《玉海》卷36），盖已加入王弼《周易略例》在内。明代以后，刻书家对其篇卷时有分合，故又有"八卷本"和"九卷本"两种。

苏轼撰成《易传》后，当时并未刊刻；在去世之前，他曾将《易传》托于钱济明保存。由于政局日非，党禁益严，苏轼死后，苏学遭到朝廷禁止，苏辙在晚年便命其子辈将自己和亡兄的学术著作抄录以便保存。不过，到北宋晚期，《苏氏易传》已有刊本出现了。陆游《跋〈苏氏易传〉》云："此本，先君（陆宰）宣和中（1119—1125）入蜀时所得也。方禁苏氏学，故谓之'毗陵先生'云。"① 当时四川为全国著名的刻书中心，所刻之书号称"蜀本"，蜀本《苏氏易传》巧妙地避开时忌，以苏轼仙逝地毗陵为称，改题"毗陵易传"行世。袁本《郡斋读书志》卷1著录"《毗陵易传》十一卷"，正是《苏氏易传》刊刻的这一历史隐情的真实记录。南宋末冯椅说："《读书志》云《毗陵易传》，当是蜀本。"② 是有依据的。

今存最古的《苏氏易传》版本是明代陈所蕴冰玉堂刻本、吴之鲸万历二十四年刻本（俱8卷），又有万历二十五年焦竑序毕氏刻《两苏经解》本、万历三十九年焦竑序顾氏刻《两苏经解》本、闵齐伋刻朱墨套印本（8卷）、毛晋汲古阁刻《津逮秘书》本、崇祯九年顾宾刻《大易疏解》本（10卷）、《四库全书》本、张海鹏《学津讨原》本（俱9卷）等。2017年四川大学出版社出版的《三苏经解集校》，收录有《苏氏易传》的校点本，为现今整理最完备本。（李冬梅）

4. 《紫岩易传》10卷，宋张浚撰

张浚（1097—1164），字德远，自号紫岩居士，汉州绵竹（今四川绵

---

① （宋）陆游：《跋〈苏氏易传〉》，载曾枣庄《宋代序跋全编》卷141，齐鲁书社2015年版，第4015页。

② （宋）冯椅：《厚斋易学》附录一《先儒著述上》，文渊阁《四库全书》影印本。

竹）人。宋徽宗政和八年（1118）进士，调山南府士曹参军。钦宗靖康元年（1126），累官太常寺主簿。高宗建炎元年（1127），除枢密院编修官，迁侍御史，进御营使司参赞军事。建炎三年（1129），联络韩世忠等，力主抗金，并建议经营川陕，任川陕京西诸路宣抚处置使。绍兴五年（1135），除尚书右仆射、同中书门下平章事兼知枢密院事。秦桧执政后，被排挤在外近20年。后被起用，封魏国公，诏复原官，兼任枢密使，旋又被排挤去职。卒赠太师，谥忠献。《宋史》卷361有传。张浚虽戎马一生，然犹不废治学，著有《诗书礼解》《春秋解》《论语解》《禄秩新书》《禄秩敕令格》《绍兴奏议》《隆兴奏议》等，惜今皆佚。现存《紫岩易传》《中兴备览》等，另今人辑刻有《张魏公集》。

张氏家族具有深厚的家学渊源。其父张咸登元丰进士，卒官成都节度判官，于"六经"、子史、历代文集无不赅贯，著有《张君说文集》20卷。张浚4岁而孤，母氏教以乃父忠君敢言之实，亦少得蜀中学术之传，"年十六入郡学，讲诵不间昼夜"，教授苏元老赞道："张氏盛德，乃有是子。吾观其文无虚浮语，致远未可量也。"① 经过元老所传，颇得蜀学之梗概。后入太学，又得蜀中老儒严赓易学："蓬州老儒有严赓者，时亦游太学……赓尝学《易》有得，遂以《乾》《坤》之说授公。"② 此外，还受到北宋蜀学易家杨绘影响，并记录其言论入《读易杂记》。据说"张初不喜伊洛之学"③，但在京师期间，又不免与洛学中人交往，而受程门弟子又同是蜀人的谯定影响最深。文献记载："张魏公在京师……时渊圣皇帝召涪陵处士谯定至京师……公往见至再三……定告公但当熟读《论语》，公自是益潜心于圣人之微言。"④ 谯定既是程颐的得意弟子，又是蜀中郭曩氏易学传人，谯氏之学实兼"洛学""蜀学"二学，张浚则在其基础上有所推进。

---

① （宋）朱熹：《少师保信军节度使魏国公致仕赠太保张公行状》，《朱熹集》卷95，第4802页。
② （宋）朱熹：《少师保信军节度使魏国公致仕赠太保张公行状》，《朱熹集》卷95，第4802页。
③ （宋）黎靖德编，王星贤点校：《朱子语类》卷101，中华书局1986年版，第2576页。
④ （宋）赵善璙：《自警编》卷1，《丛书集成初编》本，中华书局1985年据《历代小史》影印本，第2—3页。

张浚继承"三苏"文章"有为而作"、二程"经所以载道"的创作理论，提出了"圣人作《易》，将以载道"的观点，故其易学重视对义理、人事的阐发，而且把义理建立在象数基础上，以服务于世道人心。在这一点上，张氏《紫岩易传》与同时代朱震《汉上易》相似；而兼谈象数、义理，则又与苏氏《易传》相同。言理而兼象、论道而及人事，这体现了理学思潮崛起的时代特征，也保留了蜀学《易》的传统。是书凡《易解》9卷，附以《读易杂说》，合为10卷，末有曾孙张献之跋。其说《易》，不重训诂、名物，唯多阐发义理。说解经文亦醇正精微，并非泛泛之谈。如卷10《读易杂记》，大半言《河》《洛》先后天之数，尚承刘牧、朱震之习，以九为《河图》，十为《洛书》，皆平稳有据依。故《四库全书总目》评论云："其书立言醇粹，凡说阴阳动静皆适于义理之正。"① 总观此书，能因象明理，切于人事，乃宋《易》中之佼佼者，盖学《易》者不可不读也。

张浚曾孙献之跋云："忠献公潜心于《易》，尝为之传，前后两著稿，亲题第二稿云：'此本改正处极多，绍兴戊寅四月六日，某书始为定本矣。'献之顷尝缮录之，附以《读易杂说》，通为十卷，藏之于家。"戊寅为绍兴二十八年（1158），是此书改定之时，稿本仅传于家。其后曾孙张献之乃刻于宁宗嘉定十三年（1220）。今存版本主要有《四库全书》本、《通志堂经解》本、清乾隆五十年内府刊本、清同治十二年粤东书局重刊本等。（李冬梅）

5.《周易义海撮要》12卷②，宋房审权原著，宋李衡选编

房审权，生卒年不详，北宋益州乐律学家房庶之子。据《宋史·律历志》，房庶系仁宗朝益州乡贡进士，而北宋之益州路，于仁宗嘉祐四年（1059）改成都府路，治所即成都府（今四川省成都市），则其子房审权为北宋蜀人无疑，然其生平事迹，史传阙载焉。熙宁间编有《周易义海》100卷，早佚，唯南宋李衡有《周易义海撮要》选编本传世。

李衡（1100—1178），字彦平，号乐庵，南宋淮南东路扬州府江都县（今江苏省扬州市江都区）人。幼善博诵，为文操笔立就，绍兴十五年

---

① （清）永瑢等：《四库全书总目》卷2《紫岩易传》提要，第8页。
② 亦有10卷本之别。

（1145）进士，历监察御史、侍御史、差同知贡举，以秘撰致仕归。平生博通群书，而以《论语》为根本，著有《论语说》《易说》《周易义海撮要》《乐庵文集》等。《宋史》卷390有传。

《周易义海撮要》之编纂，实经历北宋房审权、南宋李衡两番筛选工作而成书。房审权秉承蜀地易学传统，适逢北宋儒学复兴之机运，易学义理派与图书象数派，名家辈出，争执攻诘，房氏于两派皆有不惬于心，李衡自序引"房（审权）谓自汉至今，专门学不啻千百家，或泥阴阳，或拘象数，或推之于互体，或失之于虚无"，所谓"或泥阴阳，或拘象数，或推之于互体"者，针图书象数派征之过实也，所谓"或失之于虚无"者，砭义理派论之过虚也。考其编纂方法，实上承唐代蜀人李鼎祚《周易集解》之体例；观其解经路数，则采取何晏《论语集解》集众说解经之结构，荟萃群言，折衷求和，若众说皆不可取，则自加按语以解经义。

《周易义海》汇集汉代至北宋《易》说百余家，主要倾向于保存义理易学注解，然亦不废《九家易》、马融、郑玄、荀爽、虞翻、干宝、蜀才、崔憬、侯果、刘牧等象数易学注解，则房审权《周易义海》对李鼎祚《周易集解》之继承，非唯体例形式，抑亦精神内容也。此可谓反用李鼎祚《周易集解》之法，虽不及《周易集解》能存古义，而论搜罗宏富，房审权《周易义海》百卷，固亦蜀地易学之冠矣。李衡《周易义海撮要》因删辑之故，于每条说解，皆节选而成，其间多缩改意引之处，所涉及《周易》经传，具体为何，非熟稔易学者，不能明了也。《义海》原属集解体例，《撮要》引据《易》说亦达92家，且原书大多已佚，而房审权所引据者，经李衡删削之后，《撮要》引文皆掐头去尾，92家行文各异，则缺少诸家原书语境也。

房审权《周易义海》全本，业已佚失不传，后世传本皆为李衡《周易义海撮要》简编本。李衡《周易义海撮要》于南宋诸刻本，有两大版本系统，一为李衡郡斋初刻本12卷系统，二为官刻监本10卷系统。是书现存版本共6种：一为宋刻本，朱校《周易义海撮要》10卷，加拿大哥伦比亚大学收藏；二为明钞本，祁氏澹生堂钞本《周易义海撮要》12卷，中国国家图书馆收藏；三为明钞本，亦由中国国家图书馆收藏；四为明钞本，天一阁文物保管所收藏；五为清刻本，《通志堂经解》所收《周易

义海撮要》12卷；六为清钞本，文渊阁《四库全书》所收《周易义海撮要》12卷。（田君）

6.《南轩易说》3卷，宋张栻撰

张栻（1133—1180），字敬夫（一作钦夫），又字乐斋，号南轩，谥曰宣，汉州绵竹（今四川绵竹）人。张浚之子，后徙居衡阳（今属湖南）。孝宗隆兴元年（1163），以父荫补官，辟宣抚司都督府书写机宜文字，除直秘阁。乾道五年（1169）知严州，次年召为吏部侍郎。寻兼侍讲，除左司员外郎。后因与丞相虞允文议事不合，出知袁州。未几，退而家居累年，穷经究道，著书讲学。于潭州（今湖南长沙市）创办城南书院，时号"湖湘洙泗"，学者称"南轩先生"。淳熙七年（1180），诏以右文殿修撰提举武夷山冲祐观。未及拜命，病卒，终年47岁。生平著述甚富，有《南轩易说》《癸巳论语解》《癸巳孟子说》《伊川粹言》《南轩先生文集》《诸葛武侯传》等。《宋史》卷429有传。

张栻易学著作有《南轩易说》《系辞说》《太极图解》3种。《系辞说》《太极图解》皆见于《南轩集》及当时诸家记录，《南轩易说》则始见于宋末元初学人所载。据张栻《答陈平甫》书，由于程颐《易传》仅及六十四卦，未及《系辞》以下，陈氏遂致书张栻："欲请足下以己精思，探三圣人之用心，又会以河南、龟山、汉上之说，续成上下《系》《说卦》《序卦》《杂卦》解五篇，传之同志，以贻后代。"张答曰："某近衷集伊川、横渠、杨龟山《系辞》说未毕，亦欲年岁间记鄙见于下。如汉上之说杂而不知要，无足取也。"① 张栻还致书朱熹："近来读《系辞》，益觉向者用意过当，失却圣人意脉。如横渠亦时未免有此耳。"② 又致信吴晦叔："《系辞说》亦已衷集。"③ 于此可见，张栻有《系辞说》之书，乃衷集程颐、杨时、张载之说并下己意而成。朱熹称："钦夫说《易》，谓只依孔子《系辞》说便了。"④ 胡一桂《周易启蒙翼传·传授》

---

① （宋）张栻：《答陈平甫》，《南轩集》卷30，《张栻全集》，长春出版社1999年版，第971页。
② （宋）张栻：《答朱元晦秘书》，《南轩集》卷21，《张栻全集》，第851页。
③ （宋）张栻：《与吴晦叔》，《南轩集》卷28，《张栻全集》，第949页。
④ （宋）黎靖德编，王星贤点校：《朱子语类》卷67，第1662页。

亦说："南轩先生张栻敬夫著《系辞说卦序卦杂卦解》。"① 盖即谓此。

《太极图解》又称"太极解义"，1卷，朱熹称："（张栻）平生所著书……如《书》《诗》《孟子》《太极图说》《经世编年》之属。"② 南宋尤袤《遂初堂书目》亦录《南轩太极图解》，赵希弁《郡斋读书附志》卷下："张子《太极解义》一卷。右张宣公解周元公《太极》之义。"并其明证。是书主要阐发周敦颐《太极图说》，惜原书已佚，部分观点还保存在宋刊本《元公周先生濂溪集》、南轩《太极图解序》及《后序》中；《南轩集》卷20《答朱元晦秘书》第四书关于《太极图》的讨论，于此略可考见大致风貌。

《南轩易说》不见于《南轩集》，也不见于同时人所撰碑传。南宋冯椅《厚斋易学》"张侍讲易说"首载："《易说》十一卷，题'南轩先生'。张侍讲，侍讲名栻，字敬夫，广汉人，南轩其自号也。其学出于五峰胡仁仲（宏），以周（敦颐）、程（颐）为宗。"③ 宋末元初人俞琰亦载"南轩先生张栻敬夫撰《易说》"④。元胡一桂《周易启蒙翼传·中篇》："张南轩先生栻《易说》十一卷，学出五峰，以周、程为宗。"董真卿除记载以上三氏的相同信息外，还特别注明"张氏栻……《易说》十一卷，《乾》《坤》阙"⑤ 云云。可见，张栻著有《南轩易说》11卷，而且与《系辞说》显然二书，明白无疑。

及至明代，二书仍然有本传世。杨士奇《文渊阁书目》："《南轩易说》一部四册，残阙。《南轩易说》一部三册阙。《南轩系辞说》一部四册阙。"⑥ 钱溥《秘阁书目》："《南轩易说》，四。《南轩系辞说》，四。"叶盛《菉竹堂书目》："《南轩易说》四册。《南轩系辞说》四册。"三家皆是《易说》与《系辞说》并举，更说明二者各为一书。

今存南轩易学诸书，除此3卷本《南轩易说》外，别无所见；而

---

① （元）胡一桂：《周易启蒙翼传》中篇，文渊阁《四库全书》影印本。
② （宋）朱熹：《右文殿修撰张公神道碑》，《朱熹集》卷89，第4555页。
③ （宋）冯椅：《厚斋易学》附录二。
④ （宋）俞琰：《读易举要》卷4，文渊阁《四库全书》影印本。
⑤ （元）董真卿：《周易会通》卷首《姓氏》，文渊阁《四库全书》影印本。
⑥ （明）杨士奇：《文渊阁书目》卷2，载冯惠民、李万健等选编《明代书目题跋丛刊》，书目文献出版社1994年版，第15页。

《四库全书》所录,仅存《系辞传》"天一地二"以下及《说卦》《序卦》《杂卦》之解,殊无六十四卦的内容。四库馆臣谓"此本乃嘉兴曹溶从至元壬辰赣州路儒学学正胡顺父刊本传写,并六十四卦皆佚之,仅始于《系辞》'天一地二'一章,较(董)真卿所见,弥为残缺,然卷端题曰'《系辞》上卷下'"①云云。知现今所传仅为《南轩易说》之一部分。②

在易学上,张栻继承乃父之道,以义理解《易》,提出"《易》之书所以载道"的思想,认为《易》书所载之道即天、地、人之道。其基本架构是以太极为宇宙本体,太极涵天、地、人三才之理为一。太极生两仪,两仪体现为立天之道曰阴与阳,立地之道曰柔与刚,立人之道曰仁与义。天之阴阳、地之柔刚、人之仁义分别是两仪的体现。其中阴阳作为天之道,乃形上者,非形下者。这与程朱等理学家把阴阳视为形下之气的观点迥然相异,体现了张栻的易学特色。此外,张氏又提出"象以尽意"的思想,认为象是用来表达《易》之义的,将象作为解《易》的工具。还认为《周易》卦辞是"言乎象者也",所以他又很重视卦辞,并亦推重数,对天地之数尤为崇尚。

作为宋易学家,张浚、张栻父子也不废汉《易》之法,相信"互体"之说。《紫岩易传》多论互体,张栻亦以为互体不可废。陈振孙曰:"新安王炎晦叔尝问张南轩曰:'伊川(程颐)令学者先看王辅嗣(弼)、胡翼之(瑗)、王介甫(安石)三家《易》,何也?'南轩曰:'三家不论互体,故云尔。然杂物撰德,具于中爻,互体未可废也。'"③

由于张栻"学出于五峰胡仁仲(宏),以周(敦颐)、程(颐)为宗"(冯椅《厚斋易学》附录二),其《易说》也继承了程颐、张载、杨时等人传统,实为理学《易》的正宗嫡传。故元人取张书后半以配《程传》行世。胡顺父《南轩易传序》云:"至元壬辰(二十九年,1292年),鲁人东泉王公分司廉访章贡等路,公余讲论,因言……尝诵伊川

---

① (清)永瑢等:《四库全书总目》卷3《南轩易说》提要,第12页。
② 有学人怀疑《南轩易说》即《系辞说》,似不确。《系辞说》乃"裒集伊川、横渠、杨龟山《系辞》说,间记己见于下"。今本《易说》唯有张氏己说,而无三氏之言,显非一书。
③ (宋)陈振孙:《直斋书录解题》卷1《周易口义》解题,第10页。

《易传》,特阙《系辞》。留心访求,遂得南轩解说《易系》,缮写家藏,好玩如宝。……傥合以并传,斯为完书。乃出示知事吴将仕及路学宿儒议,若命工刊之学宫,以补遗阙,使与《周易程氏传》大字旧本并行于世,可乎?……顺父承命校正,敬录以付匠氏。"《四库全书》所收即曹溶据胡顺父此本传录者也。但也正因为如此,张氏之书反佚其六十四卦解。

今本又缺《系辞上传》之上卷,仅存"天一地二"以下及《说卦》《序卦》《杂卦》3篇,殊为遗憾。此本又有作5卷者,乃将《说卦》《序卦》《杂卦》3篇各自独立为卷,内容与3卷本无二。今《南轩易说》传本主要有《四库全书》本、《枕碧楼丛书》本、明抄本及杨世文等整理《张栻全集》本。(李冬梅)

7.《周易集义》64卷,宋魏了翁撰

魏了翁(1178—1237),字华父,号鹤山,邛州蒲江(今四川蒲江)人。庆元五年(1199)登进士,授签书剑南西川节度判官厅公事。开禧元年(1205),除秘书省正字。明年,迁校书郎,出知嘉定府。三年,以奉亲归里,筑室白鹤山下,授徒讲学,世称"鹤山先生"。嘉定初,知汉州。历知眉州、泸州、潼川府。理宗初,被劾欺世盗名,谪居靖州,湖湘江浙之士多从之学,有"南方共宗鹤山老"之说。绍定四年(1231)复职。五年,进宝章阁待制,为潼川路安抚使、知泸州。史弥远卒,召为权礼部尚书兼直学士院。端平二年(1235),同签书枢密院事、督视京湖军马兼江淮督府。官终知福州、福建安抚使。嘉熙元年(1237)卒,终年60岁,朝赠少师、谥文靖。《宋史》卷437有传。

是书又名"易集义"或"大易集义",凡64卷。方回《周易集义跋》曰:"金书枢密院事魏文靖公鹤山先生了翁华父,前乙酉岁,以权工部侍郎坐言事忤时相,谪靖州。取诸经注疏,摘为《要义》;又取濂洛以来诸大儒《易》说,为《周易集义》六十四卷。"① 按:乙酉岁即理宗宝庆元年(1225),知此书作于魏了翁谪居靖州期间,与《周易要义》实为两种不同之书。《要义》为删取唐人《周易注疏》而成,《集义》乃汇集宋代《易》说而成。朱彝尊《经义考》于"群经"类载《九经要义》

---

① (元)方回:《周易集义跋》,载(清)朱彝尊《经义考》卷33引,第2B页。

263卷，注曰"分见各经"，当在各经皆有《要义》，但是《易》类却仅据《宋史·艺文志》载魏了翁《周易集义》64卷，不载《周易要义》，似乎即以《集义》为《要义》，四库馆臣已明其误。但《四库全书》又收录《周易要义》而无《周易集义》，亦不知二书之所以为异也。其实，《要义》是就孔颖达《周易正义》而作，是摘取《正义》中的要事、精义而成；《集义》则是汇集诸家之"义"而为一书，二书的体例也是不一样的。

此书体例，方回谓"取濂洛以来诸大儒《易》说"而成，亦"集解"之流。蜀人好为"集解"之书，在唐有李鼎祚《周易集解》，乃汉《易》象数学之集成，以补孔颖达《正义》专宗王弼之不足。北宋熙宁间，又有蜀人房审权以为谈《易》诸家或泥阴阳，或拘象数，乃摘取"专明人事"者百家，上起郑玄，下迄王安石，编为《周易义海》100卷（后来李衡据其书补以程颐、苏轼、朱震三家，而成《周易义海撮要》12卷）。及至南宋，又有魏了翁《周易集义》，即此书。

元儒胡一桂具体指出所集有周敦颐、邵雍、程颢、程颐、张载、吕大临、谢良佐、杨时、尹焞、胡宏、游酢、朱震、刘子翚、朱熹、张栻、吕祖谦等17家；"内一家少李隆山（舜臣）子秀岩心传，他《易》不预，如郭氏父子（郭忠孝、郭雍）以背程门出之"①。所集皆濂、洛、关、闽一派的"理学《易》说"，"先列邵、周、程、张之说，附以诸大儒语录、解义，每一卦为一卷"②。可见，继李鼎祚《集解》、房审权《义海》之后，此书乃又一部颇有特色的易学"集解"。

宋代"理学《易》"，邵雍言数而拙于理，程颐言理而不言数，朱熹言理言数而又归于卜筮。魏氏此书乃欲"合程、邵《易》为一"，以弥缝朱氏之不足，方回谓"濂流、洛派凡十六家合为一，观之而易道备矣"③。可是由于撰书时魏了翁尚处废黜谪居靖州期间，文献稀缺，无人商榷。因此，虽然该书对诸家之说初有汇录，但是却缺少熔铸。方回说，魏氏"尝与参知政事西山真先生德秀希元、文公门人辅广汉卿，相讲磨渠阳山

---

① （元）胡一桂：《周易启蒙翼传》中篇。
② （清）强汝询：《周易要义跋》，《求益斋文集》卷6，《续修四库全书》本。
③ （元）方回：《周易集义跋》，载（清）朱彝尊《经义考》卷33引，第4A页。

中，苦于书不备，友难得，是书犹欲有所裨益，而未为序引者此也"①。是还未成完书，所以连序引都没有。不过正由于他收录广博，故而许多后世已佚之书，通过该书得以保存，如杨时《易传》、吕大临《易说》等，皆可据此得以复原。而其宋本的原始性，又为现存诸书提供了良好的校本。

元吴师道对《周易集义》颇为推崇："《集义》自周、程诸门人下及朱、吕，渊源所自，可以参观。"不过又云："但其取汉上朱氏以备象数一家，未免芜杂。"② 董真卿也称："其说有补于读《易》者。"③

《周易集义》初由魏了翁次子魏克愚知徽州时刊于紫阳书院，后至元戊子（二十五年，1288年）又有补刊。明代《文渊阁书目》卷2著录："《大易宋诸儒集义》一部六册阙。《大易宋诸儒集义》一部十六册阙。"当即《周易集义》。《永乐大典》残卷亦引"魏了翁《集义》"。至万历间张萱《中兴馆阁书目》只收《周易要义》，而无《周易集义》。清初，其书已经难觅，徐乾学将其写入有待访求的逸书之列。④ 朱彝尊《经义考》已将《周易集义》《周易要义》混淆。强汝询说："康熙中，其书尚存，既进入大内，及乾隆时修四库书目，竟无《集义》。"⑤ 莫友芝《邵亭知见书目》甚至称"《集义》今佚"。

所幸的是，现今仍有《周易集义》宋刻本传世，如宋刻本（卷6至卷10、卷24至卷26配清抄本，共64卷），此其一；宋淳祐刻本（今缺卷2至卷4、卷8、卷29、卷30、卷32至卷34，及卷1页1至页33，共8卷半，约存55卷；又卷11至卷17系旧钞配本，字体纸色皆与原本同，是宋椠存者仅44卷），此其二。又有明刻本（存36卷，卷10至卷28、卷31、卷36至卷50、卷64）等。（李冬梅）

8.《易学滥觞》1卷，元黄泽撰

黄泽（1259—1346），字楚望，四川资州人。大德年间，江西行省相

---

① （元）方回：《周易集义跋》，载（清）朱彝尊《经义考》卷33引，第4A—4B页。
② （元）吴师道著，邱居里、邢新欣点校：《读易杂记后题》，《吴师道集》卷17，浙江古籍出版社2012年版，第405页。
③ （元）董真卿：《周易会通》卷首《姓氏》。
④ 参见（清）王士禛著，勒斯仁点校《池北偶谈》卷4《访遗书》，中华书局1982年版。
⑤ （清）强汝询：《周易要义跋》，《求益斋文集》卷6。

臣闻其名,授江州景星书院山长,使食其禄以施教。后又为东湖书院山长,受学者益众。黄泽"以为去圣久远,经籍残阙,传注家率多傅会,近世儒者,又各以才识求之,故议论虽多,而经旨愈晦;必积诚研精,有所悟入,然后可以窥见圣人之本真",于是"揭《六经》中疑义千有余条,以示学者。既乃尽悟失传之旨"①。平生覃思苦研,在元代推为第一。他认为"学者必悟经旨废失之由,然后圣人本意可见,若《易》象与《春秋》书法废失大略相似,苟通其一,则可触机而悟矣"②,故于《易》《春秋》尤所用心,而著名学者赵汸实得其传。其"于《易》以明象为先,以因孔子之言上求文王、周公之意为主,而其机栝则尽在《十翼》,作《十翼举要》……《忘象辩》……《象略》……《辩同论》"③,又"惧学者得于创闻,不复致思,故所著多引而不发,乃作《易学滥觞》《春秋指要》,示人以求端用力之方"④。

《易学滥觞》凡1卷,卷首有吴澄序文1篇,作于仁宗延祐七年(1320),述其作之大旨与全注未成之由,云:"楚望夫子之注经,其志可谓善矣。《易》欲明象,《春秋》欲明书法,盖将前无古后无今。特出其所得之大概示人,而全注未易成也。每以家贫年迈弗果速成其注为嗟。世亦有仁义之人能俾遂其志者乎?予所不能必也。道之行与?命也。爱莫助之,永叹而已。"卷末又有黄泽自识,亦作于仁宗延祐七年(1320),阐述自己撰著此书的缘由及经过,其云《易》"有象则有数,故说《易》者只专从事于象数焉。二者之中,数为最难,若总而言之,则声音难于数,数难于象。……而于所谓象学,自虞周至两汉,汉至今,寥寥千七百年,诸儒非不精思力索,而竟未有得其仿佛者,故象学遂废。……泽自早岁读而病焉,磨砺积思凡数十年,年五十始默有所悟,若神明阴有以启之者,又积思十年,大抵十通五六。……凡象学可以心悟,而不可以言传,今指其大义,含蓄颇深,比类与象学相迩,且补注所未有者为一卷,名曰《易学滥觞》"。

---

① 《元史》卷189《黄泽传》,第4323页。
② 《元史》卷189《黄泽传》,第4324页。
③ (元)赵汸:《黄楚望先生行状》,《全元文》卷1663,凤凰出版社2004年版,第372—373页。
④ 《元史》卷189《黄泽传》,第4324页。

黄泽深究易象，积60余年之思而成其学。自称："所贵于象学者，可以辩诸家之得失。凡纷纭杂错之论，至明象而后定。象学不明，则如制器无尺度，作乐无律吕，舟车无指南，自然差错。"黄泽明象以《序卦》为本，于占法则以《左传》为主，而对诸儒是非得失多有评论，而不苟从于程《传》、朱《义》。他认为汉儒之用象数失于琐碎，而王弼之废象数又遁于玄虚，故不取王弼之玄虚，也不取汉儒之附会，唯折中以酌其平。书中陈述易学不能复古者，一曰《易》之名义，一曰重卦之义，一曰逆顺之义，一曰卦名之义，一曰卦变之义，一曰卦名，一曰《易》数之原，一曰《易》之辞义，一曰《易》之占辞，一曰蓍法，一曰占法，一曰《序卦》，一曰脱误疑字，凡13事，颇能发明古义，持论皆有根据，体例也颇为分明。故《四库全书总目》言其"因其说而推演之，亦足为说易之圭臬也"[①]。

是书今传版本有《四库全书》本、《武英殿聚珍版丛书》本、《经苑》本、《涉梓旧闻》本等。（金生杨、李冬梅）

9.《大易缉说》10卷，元王申子撰

王申子，字巽卿，号秋山，邛州（今四川邛崃）人。生卒年不详，南宋末年至元中后期人。南宋时，曾两请进士，做过官吏。元季寓居慈利州天门山，无心求仕，专意授徒讲学、著书立说。著有《大易缉说》《春秋类传》等。

是书凡10卷，前有程文海、王履序，后有李琳后序、田泽《续刊大易缉说始末》。前2卷为图说论辩，大旨"以《河图》配先天卦，以《洛书》配后天卦，而于陈抟、邵子、程子、朱子之说，一概辨其有误。于古来说《易》七百余家中，惟取六家：一《河图》《洛书》，二伏羲，三文王，四周公，五孔子，六周子《太极图》也"[②]。后8卷为解说，其中上、下经最为详细，《系辞》稍略，《说卦》《杂卦》尤其简略，《序卦》一传则排斥非孔子之言，仅录其文而诠释，大意"仍以辞、变、象、占、比、应、乘、承为说，绝不生义于图书。其言转平正切实，多有发明"[③]。

---

① （清）永瑢等：《四库全书总目》卷4《易学滥觞》提要，第24页。
② （清）永瑢等：《四库全书总目》卷4《大易缉说》提要，第24页。
③ （清）永瑢等：《四库全书总目》卷4《大易缉说》提要，第24页。

田泽《续刊大易缉说始末》述及此书内容即云："其《大易缉说》，分纬《河图》，以溯伏羲画卦之由；错综《河》《洛》，以定文王位卦之次。又参《上系》《下系》，以覆圣人设卦系辞之旨；又主成卦之爻，以发圣人立象取义之因。如贯通爻义，如章分象传，如订晦庵十图九书之旨，辨濂溪无极、太极之说，无一毫之穿凿，有理致之自然。"正可谓"得千百载经纬《图》《书》之秘要，发四圣人设卦系爻之本旨"。故田泽于延祐丙辰（三年，1316年），以其考据精确，著述详明，传之于世，诚为有益，而奏进此书，为之刊行。

王申子生活于宋元之时，此时的易学处在象数和义理、儒家和道家、朱学和陆学、元气论和理气论等各种学术流派相互交汇和合流的趋势之中，故其易学虽基本上属于理学视野下的易学，但亦呈现出批判性与兼容性。如以图说《易》是宋学，王申子却敢于批评；以辞变象占、比应乘承解《易》则是汉学，王申子又予以发挥。而其义之最精者，则每卦必论成卦之主。以为圣人观象设卦，咸自乾坤而出，乾坤二体之变即成卦之主，文王主之以成卦体，周公主之以取爻义，夫子主之以为《象传》。故圣人所系之辞，无不因六画而来，则昔贤所谓假象以设辞者非矣。所言颇为恰当，因此吴澄认为此书最为平正稳审。

是书今传版本有《通志堂经解》本、《四库全书》本、《摛藻堂四库全书荟要》本、钞本等。（李冬梅）

10.《周易象旨决录》7卷，明熊过撰

熊过，字叔仁，号南沙（或南沙子），四川富顺人。嘉靖八年（1529）进士，累官礼部祠祭司郎中，坐事贬秩，复除名为民。学识渊博，治学严谨，与陈束、王慎中、唐顺之、赵时春、任瀚、李开先、吕高并称"嘉靖八才子"，又与赵贞吉、杨慎、任瀚一起被列为"西蜀四大家"。平生不仅以文章名世，而且擅长研思经训，著有《周易象旨决录》《春秋明志录》《南沙文集》等。《明史》卷287《陈束传》有附传。

是书凡7卷，前4卷为上、下经，后3卷为《系辞》《说卦》《序卦》《杂卦》，卷前有《私识》及杨慎《序》、熊过《自序》。据其《自序》所述，此书初名"易象旨"，后遂加"决录"之名，盖决断其贤愚善否而录之，以使有定论也。

是书之撰著经过，熊过《自序》有明言，称"年十三所则受《易》，通其读，其义称程先生、朱先生，尚矣！自惟闇愚，绎所存典册，鲜有启悟者。就《易》家私问之，或说过闽人蔡清先生善为《易》，购得其书。其开陈宗义不及象也，于是稍记疑者为《赘言》。……后十一年，举进士试，当就读中秘书，欲因尽求诸《易》说。忽罢去，又时方尚文，无有言学经者。……会辛丑（嘉靖二十年）谪入滇，稍顿安宁，杨君用修数语予：'当遂成书。'乃益考前闻，精思其义，加折衷焉。经下輆申象旨以通之，而分注其所革除之语于下。书迄就，仲敬刘子以数相参伍，具登纪之"。《熊南沙先生墓志铭》亦云熊过"十三读《易》，纪其疑者为《赘言》。……十余年绎其义，而参稽者又二十余年，而后其书大备，更《赘言》曰《象旨决录》，三卷十余万言。……大都言：易道不出乎象，圣人观象而系辞，因辞求象，则可以决天下之疑"[①]。是其初闻闽人蔡清善为《易》，及购得其书，见其唯开陈宗义不及象，于是稍记疑者为《赘言》。后谪入滇，晤杨慎（用修），劝成此书。

是书大旨乃欲力复汉《易》，故义必考古，每据旧说以证今文。盖初读宋易，不合乃去，而为汉《易》，因以象为主，合象则从焉。据卷前《私识》所记，其据旧说以证今文者，凡证字一百一、证音三十八、证句二十六、证脱字七十九、证衍文三十、证旧误今当移置者三十二、证旧以为误今当还其旧者三、证旧分段不明今正之者十且传附经一。可见其不以先儒之说为尊，博览群书，义必考古，远溯汉学，以推象数，颇能补时人蔡清《周易蒙引》"陈义而不及象"之缺，故杨慎作《序》盛赞此书"兼采众家之说，而多象数为主，亦北海（郑玄）、考亭（朱熹）之遗意也。既本《易》之蕴而摧陷廓清焉，而继绝表微焉，条入叶贯焉，视房审权、王应麟、齐履谦、郑合沙，可以分镳并驰，择精语详矣"。全祖望亦极推重此书，认为"其博引诸先儒之说，最为该备，来氏（知德）远不逮也。以予所见宋元《易》解一百五十家，明嘉靖以前亦数十家，南沙书中无不有之，而时时有予所未见者，即以吾乡先辈《易》解如宋之王先生太古，明之黄先生南山，其书今不可得矣，而南沙皆引其异同。

[①] （明）赵用贤：《熊南沙先生墓志铭》，《松石斋集》文集卷17，明嘉靖四十一年刻本。

博矣哉！甚矣，蜀之多《易》也"①。

据傅增湘《藏园藏书经眼录》所作按语云，此书初脱稿时，龙岩赵氏（维垣）初刻于闽中，后数年水部曾确庵（省吾）复有捐奉刻于蜀中；其堂弟迥又刻于河东，盖据闽、蜀两本重校者，是自嘉靖以来凡三刻矣。康熙时闻有刻本，然殊不多朝觏，文渊阁《四库全书》亦有著录。今传则主要有明嘉靖四十一年熊迥刻本、《四库全书》本、中华民国庐江刘氏远碧楼抄本等。（李冬梅）

11.《周易集注》16卷，明来知德撰

来知德（1525—1604），字矣鲜，号瞿塘，梁山（今重庆梁平）人。幼有至行，以"孝童"称举。嘉靖三十一年（1552），以《礼经》中乡试第五名，闻名于川内。不乐仕进，隐居求志，退处万县求溪之上，精研易学。万历三十年（1602），四川总督王象乾、贵州巡抚郭子章闻其贤，联名举荐，特授翰林待诏。力辞不受，诏以所授官致仕，有司月给米三石终其身。后御赐"崛起真儒""一代大儒"，以褒其贤。著述颇多，主要有《周易集注》《来瞿唐先生目录》《大学古本章句》等。《明史》卷283《儒林列传二》有传。

来知德平生醉心学问，不求闻达，其学"以致知为本，尽伦为要"②，尤明于《易经》。自言学莫邃于《易》，初学《易》釜山，六年无所得；后入求溪深山，数年悟易象；又数年悟文王《序卦》、孔子《杂卦》；又数年悟卦变之非。盖历29年乃成《周易集注》16卷，足见用功之笃。

据其《自序》云，自孔子没而《易》亡2000余年，儒者笃信后儒诸家传注，而不参证孔子"十翼"之言，故易道隐晦如长夜。于是来知德专从《系辞》中总结出解《易经》的原理和方法，以为辞、变、象、占同等重要，而又尤以象为所当先明。故其解《易》非常重视卦象，认为"《易》以象为主"，而深疾王弼之"扫象言《易》"和宋儒之"得意忘象"之说，以为"舍象不可言《易》"。其论易象至纤至晰、极精极微，说"圣人立象，有卦情之象，有卦画之象，有大象之象，有中爻之象，

---

① （清）全祖望：《周易象旨诀录跋》，《鲒埼亭集外编》卷27，《清代诗文集汇编》本，第303册，第293页。

② 《明史》卷283《来知德传》，中华书局1974年标点本，第7291页。

有错卦之象，有综卦之象，有爻变之象，有占中之象"。"卦情之象"即据卦德卦义而立的卦象，"卦画之象"即以卦画来象征物情物理，"大象之象"即以上、下经卦组合来表达物象，"中爻之象"即由二三四五爻组合的互卦，"错卦"和"综卦"之象是指六十四卦之间的对应关系，"爻变之象"指一卦中阴阳爻位的变化消长，"占中之象"指占卜时所得卦爻的吉凶。其中又以"错卦""综卦""中爻""爻变"四条最为重要，故来氏在卷首《易经字义》中专门予以讨论。

来氏据《系辞》"参伍以变，错综其数"语，纵横探讨六十四卦衍生互环原理。"错者，阴与阳相对也。"即两卦之间阴阳爻的正反关系。"综"则"或上或下，颠之倒之者也"，亦即两别卦之间上卦下卦互相颠倒的关系。这是他根据《序卦》将错综之卦对举排列、《杂卦》突出卦与卦错综关系等现象，推衍总结出来的。就其方位而言，正好表现出"错者，阴阳横相对也；综者，阴阳上下相颠倒也"（是书卷首"中爻"）的情况，这与孔颖达所谓"六十四卦，非覆即反"之说相似。

来氏以"错综说"讲明六十四卦之间的关系，又以"中爻说"来说明上、下卦之间的组合状况："中爻者，二三四五所合之卦也。"（是书卷首"中爻"）亦即汉儒"互卦"，即《系辞》"杂物撰德，备乎中爻"所指。来氏又说，卦之相生又有"变"焉，所谓"变者，阳变阴，阴变阳也"。

来知德不但解释了卦象的现象关系，还探究了"错综""中爻"和"变"的内在理数，说"卦错"反映了宇宙中"独阴独阳不能生成，故有刚必有柔，有男必有女"的阴阳对待之理；"卦综"反映了宇宙中阴阳"流行不常，原非死物胶固一定者，故颠之倒之，可上可下"的阴阳流行之理；"中爻"表达的是"阴阳内外相连属"之关系；"变"反应的是乾卦和坤卦因其阴阳爻变化而产生另一新卦的原理。

来氏正是基于《周易》"假象以寓理"的认识，以为舍象而止言其理，并非圣人作《易》"以前民用""化成天下"之本意，故其解《周易》，皆先释象义、字义及错综义，然后乃训释本卦本爻之意，并引而申，以明其用，兼得辞、象、言、意四长者也。

《周易集注》卷首有《圆图》至《天下混沌图》36幅，是来注的另一特色。特别是其中《圆图》更具创意，自谓"注既成，乃借于伏羲、文王《圆图》之前新画一图，以见圣人作《易》之原"，即改造《阴阳鱼太极图》，自创《圆图》，以为"理气、象数、阴阳、老少、往来、进退、常变、吉凶，皆尚乎其中"（是书卷首上《圆图》按语）。

来氏易学兼包汉、宋，融会贯通象数、义理，涵化、扬榷诸家之说而独发己见，参互旁通，自成一说，在明代盛极一时，当时推为"绝学""孔子以来未曾有"。但因其在《自序》中唯我独尊，故后人对是书褒贬不一。就其时代学风及其深思力索的治学风格与其书的深刻内涵而言，来氏的成就值得充分肯定。清胡煦即称："来矣鲜生诸儒之后，独能上追虞（翻）、荀（爽），广搜博览，益其未备，订其舛讹，务使理由象出，亦可谓好学深思、不为理障者矣。第于本源有所未探，则顾小而遗大、拘末而弃本者，犹不免焉。"① 后世研究和改易其书者亦不少，如清张祖武《来易增删》8 卷，删除其中烦冗处，补充程颐《伊川易传》、朱熹《周易本义》相关内容。张恩霨《删订来氏易注数图说》2 卷，改正后人篡乱之图，删存为 2 卷，上卷明易之本源，下卷明读易之法。近人郑灿又据其书加以校订，不仅厘正卷首原混乱了的 36 图，而且还于卷末附录自《马图》至《皇极经世先天数图》104 幅，更是来注之图解功臣。

是书现存版本较多，内容也不完全一致，有明万历张之厚刻本、万历三十八年张惟任刻本、崇祯史应选辑刻本、清康熙十六年朝爽堂刻本、二十七年崔华刊本、嘉庆十四年符永培宁远堂刊本、《四库全书》本等。今较流行的有上海书店 1988 年影印的宝廉堂《易经集注》本、巴蜀书社 1989 年影印的郑灿校订《易经来注图解》本。（李冬梅）

12.《周易恒解》5 卷首 1 卷，清刘沅撰

刘沅（1768—1855），字止唐，又作止堂，一字讷如，号青阳居士，四川双流人。乾隆五十年（1785）中双流县庠生第一名，五十七年（1792）由拔贡中式举人。后曾三赴京师参加会试，皆不捷，乃绝念仕途，回家奉母。道光六年（1826），选授湖北天门县知县，安贫乐道，不愿外任，改国子监典簿，寻乞假归，隐居教授，著弟子籍者数千人，有"川西夫子"之称。刘沅幼负异禀，自群经、正史及诸子百家，罔不钻研

---

① （清）胡煦著，程林点校：《周易函书自序》，《周易函书附卜法详考等四种》，中华书局 2008 年版，第 1 册，第 4 页。

有得，一生笔耕不辍，著述甚丰，有群经《恒解》及《史存》《槐轩杂著》《埙箎集》等，后人辑刻为《槐轩全书》。参国史馆《刘沅传》及刘芬《清处士刘止唐先生墓志铭》。

是书又名"易经恒解"，凡5卷首1卷，卷首有序、义例及图说，其中图说乃列《河图》《洛书》等十图，并附以文字解说。正文5卷，卷1、卷2为上经，卷3、卷4为下经，主要解64卦之卦辞、爻辞、彖辞、象辞。卷5分上、下，为《系辞》《说卦》《序卦》《杂卦》传，主要训解阐说《易传》。全书卦文句下为"正解"，章后为"附解"。"正解"主训释字义，亦间及义理；"附解"则总说一卦或一章之义，阐发其意旨，而亦兼及考证。

刘沅之父，亦善易学，尝谓《连山》首《艮》，《归藏》首《坤》，《艮》止《坤》藏之义，即《大学》"止至善"、《中庸》"致中和"之学。刘沅本其父说，亦谓："《连山》首《艮》，《归藏》首《坤》。艮，止也。天地之化不止，则不能蓄生机。人心之神不止，则不能养元德。文王《系辞》'艮其背，不获其身；行其庭，不见其人'。而夫子传之曰：'时止则止，时行则行；动静不失其时，其道光明。'正谓此也。首《坤》者，万物皆致养于坤土，天地之元，亦惟中黄胎育。是二者皆示人天人合一之义，未为不可也。然特以其致功之要言之，实则天地未尝有为，而以人合天，静存动察，内外本末之功，亦非二卦所可尽也。故文王首《乾》《坤》，而夫子从之。"[①] 可见刘沅《周易恒解》乃发扬家学之作。

其撰著之由，刘沅自序曾明言：辨其异，求其同，同中之异，异中之同，四圣人虽各有其旨，但实无二意，拘而求之，凿而益之，皆非能读《易》者也。而历代诸儒，或仅貌玄虚，或徒求术数，即言理之家，亦每舍经而从传，顾此而失彼。于是遂撰此书，以孔子为宗，而折衷前人之绪论，不敢雷同，不敢好异，要以平心酌理，无失乎天地之常经、圣人之轨则。

《周易恒解》一书虽不废象数，但实全重义理，故刘沅深非"历代言《易》者，大半皆偏于术数"，而盛赞"王辅嗣（弼）始专以理言，厥功

---

① （清）刘沅：《周易恒解·义例》，《槐轩全书》，巴蜀书社2006年版，第1058页。

甚伟。程、朱皆衍其说，不可非之"①。其解经专重乎说理，一卦一爻，皆在理上用功夫，每卦每章末还以"附解"总论之，论者多以其说理精粹、训解详明，而谓其"理多可取"②。

是书今传有清道光元年豫诚堂刻本、光绪三十一年《槐轩全书》本、宣统元年凝善堂刻本、中华民国十一年成都致福楼重刊本、中华民国十九年西充鲜于氏特园《槐轩全书》本（《续修四库全书》本、巴蜀书社2006年版《槐轩全书》均据此影印）、中华民国北京道德学社印刷所排印本等。（李冬梅）

二 《书类》

1. 《东坡书传》20卷，宋苏轼撰

苏轼有《苏氏易传》，前已著录。苏轼、苏辙在青年时期即对《尚书》有所研究，《栾城应诏集·进论五首》分别对《礼》《易》《书》《诗》《春秋》"五经"进行了论述。③ 之后随着学力增益，苏轼又对《尚书》中一些重要议题撰有专论，如"乃言底可绩"，"堲谗说殄行"（俱《舜典》），"视远惟明，听德惟聪"，"始终惟一，时乃日新"（俱《太甲上》），"王省惟岁"（《洪范》），"作周恭先，作周孚先"（《洛诰》），"惟圣罔念作狂，惟克念作圣"（《多方》），"庶言同则绎"（《君陈》），"道有升降，政由俗革"（《毕命》）等④，都反映了他的《书》学思想。

《东坡书传》是现存唐宋《尚书》全解中较早的一部，被认为是"在今天见到的宋人解《书》之作中，这是较早的解说得较有见地的一部"⑤。晁公武《郡斋读书志》称，熙宁以后专用王安石《三经新义》选拔人才，"此书驳异其说为多"；《四库全书总目》亦云："但就其书而论，则（苏）轼究心经世之学，明于事势，又长于议论，于治乱兴亡披抉明畅，较他经独为擅长。"可见其书颇有因经以议政的特色。

在解经方面，其对文义审察深刻，对制度考述详明，对错简校勘、

---

① （清）刘沅：《周易恒解·义例》，《槐轩全书》，第1059页。
② 潘雨廷著，张文江整理：《读易提要》卷9，上海古籍出版社2003年版，第431页。
③ 五论又收入《三苏文粹》苏轼名下，后收入《苏轼文集》卷2。
④ 以上并见（宋）苏轼《苏轼文集》卷6。
⑤ 刘起釪：《尚书学史》，中华书局2017年版，第231页。

句读审定等也有诸多贡献。《郡斋读书志》称赞其"以《胤征》为羿篡位时,《康王之诰》为失礼,引《左氏》为证,与诸儒之说不同"。《直斋书录解题》也称其"于《胤征》以为羲和贰于羿而忠于夏,于《康王之诰》以释衰服为非礼……又言昭王南征不复,穆王初无愤耻之意"。《朱子语类》卷97又称其解《吕刑》篇,以"王享国百年耄"作一句,"荒度作刑"作一句,甚合于理。这些创新之处,多为后来《书》家所采,特别是南宋理学家蔡沈秉承朱熹意旨撰著的《书集传》引录本书之说尤多。《四库全书总目》曾说:"洛闽诸儒,以程子之故,与苏氏如水火,惟于此书有取焉,则其书可知矣。"① 苏轼对自己的三部经学著作也很珍视,其在《答苏伯固》中说:"抚视《易》《书》《论语》三书,即觉此生不虚过。"② 苏辙《亡兄子瞻端明墓志铭》也说:"最后居海南,作《书传》,推明上古之绝学,多先儒所未达。既成三书,抚之叹曰:'今世要未能信,后有君子,当知我矣!'"③

是书卷数,历代著录有异。晁公武《郡斋读书志》作"《东坡书传》十三卷",《宋史·艺文志》同。但后来所传多作20卷,万历《两苏经解》本、明末朱墨套印本都是如此。据苏轼《与郑靖老(三)》"草得《书传》十三卷"云云,则13卷乃是原书面貌,20卷本乃流传过程中有所分合,内容并无增减。

苏轼《书传》等三部经解著作,在其有生之年曾"携以自随",又曾托付给钱济明保存,都是抄本,没有刊刻。南宋和元代是否有刻本,亦不可考。明嘉靖年间胡直《书苏子瞻书传后》:"昔唐荆川先生(顺之)语予曰:'曾见苏子瞻《书传》乎?'曰:'未也。''盍求之?'岁之甲子(嘉靖四十三年,1564年),予行部至眉,求诸乡大夫张中丞,得其写本读之。"④ 万历丁酉(1596年)毕侍郎又据此"写本"刻入《两苏经解》,此乃迄今可见《东坡书传》的最早刻本。

今存《东坡书传》的重要版本如下:一是《两苏经解》本;二是明

---

① (清)永瑢等:《四库全书总目》卷11《东坡书传》提要,第90页。
② (宋)苏轼:《答苏伯固》,《苏轼文集》卷57,第1741页。
③ (宋)苏辙:《亡兄子瞻端明墓志铭》,《栾城后集》卷22,《栾城集》,第1422页。
④ (明)胡直:《书苏子瞻书传后》,《衡庐精舍藏稿》卷18,文渊阁《四库全书》影印本。

朱墨套印本，题名"东坡书传"20卷，凌蒙初刻；三是清《四库全书》抄本，20卷；四是《学津讨源》本。此外，尚有清顺治刊本20卷和名目繁多的明清写本。历考诸本，"经解本"诸篇大题皆在小题之下，尚存古式；"四库本"则校录精审，但二本内容都有脱落，尤其是《多士》一篇，脱误之处几不可读。"凌本""学津本"内容较为齐全。2017年四川大学出版社出版的《三苏经解集校》本，则是现今比较完善的整理本。（舒大刚）

2.《尚书后案驳正》2卷，清王劼撰

王劼（1808—1893），原名驹，又名晖吉，字子任，又字海楼，巴县（今重庆市）人。少孤，事母以孝闻；抚幼弟駬，教之成才。嘉庆十八年（1813）举人，由咸安宫教习以知县发浙江，历官金华、西安、石门、分水等县知县十余年，后改官江西，有古循吏之声。道光二十八年（1848）致仕归，主讲字水书院，造就多士。年85卒。劼力学，博访通人，尝置馆于肃宁苗夔家，与包世臣同年交好，以学问相勖勉。遂兼通诸经，擅长诗文，于《诗》《书》《周礼》皆有著述，有《毛诗》诸解及《尚书后案驳正》《周礼存真》《矩斋经文》《晚晴楼诗草》等行世。

是书乃劼为驳清儒王鸣盛《尚书后案》而作。《尚书》之传其来远矣，其纠葛也最多。汉初伏生所传《尚书》29篇（一说28篇）乃汉朝官方所定、博士所传，是为今文《尚书》。及武帝末，鲁恭王坏孔子宅，于壁中得古文经书，其中《尚书》45篇，比今文多得16篇，号"古文尚书"。东汉杜林、马融、郑玄皆治古文，但也仅注与今文相同之29篇，其余古文皆成遗简。及至东晋，豫章太守梅赜献《古文尚书》并孔安国《传》58篇，取代郑玄《尚书注》而行于国学。唐修《五经正义》，其《尚书正义》即用孔传《古文尚书》为本。宋吴棫、朱熹以《古文尚书》语言反比今文为顺而疑之。明人梅鷟著《尚书考异》力辨《古文尚书》之伪。至清阎若璩《古文尚书疏证》出，而古文、《孔传》之为伪书遂成定论。但是犹有反复，毛奇龄著《古文尚书冤词》，力辨《古文》非伪，然毛氏之书多逞意气，臆断主观，没有多少说服力。后来续辨其伪者，尚有惠栋《古文尚书考》及王鸣盛《尚书后案》，而以王氏之书为殿军，论者以为自王氏之书出而古文真伪之讼可以息矣。

清代注《古文尚书》有成就者四家，江声、王鸣盛、段玉裁、孙星衍是也。四家皆以为梅氏所献书只有其中与今文相同者才是真古文，其他各篇皆伪而不可信。四家之中，江氏《尚书集注音疏》12卷，乃以篆写经文，多据《说文》改字，而所辑汉人诸说多不全备；段氏《古文尚书撰异》，仅依据文献引录，分别《尚书》今文、古文之异同；孙氏《尚书今古文注疏》网罗放佚旧说，至为纤晰，然而不主一家，无所依归。王氏《尚书后案》竭30年精力，于真古文29篇中，专以发挥郑康成一家之说，援据古书，疏通其旨；其伪书25篇，别为《后辨》附焉。方东树《汉学商兑》谓："马、郑之注存于他书者，王氏所辑《后案》，具有成书。以愚观之，岂必能得二帝三王之意乎？第以为存古书可也。"

王劼相信东晋所传《古文尚书孔传》为真，故于清人辨伪之说皆有所不满，对王鸣盛之书意尤耿耿，故特撰此书驳以正之。其书分上、下两卷，上卷谓王氏《尚书后案》播弄篇卷之外，还有四谬。一疑传记所引有不合者为失真。以为"引经者取证义类，不必校对，字句岂必符合？"二诬传记所引之有合者为缀辑。以为"引经者本经立说，若谓经所从来，何解于引《诗》、引《易》、引《礼》？"三是删改史传以就已说。以为"精严之语无枝叶，极辨之词有曲折，则原文岂可割裂？"四是舞文骋辩以乱群书。批评其书"专斥者或畸轻畸重，泛论者或见偏见全"，皆危言耸听，不可仿效。又批评《尚书后案》以文献所引《逸书》为真古文，也是主观臆断，真伪由己。下卷辩驳顾炎武、阎若璩、惠栋等怀疑古文为伪之说，以为朱熹实相信古文；又指出清代注解《尚书》之作，除王鸣盛《尚书后案》、江声《尚书集注音疏》之外，以孙星衍《尚书今古文注疏》尤劣。

总观此书，批驳《尚书后案》极苛，意气过盛，用语过激，不免毛奇龄逞臆斥说之习。然而自出机杼，不为当时疑古风气所囿，亦不人云亦云，而能力反众议坚持己见，是亦有可贵者。与其苛而废之，毋宁过而存之。

是书今有清咸丰六年序刊本、咸丰十一年巴县王氏晚晴楼刊本、《尚书类聚初集》本（1984年台湾新文丰出版公司据咸丰六年序刊本影印）、《四库未收书辑刊》本（1997年北京出版社据咸丰十一年本影印）等。（李冬梅）

三 《诗》类

《诗集传》19 卷，宋苏辙撰

苏辙（1039—1112），字子由，晚年自号颍滨遗老，谥文定，眉州眉山（今四川眉山）人。苏轼之弟，人称"小苏"。嘉祐二年（1057）进士，转历地方，仕至黄门侍郎。为文以策论见长，自成一家，如苏轼所说，"汪洋淡泊，有一唱三叹之声，而其秀杰之气，终不可没"[①]。著有《春秋集解》《诗集传》《老子解》《古史》《龙川略志》《龙川别志》及《栾城集》（四种）。与其父苏洵、兄苏轼合称"三苏"，名列"唐宋八大家"之林。《宋史》卷339有传。

关于《诗集传》的撰著，其孙苏籀在《栾城遗言》中称，苏辙"年二十，作《诗传》"，时当宋仁宗嘉祐三年（1058）。孙汝听在《颍滨年表》中又言："及归颍昌，时方诏天下焚灭元祐学术，辙敕诸子录所为《诗》《春秋》传、《古史》，子瞻《易》《书》传、《论语说》，以待后之君子。"苏辙还归颍昌是在宋徽宗崇宁三年（1104）。据上述记载推算，苏辙自撰写伊始，至完稿杀青，其间50年可能都有修改。

其体例是每篇先录《诗序》首句，然后下列诗文，再加以简注。此书最突出的特点是怀疑《诗序》，仅采首句，废《序》言《诗》。苏辙不相信子夏作《序》之说，他说："今《毛诗》之叙何其详之甚也？世传以为出于子夏，予窃疑之。子夏尝言《诗》于仲尼，仲尼称之，故后世之为《诗》者附之。"[②] 由此，苏辙认为《诗序》乃毛公之学，卫宏之所集录。又因《诗序》用语时有反复繁重，类非一人之词者，故惟存其首一言，以下余文，悉从删汰。这一辨析《诗序》内涵及废去余文之举，可谓《诗》学史上的一次革命性做法。自苏辙以后，从者继踵，郑樵力斥《诗序》之非，朱熹、王质尽废《诗序》以言《诗》，这就逐渐形成了宋代《诗经》学反传统的发展脉络，将《诗经》研究推向了一个新的发展阶段。而苏辙《诗集传》的开创、启导之功，不可磨灭。

[①]（宋）苏轼：《答张文潜县丞书》，《苏轼文集》卷49，第1427页。
[②]（宋）苏辙：《诗集传》卷1，载舒大刚、李文泽主编《三苏经解集校》本，下册，第428页。

此书经文说解多采自《毛传》《郑笺》。毛、郑有未安处，乃以己意说之。朱熹曾赞扬"子由《诗解》好处多"①。《四库全书总目》亦评之曰："辙于毛氏之学，亦不激不随，务持其平者。"② 然周中孚却认为："其所为集解，亦不过融洽旧说，以就简约，未见有出人意表者。"③ 各家出发点不尽相同，故褒贬亦稍有差异也。

是书在宋代目录书中被称为"诗解"，北宋时即有刻本传世，《郡斋读书志》卷2已有著录，称"《苏氏诗解》二十卷"。《直斋书录解题》卷2则署作"《诗解集传》二十卷"。其后诸目录书或称"传"，或称"集传"不一。历代刊本卷帙亦有差异。宋刊本原为20卷。至明代中叶，编为19卷。后之刊本大多即以19卷为定数。明万历二十五年（1597）毕氏刊《两苏经解》，后又于万历三十九年（1611）重刻《两苏经解》，所收《颍滨先生诗集传》均为19卷。清乾隆间编《四库全书》所收亦19卷（《四库全书总目》卷15署作"二十卷"，与本书实际卷帙不符）。

《诗集传》现存版本主要有宋淳熙七年苏诩筠州公使库刻本、《两苏经解》本、《四库全书》本、明刻本等。2017年四川大学出版社出版的《三苏经解集校》，收录有校点本，颇为完善。（李冬梅）

四 《礼》类

《仪礼奭固》17卷、《仪礼礼事图》17卷、《仪礼礼器图》17卷，清吴之英撰

吴之英（1857—1918），字伯朅，自号寿栎庐，晚年自称西蒙愚者、渔父、老渔（愚），四川名山人。世以儒学名，以雅安府学第一名举茂才，肄业成都尊经书院。光绪八年（1882）入京朝考，名列二等。回川后，任资州艺风、简州通材两书院讲席。十八年（1892），就职灌县训导，政绩卓著。后历成都尊经、锦江两书院讲席。二十四年（1898），蜀中人士发起组织"蜀学会"，吴任主讲；并同宋育仁等以学会名义创办

---

① （宋）黎靖德编，王星贤点校：《朱子语类》卷80，第2090页。
② （清）永瑢等：《四库全书总目》卷15《诗集传》提要，第121—122页。
③ （清）周中孚著，黄曙辉、印晓峰标校：《郑堂读书记》卷8，上海书店出版社2009年版，第113页。

《蜀学报》，又任主笔，开全省风气，推动变法维新。维新运动失败后，以天下事无可为，遂不复仕进，署其庐曰"寿栎"，息心闭门著述。生平著述颇多，有《仪礼奭固》《仪礼礼事图》《仪礼礼器图》《汉师传经表》《天文图考》《经脉分图》《寿栎庐文集》《诗集》《卮言和天》等，合刊为《寿栎庐丛书》行世。另有手稿《诸子通侔》《中国通史》《公羊释例》《小学》《以意录》《信取录》《蒙山诗钞》《北征记概》等，今已散佚。事迹具文守仁《吴之英传略》《名山县志》。

此三书乃吴氏研究礼学的集成之作，其中《仪礼奭固》凡17卷，卷首有受业颜楷题签、光绪二十五年（1899）吴之英《叙》《目录》。据吴氏自叙云："五经管道枢，礼荐之谓道德原兆，爰人犹影响也。"故其治经以礼为首为重。又云："今述十七篇，高堂生所授，校合古文，渊茂奥博。周京旧法，匪但句读，离瑰微谊，往往寄焉。……汉郑玄《注》存，漏寤屡出。"故对《仪礼》经文进行疏解。全书主要采用随文解义的校注体方式进行疏解，除了全录《仪礼》经、记、传外，并未载录郑玄等前辈学者的注疏。其疏解，集古今经说而折衷之，或解释经义，或考究字说，文字精简，语言平实，易读易懂，一反前人注《礼》繁芜之风。而且又能不株守前人之说，自成一家之言。

《仪礼礼事图》《仪礼礼器图》，又名"仪礼奭固礼事图""仪礼奭固礼器图"，系吴之英在前人基础上重新创作而成。《礼事图》依《仪礼》17篇之旧，为17卷，卷前有受业颜楷题签、宣统辛亥（1911年）吴之英《序》，以及《图次》，共为图462幅，较张惠言《仪礼图》更为详细周遍。又吴氏鉴于张惠言主要绘制仪节图，而少礼器图，为此别作《礼器图》。《礼器图》亦依《仪礼》17篇之旧，为17卷。卷前有受业颜楷题签、光绪二十五年（1899）吴之英《序》，以及《目》《跋》，末附《周政三图》。是书体例是先引经说，次为释义，末附以图，共计522图。另《周政三图》中封建7图、井田29图、学校2图。二书以图释礼之名物礼制，颇为形象直观，故谢兴尧评价《礼器图》云："是编虽取袭前人之图，而分门别类，条分缕析，颇称宏博，且能以《说文》、古史证明古制，发前人所未发，致力之深，洵足钦矣。"① 刘师培亦认为吴之英

---

① 《续修四库全书总目提要》"经部"《礼器图》提要，中华书局1993年版，第525页。

"《图》亦较张（惠言）为优"①。

吴氏三书今有《寿栎庐丛书》本。另四川大学出版社 2010 年出版的潘斌《吴之英儒学论集》收录有《仪礼奭固》《仪礼奭固礼事图》校点本。（李冬梅）

五 《春秋》类

1. *《春秋集解》* 12 卷，宋苏辙撰

苏辙有《诗集传》，前已著录。北宋元丰二年（1079）七月，言者弹劾苏轼《湖州谢上表》中有讥刺时事之语，轼因此下御史狱。苏辙上表营救，也受牵连，次年被贬为筠州监盐酒税，职闲无事，遂着手撰写本书。在《春秋集解引》中，苏辙自称时人尊崇孙复的《春秋》之学，以孙氏之学为标准，而尽弃"三传"；王安石当政后，又讥《春秋》为"断烂朝报"，学者不复以《春秋》为意。他以为"孔子之遗言而凌灭至此"，深感痛心，为重振古学，遂"览诸家之说而裁之以义"，撰成此书。自熙宁、元丰时代始，其后近 20 年间，苏辙对该书的修改从未间断。至绍圣初，作为元祐旧党之重要人物，苏辙再次被贬，谪居广南，后三易其地，卜居龙川（今广东龙川），杜门无事，笔翰自随，暇则改之，书成于元符二年（1099）。用功甚勤，自谓书成而可以"无憾矣"。

宋代目录书中最早著录此书的是晁公武的《郡斋读书志》，该书卷 3《春秋》类著录"《颍滨春秋集传》十二卷"，但未注明版本。其后陈振孙的《直斋书录解题》卷 3、《文献通考》卷 183、《宋史·艺文志》均有著录。宋元目录书均称为"集传"。宋元两代此书的版本、刊刻情况已不可考。明代此书有两种名称并行：《文渊阁书目》卷 2 称"《春秋苏颍滨集解》一部三册"；《秘阁书目》《春秋》类著录"《苏颍滨集解》三"（按：应为"三册"）。两书所录当为同一版本，以"集解"称。《内阁书目》《万卷堂书目》《徐氏家藏书目》均著录为"《苏颍滨春秋集传》十二卷"，此 3 种目录书又以"集传"称。

《春秋集解》依据《左传》，以史事为基础，而参以《公羊》《穀梁》及啖助、赵匡、陆淳诸家之说，在"舍传求经"的学术风气中独树一帜。

---

① 万仕国：《刘师培年谱》卷 3，广陵书社 2003 年版，第 218 页。

在注解《春秋》上，苏辙以例解经，简洁平实，主以"人情"，以礼为断，尤得《春秋》之旨，对后来的《春秋》学产生了积极影响。然信《左》太过，而斥《公》《穀》过严，又不无小疵。朱彝尊《经义考》载陈宏绪《跋》曰："《左氏》纪事，粲然具备，而亦间有悖于道者。……《公》《穀》虽以臆度解《经》，然亦得失互见。如'戎伐凡伯于楚丘'，《穀梁》以戎为卫。'齐仲孙来'，《公》《穀》皆以为鲁庆父。'鲁灭项'，又皆以为齐实灭之。显然与《经》谬戾，其失固不待言。至如隐四年秋'翚帅师会宋公、陈侯、蔡人、卫人伐郑'，桓十有四年秋八月壬申'御廪灾'，乙亥'尝'，庄二十有四年夏'公如齐逆女'，诸如此类，似《公》《穀》之说妙合圣人精微，而颍滨一概以深文诋之，可谓因噎废食。读者舍其短而取其长焉，可也。"是为笃论。后之叶梦得即以孙复《春秋尊王发微》主于废《传》以从《经》，而苏辙此书又主于从《左氏》而废《公羊》《穀梁》，皆不免有弊，故著《春秋传》20卷，论者谓其"参考三《传》以求《经》，不得于事则考于义，不得于义则考于事，更相发明，颇为精核"[1]。

是书现存明代刻本有万历二十五年毕氏刻焦竑序刻《两苏经解》本及万历三十九年重刻《两苏经解》本，清代亦有多种写本和刻本。《四库全书》收录此书，署为"《苏氏春秋集解》，十二卷"，嘉庆年间尝有刊本。后又有钱仪吉辑、道光咸丰间大梁书院刊、同治七年王儒行印行《经苑丛书》本。2017年四川大学出版社出版的《三苏经解集校》收录有校点本，颇为实用。（李冬梅）

2.《春秋经解》12卷，宋崔子方撰

崔子方（？—约1125），字彦直，又字伯直，号西畴居士，涪州涪陵（今属重庆）人。宋哲宗绍圣间，乞置《春秋》博士，三上疏不报。乃隐居真州六合县（今属江苏），杜门著书30余年而卒。尝与苏轼、黄庭坚游，黄称其为"六合佳士"。其学精于《春秋》，著有《春秋经解》《春秋本例》《春秋例要》等。

朱震有是书《进书札子》，云："故东川布衣崔子方，当熙宁间，宰相王安石用事，不喜《春秋》之学，正经三传不列学官。是时颍阴处士

---

[1]（清）永瑢等：《四库全书总目》卷27《春秋传》提要，第218页。

常秩号知《春秋》，尽讳其学，追逐时好，况不知者乎？逮于元丰，习已成俗，莫敢议其非者。而子方独抱遗经，闭门研究，著《春秋经解》《本例》《例要》三书，相为表里，自成一家之言，以遗子孙。人虽云亡，其书尚存，欲望朝廷下平江府于崔若家缮写投进。"① 是书乃作于王安石不立《春秋》之时，因缘当时世风而不传。不过至建炎南渡后，由于宋高宗推尊《春秋》之学，故朱震等建议下湖州缮写投进，藏于秘书监。

对于此书，宋元诸家书目均有著录，明修《永乐大典》亦收录之，然至清修《四库全书》时却已不见传本。今本系四库馆臣从《永乐大典》中辑出，其中对《永乐大典》所缺的僖公十四年秋至三十二年、襄公十六年夏至三十一年的内容，取黄震《黄氏日抄》所引崔氏《春秋本例》补之，其他《本例》所释，有引申此书所未发或与此书小有异同者，并截取附录。

是书卷首有子方《自序》及《朱震札子二通》，末又有子方《后序》。自序谓"始余读《左氏》，爱其文辞"，"其后益读《公羊》《穀梁》，爱其论说"，几有"不知有《春秋》也"。"然考其事，则于情有不合；稽其意，则于理有不通。"于是怀疑"传之妄而求之过"，"乃取《春秋》之经治之，伏读三年，然后知所书之事与所以书之意，是非成败褒贬劝诫之说，具在夫万有八千言之间"。以为《春秋》一经文辞虽简，而事理明了，是非对错不必依传来裁定，唯撰诸"情理"即可得之。"古今虽异时，然情之归则一也；圣贤虽异用，然理之致则一也。合情与理，举而错诸天下之事无难矣！"故其解经一准于"情与理"以做判断。然其书中经文多从《左传》，间从《公羊》《穀梁》。疏解大抵依据宋儒之"情理"，推本经义，对"三传"多有纠正，多前人未发之论。虽不免过于拘泥日月之例，不无偏颇，但全书所解实足以成一家之说。是书有《四库全书》本、《四库全书珍本初集》本。（李冬梅）

3.《穀梁春秋经传古义疏》11卷，清廖平撰

廖平（1852—1932），字季平，号四益，又号四译、六译，盖自述其学术思想之变迁也，又称"六易"。原名登廷，字旭陔，又字勖斋。四川井研人。光绪五年（1879）举于乡，十五年（1889）成进士，朝考三甲，

---

① （宋）崔子方：《崔氏春秋经解·朱震札子二通》，文渊阁《四库全书》影印本。

以知县用，以父母春秋高，不欲远出省外，呈请改教职，授龙安府教授。历署射洪训导、绥定府教授，又襄校尊经书院，主讲嘉定九峰、资州艺风、安岳凤山诸书院，从游者极众，门人弟子遍全蜀，诰授奉政大夫。平生邃于经术，以经学名家，凡"六经"诸子，皆研究极深，故著述极富，凡百余种，有《六译馆丛书》数百卷行于世。事迹具廖宗泽《六译先生年谱》及各种传记。

受其师湘潭王闿运影响，廖平治经喜治今文学，专求大义。不过王氏重《公羊》，廖平则重《穀梁》。《穀梁》自汉宣帝立为学官以来，代有传人，师有其说。见于《汉书·艺文志》者即有《穀梁外传》20 篇、《穀梁章句》33 篇。东汉《穀梁》无学官，与古文诸经同传于民间，汉章帝乃"令群儒选高才生，受学《左氏》《穀梁春秋》《古文尚书》《毛诗》，以扶微学，广异义焉"①。何休传《公羊》，撰《公羊墨守》《左氏膏肓》《穀梁废疾》，《穀梁》与《左传》同遭公羊家攻击。郑玄修古学，乃《发墨守》《针膏肓》《起废疾》，《穀梁》之义得到保护。三国吴时有丹阳唐固者，"修身积学，称为儒者，著《国语》《公羊》《穀梁传》注，讲授常数十人"②。东晋亦以《穀梁》"肤浅，不足立博士"③，故无学官传授。至范宁撰《春秋穀梁传集解》，乃振起斯学于衰颓之余，故为历代尊用。

范氏遍习"三传"，不宥一家，指出："《左氏》艳而富，其失也巫；《穀梁》清而婉，其失也短；《公羊》辩而裁，其失也俗。"④ 其解《穀梁》，主张"凡《传》以通《经》为主，《经》以必当为理"⑤，对各家经注"择善而从"，郑玄、何休、服虔、许慎、杜预等诸家，凡有可取，必兼收并蓄；甚至兼用"三传"，于是又有混同"三传"、不别今古之病。廖平撰《释范》以纠范宁《集解》之误，又撰《起起穀梁废疾》以订郑

---

① 《后汉书》卷 3《肃宗孝章帝纪第三》，第 145 页。
② 《三国志》卷 53《吴书·唐固传》，第 1250 页。
③ 《宋书·礼志一》，中华书局 1974 年校点本，第 362 页。
④ （晋）范宁：《春秋穀梁传序》，《春秋穀梁传注疏》卷首，（清）阮元校刻《十三经注疏》本，中华书局 1980 年版，第 2361 页。
⑤ （晋）范宁：《春秋穀梁传序》，《春秋穀梁传注疏》卷首，载（清）阮元校刻《十三经注疏》本，第 2360 页。

玄之讹。而其《古义疏》，则在于超越范氏而直探《穀梁》古义古训之原貌。

是书又名"穀梁古义疏""重订穀梁春秋经传古义疏"，凡11卷，前有黄印清、严式海、张预、廖平等所作之序，作于廖平经学"初变""二变"时期，是其《穀梁》学的重要代表作。据廖平自叙所述，此书发端于光绪六年（1880），成书于光绪十年（1884），定稿于光绪十三年（1887），此后续有修订，至光绪十九年（1893）刊印时，已经十余次易稿。廖氏对此书自视甚高，寄意甚严，用心亦勤，尝于山西巡抚张之洞宴上称："若《古义疏》成，不羡山西巡抚矣！"

是书《叙例》称：首明古义，说本先师，推原礼制，参之《王制》；次厘全经大义，属辞比事，条而贯之，并缀以表图；旁及"三传"异同，辩驳何、郑，纠范释范，靡不加详；终以诸国地邑山水图。可见此书大旨乃以发明范宁《集解》以前古谊，推原礼制以证本经。疏中引用实事，以《史记》为主，间亦用《左传》。董仲舒治《公羊》，礼制与《穀梁》实同，凡微文孤证，《穀梁》先师无说，今悉取之。杜预《公子谱》本于刘向《世本》，是《穀梁》师说，今亦用之。先师说相关之处，多引《孝经》《易》《诗》《书》《礼》《乐》为说，今仍其义，以明"六经"相通之实。何休《解诂》引用《京易》《韩诗》，博士之学，本同一家，今仿其例，凡《穀梁》佚义，取博士说补之。以此足见廖平搜讨《穀梁》古义之勤，实有益于《穀梁》汉学师说之恢复，从而也就完成了自乾嘉以来清儒遍疏群经之业。

《疏》后附《释范》《起起穀梁废疾》各1卷，系廖平针对范宁、何休、郑玄之说的纠弹之作。《释范》以范宁《集解》不守旧训，于是以《王制》为《春秋》旧传，故参以先师旧说而加以训释。《起起穀梁废疾》乃针对郑玄《起穀梁废疾》而作，自序云："其名《起起废疾》者，郑（玄）释间有误药，恐为疾忧，故正其针砭，以期眊眩。非云医药，聊取用心尔。"是书既反对何休据《公羊》以驳《穀梁》，又反对郑玄据《左》《穀》及今古义以攻何休而自乱家法。

蒙文通评论廖平《穀梁》学的成就云："湘绮（王闿运）言《春秋》以《公羊》，而先生（廖平）治《穀梁》，专谨与湘绮稍异。其能自辟蹊径，不入于常州之流者，殆亦在是。《穀梁》释经最密，先生用力于《穀梁》最深，著《穀梁古义疏》《释范》《起起废疾》，依传之例以决范、何、郑氏之违失，而杜后来无穷之辩，植基坚厚。旋复移之以治《公羊》《左氏》，皆迎刃自解。"① 由此可见，廖平《穀梁》学研究在其学术体系中实占有重要地位，他发现《穀梁》中所言礼制与《礼记·王制》所载礼制相符，以此为基础，提出以礼制平分今古的主张，成为其学术"六变"前三期的理论依据；而且还据此以研究其他经传，尤其是为研究《公羊》《左传》创造了条件。

是书有廖宗泽所作补疏，今传本有光绪二十六年日新书局刊本、《渭南严氏孝义家塾丛书》本、《续修四库全书》本。另上海古籍出版社2015年出版有《廖平全集》整理本，四川大学出版社2014年亦出版有郑伟校点本。（李冬梅）

4.《何氏公羊解诂三十论》3卷，清廖平撰

廖平自述此书的创作目的云："何君专精《公羊》，超迈东汉，颜、严已渺，独立学官，隋唐以来，号为绝学，学者苦其难读，驳议横生。国朝通材代出，信古能劳，钩沉继绝，学乃大明。刘（逢禄）、陈（立）同道，曲阜（孔广森）异途。从违虽殊，门户犹昔。平寝馈既深，匙钥倏启，亲见症瘕，用新壁垒。窃以《解诂》顿兵坚城，老师糜饷，攻城无术，用违其方，聋瞽有忧，膏肓谁解。"何休专精《公羊》之学，隋唐以来，号为绝学。有清一代，名家辈出，钩沉索隐，是学复明。然廖平有感于刘逢禄、陈立、孔广森等人的《公羊》学研究虽均有造诣，然存在门户之见，而且何休《解诂》亦有很多问题，致使《公羊》真义不能大明。

又云："昔刘申受（逢禄）作《何氏解诂笺》，已多补正，特其所言多小节，间或据别传以易何义。今之所言，多主大例，特以明此事亦有所仿，不自今始耳。"说刘逢禄所著《公羊春秋何氏解诂笺》，所言多小节，又间或据别传以易何休之义，未明大义。于是他仿效洪亮吉《春秋十论》的体例，先撰成《公羊何氏解诂十论》，总括大纲，以为读《公羊注》之阶梯。后一续再续，又撰成《公羊解诂续十论》《公羊解诂再续十论》，总评何氏《公羊》之义。

---

① 蒙文通：《廖季平先生传》，《蒙文通全集·儒学甄微》，第301页。

是书成于廖平经学一变之时，其论点主要是针对何休而发，也有针对董仲舒说的，对董、何的《公羊》理论做修正和补充，大旨仍是持续他的"今古学"派分标准，来判定董、何之义是否合理。杨锺羲认为廖平与何休标准不一，"无可讨论"，但还是指出其《三世论》《重事论》《衍说论》等，立说精核。杨氏分析云："《三世论》谓《穀梁传》引孔子曰：'立乎定、哀，以指隐、桓，则隐、桓之世远矣！'此《穀梁》三世之例，《公羊》真义，实亦如此，语亦了当。《重事论》谓传中言事，如晋取虞、虢，鄢陵战、通滥、战鞌之类，凡数十见，必先明事而后言义也。《春秋》褒贬，有如谳狱，事明而后义审，本事未明，经义何附？此足破说《春秋》者重义而不重事之蔽。《衍说论》谓何《注》凡所难通，皆归于王鲁、三世等例，迷离恍惚，使人入其中而不能自主，深中其病。"①此外，其书又能正确分辨《春秋》谶纬，努力剔除《公羊》上附着的神怪成分，尤具学术价值。

是书今传版本有光绪十二年《四益馆经学丛书》本、《新订六译馆丛书》本、巴蜀书社1998年版《廖平选集》标点本、上海古籍出版社2015年版《廖平全集》整理本等。（李冬梅）

六 《孝经》类

《古文孝经说》1卷，宋范祖禹撰

范祖禹（1041—1098），字淳甫，又字梦得，成都华阳（今属双流）人。年20，中进士甲科。时英宗命司马光精选馆阁英才，修编《资治通鉴》，祖禹与刘恕、刘攽并膺其选，为光副手，祖禹爬梳唐五代300余年史籍，纂成长编。神宗元丰七年（1084）书成，光荐祖禹为秘书省正字。后历官右正言、著作佐郎、右议谏大夫、翰林学士等。绍圣五年（1098）病卒，年58岁。祖禹博学多才，著述宏富，除助修《资治通鉴》外，还独著有《神宗实录》《唐鉴》《帝学》《仁皇政典》《史院问目》《古文尚书说》《论语说》《孟子节解》《诗解》《中庸篇》《古文孝经说》《范太史集》等。其中《唐鉴》"深明唐三百年治乱，学者尊之，目为'唐鉴

---

① 《续修四库全书总目提要》"经部"《何氏公羊解诂三十论》提要，第725页。

公'"①。《宋史》卷337有传。

是书撰著之由,祖禹《进古文孝经说札子》《古文孝经说序》均有论说。其云:"窃以圣人之行莫先于孝,书莫先于《孝经》。《孝经》有古文、有今文,今文即唐明皇所注十八章。古文凡二十二章,由汉以来,惟孔安国、马融为之传,自余诸儒多疑之,故学者罕习。仁宗朝,司马光在馆阁,为《古文指解》一卷,表上之。臣窃考二书,虽不同者无几,然古文实得其正,故尝妄以所见,又为之说,非敢好异尚同,庶因圣言少关省览。伏惟陛下方以孝治天下,此乃群经之首,万行之宗,傥留圣心,则天下幸甚。"②

又云:"《古文孝经》二十二章,与《尚书》《论语》同出于孔氏壁中,历世诸儒疑眩莫能明,故不列于学官。今文十八章,自唐明皇为之注,遂行于世。二书虽大同而小异,然得其真者古文也。臣今窃以古为据,而申之以训说。虽不足以明先王之道,庶几有万一之补焉。"③ 由此可见,因《孝经》原有今文(18章)、古文(22章)二本,世所行者多为今文;古文则"学者罕习",传注更少,宋朝有司马光《指解》,有复古求新之功。范氏乃师其意,撰著《古文孝经说》1卷上进于朝,充作新君进德修业的教科书。

此书以司马光《指解》本为底本,体例略同,重在说理,讲明孝道。但也有不同之处,《指解》是逐句申说,范《说》则通章串讲,使一章大义贯通无碍。由于其论皆切近人事,不尚义理玄谈,故不为理学家所喜,杨简《家记》(十)谓:"及考范公《古文孝经说》,尤为蔽窒。"④

是书原本1卷,独自为书,今传本则与玄宗御注、司马光《指解》合为一编,已非原貌。现传本有《通志堂经解》本、《四库全书》本等。范祖禹又手书《古文孝经》,刻石于大足北山石窟之中,尚保留古文原貌,可资校勘。(李冬梅)

---

① 《宋史》卷337《范镇传》附《范祖禹传》,第10800页。
② (宋)范祖禹:《进古文孝经说札子》,《太史范公文集》卷14,《宋集珍本丛刊》本,线装书局2004年影印清钞本,第24册,第231页上栏。
③ (宋)范祖禹:《古文孝经说序》,《太史范公文集》卷36,《宋集珍本丛刊》本,第24册,第369页上栏。
④ (宋)杨简:《家记十》,《慈湖遗书》卷16,文渊阁《四库全书》影印本。

七 "四书"类

1.《论语说》5 卷，宋苏轼撰

苏轼有《苏氏易传》，前已著录。是书成于苏轼贬官黄州期间。据其《与滕达道书》《黄州上文潞公书》和苏辙《亡兄子瞻端明墓志铭》，苏轼在黄州即完成了《易传》和《论语说》。其《黄州上文潞公书》说："到黄州……因先子之学，作《易传》九卷。又自以意作《论语说》五卷。穷苦多难，寿命不可期。恐此书一旦复沦没不传，意欲写数本留人间。念新以文字得罪，人必以为凶衰不祥之书，莫肯收藏。又自非一代伟人不足托以必传者，莫若献之明公。而《易传》文多，未有力装写，独致《论语说》五卷。"① 他在黄州不仅完成"《论语说》五卷"写作，还抄正一本送与文彦博。另据苏辙《论语拾遗引》所言，苏辙少年时也曾作《论语略解》，苏轼贬官赴黄州时，"尽取以往"，《略解》许多观点即被苏轼采纳，"今见于其书者十二三也"②。可见，《论语说》也包含了苏辙的观点。绍圣继述，苏轼贬惠州，再迁儋州，其间苏轼还对《论语说》有所修改，故其最后定稿应在海南。其《答李端叔（三）》云："所喜者，海南了得《易》《书》《论语》传数十卷。"③ 即指此而言。建中靖国元年（1101），苏轼渡海北归，"所撰《易》《书》《论语》皆以自随，世未有别本"④，将至虔州，修书《答苏伯固》说："《论语说》，得暇当录呈。"⑤ 后辗转至常州，一病不起，苏轼把三书托付好友钱济明："某前在海外，了得《易》《书》《论语》三书，今尽以付子。"⑥

苏轼对包括《论语说》在内的三部学术著作很珍视，有"抚视《易》《书》《论语》三书，即觉此生不虚过"⑦ 之说。苏辙《亡兄子瞻端明墓志铭》也说他"复作《论语说》，时发孔氏之秘……既成三书，抚之

---

① （宋）苏轼：《黄州上文潞公书》，《苏轼文集》卷48，第1380页。
② （宋）苏辙：《论语拾遗引》，《栾城第三集》卷7，《栾城集》，第1535页。
③ （宋）苏轼：《答李端叔（三）》，《苏轼文集》卷52，第1540页。
④ （宋）苏轼：《书合浦舟行》，《苏轼文集》卷71，第2277页。
⑤ （宋）苏轼：《答苏伯固（四）》，《苏轼文集》卷57，第1742页。
⑥ （宋）何薳著，张明华点校：《春渚纪闻》卷6，中华书局1983年版，第85页。
⑦ （宋）苏轼：《答苏伯固（三）》，《苏轼文集》卷57，第1741页。

叹曰：'今世要未能信，后有君子，当知我矣。'"从朱熹至金元诸儒，后人对《论语说》的引用和称道，更是史不绝书。

是书卷数，晁公武《郡斋读书志》卷1上、马端临《文献通考·经籍考》均作"《东坡论语解》十卷"。陈振孙《直斋书录解题》卷3亦作"十卷"，书名作"东坡论语传"。尤袤《遂初堂书目》作《苏文忠论语传》，不载卷数。《宋史·艺文志》、朱彝尊《经义考》卷213作《论语解》"四卷"。明人曹学佺《蜀中广记》卷91作"五卷"；《国史经籍志》亦作"十卷"。但是，据苏轼《黄州上文潞公书》："又自以意作《论语说》五卷。"则书名当以"论语说"为正，卷数当以"五卷"为准。其作"十卷"，或为南宋以来流传版本分卷不同；而"四卷"之本，当为后来有所残缺。

明朝前期修《文渊阁书目》著录"《论语东坡解》一部二册"，傅维鳞《明书·经籍志》亦有著录，作"二册"。《文渊阁书目》，杨士奇编于正统六年（1441），是清点当时明皇室内阁藏书的记录，其时苏轼《论语说》尚存。同时的叶盛《菉竹堂书目》卷1著录："《论语东坡解》二册"，反映的都是明朝前期情况。后此156年当万历丁酉（1597年），焦竑刻《两苏经解》时，已不见有《论语说》，焦氏《两苏经解序》称："子瞻《论语解》卒轶不传。"

清初钱曾《述古堂藏书目》卷1载有"《东坡论语拾遗》一卷，抄"。按《论语》注称《拾遗》者乃苏辙所著，《文渊阁书目》等书目都在苏轼《论语说》外，著录苏辙《论语拾遗》1册（或1卷）。钱曾书目只有《东坡论语拾遗》，而无苏辙《论语拾遗》。与他同时的钱谦益《绛云楼藏书志》等又只有《苏子由论语拾遗》1卷，而无题名为"东坡论语拾遗"的书。因此我们怀疑钱曾著录的《东坡论语拾遗》乃苏辙《论语拾遗》之误，大概是因为苏辙《论语拾遗》所拾的乃是东坡《论语说》之"遗"。继后，朱彝尊著《经义考》已称《苏氏论语解》"未见"，表明明末清初学人已经看不到苏轼《论语说》了。

清末张佩纶《涧于日记》丁亥卷载："东坡先生说《论语》已佚。今从《栾城集·论语拾遗》辑三条，《朱子集注》辑九条，宋余允文《尊孟续辨》中有'辨坡《论语说》'八条（自注：王若虚《滹南遗老集》有《孟子辨惑》1卷，云：'苏氏解《论语》与《孟子》辨者八，其论差胜,亦皆失其本旨',即余所辨之八条也),益以文集所载,如《刚说》《思堂记》之类,略见一斑矣。"可见张氏曾有《论语说》辑本,但不见于诸家书目,也许并未流传下来。今人卿三祥、马德富也分别对苏轼《论语说》有辑佚补苴工作,卿氏《苏轼〈论语说〉钩沉》辑得87条,载于《孔子研究》1992年第2期。马氏《苏轼〈论语说〉钩沉》辑得50条,载于《四川大学学报》(哲学社会科学版)同年第4期。两种辑本是目前可见苏轼《论语说》佚文最集中的辑录。

2017年四川大学出版社出版《三苏经解集校》时,整理者在卿、马二氏辑本基础上,复广稽宋金文献,得苏轼《论语》之说40余条,加卿、马二氏所辑,已达130余条,每条或注明"卿辑",或注明"马有"或"马辑",新得遗说则注明"舒补",以示区别。而青年学人谷建、许家星所作补辑①,亦兼有采录。同时,为了给研究者提供参考资料,又广辑北宋以至于清人称引论说之语,作为"附录",列于相关各条之下,可谓非常完备。(舒大刚)

2. 《四书朱子集注古义笺》6卷,清李滋然撰

李滋然(1836—1911),字命三,号树斋,别号采薇僧,四川长寿(今属重庆)人。光绪五年(1879),为四川学使张之洞所识拔,调成都尊经书院肄业。十四年(1888),举乡试第六;十五年,连捷进士及第。签分广东,任电白、文昌、曲江、揭阳、顺德、普宁、东莞等县知县,皆有仁政。光绪末年,因力主办新学,废科举,语刺督抚,被弹劾去官,后随出使日本大臣李家驹为学务专员。宣统三年(1911),充师保主任,旋病卒于任。著有《周礼古学考》《四书朱子集注古义笺》《群经纲纪考》《采薇僧诗集》等行世。《长寿县志》有传。

按朱熹尝荟萃诸家之说、推敲注释文字而作《四书章句集注》,后世作为儒者研习和政府考试的标准注本,于是"四书"乃取代"五经"之教成为中国经学之正统;朱子的《章句集注》也取代唐人《九经正义》而与圣人经典同尊。朱子之撰《章句集注》,态度至谨,功夫至深,初则集古今诸家《论》《孟》之说以为《论语集义》《孟子集义》(二书又名

---

① 参见谷建《苏轼〈论语说〉辑佚补正》,《孔子研究》2008年第3期;许家星《苏轼〈论语说〉拾遗》,《兰台世界》2012年5月。

《精义》),《中庸》则据石㙡《中庸集解》删为《辑略》,《大学》其先已有程氏为之说;然后在以上集解的基础上,折中去取,断以己意,以成《章句集注》;最后,又将其折中去取之意撰为《四书或问》,以明其所以然。于此可见,朱子之书非苟且率尔而能成者。

然而智者千虑未必无失,体大之作也难免有疏。即如朱子此书,因搜讨范围太广,时限过长,自汉儒经注以至于子史古义,兼综并采,咸加熔铸。然而称引之际不无缺陷,于所引诸家之说,有标其名者,也有不标名者。其标名者固因朱注盛行而流芳百世,其不标名者则因姓字无称而寂寞九泉。正是由于这种出处标明不一,为例不纯,以致引起学者的诸多质疑。昔者唐玄宗之注《孝经》,也是范围"百家",折中"十室",以成新注;为不掩其美,又令元行冲撰《御注孝经疏》,将御注袭用旧说之处,一一标其名氏,予以指明。集美而不掠美,新注丕显,旧注益彰,于是新旧之间并行不悖,艺林传为美谈。而元人明人之作《纂义》与《大全》,其意唯在引录众说以证朱义,而于朱注发覆索隐功夫,殊甚欠缺。于是滋然乃作此书。

是书撰著大旨,即在于区别朱注与古注,而笺以己意明之。书凡6卷,首有《自序》及《凡例》,正文中对于朱注与古注相同者,先列经文,次列朱注,再列古注,最后以己意断之,是为笺证。今观其所列,朱子之注有直用古注者,有用其义而变其文者,有参引异说者,有融会众说而成者。滋然皆为之笺出,非唯朱子之功臣,亦古注之知音也。

是书印行于滋然随李家驹出使日本时,今传版本主要有清光绪间铅印本、清宣统间铅印本、中华民国间铅印本等。(李冬梅)

八 "小学"类

1.《方言》13卷,汉扬雄撰

扬雄有《太玄》,前已著录。是书旧本题为"辎轩使者绝代语释别国方言",为简便计,诸家援引及史志著录乃省文谓之"方言"。此书之作,据应劭《风俗通义序》云:"周、秦常以岁八月遣辎轩之使,求异代方言,还奏籍之,藏于密室。及嬴氏之亡,遗脱漏弃,无见之者。蜀人严君平有千余言,林闾翁孺才有梗概之法,扬雄好之,天下孝廉卫卒交会,周章质问,以次注续,二十七年,尔乃治正,凡九千字,其所发明,犹未若《尔雅》之闳丽也,张竦以为悬诸日月不刊之书。"① 扬雄以27年之功,集古籍所载与当时调查所获,仿照《尔雅》体例,乃撰成《方言》一书,故有学者推为"悬诸日月不刊之书"。然应劭《序》称《方言》9000字,而今本实有11900余字,恐其后在流传过程中,后儒或有所附益。

《方言》是我国最早的一部方言著作,在语言学史上具有里程碑式的意义。其体例仿《尔雅》,所收词汇虽不标门类,但基本上是按内容分类编排的。释词一般是先列举一些不同方言的同义词,然后用一个通行的词来加以解释,以下大都还要说明某词属于某地方言。也有时先提出一个通名,然后说明在不同方言中的不同名称。所记方言地域广阔,东起齐东海岱,西至秦陇凉州,北起燕赵,南至沅湘九嶷,另外还涉及了朝鲜半岛北部的一些方言。书中收集并保存了相当多的汉代口语词汇,这不但为我们了解汉代"普通话"的词汇提供了重要依据,也为我们研究古今语音语义的变化规律提供了很好的资料。因此,郭璞赞其"考九服之逸言,摽六代之绝语"②。

此书世有刊本,然文字古奥,训义深隐,校雠者多不易详,故断烂讹脱,几不可读。清修《四库全书》,即据《永乐大典》所收,多有厘正。"参互考订,凡改正二百八十一字,删衍文十七字,补脱文二十七字。……并逐条援引诸书,一一疏通证明,具列案语。"③今传本除《四库全书》本外,尚有《四部丛刊》本、《汉魏丛书》本、《景印元明善本丛书十种》本等。而历史上为《方言》作注的亦有很多,亦不失为较好的《方言》版本选择。

《方言》最早的注本是晋代郭璞的《方言注》,是书常常将晋代的方言和汉代的方言做比较,以通古今。清代研究《方言》的也有多家,其中成就较高的是戴震的《方言疏证》和钱绎的《方言笺疏》,他们都对《方言》做了很好的整理和阐发。《方言疏证》对《方言》一书做了细致

---

① (汉)应劭撰,王利器校注:《风俗通义校注·风俗通义序》,中华书局1981年版,第11页。
② (晋)郭璞:《方言注自序》,载(汉)扬雄撰,晋郭璞注《輶轩使者绝代语释别国方言》卷首,文渊阁《四库全书》影印本。
③ (清)永瑢等:《四库全书总目》卷40《方言》提要,第340页。

的文字校正，并逐条做了疏证，是研究《方言》的重要参考书。《方言笺疏》广征博引，材料比较丰富，而且能从声音上去解释词义，成就较高。

中华书局 2006 年出版的华学诚的《扬雄方言校释汇证》，以上海涵芬楼《四部丛刊》影宋本为底本，所有校勘内容统一在文后按条列举，原则上只对《方言》原文和郭《注》中的被释词进行注释，是能够反映今天学术水平的新的校证本。（李冬梅）

2.《蜀语》1 卷，明李实撰

李实（1598—1676），字如石，别号镜庵，自署"西蜀进士"，四川遂宁人。崇祯十六年（1643）进士，选长洲（今属苏州）令，有政声。后去官，寄居吴门 30 年之久。虽因其子仙根历仕推恩，诏赠朝议大夫，然李实淡泊守素，不交当世显达，以著述自娱。著有《春秋解》《礼记疏解》《六书偏旁》《蜀语》《吴语》《四书晚解》《佛老家乘》等书。不过除《蜀语》外，他书存佚待访。事迹见《遂宁县志》《苏州府志》。

蜀中的方言学著作，导源于西汉末年扬雄的《方言》。然而其后在相当长的时期内，方言学的研究却承嗣乏人。直至明代中晚期，蜀中学者杨慎、李实才有所改变，其致力于俗语、方言的研究，分别撰有《俗言》《蜀语》，成为蜀学中异军突起的一支力量。其中李实的《蜀语》既是记载四川方言词语的一部专著，也是我国现存最早的一部"断域为书"的方言词汇著作。书凡 1 卷，前有李实识语，云："《方言》采于𫐐轩，《离骚》多用楚语。学士家竞避俗摭雅，故贱今而贵古，人越而话燕；遂至混掇名品，倒易方代。以仆观之，字无俗雅，一也。'夥颐''沈沈'，焉殊典诰；'笑言哑哑'，何异里谈乎？实生长蜀田间，习闻蜀谚，眩于点画不暇考；留滞长洲，闲得以考之。虽佁儗臧甬，骤疑方音啢哗，而皆有典据如此，君子其可忽诸？然将知而耄及，千百曾不得一，俟博闻者补焉。传曰：'乐操土音，不忘本也。'西蜀进士李实识。"是李实居住长洲时，凭借早年习得的蜀谚，又多方搜罗，质诸文献记载，撰成《蜀语》一书。而自署曰"西蜀进士"，盖寓明遗民之意也。

是书所录四川方言词语，采用条目罗列的方式，共计 563 条。其内容大致包括人物称名、一般称谓、动作行为、形容状貌等。其体例是一般先说明词义，然后再注字音，词语用字比较常见的，只做解释，不再注音。在李实看来，词语无论古今、雅俗，其功用地位都是相同的，"避俗摭雅,贱今贵古",是非常不妥当的,可见其方言观念实具有朴素的科学性。

是书所记录的蜀方言词语,大多出于作者亲闻,因此比较真实可靠,是研究明代巴蜀方言最翔实的语料,故自来研究汉语史及蜀方言的学者颇为重视。此外,书中的一些条目还记述了当时巴蜀地域的一些文化风俗,为人们展示了各类鲜活的明代社会生活图景。

《蜀语》今收录于李调元《函海》及《丛书集成初编》中,另有光绪间刻本,巴蜀书社1990年版黄仁寿、刘家和等《校注》本。(李冬梅)

九 群经总义类

1. 《三苏经说》,宋苏洵、苏轼、苏辙撰

苏洵(1009—1066),字明允,号老泉,眉州眉山(今四川眉山)人。与子轼、辙合称"三苏"(苏轼有《苏氏易传》,苏辙有《诗集传》,前皆已著录),亦为"唐宋八大家"之一。幼聪敏,智辩过人,然少不喜学。及长,学句读,属对声律,未成而废。天圣五年(1027),举进士不第,弃学游历七八年。后以其妻程氏劝,27岁始发愤读书。岁余举进士及茂才异等,皆不中,乃愤而焚其文,杜门苦学,遂通"六经"、百家之说。嘉祐元年(1056),偕二子轼、辙赴京,谒翰林学士欧阳修,修见其文,目为荀子,谓"后来文章当在此",并上书朝廷甄用。二年(1057),轼、辙同中进士,"一日父子隐然名动京师,而苏氏文章遂擅天下"。"一时后生学者皆尊其贤,学其文以为师法。"① 五年(1060),应宰相韩琦举荐,任试秘书省校书郎。次年,迁霸州文安县主簿,与陈州项城县令姚辟同修《太常因革礼》,书成未几病卒,年仅58岁。著有《易传》《谥法》《皇祐谥录》及文集等。《宋史》卷443有传。

"三苏"是宋代蜀学的代表人物,他们所创立的蜀学与荆公新学、濂洛理学鼎足而立,成为北宋的重要学术流派。父子三人在经学、史学、子学、文学等领域俱有重要成果,然由于他们文学盛名极高,后人多醉心于其文学成就的研究,而于其经学、史学等成就则关注较少。实际上

---

① (宋)欧阳修:《故霸州文安县主簿苏君墓志铭》,《欧阳修全集》卷35,第512—513页。

"三苏"父子对于自身经学研究成果极为珍视，时人及后学对其成就评价也极高。除经学专著外，三人还有多篇经学专论流传于世，这些文章涉及"六经"、《洪范》、《论语》、《孟子》、《中庸》、《太玄》等各种经典，体现了父子三人的经学观点。他们自相师友，学术旨趣一致，父子三人在前人经学研究的基础上做了进一步的推进，并将"人情说"和"权变观"与解经相结合，从明道、治心、治世多个层面展开经说之论述，其总体特征乃致力于经世致用，即苏辙所言"以古今成败得失为议论之要"，自成一体，影响深远。

《三苏经说》系苏洵、苏轼、苏辙父子三人经学论文的汇编。其初步整理，可溯源于宋刊本《重广分门三苏先生文粹》，此本将"三苏"的单篇经说（含《孟子解》《论语拾遗》）类辑为 10 卷，置于卷首。比较完善、全面的，则为《三苏经解集校》中的汇编和整理。此本以宋刊本《重广分门三苏先生文粹》为底本，增加收录范围，以宋婺州东阳胡仓王宅桂堂刻本《三苏先生文粹》、文渊阁《四库全书》本《嘉祐集》、重刊明成化本《东坡续集》和《东坡应诏集》、明万历刊《重编东坡先生外集》、明嘉靖活字本《栾城集》、摛藻堂《四库全书荟要》本《栾城应诏集》为参校，重新将"三苏"父子的经学论文全部汇兹一编，并加以校点整理。

全书按苏洵、苏轼、苏辙人物为序排列，分三部分，共收文 59 篇。其中：《苏洵经说》14 篇，含《六经论》《洪范论》《太玄论》《太玄总例》；《苏轼经说》34 篇，含《五经论》《易说》《书解》《春秋论》《论语解》《孟子解》《中庸论》；《苏辙经说》11 篇，含《进论》《易说》《洪范五事说》《诗说》《春秋说》。

此本收录于《三苏经解集校》，尤潇潇校点，舒大刚审校，四川大学出版社 2017 年出版。（尤潇潇、李冬梅）

2. 《升庵经说》14 卷，明杨慎撰

杨慎（1488—1559），字用修，号升庵，后因流放滇南，自称博南山人、金马碧鸡老兵，四川新都人。自幼聪慧过人，又勤勉好学，正德六年（1511）殿试第一，授翰林院修撰。嘉靖三年（1524），因议大礼违背世宗意愿受廷杖，几死复生，谪戍云南永昌卫，居 30 余载，终老于此。杨慎知识渊博，著述最富，有哲学、历史、地理、天文、金石、书画、文字、音韵、文学和文学批评等方面的著作达400余种，故《明史》本传称："明世记诵之博，著作之富，推慎为第一。诗文外，杂著至一百余种，并行于世。"事迹具《明史》卷192《杨慎传》。

是书为杨慎诠释"十三经"的经学著作，凡14卷，有《周易》2卷、《尚书》1卷、《毛诗》3卷、《春秋左传》附《公》《谷》2卷、《礼记》1卷、《大学》《中庸》1卷、《周礼》《仪礼》2卷、《论语》1卷、《孟子》1卷。

其卷数，诸家著录多有不同。《千顷堂书目》卷3著录："杨慎《升庵经说》八卷。"注又云："一作《经说丛抄》六卷。"《授经图义例》卷20亦载："《升庵经说》八卷。"而李调元《函海》则据焦竑14卷本刊本重刻。盖14卷本为完书，8卷、6卷为残本或不足本，诚如李调元所说："盖皆后人抄逸，而此（14卷本）独完善，洵足本也。"①

是书诸经分列，不录经文，依条注释。慎雄才博雅，精于考证，他强调治经必先通古文字学，而又必须通过读准字音来理解字义，故《升庵经说》主要从正诂和审音两方面入手，对诸经各条进行诠释。其注解不仅有批评宋儒解经之误处，同时也注意辨正汉儒注经之误，不过所论则得失皆有，正如江瀚所云："披沙拣金，亦往往见宝。"对清代训诂考证学和音韵学的发展实有重要影响，故《续修四库全书总目提要》推为"明人经说之翘楚"。

是书今有《函海》本、《丛书集成初编》本、《杨升庵丛书》本、明抄本、清光绪七年广汉钟登甲乐道斋刊本等。（李冬梅）

3.《今古学考》2卷，清廖平撰

廖平有《谷梁春秋经传古义疏》，前已著录。此书为廖平的成名之作，专为区别汉代今文、古文经典和学派而作。凡上、下两卷，上卷为表，下卷为说明。上卷共列20表，依次为《汉艺文志》今古学经传师法表、《五经异义》今古学名目表、《五经异义》今与今同古与古同表、郑君以前今古诸书各自为家不相杂乱表、今古学统宗表、今古学宗旨不同表、今学损益古学礼制表、今学因仍古学礼制表、今古学流派表、《两戴

---

① （清）李调元：《升庵经说序》，《杨升庵丛书》第1册《升庵经说》附录，天地出版社2002年版，第405页。

记》今古分篇目表、今古学专门书目表、今古兼用杂同经史子集书目表、《公羊》改今从古《左传》改古从今表、今古各经礼制有无表、今古各经礼制同名异实表、今古各经礼制同实异名表、今古学鲁齐古三家经传表、郑君以后今古学废绝表、今学盛于西汉古学盛于东汉表、今古学经传存佚表、回溯今、古文学源流，梳理今、古文学之界限与线索，提纲挈领，旁行斜上，形象直观地对汉代今古文经学的区别和系统做了展示。

下卷共列100余则"经话"，对上卷诸表的依据和原理进行了详尽论述。书中提出《周礼》是古文家的礼制纲领，《王制》则是今文家的礼制依据。《周礼》为周公所著，《王制》为孔子手定，故今文经学祖孔子，古文经学宗周公。孔子早年从周，晚年改制；"从周"故主旧有的《周礼》，"改制"故新著成《王制》。古文经传习的是孔子早年旧说，今文经传习的是孔子晚年新说。廖平认为，由于西汉后期的今古文之争，刘歆为了给予古文经取胜的地位，已经将古文经传窜改了，使其历史面貌荡然无存。今天要判明经学中的今古文学问题，就应当以礼制为准绳，用礼制来区别今古文。礼制是廖平用来平分今古文的准绳和法宝，他认为用礼制来解决今古文问题，犹如庖丁解牛、犀角分水，莫不判然有别，怡然理顺。

廖平此论实发千古之覆，为前人所未悟，故俞樾推许《今古学考》为"不刊之作"。此书于光绪十二年（1886）著成后，学人乃稍知今古文门径，如言今文经学的皮锡瑞、康有为，言古文经学的刘师培、章太炎等，都依廖平之例而为说。

此书今传版本主要有光绪十二年《四益馆经学丛书》本、《新订六译馆丛书》本、巴蜀书社1998年版《廖平选集》黄海德校点本、上海古籍出版社2015年版《廖平全集》整理本等。（李冬梅）

4. "蜀石经"，五代后蜀毋昭裔创刻

毋昭裔，生卒年不详，五代后唐龙门（今山西河津）人。博学多才，后投靠后唐庄宗李存勖的姐夫孟知祥部。同光三年（925），孟知祥灭前蜀，为成都尹、剑南西川节度副大使，昭裔为其掌书记。934年，孟知祥建立后蜀政权，改号明德，昭裔为御史中丞。同年7月，知祥死，子昶即位。次年4月，昭裔任中书侍郎同平章事，位居宰相。广政三年（940），兼判盐铁。广政十四年（951），以年老致仕。一生为政稳重，以

惠民为本。其主要贡献在于发展雕版印刷业,自出私钱百万,营建学校,雕刻书籍;特别是命张德钊等书写儒家经典,刻成石经,置于成都学宫,此即著名的"蜀石经"。

"蜀石经"又称"广政石经""孟蜀石经""石室十三经""蜀刻十三经",创刻于五代后蜀广政初年,由毋昭裔创议并主持,为儒家"十三经"经注最早的完整辑刻。昭裔以唐《开成石经》为蓝本,对经文精心订正后聘用著名书法家书写、精湛刻工刊石。广政七年(944)刻成《孝经》《论语》《尔雅》,由简州平泉令张德钊书写。广政十四年(951)又刻成《毛诗》《礼记》《仪礼》《周易》《尚书》《周礼》及《左传》前17卷。其中《毛诗》《礼记》《仪礼》由秘书郎张绍文书写,《周易》由国子博士孙逢吉书写,《尚书》由校书郎周德正书写,《周礼》由校书郎孙朋吉书写,而《左传》前17卷则未著书写人名姓。曹学佺《蜀中广记》卷1引宋赵抃《成都记》径直称"刻《孝经》《论语》《尔雅》《周易》《尚书》《周礼》《毛诗》《礼记》《仪礼》《左传》凡十经于石"。然则孟蜀所刻仅止于此十经。至北宋又继《孟蜀石经》后补刻三经:北宋仁宗皇祐元年(1049)蜀帅田况将《左传》续刻完毕,又增刻《公羊》《穀梁》二传;徽宗宣和五年(1123),蜀守席贡又补刻《孟子》。至此,儒家"十三经"便皆刻于四川成都府学,后世通称为"石室十三经"。宋曾宏父《石刻铺叙》、赵希弁《郡斋读书附志》著录"蜀石经"拓本并称"以上《石室十三经》,盖孟昶时所镌"[1]云云。这是儒家"十三经"的首次结集,也是儒家经典体系第一次获得"十三经"之称,意义重大。

据王明清《挥麈录·余话》云:"毋丘俭(按,当作毋昭裔)贫贱时,尝借《文选》于交游间,其人有难色。发愤异日若贵,当板以镂之遗学者。后仕王(按,当作孟)蜀为宰,遂践其言刊之。印行书籍,创见于此。事载陶岳《五代史补》。后唐平蜀,明宗命太学博士李锷书'五经',仿其制作,刊板于国子监,监中印书之始。今则盛行于天下,蜀中

---

[1] (宋)曾宏父:《石刻铺叙》,《知不足斋丛书》本;(宋)赵希弁:《郡斋读书附志》卷上,《郡斋读书志校证》本,第1086页。

为最。明清家有锷书印本'五经'存焉，后题长兴二年（931）也。"①
除了刻印书籍外，毋昭裔还大力发展教育。当时孟蜀政局初定，府库并不充裕，刻经工程浩大，经费拮据，他于是慨然捐出自己的俸禄，以襄其事。司马光说："自唐末以来，所在学校废绝，蜀毋昭裔出私财百万，营学馆，且请刻板印'九经'②。蜀主从之。由是蜀中文学复盛。"③ 毋氏以私财办学、刻书、刻石经，公之于世，令人观习，对蜀中学术文化的发展起到了很大的推动作用。宋吕陶有言："'蜀学'之盈，冠天下而垂无穷者，其具有三：一曰文翁之石室，二曰周公之礼殿，三曰石壁之九经！"④ "石壁九经"即昭裔创刻的"蜀石经"，可见其影响之巨。

"蜀石经"虽然依仿唐代的《开成石经》，但在刊刻经典文献的正文外，还于各经句下以双行小字刊列注文，这不仅有利于民间校对经注文字，还为人们正确理解经文意义提供了注本，大大促进了儒学在蜀中的普及。又由于"蜀石经"的书法与刊刻都出于当时名家高手，书法优美，刊刻精整，故学者称赞它"端方精谨""谨严遒峻"，"较《开成石经》尤为优美！"⑤ 杨慎《丹铅录》评论说："孟蜀石刻九经，最为精确。""蜀石经"所用石料，系成都附近灌县（今都江堰）的青石，经琢磨后双面刊刻。经石呈长方形，其厚度约为3厘米。每块经石都在其侧面刻有序列编号，各经篇目章次，一目了然。

"蜀石经"从广政初年（938）始刻，至宣和五年（1123）完成，前

---

① （宋）王明清：《挥麈录·余话》卷2，文渊阁《四库全书》影印本。按：王明清此处所述有误，李锷刻经在长兴二年（931），毋昭裔刻经乃在广政，第一批成于广政七年（944），是李锷刻书在前。但从王明清之记述可见唐末以来蜀中雕版印书之盛。
② 关于《孟蜀石经》所刻经数，如前所列，孟蜀时刻有10种，赵宋时刻有3种，然此处引吴任臣文及后引杨慎、吕陶文却均言九经。对于这一问题，有学者认为："'九经'一词多是泛称，相当于'群经'的意思。"（舒大刚：《试论"蜀石经"的镌刻与〈十三经〉的结集》，《宋代文化研究》第15辑，四川大学出版社2008年版，第424页）亦有学者认为："是没有把《尔雅》计算在内，因为它只是一种训诂方法的工具书。"（李均惠：《孟蜀石经与蜀文化》，《文史杂志》1998年第6期）均可为参考。
③ （宋）司马光：《资治通鉴》卷291后周广顺三年六月，文渊阁《四库全书》影印本。
④ （宋）吕陶：《府学经史阁落成记》，《净德集》卷14。
⑤ 周尊生：《近代出土的蜀石经残石》，《文物》1963年第7期。

后经历 200 年。"蜀石经"经注文数达 1414585 字,"其石千数"①,是中国历代石经中字数最多、刊时最长、体例最备、资料价值最高的一种,也是规模最大的一种。② 刻成后立于成都府学,可谓洋洋大观。为了保护这些规模庞大的石刻经典,宋神宗时蜀守胡宗愈作廊庑"石经堂"以贮之。"蜀石经"与五代所行"监本"一道,是宋人校勘经书的重要版本。南宋初年,晁公武即据"蜀石经"与"监本"校勘,发现不少异同,撰成《蜀石经考异》,于是与《古文尚书》并刻立于"蜀石经"之末。

"蜀石经"当时曾经以拓本形式流传于世。绍兴二十九年(1159),资州盘石人李石出任成都府学官,有《府学十咏·石经堂》云:"登登阁阁隐金槌,耳聒散空垂雹雨。蜡熏煤染连作卷,玉轴锦装如束杵。岂无一物媚权豪,几纸才堪博圭组。"说当时人捶拓石经来献媚"权豪"。又说当时"诸生"唯守印本经书,却对石经来历不甚了解,"诸生读经半白头,问以始终箝不语","后生不复事丹铅,抵死唯知守藤楮"。③ 孝宗乾道末(1173 年)、淳熙初(1174 年),陆游宦游蜀中,也曾听到石室学宫捶拓石经的声音,"衣冠严汉殿,草木拱秦城";"出门还懔恍,列屋打碑声"(自注:"墙东即石经堂")。④ 这都给我们展现了石经拓本大受欢迎的情景。

可惜的是,"蜀石经"至宋末元初已大多毁亡,其形制至今已不能详考,后世所传唯有残石和拓片而已。至清,"蜀石经"原石残片,乾隆四十年(1775)福康安修筑成都城时曾得数十块,后为什邡令任思任运归贵州,不知所终。抗日战争期间,为避免日机轰炸,疏散城中民众,曾经炸毁成都南门城墙,又从中发现石经十枚,其中《仪礼·特牲馈食礼》残石即藏于中国历史博物馆。今四川博物院藏有"蜀石经"残石六块,为《毛诗·周颂》《鲁颂》、《周易·中孚》《履卦》《否卦》、《尚书·禹

---

① (宋)范成大著,孔凡礼整理:《石经始末记》,《范成大佚著辑存》,中华书局 1983 年版,第 160 页。
② 按:《开成石经》立石 114 通 228 面,共 65 万余字;《乾隆石经》立石 190 通 380 面,共 68 万余字。
③ (宋)李石:《府学十咏·石经堂》,《方舟集》卷 2,文渊阁《四库全书》影印本。
④ (宋)陆游:《访杨先辈不遇因至石室》,载钱仲联校注《剑南诗稿校注》卷 8,上海古籍出版社 1985 年版,第 666 页。

贡》《说命中》《君奭》及《古文尚书·禹贡》《多士》,各有残缺,字数不等。"蜀石经"的拓片全本,宋时内府有拓本96册,明代《文渊阁书目》《国史经籍志》尚有完整著录,至清则唯有残卷矣,厉鹗诗曰:"《孟蜀石经》仅一卷,张绍文笔严形模。"①

刘体乾所藏宋拓本"蜀石经",是现存最佳的拓本,为宋拓本之残本合璧。考其渊源,则相继由宋内府、刘体乾、陈澄中等递藏。此本含有墨拓本《周礼》《公羊传》《穀梁传》《左传》,其中《左传》册页上钤有"东宫书府"印,为宋代内府官印,可知此本系宋拓无疑。又有清及近代以来名家题跋及题签、题首、观款达百余条,还有何维朴、金蓉镜、林纾、吴昌硕等十数人的绘图,拓本藏印累累,递藏有绪。尤其是乾嘉以来著名学者如翁方纲、段玉裁、钱大昕、瞿中溶、梁章钜、何绍基、祁寯藻、潘祖荫、王懿荣、缪荃孙、杨守敬、王闿运、沈曾植等数十人的题跋,为"蜀石经"研究提供了宝贵资料。这是现存内容最多的"蜀石经"拓片,也是现存最早的宋拓本,今藏于中国国家图书馆,有影印本传世。此外,上海市图书馆亦藏有宋拓本《蜀石经·毛诗》残卷。(李冬梅)

十 经学丛书类

1.《两苏经解》,宋苏轼、苏辙撰,明焦竑辑

苏轼有《苏氏易传》,苏辙有《诗集传》,前皆已著录。焦竑(1540—1620),字弱侯,号漪园,又号澹园,祖籍山东日照,祖上寓居南京。万历十七年(1589)会试中状元,授翰林院修撰、皇长子侍读等职。焦氏博览群书,尤精于文史,是明代晚期著名思想家、藏书家、音韵学家、文献考据学家。平生著述甚丰,自撰、评点、编纂书籍80部900余卷,主要有《澹园集》《澹园续集》《国史经籍志》《焦氏笔乘》《国朝献征录》等。平生收藏校刻文献无数,《两苏经解》即其所校勘的大型文献之一。

苏轼、苏辙兄弟作为北宋蜀学的领袖人物,不仅撰写了大量文章诗

---

① (清)厉鹗:《十二月十五日,雪中同敬身集谷林南华堂,观"蜀广政石经"残本、宋廖莹中世綵堂刻〈韩集〉作》,《樊榭山房集》续集卷2,文渊阁《四库全书》影印本。

词，还著有卷帙浩繁、价值不菲的经学著作，反映了他们丰富的经学和哲学思想。"二苏"进行系统的经学研究，大致分两个时期：一是元丰年间（1079—1082），二是绍圣年间（1095—1098）。神宗元丰二年（1079），苏轼因"乌台诗案"贬官黄州，为团练副使；苏辙亦受牵连，被贬筠州，监盐酒税。轼在黄州《与滕达道（二一）》说："某闲废无所用心，专治经书。一二年间，欲了却《论语》《书》《易》，舍弟已了却《春秋》《诗》。虽拙学，然自谓颇正古今之误，粗有益于世，瞑目无憾也。"① 这里所提诸书，即后来完成的《易传》《书传》《春秋集解》《诗集传》和《论语说》五部经解。苏轼在《黄州上文潞公书》中也说："到黄州，无所用心，辄复覃思于《易》《论语》，端居深念，若有所得，遂因先子之学，作《易传》九卷。又自以意作《论语说》五卷。"② 又在《与王定国（十一）》中说："某自谪居以来，可了得《易传》九卷，《论语说》五卷。今又下手作《书传》。……子由亦了却《诗传》，又成《春秋集传》。"③ 这都表明在此期间，苏轼、苏辙兄弟已初步完成了《易传》《春秋集解》《诗集传》和《论语说》的写作，并且苏轼已经着手《书传》的写作了。

哲宗元祐间，轼、辙回朝任职，无暇顾及学术。及绍圣元年（1094），苏轼又以"诋斥先朝"罪，贬官岭南，惠州安置。四年（1097），又被责授琼州别驾，移昌化军（今属海南）安置。苏辙也再贬筠州，继迁雷州。在此期间，苏氏兄弟又迎来了学术的全盛期，苏辙撰《老子解》，苏轼则奋力写成《书传》，并对已成的《易传》《论语说》做了修订和补充，其《答李端叔（三）》，"所喜者，海南了得《易》《书》《论语》传数十卷"④，即是明证。

苏轼、苏辙的上述著作写成后，由于朝廷"党禁"和打击"元祐学术"，故上述著作未能全部刊行。据目录书著录，在北宋只有《诗集传》刻本，在南宋也只有《易传》刻本，其他各种均以抄本形式流行于学者

---

① （宋）苏轼：《与滕达道（二一）》，《苏轼文集》卷51，第1482页。
② （宋）苏轼：《黄州上文潞公书》，《苏轼文集》卷48，第1380页。
③ （宋）苏轼：《与王定国（十一）》，《苏轼文集》卷52，第1519—1520页。
④ （宋）苏轼：《答李端叔（三）》，《苏轼文集》卷52，第1540页。

和藏家之间，讹脱多有。《论语说》后竟失传。直至明万历年间，焦竑收集"二苏"著述，仅得苏轼《东坡先生易传》9卷、《东坡先生书传》20卷，苏辙《颍滨先生诗集传》19卷、《颍滨先生春秋集解》12卷、《论语拾遗》1卷、《孟子解》1卷、《颍滨先生道德经解》2卷；而苏轼所撰《论语说》一书，已无可觅！焦氏将收集所得汇为《两苏经解》，凡64卷，并撰序给予极高评价。万历二十五年（1597），毕氏将书稿刊刻于世，人们始见"二苏"经学成就之原貌。后14年，顾氏又据其本再次翻刻，"二苏"的经学著作始大行于时，为学人所重。

其版本，目前存世主要有明万历二十五年毕氏刻本、万历三十九年顾氏刻本。此外还有日本《京都大学汉籍善本丛书》本，系日本京都同朋舍于昭和五十五年据万历二十五年刊本影印。（李冬梅）

2.《九经要义》，宋魏了翁撰

魏了翁有《周易集义》，前已著录。《九经要义》凡263卷（残），是魏了翁对唐人所撰各经义疏的删节摘要。孔颖达等作《五经正义》，贾公彦撰《周礼注疏》《仪礼注疏》，徐彦撰《穀梁注疏》，杨世勋撰《公羊注疏》，形成所谓的《九经正义》。宋初，邢昺等又撰《论语注疏》《孝经注疏》《尔雅注疏》，南宋又有托名孙奭撰的《孟子正义》，于是儒家"十三经注疏"最后形成。诸经义疏对以往的经书训释进行了总结，这是汉学达到高峰的重要标志。然而由于转相传抄，五代"监本"又校勘不精，以致内容讹误颇多，北宋太宗时期，曾经以政府的力量，组织学人对唐修诸疏进行校勘刻印，颁行天下学宫，对宋代经学的繁盛不无促进。但是，唐人所撰诸经义疏，坚持"疏不破注""惟古注是从"的原则，在发明经义方面往往不惬人意。又兼"以《纬》证《经》"，以孔子所不言的"怪力乱神"资料以解经，引得后世学人不满。加之疏文广引诸家，不厌其烦，训释文字浩繁芜杂，极不便于读者观览。故后之学者每有重修注疏之议，如北宋欧阳修曾打算对《九经正义》进行删削，删去谶纬之文[①]；南宋苏籀也提议削其繁芜，增加北宋研究成果，而别撰新疏，惜皆未果。

南宋理宗宝庆元年（1225），魏了翁遭朱端常弹劾，诏降三官，谪居

---

① （宋）欧阳修：《论删去九经正义中谶纬札子》，《欧阳修全集》卷112，第1707页。

靖州（今湖南靖县）。《宋史》本传载："了翁至靖，湖、湘、江、浙之士，不远千里负书从学。乃著《九经要义》百卷，订定精密，先儒所未有。绍定四年复职，主管建宁府武夷山冲佑观。"在此期间，他办学授徒，潜心向学，对诸经义疏重加辑比，删繁挈要，谓之《要义》。他多次提道："山中静坐，教子读书，取诸经、三《礼》，自义疏以来，重加辑比"，"山中自课以圣贤之书，日有程限。诸经义疏，重与疏别一遍"。①《四库全书总目》亦云："了翁以说经者但知诵习成言，不能求之详博，因取诸经注疏之文，据事别类而录之，谓之《九经要义》。"②

《九经要义》是魏了翁对唐修《周易》《尚书》《诗经》《仪礼》《礼记》《周礼》《春秋》诸经"正义"及宋修《论语》《孟子》"注疏"进行的整理和摘录。《要义》的显著特点，是以宋代理学的眼光来重新审视汉学，使经传注疏中所蕴含的典制与义理资料得到进一步的阐发和突出。魏氏作为南宋理学的重要人物，也反对"束书不观，游谈无根"，着力矫正盲目迷信朱学、不求创新的时弊，提出"一字一义不放过"③，形成"倡读古注"的实学风格，对其中的事事物物、正确讹误，都要寻根溯源，类集区分。元虞集《鹤山书院记》云："于是传注之所存者，其舛讹牴牾之相承，既无以明辨其非是，而名物度数之幸在者，又不察其本原，诚使有为于世，何以征圣人制作之意，而为因革损益之器哉！魏氏又有忧于此也，故其致知之日，加意于《仪礼》《周官》、大小《戴》之记，及取九经注疏正义之文，据事别类而录之，谓之《九经要义》。其志将以见夫道器之不离，而有以正其臆说聚讼之惑世。"④因此，《九经要义》以采掇谨严，别裁精审，精华毕撷，实为读注疏者之津梁，于学者最为有功。

《九经要义》所含各经《要义》分别为：《周易要义》10卷、《尚书要义》20卷、《毛诗要义》20卷、《仪礼要义》50卷、《礼记要义》33卷、《周礼要义》30卷、《春秋左传要义》60卷、《论语要义》10卷、

---

① （宋）魏了翁：《答范殿撰（子长）》《答许介之解元（玠）》，《重校鹤山先生大全文集》卷34。
② （清）永瑢等：《四库全书总目》卷3《周易要义》提要，第17页。
③ （宋）魏了翁：《答巴州郭通判（黄中）》，《重校鹤山先生大全文集》卷36。
④ （元）虞集：《鹤山书院记》，《道园学古录》卷7，文渊阁《四库全书》影印本。

《孟子要义》14 卷。其中每书均节录注疏之文，每条之前各为标题，而系以先后次第，实为"九经"制度、名物与体例、义理的纲领性概括。不过，由于《九经要义》乃"取诸经注疏正义之文，据事别类而录之"①，多不附魏氏己见，故有的学者对其评价不高。然从魏氏辟谬说、削繁文的角度而言，《九经要义》实启后人读经之新途径。如莫伯骥《五十万卷楼群书跋文》即评论曰："谶纬之书，《唐志》犹存九部四十八卷，孔氏作《正义》往往引之。宋欧阳修尝欲删而去之，以绝伪妄，使学者不为其所惑，言不果行。迨魏氏作《九经要义》，始加黜削，而其言始微。此前人之说也。嘉兴钱氏泰吉谓：唐人义疏，读者每病其繁，魏氏《九经要义》以删谶纬为主，然于繁文未能尽节。武进臧氏琳欲仿《史通》削繁之法，裁剪义疏，别为《九经小疏》。……此可证魏氏著书之主见，又为后人启读经之新途径矣。"②今按其书，虽然谶纬文献未能尽除，然奇谈怪说、不切实际者亦已遁迹。而且"鹤山诸经《要义》皆举当时善本，纲提件析，条理分明，为治经家不可少之书"③。

《九经要义》编成后，由了翁次子魏克愚刻于淳祐年间，其版本至明已有散佚。明张萱《内阁藏书志》只著录7种："《九经要义》，魏了翁著。考究九经中义理制度也。今内阁见存《仪礼》七册、《礼记》三册、《周易》二册、《尚书》一册、《春秋》二册、《论语》二册、《孟子》二册。又于前书各段分类，为类目六卷，以便简阅。尚存。"需要指出的是，《毛诗要义》当时并未散佚，不知张氏为何不予著录？

进入清代后，又佚《论》《孟》二书要义，九经仅存六种，即《周易要义》《尚书要义》《毛诗要义》《仪礼要义》《礼记要义》和《春秋左传要义》（有残缺）；佚者三种：《周礼要义》《论语要义》《孟子要义》。

清光绪年间，江苏书局将《要义》存世的五种合编为《五经要义》，这五种《要义》分别是：《周易要义》10 卷、首 1 卷，光绪十二年刊；

---

① （清）朱彝尊：《经义考》卷 244，第 6A 页—第 6B 页。
② 莫伯骥：《五十万卷楼群书跋文》，中华民国三十年排印本。
③ （清）丁日昌著，张燕婴点校：《持静斋藏书记要》卷之上，《书目题跋丛书》，中华书局 2012 年版，第 532 页。

《尚书要义》20卷，光绪十年刊；《毛诗要义》20卷，光绪十二年刊；《仪礼要义》50卷，光绪十年刊；《礼记要义》33卷（原缺卷1至卷2），光绪十二年刊。不过，当时《春秋左传要义》仍然存世，不知辑者为何没有收入，而仅传其《五经要义》？现存魏氏所撰的《要义》六书，《四库全书》收录有《周易要义》《尚书要义》《仪礼要义》《春秋左传要义》，《续修四库全书》收录有《毛诗要义》《礼记要义》。（李冬梅）

3. 《十三经恒解》，清刘沅撰

刘沅有《周易恒解》，前已著录。双流刘氏，从清初刘嘉珍起，即世研《易经》、潜心理学，是四川著名的学术世家。道咸时期则有刘沅，学综儒释道，博极经史子，自创"刘门道"，是为一方宗师。中华民国时期又有刘咸荥、刘咸炘兄弟，诗书学问俱佳。特别是刘咸炘，撰书230余种，蔚为学术伟人。刘沅则是这个家族承上启下的关键人物，自称曾邂逅"野云老人"，授以心性之学，遂衷心服膺，研习终生，组成"刘门道"，圆融儒释道，实践内丹学。其思想以"新心学"为特征，兼有"今文经学"特色。对"四书七经"或"七经四书"皆有"恒解"，如《大学》《中庸》《论语》《孟子》《诗经》《书经》《礼记》《周官》《仪礼》《周易》《春秋》11部；另有《孝经直解》《大学古本质言》2种，凡13部，学人总冠"十三经恒解"之名。

据学人考察，"恒解"一词在刘沅的思维范式里有着很深的哲学含义。一说"恒"者常也，遍也，为人心之公理，"名曰恒解，亦以人心之公理，而非有所穿凿矫勉为云"①。二说"恒"指"天地之常经，圣人之轨则"，"以孔子为宗"。② 三说以"恒"作解，要引领阅读元典精要，直达堂奥。③ 四说"恒"者即坚也，"坚其为善之心，不徇世俗之好，日日知非，日日迁善"，"凡事无恒，断断不成"。④ 五说"恒"就应回到孔子的文本，理清儒学正源。⑤ 合此五义，即"要求接受教育的对象要以恒定的心性、恒久的常态，以一定指向的恒常话语权，破道流欺世的迷妄，

---

① （清）刘沅：《诗经恒解·序》，《槐轩全书》，第626页上栏。
② （清）刘沅：《易经恒解·序》，《槐轩全书》，第1057页下栏。
③ 参见（清）刘沅《子问》，《槐轩全书》，巴蜀书社2006年版。
④ （清）刘沅：《子问》，《槐轩全书》，第3904页下栏—第3905页上栏。
⑤ （清）刘沅：《尚书恒解·序》，《槐轩全书》，第862页。

解门户之见的疑惑,身体实践,力行其道,树立'心性之学'的坚定长久的信仰"①。在《十三经恒解》中反映的刘沅理论体系,"就是以'人为天地之心'为内核,以'穷理尽性'和'实践人伦'为两翼,会通天、地、人对儒经加以恒解的体系。'人为天地之心',指的是宇宙自然法则与人心社会法则的统一……刘沅把'天地'分为三层:'天地之心''天地之道''天地之理'。这三层皆指'大块'自然界,但因其不同层次而与'人'和'圣人'的'心''性''道'三个层次发生对应的关系"②。《十三经恒解》在诠释、编辑体例上也有别开生面的创新,他会通易、儒、释、道,批判地继承其合理思想,用以构建自家独特的思想;同时在经典解析时,刘沅除逐章逐句解释经典文本外,还从"凡例""贯解"和"附解"三个层次,分别用以揭示经典概貌、串讲经典章义和疏解经典注文。他还十分注意运用文献学知识,从各经版本入手,析经传之源流,破传统传疏之迷惘,从而将其学术观点建立在坚实的文献基础之上。

刘沅诸经《恒解》俱收入《槐轩全书》,其版本以中华民国十九年西充鲜于氏特园刊本为优,巴蜀书社 2006 年曾据以影印出版。鉴于该书特殊的学术价值,谭继和、祁和晖等人将其群经解说结集成《十三经恒解》,并进行了点校和笺解,由巴蜀书社于 2015 年出版。(舒星)

4.《十一经音训》,清杨国桢撰

杨国桢(1782—1849),字海梁,四川崇庆(今崇州)人,陕甘总督一等昭勇侯杨遇春之子。嘉庆九年(1804)举人,十五年(1810)入资捐郎中,分发户部。后历官安徽颍州府知府,云南盐法道按察使,河南布政使、巡抚,山西巡抚,闽浙总督,所官皆有政声。平生邃于经学,于群经皆有著述,总名为"十一经音训"。《清史稿》卷 347、《崇庆县志》有传。

杨国桢抚河南七年,悯寒士得书难,又病群经注疏卷帙浩繁,初学

---

① 谭继和:《十三经恒解笺解本总叙》,载谭继和、祁和晖《十三经恒解笺解》卷首,巴蜀书社 2015 年版,第 6 页。
② 谭继和:《十三经恒解笺解本总叙》,载谭继和、祁和晖《十三经恒解笺解》卷首,第 6 页。

之士难以卒读，遂命开封知府存业，知县袁俊、汪杰、李亲贤、王治泰，大梁书院山长刘师陆等人，取诸家音训，删繁就简，勘校"十三经"读本，并纂辑成书，以为童蒙课读之本，总名"十一经音训"。其只刊"十一经"者，系以《论语》《孟子》家有其书，人人习读，故去之，以此方便初学者。

是书凡录诸经音训 11 种，依次为《易经音训》《尚书音训》《诗经音训》《周礼音训》《仪礼音训》《礼记音训》《春秋左传音训》《春秋公羊传音训》《春秋穀梁传音训》《孝经音训》《尔雅音训》。其首有国桢《自序》及林则徐、麟庆、黎学锦、张坦、存业诸《序》，又有刘师陆撰《例言》，盖仿甘肃兰山书院所刻《经训约编》。其体例是仿《五经旁训》之体，以训诂注于经传之旁，音释注于字下。又其所采诸经均为足本，而各经旁注，悉本诸家原文，不妄增改一字，大字附载音切，句旁只著圈点。大旨以辨反切，训字义为主。其中《易》《书》《诗》《礼记》，遵功令，用宋儒传注；《春秋》则以《左传》为宗，而参以《公羊传》《穀梁传》；《周官》则以连斗山《周官精义》为主；《仪礼》则以吴廷华《仪礼章句》为主，参用张尔岐《仪礼郑注句读》、马骕《仪礼易读》诸说；《尔雅》以邢昺《疏》为主，间取姜兆锡《尔雅注疏参义》、邵晋涵《尔雅正义》之说；《孝经》用清世祖《御注》，具见斟酌不苟。诸经之首，又别有《辑说》，总论各经传授源流及诸家所评之语，颇为简当，有益后学。

不过由于《十一经音训》系童蒙课读之本，故其内容并不繁复，而是简略易读，然此却颇便于初学者之用。伦明即论其"虽未足以语博综，然简而易通，士子各手一编，亦可免荒经之陋矣！"[①]

是书今传版本有清道光十年大梁书院刊本、清光绪三年湖北崇文书局刊本。（李冬梅）

5. 《西夏经义》，清何志高撰

何志高，四川万县（今重庆万州）人，子贞幹，孙佩融，裔孙绍先，诸人皆称其为"西夏先生"，则西夏或是其号。生卒年不详，据魏元烺、张鳞、刘伯蕴、黄琮、黄云鹄、高赓恩等作《易经本意》之《序》

---

① 《续修四库全书总目提要》"经部"《十一经音训》提要，第 1369 页。

《跋》,知其为嘉庆、道光间隐君子。一生皓首穷经,足不履市,闭户著书达数十年。所著有《易经本意》《释诗》《释书》《释礼》《春秋大传补说》等,合刊为《西夏经义》。

《易经本意》4卷,另首1卷、末1卷。卷首载何氏《易经图说》,除《易序》外,凡图10篇,依次为《伏羲氏易象本图》《命象表》《大衍数》《筮策象数》《十二经卦应辰》《八卦居方》《周易序卦》(上、下篇)《河图》《洛书》。图之后各系以文字说明,亦是10篇。《立象说》,讲明伏羲《易》之本象;《命象说》,讲明八卦的取象;《爻例说》,讲明爻位的义例;《占筮说》,讲明筮策之数;《十二经卦应辰说》,讲明"十二辟卦"与十二辰各个相应;《八卦居方说》,讲明八卦所居的方位;《序卦说》,讲明六十四卦排列的道理;《河图说》,讲明十为《河图》;《洛书说》,讲明九为《洛书》;《易义说》,讲明《周易》之大义。整卷图文并茂,前后相辅相成,简明形象,便于学者阅读和理解。全书篇第继承了宋以来分别经传的传统,不以《彖》《象》传附经,故经文分为2卷,卷1上经,卷2下经。传文亦分为2卷,卷3上、下《彖》《象》及《文言》《易传序》,卷4上、下《系辞》,并《说卦》《序卦》《杂卦》。故《易经本意》正文共为4卷,究其大意,抑或是想恢复古《周易》篇第,沿着宋人区分"四圣之易"的路子,揭示由经到传的发展过程,达到反传求经、直探《周易》本意之目的。然而何氏未明古代文献演变之历史,在恢复古《周易》时未能真正复古,《续修四库全书总目提要》即说:"古《易》十二篇,经两而传十篇,则《彖传》与《象传》各分篇,别上下。今以《彖》《象》上为一篇,《彖》《象》下为一篇,且参杂而行,使'十翼'仅有八篇,则复古而不尽,失所据矣!"卷末为《大易演图》,前有序,述作图之旨,图下有解说,后又有《杂说》《辨正》总述。何氏注释经传之辞,大抵推阐义理,而证之以史事。尚秉和论其"说理尚为平实,援引亦多切当,盖宗法程《传》《本义》,而益之以李光、杨万里之说者"[①],大体准确。

《释诗》1卷,首为《诗序》,后依次为《诗说》《删诗论》和《国风》《雅》《颂》的经解。其中《大雅》《小雅》训释较详,间有精到之

[①]《续修四库全书总目提要》"经部"《周易本意》提要,第122—123页。

语，视《释书》为胜。志高释《诗》，颇能自出新意。如论"淫诗"，引唐代世子李弘受《左氏春秋》，当读到"世子商臣弑君"时，叹曰："经籍圣人垂训，何书此耶？"讲书官郭瑜对曰："《春秋》义存褒贬，以善恶为劝诫，故商臣千载而恶名不灭。"李弘说："非惟口不可道，故亦耳不忍闻，愿受他书。"伦明认为此论"义深"，并进而分析说："此论世之著淫书者，何尝不托意惩戒，而阅之者偏不在惩戒，而在其事，故为风俗人心计，淫书不可不禁也。然则存'淫诗'以示戒之说，不可为训。而诋《春秋》为'断烂朝报'者，亦不为无见矣！自来驳朱子'淫诗'诸家，未有道及此者。"① 由此可见志高于"淫诗"之态度，亦可备一家之说。

《释书》1卷，卷首有《书序》一篇，以问答形式阐述《尚书》要义。全书分成虞、夏、商、周四部分，每篇或释大义，或释一字一句。其所释多自出胸臆，不引他家之说。可是伦明对他评价并不高："意多肤浅，无甚阐发。"② 不过，伦明也没有全盘否定，对其解《益稷篇》说："五帝官天下，三王家天下，非也。古帝王皆世及，尧、舜之子不肖，而朝有圣德，故传贤耳。禹戒舜曰：'无若丹朱傲，惟慢游是好，傲虐是作，罔昼夜頟頟，罔水行舟，朋淫于家，用殄厥世。'盖以不世为为恶之罚。"伦明认为"此论甚新"，并举《孟子》说为之补证："证诸《孟子》，舜避尧之子，禹避舜之子，岂闻有旧官已出缺，新官不接事，而汲汲避旧官之子者？则德衰于禹之说，又不待辨而知其谬已。"③

《释礼》1卷，分三部分论述，依次为《礼记》《周官》《礼论》，其中《礼论》又分6篇，为隆礼、古礼、应五辰、五礼解、说礼、贵礼，训解较详。何氏释礼，如认为《礼记》有四类，分属于常礼杂仪、大礼、王制、礼论等，颇有新意。

《春秋大传补说》凡4卷，分6篇，卷1《春秋序》《春秋释例》，卷2《春秋说义》，卷3《春秋前编补说》，卷4《春秋中篇补说》《春秋后编补说》。再于各篇之下，分列子目。大致来说，第一、第二两卷，皆论

---

① 《续修四库全书总目提要》"经部"《释诗》提要，第381页。
② 《续修四库全书总目提要》"经部"《释书》提要，第243页。
③ 《续修四库全书总目提要》"经部"《释书》提要，第243—244页。

全经义例，第三、第四两卷，则据经文原秩，为之诠释。何氏训解《春秋》，近于《公羊》学说，大意是说《春秋》是经学著作，而非史学著作："夫子因鲁史之旧，变史文，寓褒贬，辞微旨奥，非仅纪事之书。"在儒家"六经"之中，《春秋》处于特别的地位，亦即统帅地位，是"夫子制以配经"①的，孔子的理想都寄托在《春秋》之中了。为了说明这个命意，何氏不得不祭起"《春秋》义例"的老调，但是在处理"书法义例"时，又多依违于《公》《穀》二传附会之说，参以宋儒臆说和自家私见，诸如"日月""名字""人爵"等褒贬义例，真正发明并不多见。又师法何休"公羊三世说"，将《春秋》"十二公"分为前、中、后三编，隐公至僖公为前编，文、宣二公为中编，成公至哀公为后编。但在具体分段上，又不同于《公羊传》的"三世各四公"之说。此书重点在于讲明《春秋》"文以时易"，也是《公羊传》"所见异辞、所闻异辞、所传闻异辞"的翻版。张寿林认为何氏"不知割裂破碎，殊为不根"，进而总论全书："其书所论，皆略于考证，详于议论，且大抵均以意揣量，据理断制，而不信《左氏》事实。又往往不考典制，不近情理，以此说经，而自谓能得夫子笔削之旨，恐未必然也。"②

《西夏经义》收书 5 种，凡 13 卷，今传有道光十八年、光绪十四年两种刊本。（李冬梅）

6. 《四益馆经学丛书》，清廖平撰

廖平有《穀梁春秋经传古义疏》，前已著录。廖平一生治学甚勤，学凡"六变"，著作等身。自"平分今古"，而"尊今抑古"，而"小大之学"，而"人天之学"，而"孔经哲学"，每变益奇，不一而足。光绪初年，廖平以井研县学优等生，被张之洞调入新成立的尊经书院学习。当时，张之洞以"两文达之学"③ 相号召，廖平"从事训诂文字学，用功甚勤，博览考据诸书"，打下了"小学"基础。光绪五年（1879），湖湘大儒王闿运入蜀掌教尊经书院，以《公羊》家今文义理之学相勖勉，廖平自是转而研求经书大义微言，聪明文思至此一变。是时，王闿运以礼

---

① 《续修四库全书总目提要》"经部"《春秋大传补说》提要，第 777 页。
② 《续修四库全书总目提要》"经部"《春秋大传补说》提要，第 777 页。
③ 即纪文达昀《四库全书总目》、阮文达元《皇清经解》。

制治《公羊》，颇多胜义；廖平则以礼制治《穀梁》，撰成《穀梁春秋经传古义疏》《何氏公羊解诂三十论》《今古学考》等系列著作，形成其"长于《春秋》，善说礼制"（刘师培语）的学术特色。

光绪十二年（1886），王闿运携眷离开四川，结束了在蜀中管领风骚的7年。廖平也学成离院，主讲于井研来凤书院。也正是在这一年，廖平将所撰5种经学著作在成都集中刊刻，是为《四益馆经学丛书》。廖平以礼制区分经今古文学，认为古文学是孔子早年"从周"之学，今文学是孔子晚年"改制"之学，善于区别今古文，"魏晋以来，未之有也"（刘师培语），标志着廖平"经学一变"的完成。此前，廖平以《王制》为纲，专门发明汉人古义，撰《穀梁春秋经传古义疏》11卷，千载坠绪得以光大，超越范宁《春秋穀梁传集解》而独造两汉经师之境。在此基础上，廖平又撰《十八经注疏凡例》，欲邀约同好共同撰写严格区分今文、古文的《十八经注疏》，建立蜀学体系。《四益馆经学丛书》所收廖平的经学5书，都是这一时期的作品。

该丛书包括：《何氏公羊解诂三十论》3卷、《春秋左传古义凡例》1卷、《今古学考》2卷、《六书旧义》1卷、《分撰两戴记章句凡例》1卷，凡5种8卷。正是廖平经学初变时期以礼制平分今古、沿今古学疏证《春秋》古义的成果。鉴于廖平学术后来越变越奇，越变越恢怪，《四益馆经学丛书》所收录的5种著作，也是廖平经学成就中最为精华的部分。

该丛书有清光绪十二年成都刊本，后又收入《六译馆丛书》中。今上海古籍出版社2015年出版的《廖平全集》亦收有诸书。（李冬梅）

第二节　史学要籍

一　国史类

1. 《三国志》65卷，晋陈寿撰

陈寿（233—297），字承祚，巴西安汉（今四川南充）人。自幼好学，师事同郡谯周。蜀汉时曾任卫将军主簿、东观秘书郎、观阁令史、散骑黄门侍郎等职。入晋以后，历任著作郎、平阳侯相、治书侍御史等职。公元280年，晋灭东吴，结束三国分裂，时年48岁的陈寿开始撰写《三国志》。是书成后，陈寿备受赞誉，但也因为秉笔直书而得罪了不少当世权贵,晚年屡次被贬,受人非议,在仕途中郁郁不得志。元康七年(297),病死于洛阳,终年65岁。另著有《益部耆旧传》《古国志》,整理编辑《诸葛亮集》等。

是书为纪传体国别史,凡65卷,其中《魏书》30卷、《蜀书》15卷、《吴书》20卷,完整地记载了从魏文帝黄初元年(220)到晋武帝太康元年(280)60年国家由分裂走向统一的历史,与《史记》《汉书》《后汉书》并称"前四史"。

陈寿身为晋臣,以晋承魏统,故《三国志》尊魏为正统。《魏书》中曹操有本纪,而《蜀书》和《吴书》则只有传而没有纪。其记刘备则为《先主传》,记孙权则为《吴主传》。虽然如此,是书仍以魏、蜀、吴三国各自成书,较为真实地记录了三国鼎立期间的大事。此写法也表明陈寿以三国各自为政,互不统属,三国在地位上是相同的。从记事方法来说,《先主传》和《吴主传》均是以年为经,以事为纬,与本纪完全相同。

是书叙事简略,魏、蜀、吴三国历史事件很少重复,在材料的取舍上也十分严谨,为历代史学家所重视。蜀亡时陈寿才31岁,其所修《三国志》在当时属于当代史,很多历史事件他都曾亲身经历过;但是也由于时代较近,所以有不少史料尚未披露,且各家恩怨尚存,褒贬难定,材料的选择也因此有一定的困难。从魏、蜀、吴三书比较来看,《魏书》30卷,《蜀书》15卷,《吴书》20卷,《蜀书》较魏、吴两书为简。其原因是魏、吴两国史料较多。陈寿写《三国志》时,魏国已有王沈的《魏书》和鱼豢的《魏略》,吴国也有韦昭的《吴书》,这为陈寿的写作提供了极大的方便。而蜀汉既没有史官,也没有现成的史书可以参考,史料的搜集非常困难,故《蜀书》中关于蜀汉的许多重要人物的记载都十分简略。《三国志》成书之后,由于叙事过于简要,到了南朝宋文帝时,史学家裴松之便为其作注,又增补了大量史料。

《三国志》属私人修史,陈寿死后,该书即引起时人注意。尚书郎范頵上表说:"陈寿作《三国志》,辞多劝诫,明乎得失,有益风化,虽文艳不若相如,而质直过之,愿垂采录。"[①] 刘勰《文心雕龙·史传》亦云:"魏代三雄,记传互出,《阳秋》《魏略》之属,《江表》《吴录》之

① 《晋书》卷82《陈寿传》,中华书局1974年校点本,第2138页。

类，或激抗难征，或疏阔寡要。唯陈寿《三志》，文质辨洽，荀、张比之于迁、固，非妄誉也。"

不过此书也有不足之处，房玄龄《晋书·陈寿传》虽称赞陈寿"善叙事，有良史之才"，但他在叙事时对曹魏和司马氏集团多有回护、溢美之词，因此受到了历代史学家的批评。此外，《三国志》只有纪、传而无志、表，使三国时期许多重要史料，如经济、典制、文献等未获存留，也是该书之一大缺失。

是书现存版本甚多，主要有《二十一史》《十七史》《二十四史》《百衲本二十四史》《二十五史》等。中华书局 1959 年出版有标点本，颇便使用。另有赵幼文《三国志校笺》，校勘功力极深，改正误文，考订异文甚明，2001 年巴蜀书社出版；杨耀坤《三国志注》，广采众长，通注全书，2011 年巴蜀书社出版。（潘斌）

2.《古史》60 卷，宋苏辙撰

苏辙有《诗集传》，前已著录。是书创作之由，苏辙在《古史序》中有详尽说明："太史公始易编年之法为本纪、世家、列传，记五帝、三王以来，后世莫能易之。然其为人浅近而不学，疏略而轻信……故其记尧、舜、三代之事，皆不得圣人之意。战国之际，诸子辩士各自著书，或增损古事以自信。一时之说，迁一切信之，甚者或采世俗相传之语，以易古文旧说。及秦焚书，战国之史不传于民间……幸而野史一二存者，迁亦未暇详也。故其记战国，有数年不书一事者。余窃悲之，故因迁之旧，上观《诗》《书》，下考《春秋》，及秦汉杂录，记伏羲、神农，讫秦始皇帝，为七本纪、十六世家、三十七列传，谓之《古史》。追录圣贤之遗意，以明示来世。至于得失成败之际，亦备论其故。"可见，苏辙之发愿重撰《古史》，乃是出于对司马迁《史记》的不满意，他认为司马迁"浅近而不学，疏略而轻信"，《史记》所记尧、舜、三代之事，"皆不得圣人之意"；对于战国时期的历史，司马迁依据"诸子辩士"各家著述，殊不知诸子之书多"增损古事以自信"，并非真实的历史记录，可是司马迁"一切信之"，甚至"或采世俗相传之语，以易古文旧说"，在史料上也缺乏甄别。为了体现"圣人之意"、建立信史体系，"明示来世"，反映古今"得失成败之际"，苏辙很早便立志要改写《史记》。直到中年，乃成是书，可见他对此书倾注了大量心血，也寄托了深切的用心。

《古史》由7本纪、16世家、37列传组成，每一本纪、世家、列传各为1卷，凡60卷，主要是对《史记》做了全面的增补和考订工作。首先，增加了"三皇"本纪及柳下惠、曹子臧、季札、范文子、叔向、子产、范蠡、叶公、田单等列传。其次，增加了许多《史记》没有的史料，所依据的材料多来自《左传》《尚书》《战国策》，内容较《史记》更为丰富。最后，纠正了《史记》存在的某些疏略和讹舛，多见于其子苏逊的附注。元人盛如梓说："《史记》初看，窃怪语多重复，事多夸诞，及看子由《古史》，删除简当，固为奇特。"① 清人王士禛在谈到治史时也说："史事自十七史外，如《史记》外则有苏氏《古史》。前后《汉书》外有荀悦、袁宏两《汉纪》……凡此诸书，皆当兼收并采，不可以其不列学官而偏废之。"②

此外，《古史》还反映了宋代的学风，一是体现了宋儒疑古和好发议论的治史特点，二是推崇以道证史的治史旨趣，体现了义理化史学初兴时期的特征，这些在《古史》给每位人物或纪传所写的史论（苏子曰）中有充分体现。朱熹对《古史》评价甚高，如他对《古史序》所云古之圣人"其必为善，如火之必热，水之必寒；不为不善，如驺虞之不杀，窃脂之不谷"数语赞不绝口，认为"于义理大纲领处见得极分明、提得极亲切。虽其下文未能尽善，然只此数句已非近世诸儒所能及矣"③，"窃以为于此有以识之，则其达于圣贤不远矣"④。如果说朱熹在其理学思想的指导下陶熔诸家，将义理化史学推向极致的话，那么苏辙《古史》在其中无疑有着十分重要的影响。由此言之，无论是探索两宋义理化史学的发展，还是研究两宋史学思想的演变，《古史》均有其不可忽视的价值，值得重视。

是书今传有《四库全书》本、南宋浙刻本、明万历三十九年南京国子监刻本等，后两本近时皆有影印。另四川大学出版社2016年出版有校

---

① （元）盛如梓：《庶斋老学丛谈》卷上，中华书局1985年版，第9页。
② （清）王士禛撰，张世林点校：《分甘余话》卷1，中华书局1989年版，第20—21页。
③ （宋）朱熹：《答赵几道》，《晦庵先生朱文公文集》卷54，载朱杰人、严佐之、刘永翔主编《朱子全书》，上海古籍出版社、安徽教育出版社2002年版，第23册，第2574页。
④ （宋）朱熹：《古史余论》，《晦庵先生朱文公文集》卷72，载朱杰人、严佐之、刘永翔主编《朱子全书》，第24册，第3496页。

点本，颇便使用。（潘斌）

3. 《唐鉴》12卷，宋范祖禹撰

范祖禹有《古文孝经说》，前已著录。是书撰作与宋人极重唐史之风有关。北宋中期，社会出现了一系列问题，儒家知识分子有着强烈的忧患意识，他们力求政治革新，在历史中寻找经验教训。而唐距宋尤近，治乱兴衰之迹清晰，可资鉴之处最多，他们"以唐为鉴""以唐为镜"，欲从唐史中寻找出治国之良方，达到安邦济世的经世目的。范祖禹撰修《唐鉴》亦出于此。他在《〈唐鉴〉序》中说："夫唐事已如彼，祖宗之成效如此，然则今当何监，不在唐乎？今当何法，不在祖宗乎？夫惟取监于唐，取法于祖宗，则永世保民之道也。"范祖禹作为司马光编修《资治通鉴》三大协修者之一，主要负责唐史及五代史丛目长编工作，他对唐代历史至为熟悉，这为他全面评价唐代政治得失提供了良好条件。当然，或许是因为《资治通鉴》的体例所限，或是与司马光在对待唐代具体的历史事件和人物评价上存在着某种差异，故在协助撰成《通鉴》之后，范祖禹又另撰《唐鉴》，通过总结唐朝兴衰的经验教训，用以阐发自己的史学思想。其《范太史集》有《进〈唐鉴〉表》，作于哲宗元祐元年（1086）二月二十八日，有云："臣昔在先朝，承乏书局，典司载籍，实董有唐，尝于绁次之余，稽其成败之迹，折以义理，缉成一书。……其《唐鉴》十二卷，缮写成六册，谨随表上进以闻。"所谓"承乏书局，典司载籍，实董有唐"，就是指范祖禹参加司马光编《通鉴》而言。又其《〈唐鉴〉序》云："臣祖禹受诏与臣光修《资治通鉴》，臣祖禹分职唐史，得以考其兴废治乱之所由。……臣谨采唐得失之迹，善恶之效，上起高祖，下终昭宣，凡三百六篇，为十二卷，名曰《唐鉴》。"《通鉴》撰于治平三年（1066）至元丰七年（1084）之间，是书之撰当亦与之同时。元丰八年（1085）六月，范祖禹上《论丧服俭葬疏》："臣尝采唐事，为《唐鉴》数百篇，欲献之先帝，属先帝不豫，未及上。"可见《唐鉴》亦于神宗元丰七年（1084）已经写成。

是书共12卷，306篇，除序言外，全书分为正文与史论两大部分，内容以帝王在位时间先后为序，涉及唐代20帝、290余年历史。其体例系采用编年体，先述一史事，再以"臣祖禹曰"的方式评论，阐述自己的见解。是书重点在太宗、玄宗、德宗3朝，共7卷，占全书近2/3的篇幅，分别展示了盛唐之盛、盛极而衰和据乱中兴的历史及其教训。书成以后，《唐鉴》即为时人所重，孙觌《读唐鉴》云："日诵数百言，无婴鳞犯雷霆之怒，而有陈善闭邪之寔矣。"① 程颐对《唐鉴》也是称赞有加，元祐中有客见他"几案间无他书，惟印行《唐鉴》一部"，他说："近方见此书，三代以后，无此议论。"② 南宋高宗对侍讲云："读《资治通鉴》，知司马光有宰相度量；读《唐鉴》，知范祖禹有台谏手段。"③ 故元人修《宋史·范祖禹传》云："《唐鉴》深明唐三百年治乱，学者尊之，目为'唐鉴公'云。"是书对后世影响亦颇深远，清人李慈铭《越缦堂读书记》记清仁宗之语："范祖禹所著《唐鉴》一书，胪叙一代事迹，考镜得失，其立论颇有裨于治道。"并令馆臣仿其体例，辑成《明鉴》。

现存版本主要有三种：一是上海图书馆藏宋刻本12卷，有范祖禹自序；二是吕祖谦注本24卷，有明弘治刻本，内容与宋刻多有出入；三是中国国家图书馆藏的宋刻元修本。与上海图书馆所藏宋刻本相比，分卷不同，文字亦有出入。（潘斌）

4.《续资治通鉴长编》520卷，宋李焘撰

李焘（1115—1184），字仁甫，一字子真，号巽岩，眉州丹棱（今四川丹棱）人。绍兴八年（1138）擢进士第，调华阳簿，再调雅州推官。乾道八年（1172），出任泸州知州。后累官礼部侍郎，进敷文阁学士、提举佑神观兼侍讲、同修国史。屡章告老，以敷文阁学士致仕，卒谥文简。焘长于经史，著述颇多，著有《易学》《春秋学》；于本朝典故，尤悉力研究，仿司马光《资治通鉴》撰《续资治通鉴长编》，又有《四朝史稿》《通论》《南北攻守录》《六朝通鉴博议》《说文解字五音韵谱》及文集等。《宋史》卷388有传。

是书为中国古代私家著述中卷帙最大的断代编年史。原本980卷，后散佚，清人从《永乐大典》辑录，编为520卷。义例、总目、举要均仿司马光《资治通鉴》。记事起自宋太祖赵匡胤建隆，迄于宋钦宗赵桓靖康，记北宋9朝168年史事。李心传说："其书仿司马氏《通鉴》踵为

---

① （宋）孙觌：《读唐鉴》，《鸿庆居士集》卷32，文渊阁《四库全书》影印本。
② （宋）程颢、程颐著，王孝鱼点校：《二程集》，中华书局2004年版，第443页。
③ （宋）张端义：《贵耳集》卷上，文渊阁《四库全书》影印本。

之，然文简谦不敢名《续通鉴》，故但谓之《续长编》。"①

作者于正史、实录、政书之外，凡家录、野记等均广征博采，校其同异，订其疑误，考证详慎，多有依据。本着"宁失于繁，无失于略"的原则，该书对记载不同者，两存其说，时附己见，以注文标出，与《通鉴考异》相类。搜集材料时，"作木橱十枚，每厨作抽替匣二十枚，每替以甲子志之。凡本年之事，有所闻必归此匣，分月日先后次第之，井然有序"②。是书自宋孝宗隆兴元年（1163）至淳熙四年（1177），分四次进呈。淳熙十年（1183），重编定为980卷，并上《举要》68卷、《修换事总目》10卷、《总目》5卷，总计1063卷，前后历时40年。

是书记述史事，主要取材于北宋实录、国史，并参考各类经史子集、笔记小说等，所引书名就有约400种。因而保留了大量原始材料，史料价值极高。南宋陈傅良曰："本朝国书，有日历，有实录，有正史，有会要，有敕令，有御集，又有百司专行指挥典故之类；三朝以上，又有宝训；而百家小说、私史，与士大夫行状志铭之类，不可胜纪。自李焘作《续通鉴》，起建隆元年，尽靖康元年，而一代之书萃见于此，可谓备矣！"③ 清人谭钟麟也认为此书"上据国典，下采私记，参考异同，折衷一是，使北宋一代事实，粲然明备，实为《通鉴》后不可不读之书"④。

《长编》还继承和发展了司马光《通鉴考异》的优良传统，颇有"决嫌疑，明是非"之功。《通鉴考异》排列不同材料，说明取舍的原因，《长编》也采用了这一方法："若旧本有误处，及有合添处，即当明著其误削去，合添处仍具述所据何书，考按无违，乃听修换，仍录出为考异；不然则从旧，更勿增改。"⑤ 《长编》注文多达12000余条，70多万字。足见其用功之深，考辨之密。

---

① （宋）李心传著，徐规点校：《建炎以来朝野杂记》甲集卷4《续资治通鉴长编》，中华书局2000年版，第113页。

② （宋）周密著，吴企明点校：《修史法》，《癸辛杂识后集》，中华书局1988年版，第81页。

③ （宋）陈傅良：《嘉邸进读艺祖通鉴节略序》，《止斋集》卷40，文渊阁《四库全书》影印本。

④ （清）谭钟麟：《续资治通鉴长编序》，载（宋）李焘《续资治通鉴长编》卷首，上海古籍出版社1986年影印本，第2页下栏。

⑤ （宋）高斯得：《十月二十三日进故事》，《耻堂存稿》卷2。

关于北宋历史，当时南宋已有多种同类著作，但都不及焘书富赡。李心传尝曰："又有知台州熊克上所著《九朝通略》。诏迁一官……其书视《长编》才十一，颇讹舛。"① 又说："又有知龙州王称亦献《东都事略》百三十卷于朝……然其书特掇取《五朝史传》及《四朝实录附传》，而微以野史附益之，尤疏驳。"② 因此焘书独以内容丰富，在当时备受重视。乾道初，《长编》未就，孝宗即召李焘为史官，命有司给笔札；四年（1168）四月，焘以五朝事上之，孝宗谓辅臣曰："自建隆至治平百余岁事迹备于此矣。"③ 淳熙十年（1183），李焘为遂宁守时，始写完全书，自建隆至靖康凡168卷，《举要》68卷，孝宗甚重之，"以其书付秘书省"④，作为皇家图书永久收藏。可惜此书因卷帙浩繁，撰成时未有刻本，只有抄本传世，历元至明，后渐失传，幸明人将其收入《永乐大典》之中。今传本即四库馆臣从《永乐大典》辑出之本，多有阙略，如宋英宗治平四年（1067）四月至宋神宗熙宁三年（1070）三月、宋哲宗元祐八年（1093）七月至绍圣四年（1097）三月、元符三年（1100）二月至十二月，以及宋徽宗、宋钦宗两朝记事，都付阙如。

是书的整理工作开始于1976年，1979年中华书局开始分册出版《续资治通鉴长编》点校本。此本以流行的清光绪浙江书局刻本为底本，用辽宁省图书馆、北京图书馆藏本和文津阁本对校，改正了不少错讹。2004年，《续资治通鉴长编》由中华书局全套整体出版，凡20册。另外，南宋杨仲良取是书改编为"纪事本末"体，撰成《续通鉴长编纪事本末》150卷。清人秦缃业、黄以周等即利用杨书还原为编年体，以补李书《四库》辑本之佚文，纂成《续资治通鉴长编拾补》60卷。其中杨书缺略者旁采他书加注于下，其余典籍所引《长编》原文或注语，亦均加采辑，均可为是书之参考。（潘斌）

5.《东都事略》130卷，宋王称撰

王称又作王偁，字季平，眉州眉山（今四川眉山）人。生卒年不详，

---

① （宋）李心传：《建炎以来朝野杂记》甲集卷4《续资治通鉴长编》，第113页。
② （宋）李心传：《建炎以来朝野杂记》甲集卷4《续资治通鉴长编》，第113—114页。
③ （宋）李心传：《建炎以来朝野杂记》甲集卷4《续资治通鉴长编》，第113页。
④ （宋）李心传：《建炎以来朝野杂记》甲集卷4《续资治通鉴长编》，第113页。

据李心传所言，王称约与李焘（1115—1184）、熊克（约1111—1189）、洪迈（1123—1202）等同时，于"庆元（1195—1200）中，终吏部郎中"①，可推知其大致生活于高、孝、光、宁四朝（1127—1200）。其父王赏，字望之，徽宗崇宁二年（1103）登进士第，历官户部侍郎、礼部侍郎，兼侍读、实录院修撰、权直学士院。可知王赏亦深通史学，故四库馆臣谓："称承其家学，旁搜九朝事迹，采辑成编。"

是书于孝宗淳熙十三年（1186）由王称在知龙州任上进呈朝廷，共130卷，计40册，目录1册。南宋当代史多为编年体，如《续资治通鉴长编》《三朝北盟会编》《建炎以来系年要录》等。而此书乃南宋私家著述中唯一一部以纪传体体例记述北宋一代史事的著作。全书包括本纪12卷、世家5卷、外传105卷、附录8卷，间作赞论，无志表。清人张宗泰认为"王称修史时，亦欲仿《汉书》作诸志，而未及就"。世家所载俱为皇后、皇子事。附录所载为辽、金、西夏、吐蕃、交趾诸国。

此书有陈寿《三国志》笔法，以简洁著称，故当时论者颇病其简。李心传《建炎以来朝野杂记》说："其书特掇取《五朝史传》及《四朝实录附传》，而微以野史附益之，尤疏驳。"②陈振孙也嫌"其书纪、传、附录略具体，但无志耳。附录用五代史例也……其所纪太简略，未得为全书"③。但是，由于王称是书成书较早，得见后世难见资料，故虽简洁，却不固陋。如其本纪部分载录了大量诏令，足以补史志之缺。据何忠礼统计，是书仅《太祖纪》中就录入诏令27道，其中有14道在《宋史·太祖纪》中只字未见。即使李焘《长编》以征引之博见称，但在今本太祖一朝的17卷里，后人据《东都事略》而补其缺略者也有11道之多。以这11道诏令和今本《宋大诏令集》对勘，有6道有目无文或完全失收，可以据补。若从全书看，可补今本《长编》《宋史》及《宋诏令集》的诏令就更多了。④这些诏令涉及地理、礼、职官、刑法、食货等方面，很多记载比《宋史》更为详尽。这在一定程度上弥补了是书无志的缺陷。

---

① （宋）李心传：《建炎以来朝野杂记》甲集卷4《续资治通鉴长编》，第114页。
② （宋）李心传：《建炎以来朝野杂记》甲集卷4《续资治通鉴长编》，第113—114页。
③ （元）马端临：《文献通考·经籍考》引，华东师范大学出版社1985年版，第583页。
④ 参见何忠礼《王称和他的〈东都事略〉》，《暨南学报》（哲学社会科学）1992年第3期。

此外，是书还保留了不少《长编》《宋史》等史籍所不载的资料，对宋史研究有重要价值。如《列传》部分 70 人中，赵承宗、赵承煦、冯守信、钱昆、计用章、赵彦若、吕希绩、冯熙载、刘季孙、王光祖、王令等人为《宋史》所未载，赵承煦等人于《长编》中也无记载，因此是书可与《宋史》《长编》互补者实为不少。

此外，是书还可以订正《宋史》《长编》中明显错误的地方。《四库全书总目》举例云："如符彦卿二女为周室后，而《宋史》阙其一；刘美本姓龚，冒附于外戚，《事略》直书其事，《宋史》采其家传，转为之讳；赵普先阅章奏，田锡极论其非，而《宋史》误以为群臣章奏必先白锡；杨守一以涓人补右班殿直，迁翰林副使，而《宋史》误作翰林学士；新法初行，坐仓籴米，吴申等言其不便，《宋史》误以为司马光之言。至地名、谥法，《宋史》尤多舛谬。"近年来由中华书局陆续出版的校点本《长编》的校勘记中，以是书所记为根据者甚多。可见是书在校勘方面有着重要意义。

《四库全书》《宋辽金元别史》收有是书，另缪荃孙撰有《东都事略校记》，钱绮撰有《东都事略校勘记》，皆可参考。（潘斌）

6.《建炎以来系年要录》200 卷，宋李心传撰

李心传（1166—1243），字微之，又字伯微，号秀岩，隆州井研（今四川井研）人。庆元元年（1195）荐于乡，以应试落第，遂绝意科举，立志闭门著书。宝庆二年（1226），因崔与之、许奕、魏了翁等前后 23 人之荐，召为史馆校勘。绍定四年（1231），赐进士出身，专修《中兴四朝帝纪》。后添差通判成都府，寻迁著作佐郎兼四川制置司参议官，诏许辟官置局，修《十三朝会要》。端平三年（1236），擢工部侍郎。嘉熙二年（1238），迁秘书少监、国史馆修撰。次年因所修《宁宗纪》末卷遭丞相史嵩之擅改，愤然辞官。淳祐三年（1243），卒于吴兴寓所。心传幼承家学，博通经史，著有《丙子学易编》《建炎以来系年要录》《建炎以来朝野杂记》《旧闻证误》《道命录》等。《宋史》卷 438 有传。

是书为李心传的代表作，历时 12 年完成，凡 200 卷，与《续资治通鉴长编》堪称姊妹篇，为历代史家所推崇。其写作动机，《建炎以来朝野杂记》甲集自序云："心传年十四、五时，侍先君子（舜臣）官行都，颇得窃窥玉牒所藏金匮石室之副，退而过庭，则获觇闻名卿才大夫之议论。

每念渡江以来，纪载未备，使明君、良臣、名儒、猛将之行事犹郁而未彰，至于七十年间，兵戎财赋之源流，礼乐制度之因革，有司之传，往往失坠，甚可惜也。"嘉定五年（1212）五月，许奕上宁宗的奏状云："臣伏见隆州乡贡进士李心传……尝谓中兴以来，明君良臣，丰功盛烈，虽已见之《实录》等书，而南渡之初，一时私家记录往往传闻失实，私意乱真，垂之方来，何所考信？于是纂辑科条，编年纪载……名曰《建炎以来系年要录》。"① 可见心传撰《要录》之直接目的在于辨正记载讹误，特别是宋室南渡以来私家记载的讹误，以存信史。

是书为编年体，承司马光《资治通鉴》体例，以年月日为经，以事迹为纬。因撰于李焘《长编》之后，故也吸取了《长编》详于史事的优点，收录材料丰富而详赡，并多在注文中或说明材料出处，或辨析材料真伪，或储材待考。《要录》在每条材料之下先概括当时发生的事件，然后用"初""先是"等倒叙手法或引出事因、经过，或引用奏议，或加以评论。所叙事件眉目清楚，内容详赡，虽不及《资治通鉴》之简明通畅，但视李氏《长编》之富赡实有过之。四库馆臣即云："大抵李焘学司马光而或不及光，心传学李焘而无不及焘。"

是书所据材料以高宗朝的国史为主，并参考大量私家著述。四库馆臣说："其书以国史、日历为主，而参之以稗官野记、家乘、志状、案牍、奏议、百司题名，无不胪采异同，以待后来论定。"据学人统计，其引书达200余种，第1卷引用的国史、日历、实录、专著、奏状、墓志、诏旨等达63种，第2卷达39种（包括与第1卷重复在内），在所引书中，如《金太祖实录》、苗耀《神麓记》、钟邦直《旧帐行程录》、陶悦《奉使录》、许采《陷燕记》、傅雱《建炎通问录》、赵子砥《燕云录》、丁特起《孤臣泣血录》等书早佚，幸有《要录》保存其一鳞半爪，尚可探知其书之大略。

从《要录》记载材料看，其所涉内容也极其广泛。《要录》是一部以帝纪为中心，有益于治道的编年体政治通史，重点虽只记叙高宗一朝的政治，但诸如经济、军事、外交、兵变、农民起义、少数民族情况及各

---

① （宋）许奕：《进呈高宗皇帝系年要录奏状》，载曾枣庄、刘琳主编《全宋文》卷6937，上海辞书出版社、安徽教育出版社2006年版，第304册，第27—28页。

种典章制度等均有详细记载，不仅内容丰富，而且记载精审，态度端正，可作信史。《四库全书总目》表彰说："宋自南渡后，史学盛行，纪述之书，最称该备，迄今存者固多，而踳驳亦复不少。独心传是编……文虽繁而不病其冗，且其于一切是非得失之迹，皆据实诠叙，绝无轩轾缘饰于其间，尤为史家所仅见。"

故《要录》书成之时，即引起朝野上下普遍重视，李心传也因此获得极大声誉。曾瞳等在奏请宁宗宣取该书时，一再请求"仍乞付国史院，以备参照编修正史"。许奕在他的奏状里也说《要录》"纲目详备，词义严整，足以备史官采择……伏乞睿慈赐以乙夜之览，仍宜付史馆……其于一朝大典实非小补"①。如此等等，足见其是一部编纂国史的重要参考资料。此外，是书也记载了金太宗、熙宗和海陵王完颜亮三代史事，因此也是研究金史的基本史籍之一。是书可与徐梦莘《三朝北盟会编》互补，前者有较为全面的叙述，后者则保存了较多的原始记述。

是书进呈时，多次提到"凡一百卷，缮成五十册"，但原书已佚，今本《要录》系清四库馆臣从《永乐大典》中辑出，分为200卷。《四库全书总目》云："《永乐大典》别载贾似道跋，称宝祐初曾刻之扬州。而元代修宋、辽、金三史时，广购逸书，其目具见袁桷、苏天爵二集，并无此名，是当时流传已绝，故修史诸臣均未之见。至明初，始得其遗本，亦惟《文渊阁书目》载有一部二十册，诸家书目则均不著录，今明代秘府之本又已散亡，其存于世者，惟《永乐大典》所载之本而已。"大概南宋覆亡，兵荒马乱，是书刻本或许损于兵火，或许有人藏录，但不够完整。明成祖修《永乐大典》时将其收入，幸而得以保存，辑编后传至今日。

是书今有《四库全书》本、光绪五年仁寿萧氏和光绪八年广雅书局二刻本、1936年商务印书馆排印本（1992年上海古籍出版社重印）、中华书局2013年胡坤点校本、上海古籍出版社2018年辛庚儒点校本等。（潘斌）

---

① （宋）许奕：《进呈高宗皇帝系年要录奏状》，载曾枣庄、刘琳主编《全宋文》卷6937，第304册，第28页。

7. 《名臣碑传琬琰集》107卷，宋杜大珪编

杜大珪，眉州（今四川眉山）人，生卒年和事迹皆未详。四库馆臣据其《名臣碑传琬琰集》"自署称进士"，而《自序》又"作于绍熙甲寅（五年，1194年）"，推定其为南宋"光宗时人"。

是书为我国历史上第一部收集人物碑传、别传文字的资料汇编。墓碑文最盛于东汉，至魏晋又产生了别传，都是历史研究的重要依据。此类碑文，多出故旧、时人、后学或门生，也有出自名家、贤达之手者，虽然不免因"为尊者讳，为死者讳"，而有谀美增虚之辞，但是对一些基本史实，如姓、字、名、号，生卒、迁转岁月等的记载，还是比较准确的。加之碑传往往镌刻上石，埋入地下，虽陵谷变迁、山河变道，亦贞石如故，记载无讹，是皆可以补正史之阙或订正史之讹。至于别传，盖取其有别于国史列传之意，名人逸事、风雅逸兴、秘闻隐迹，皆可行于笔端，融入记录，其撰述体例也不立科范，行文活泼，可读可诵，其间的逸闻趣事，往往可补正史所无。由唐及宋，碑传、别传撰述日益繁盛，单从名称上看，碑传有行状（或行述）、墓碑、墓碣、墓表、墓志铭、神道碑等称，别传也有家传、外传、别传、逸事之名，异称种种，不一而足。历来讲史之家，常常引据碑志、别传，以为考证之资。如张晏注《史记》，就是依据墓碑才知道伏生名胜；司马贞作《史记索隐》，也是依据班固《泗上亭长碑》，才知道昭灵夫人原来姓温；裴松之注《三国志》，更是多多引录别传以丰富史实。及宋人撰著史书，更是常常采录碑传、别传，如李焘之作《续资治通鉴长编》、李心传之作《建炎以来系年要录》，都大量引录碑传、别传，订正和补充了不少史事。至大珪，乃汇集宋人各类碑传文字及别传逸闻以成一书，更有利于此类资料的保存和利用，堪称独创。

是书共3集，107卷。上集凡27卷，中集凡55卷，下集凡25卷。上起建隆，下讫绍兴，共收录碑传文字254篇，涉及传主221人。从内容上看，是书史料随得随编，不甚拘时代先后之限制。上集为神道碑，中集为志铭、行状，下集别传为多。多从诸家别集中采集资料，而亦间及于实录、国史，取材十分丰富和广博。对于所收碑传均是原文照录，无增删去取，为后世保存了大量原始资料，十分珍贵。由于碑传所载均为时人文字，这对后世学者研究宋代当时人对某人某事的看法也提供了极

好的材料。

是书为碑传体类史籍传记代表作,开创了"碑传体"史籍先河,在中国古代史学史上占有一席之地。杜大珪后,元代苏天爵编《元朝名臣事略》、明代焦竑编《国史献征录》、清代钱仪吉编《碑传集》、缪荃孙编《续碑传集》等书,均是继承杜大珪"碑传体"方法编辑而成的名著。

是书今有天一阁藏宋刻元明递修本,另亦收入《四库全书》中。(潘斌)

二 蜀史类

1. 《山海经》18卷,相传禹、伯益撰

《山海经》之名,始见于《史记·大宛列传》。司马迁云:"至《禹本纪》《山海经》所有怪物,余不敢言之也。"刘歆《上〈山海经〉表》:"《山海经》者,出于唐虞之际……禹别九州,任土作贡,而益等类物善恶,著《山海经》。"王充《论衡·别通篇》曰:"禹主治水,益主记异物。海外山表,无远不至。以所闻见,作《山海经》。"《隋书·经籍志》云:"萧何得秦图书,故知天下要害,后又得《山海经》,相传以为夏禹所记。"所说大致皆以禹和伯益为《山海经》的作者。

但对于上述作者,宋以来质疑较多,今多认为其书非一人一时之作。如蒙文通认为,《大荒经》以下5篇的写作时代最早,大约在西周前期;《海内经》4篇稍迟,但也在西周中叶;《五藏山经》和《海外经》4篇最迟,是春秋战国之交的作品。至于产生地域,则《海内经》4篇可能是古蜀国的作品,《大荒经》以下5篇可能是巴国的作品,《五藏山经》和《海外经》4篇可能是接受了巴蜀文化以后的楚国的作品。

《山海经》一书由刘向、刘歆父子编写并正式命名。在这以前,可能已有雏形流传,但较为散乱且版本各异。刘氏父子组织专人对其进行了整理和编订,包括厘定篇目、校对篇章、考证文字、考察作者与成书背景及真伪等。刘氏父子于哀帝建平元年(前6)将编订完毕的《山海经》进呈皇帝,共13卷。当时还未收录《大荒经》4篇与《海内经》1篇在内,后由晋人郭璞补入,形成了今天的规模。

今存《山海经》分18卷共39篇,31000余字。所记内容相当丰富,举凡地理方位、道里路途、民族种群、动物植物,以及历史传说、风俗

第七章 含英咀华，尝鼎一脔：蜀学要籍百部述评

习惯，甚至奇闻怪谈、传说志怪，等等，无不应有尽有。王充《论衡》评价是书"极天之广，穷地之长，辨四海之外，竟四山之表，三十五国之地，鸟兽草木、金石水土，莫不毕载"①。

从其内容来看，神怪灵异占了很大比例，故自古很多学者都将该书列入"语怪"一类，同时也有很多学者意识到书中其实隐藏了大量有价值的史料。日本学者认为："《山海经》一书远比一向被认为金科玉律之地理书《禹贡》为可靠，其于中国历史及地理之研究为唯一重要之典籍。"②虽然其去彼取此，态度并不可取，然而说《山海经》具有大量史料确是事实。吕子方依据明代朱长春"《山经》简而穆，志怪于恒，上古之文也"的说法，进一步阐释说，《山海经》中"后人所增添的是比较系统、完整，比较致密、文雅的东西。而书中那些比较粗陋艰懂和闳诞奇怪的东西，正是保留下来的原始社会的记录，正是精华所在，并非后人窜入"③。随着近年来考古学和人类学研究的突破，《山海经》中关于古代中国先民的记述有很多已经得到了印证，而《山海经》的成书与内容和南方诸族的关系尤为密切，这其中也包括了古代巴蜀人。甚至正如蒙文通所认为的那样，古代巴蜀人很可能就是书中一部分内容的直接作者。

巴蜀历史悠久，古代先民创造了灿烂的文明，然而遗憾的是关于古代巴蜀文明的文字资料流传下来的非常稀少，一些记录散见于《逸周书》《春秋》经传及甲骨材料中。后人研究古代巴蜀历史的重要史籍如《蜀王本纪》《三巴记》《华阳国志》等，皆是汉晋时人所著，距离秦灭巴蜀已有数百年之久，许多重要史迹已湮没无考。较之《蜀王本纪》等，《山海经》不仅成书更早，而且保留了大量未经后代删改的原始材料，这对研究古代巴蜀文明而言意义尤其重大。

历代关于《山海经》的注本，主要有以下几种：晋代郭璞撰《山海经传》18卷，后世各本皆出自此本。明代王崇庆撰《山海经释义》18卷，图1卷；杨慎撰《山海经补注》1卷，收入《百子全书》。清代吴任

---

① （汉）王充：《论衡》卷11《谈天篇》，载北京大学历史系《论衡》注释小组编《论衡注释》，中华书局1979年版，第609页。
② 〔日〕小川琢治：《〈山海经〉的考证及补遗》，《支那历史地理研究》，1928年。
③ 吕子方：《读〈山海经〉杂记》，《中国科学技术史论文集》，四川人民出版社1984年版，第3—4页。

臣撰《山海经广注》18卷，图5卷；汪绂撰《山海经存》9卷（附图）；毕沅撰《山海经新校正》1卷，《古今篇目考》1卷；郝懿行撰《山海经笺疏》18卷，《图赞》1卷、《订伪》1卷；吴承志撰《山海经地理今释》6卷等。今人作品则以袁珂《山海经校注》（上海古籍出版社1980年版）影响较大。（董涛）

2.《蜀王本纪》1卷，相传汉扬雄撰

扬雄有《太玄》，前已著录。《蜀王本纪》又名"蜀本纪""蜀记"。《华阳国志》有"司马相如、严君平（遵）、扬子云（雄）、阳成子玄（衡）、郑伯邑（廑）、尹彭城（贡）、谯常侍（周）、任给事（熙）等各集传记，以作《本纪》，略举其隅"①之语，故《隋书》、新旧《唐书》经籍、艺文志对此书皆有著录。是书旧题扬雄撰，不过亦有学者认为，《蜀王本纪》并非扬雄所撰，待考。

是书为历代古蜀王传记，主要以古蜀国历代君王蚕丛、柏濩、鱼凫、杜宇、鳖灵、卢保等为线索，讲述关于他们的神话传说和故事。比较著名的篇章有"望帝啼鹃""鳖灵决玉山""五丁开山""李冰斗江神""蜀王娶山精""老子与青羊观"等，这些故事不仅想象丰富、情节奇特、充满志怪色彩，而且文字非常优美，文学价值极高，对后世影响非常大。如"望帝春心""杜鹃啼血""李冰治水"等，都成了日后文章诗词中常见的典故。

同时，其文献价值也不可低估。虽然书中故事本身更多地体现了传说和文学的色彩，很多绮丽的幻想难以作为信史采用，但却仍为我们提供了重要的历史研究材料。古蜀文明灿烂而奇特，这已被近年来三星堆、金沙等遗址的考古发掘印证。但关于古蜀文明的文字记载十分稀少，《山海经》虽保留了部分上古传说和地理资料，但灵异交杂、模糊难解。今人能知秦以前蜀国历代君王传承之大概，全凭《蜀王本纪》。后人所编写的古蜀历史，如常璩的《华阳国志》，大都沿袭《本纪》之说。此外，该书还是研究成都建城史、古代巴蜀神话系统与古蜀语言等问题的重要史料：至迟在秦代的典籍中，已经出现了"成都"的名称，而根据《蜀王本纪》，则可以把成都的建城史和命名史上推至更早的古蜀时代；书中关

---

① （晋）常璩著，刘琳校注：《华阳国志新校注》卷12《序志》，第519页。

于古代巴蜀的神话描写，比如"鳖灵复生""李冰斗江神"等故事，虽属虚构，却可以为研究古代巴蜀的神话传说提供重要的材料；书中所谓"蜀左言，无文字"的记录，说明古代巴蜀文明另有一套不同于中原文明的语言系统，这与三星堆等一系列考古成果中发现的神秘符号相互印证。同时，此书还是研究汉代四川历史的重要文献。比如书中关于宣帝时期开掘盐井的记载，是关于四川盐业生产现存最早的文字记录。除了关于古蜀文明，书中的一些内容，也是解读该书成书时代历史文化的重要材料。比如秦襄王时宕渠县身高25丈6尺巨人为祥瑞的故事，实际上可以看作汉代盛极一时的谶纬学说思想的反映。

此书原本早佚，明万历年间，郑朴从《史记》《文选注》诸书中辑集成书，收入《壁经堂丛书》。至清，又有王谟、洪颐煊、严可均、王仁俊辑本，分别收录于《汉唐地理书抄》《经典集林》《全汉文》《玉函山房辑佚书补编》。今人张震泽《扬雄集校注》（上海古籍出版社1993年版）亦收有《蜀王本纪》校注本。另王文才、王炎，又在前人基础上进行辑校，编成《蜀志类纂考释》，资料更为丰富，可资参考。（董涛）

3.《华阳国志》12卷，晋常璩撰

常璩（约291—361），字道将，蜀郡江原（今四川崇州）人。出身文化世家，少时遍读先世遗书，颇负才名。李氏成汉时，曾任散骑常侍、掌著作。东晋永和三年（347），桓温伐蜀，兵临成都城下，常璩等劝李氏归降，故桓温灭成汉后，任常璩为参军，随至东晋首都建康（今江苏南京）。无奈江左重用中原故族，轻视蜀人，当时常璩已老，不得重用，遂不复仕进，发愤改写旧作，历时6年完成《华阳国志》。另撰有《蜀汉书》等。

"华阳"，语出《尚书·禹贡》"华阳黑水惟梁州"，即位于西岳华山以南之地。"山南为阳"，在晋代为梁、益、宁3州，其地域包括现今四川、重庆全域及毗邻川渝的云南、贵州、陕西、甘肃、湖北的部分地区。是书记载了这些地区上古至东晋穆帝永和三年（347）的历史，故以"华阳"为名。

是书又名"华阳国记"，凡12卷，即12志，依次为《巴志》《汉中志》《蜀志》《南中志》《公孙述、刘二牧志》《刘先主志》《刘后主志》《大同志》《李特雄寿势志》《先贤士女总赞》《后贤志》《序志》，共11

万余字。其内容大体为：卷1至卷4，记述历史地理，举凡地理之沿革、历史之变迁、风俗之兴替、郡县之置废、治所之因革、山川之陵夷、交通之通塞、地方之物产、民族之活动，乃至名宦政绩、地方大姓及治乱成败等，皆予记载；卷5至卷9，以编年体的形式记叙公孙述、刘焉刘璋父子、蜀汉、成汉割据政权，以及西晋的历史，略似正史中的本纪；卷10至卷11，记载自西汉迄东晋初年的"贤士贞女"，相当于正史中的列传；卷12叙传，述及此书的撰著动机和篇章结构。

全书编纂得法，内容充实，议论诚笃，结构严谨，历来为人们所推崇。宋代吕大防赞叹"蜀记之可观，未有过于此者"①；清代廖寅则谓"后有修滇、蜀方志者，据以为典则"②。刘琳概括这种写法为，"从内容来说，是历史、地理、人物三结合；从体裁来说，是地理志、编年史、人物传三结合"③。晋代以前的方志多是历史、地理、人物相分离，各执其一，而《华阳国志》则将三者相结合，创造了一种全新的、更加完备的方志体裁，这对于后世地方志从唐宋时期的《元和郡县志》《太平寰宇记》至元明清时期的《一统志》和各地方各类方志，都有直接或间接的影响。故《四库全书》将其收入史部载记类，历代史学家多认定其为地方史志之佳作，誉其为我国现存最早、体制系统完备的地方志之一，常璩亦因此被后人尊称为"中国地方志的初祖"。

是书为研究我国古代西南历史地理最早、最重要的文献，它详细记载了今四川、重庆全境，云南、贵州、陕西部分地区的地理历史沿革、风土人情，为研究我国古代西南边疆地理、政治、经济、民族、文化等提供了宝贵的史料，有着补充正史的重要作用，如书中《先贤士女总赞》和《后贤志》两卷，记载了自汉至晋不少文学家的事迹，可与正史互证。在民族史方面，记载了西南30多个少数民族和部落的历史，尤其是对西南少数民族同汉族、中央政府的关系所做的记载，比《史记》《汉书》等

---

① （宋）吕大防：《华阳国志后序》，载（明）杨慎辑《全蜀艺文志》卷30，中册，第794页。
② （清）廖寅：《校刻华阳国志序》，载（晋）常璩《华阳国志》卷首，清嘉庆甲戌（1814）南京刻题襟馆本。
③ 刘琳：《第一版前言》，载（晋）常璩著，刘琳校注《华阳国志新校注》卷首，第1—2页。

书更为详尽，从而弥补了正史所缺。

是书对于巴蜀史事的记述，也较其他史书更加详细。如诸葛亮平定南中，《三国志·蜀志》仅寥寥数语，而《华阳国志》却有长篇论述。范晔撰《后汉书》，对西南地区历史多取材于是书。此外，它还保存有大量民间作品和丰富的文学史料，如《蜀志》中记载蜀地开发及其并于秦的经过，包括蚕丛、鱼凫、杜宇及五丁开山等神话传说，想象丰富，情节奇特，成为后世诗歌称引的典故。而《巴志》中载有西汉末至东汉的一些民谣，其中像桓帝时讽刺郡守李盛的"狗吠何喧喧"一歌，即是一首很好的五言诗。

是书对于巴蜀地区与中原关系史的记述，又是其一大特点。如它记述了古代巴蜀从远古到夏、商、周、秦汉时期与中原政权之间关系的历史，这是研究巴蜀地区的历史及其与中原关系的重要材料，反映了巴蜀与中原文化从渐次接触到不断融合的完整过程，这一点，也为近年来考古新发现所证实。故是书为学界研究巴蜀与中原的关系，提供了有益借鉴。

是书在流传过程中已有缺佚，北宋神宗元丰三年（1080），吕大防在成都做官时，曾有刊刻，李壄曾取两《汉书》及陈寿《三国志·蜀书》《益部耆旧传》补正。吕氏刻本现已不存，唯李壄《序》尚在。南宋宁宗嘉泰四年（1204）又刻是书于四川丹棱，通常称为嘉泰本，明清以来均以此本为祖本刊刻，惜其流传不广。至明代，钱穀曾抄写过南宋嘉泰本，《四部丛刊》亦曾影印流传。清代顺治年间，由冯舒再次抄录，后来为校勘学家顾广圻所得，并加以雠校，此后在孙星衍的倡议下，由蜀人廖寅撰补、刻印，成12卷，《补遗》1卷，线装4册。此即嘉庆十九年的廖氏题襟馆本，为旧刻《华阳国志》最善之本，《四部备要》就是以此本排印的。此外，是书还有清乾隆四十六年等刻本。中华民国八年，成都志古堂又曾据题襟馆本影刻，为纸本，线装6册，附录有清顾观光撰《校勘记》。

进入20世纪，随着新史学特别是方志学的兴起，《华阳国志》更加受到重视，被奉为正规文献鼻祖，并出现了多种新版本，其中以刘琳《校注》本（巴蜀书社1984年版）、任乃强《校补图注》本（上海古籍出版社1987年版）、刘琳《新校注》本（四川大学出版社2015年版）最

为方便适用。(黄修明)

4.《锦里耆旧传》4卷，宋勾延庆撰

勾延庆，字昌裔，生卒年不详。陈振孙《直斋书录解题》载"平阳勾延庆"，《四库全书总目》考证"平阳"为"华阳"之误，勾延庆实为成都华阳（今双流）人。根据《锦里耆旧传》中的内容，其曾当过荣州应灵县令，宋太祖开宝年间仍在世。

是书又名"成都理乱记"，原本8卷，起唐咸通九年（868），迄于宋乾德四年（966）之春，主要记载了五代前蜀王氏和后蜀孟氏的情况。今前4卷已佚，仅存后4卷，记中和五年（885）以后事。

《锦里耆旧传》虽以"耆旧传"为名，但其编撰体例并非以人物传记为线索，而是更接近于编年体。是书在简略记载两蜀政权兴废大事的同时，记录了大量详细的诏、敕、章、表、书、檄之文。其结构大概如下：第1卷起中和五年（885）正月至前蜀武成元年（908）；第2卷起武成三年（910）至后唐同光四年（926）春；第3卷起后唐天成二年（927）至后蜀广政二十五年（962）；第4卷起后蜀广政二十八年（965）冬至宋乾德四年（966）春。书中多故国之思，对后蜀主评价颇高。

是书所记载诏、敕、章、表、书、檄等，内容涉及军政、经济、礼制和社会生活等诸多方面，又列有多次赏赐、进贡物品的明细，皆是研究前后蜀历史的重要材料。在历史事件的记述方面，也有独到之处。如宋太祖曾赐给后蜀主孟昶的诏书，是书中记载的同题诏书内容与《宋史》中的多有不同，足与正史相参考。是书对五代十国时期四川地区历史地理情况的记录，亦颇有价值。比如第1卷开篇所记的唐僖宗中和五年正月的地震、四月发生在维州（今理县）的山崩等。类似这样关于灾害、饥馑等的记载还有多处。又书中还记录了前后蜀政权对成都的建设情况，比如前蜀后主王衍于乾德三年（921）春三月"筑子城西北夹寨堤，引水入大内御沟，水出，东流仁政楼"，此类记载不见于他书，是研究成都建城史的重要材料。该书在体例上也有值得借鉴的地方，对后世亦有所启发。如北宋张绪曾仿是书体例，撰有《续锦里耆旧传》，续书在时间上紧接《锦里耆旧传》，在简略记录从北宋乾德三年（965）到大中祥符二年（1009）蜀地发生的重大事件和政治因革的同时，保留了大量朝廷敕令、官吏任免名单等原始材料，对李顺、王均等起义之事也略有记载。

是书有清抄本、嘉庆四年桐川顾氏刻本、《丛书集成初编》本、巴蜀书社2003年《中国野史集成》影印本等。（董涛）

5.《蜀梼杌》2卷，宋张唐英撰

张唐英（1029—1071），字次功，自号黄松子，蜀州新津人，丞相商英之兄。少时勤奋力学，有文名，庆历时进士及第。初调渝州决曹掾，再调归州狱掾，移襄州谷城县令。英宗朝，为太常博士。神宗即位，以荐擢殿中侍御史。熙宁三年（1070）丁父忧，次年六月感疾卒，年43岁。著有《仁宗政要》《宋名臣传》《蜀梼杌》等书。

是书又名"外史梼杌""蜀春秋"，为编年体史书。原本10卷，后经散佚，今仅存2卷。书前张唐英《自序》述其撰著之由："王、孟父子，四世凡八十年，比之公孙述辈最为久远，其间善恶之迹，亦可为世之鉴戒……予家旧藏《前蜀开国记》《后蜀实录》，凡一百三十卷，尝欲焚弃而不忍。"然而此前记载前后蜀史事的许多史书，如《耆旧传》《鉴戒录》《野人闲语》等，内容皆本末颠倒、鄙俗无取；《九国志》的前后蜀世家、列传，又繁简失当、尚多疏略。于是他检阅家藏《前蜀开国记》《后蜀实录》等书，削去烦冗，编年叙事，以成《蜀梼杌》。又自序其名书之由说："今因检阅始终，削去烦冗，编年叙事，分为十卷……凡《五代史》及《皇朝日历》所载者，皆略而不书。名曰《蜀梼杌》，盖取楚史之名，以为记恶之戒。""梼杌"一词见于《孟子·离娄下》："晋之《乘》，楚之《梼杌》，鲁之《春秋》，一也。"赵岐注说："此三大国史记之异名。"又说："梼杌者，嚚凶之类，兴于记恶之戒，因以为名。"

是书具有很高的史料价值，具体表现在以下诸端。一是地震、洪水、旱灾资料。四川地区在后蜀时期屡发地震，《蜀梼杌》即载有广政元年（938）十月、二年（939）六月、三年（940）五月和十月、五年（942）正月和十月、十五年（952）十一月、十六年（953）三月四川地震的情况，这些资料几乎不见他书记载（《十国春秋》所载为转录此书）。是书还记载前蜀乾德四年（922）"自五月不雨，至九月林木皆枯，赤地千里"，后蜀广政十五年成都"大水漂城""深丈余，溺数千家"等，是研究四川水利史、气候学的珍贵资料。

二是城市建置沿革。是书记载王建称帝后，建都成都，大、少城及罗城诸门及堂宇厅馆等均予以改名。书中详细地罗列了一大串旧名与今名。五代承唐启宋，这为唐、五代、宋时期成都的城市建置沿革等情况的研究提供了翔实可靠的珍稀资料，这些亦不见于他书。

三是城市景观掌故、游乐怡悦风俗。是书记孟昶于城上遍植芙蓉，"九月间盛开，望之皆如锦绣"。孟昶对左右说："自古以蜀为锦城，今日观之，真锦城也。"这正是今日称成都为"芙蓉城"的最早出处之一。又此书有后蜀军人盗发前蜀王建墓的线索（孟知祥"命修王建墓，禁樵采"）。如此之类的记载，或较他书详备，或为他书所阙。正如《四库全书总目》评云："欧阳修二蜀世家，删削太略，得此可补其所遗。今世官署戒石所刻'尔俸尔禄，民膏民脂，下民易虐，上苍难欺'四语，自宋代以黄庭坚书颁行州县者，实摘录孟昶广政四年所制官箴中语，其文全载于此书。凡此之类，皆足以资考证。"道出了《蜀梼杌》的史料价值。

是书分为抄本和刊本两个系统。据张唐英、陆昭裔二《序》，知其书先是以抄本行世，至迟于英宗治平年间（1064—1067）在京师流传，继有陆昭裔所刻之蜀中刊本，今宋抄及宋刻均不复见。宋及其以后之官私书目，多著录《蜀梼杌》"十卷"（《遂初堂书目》著录未分卷），似乎完整无缺地保存下来了，然实际上也有著录有目无书。今存主要版本有以下几种。1卷本：《说郛》（宛委本）、《历代小史》、《景印元明善本丛书十种·历代小史》、《续百川学海》、明天启七年冯仲昭抄本、清汪氏艺芸书舍抄本（后二种今藏中国国家图书馆）。2卷本：《四库全书》、《函海》（乾隆、道光、光绪本）、《学海类编》、《艺海珠尘》、《丛书集成初编》、中华民国四川存古书局刊本、清抄本（黄丕烈、吴翌凤校、跋，今藏国图）。还有不分卷本：《说郛》（商务印书馆本）、北京大学藏清初抄本、清孙潜抄本、清劳权抄本、清鲍氏知不足斋抄本（后三种今藏中国国家图书馆）。王文才、王炎《校笺》本，巴蜀书社1999年版，最便使用。（董涛）

6.《蜀鉴》10卷，宋郭允蹈撰

郭允蹈，字居仁，资州（今四川资中）人。宋理宗端平时在世，生卒、履历不详。尝著《蜀鉴》10卷。

关于是书撰者，历来说法不一。卷首方孝孺序称："宋端平中，昭武李文子尝仕于蜀，搜择史传，自秦取南郑，至宋平孟昶，上下千二百年事之系乎蜀者，为书拾卷。凡一统之离合，地势之险易，贤才之众寡，攻守之得失，与夫忠顺致福之基，逆乱取祸之原，莫不毕举而详之，名曰《蜀鉴》。"世遂题为李文子撰。《考亭渊源录》也说，李文子，字公谨，与兄方子俱从朱熹学。"绍熙四年（1193）进士，历知阆、潼二州，吏誉蔼然。持麾蜀中二十年，以道学倡，蜀人宗之。著《蜀鉴》十卷。"① 四库馆臣据书前端平三年（1236）李文子序："燕居深念，紬绎前闻，因俾资中郭允蹈缉为一编。"② 考订说"则此书为资州郭允蹈所撰，文子特总其事耳"，甚是。

是书之问世与南宋四川战略地位的突显密切相关。南宋建都临安，偏安东南一隅，四川地处长江上游，自古以地势险要著称，为兵家必争之地，如此突出的战略地位，促使整个南宋政府非常重视对这一地区的经营，所谓"护蜀如头目，保蜀如元气"。讨论四川边防事务、研究历代王朝经略四川的策略以资借鉴，成为现实边疆防御的客观需要。从资治与经世的目的出发，吸取历史上各朝各代经略四川的经验和教训，既是时势对史家的迫切要求，也是史家不可推卸的责任。据史载，宁宗时中江人吴昌裔即曾"荟萃周、汉以至宋蜀道得失，兴师取财之所，名《蜀鉴》"③。至理宗时，郭允蹈在李文子统领下，完成了另一部《蜀鉴》的编撰。时人评价云，南宋边防危机日益严重，"蜀道汹汹"，加强蜀地战略防御，吸取历史经验教训尤为重要，"今蜀事如许，此书之出，岂不足为经理恢拓者之助乎？"④ 这正是郭允蹈《蜀鉴》产生的学术背景。

《蜀鉴》是一部记载四川、重庆及其相邻地区历史与地理的专著。从时限上看，其纪事上起秦人于秦厉共公二十六年（前451）攻取南郑，下至北宋乾德三年（965）北宋派王全斌攻取四川，后蜀政权灭亡。在此1300年中，作者将有关四川的历史按时间顺序条分缕析，分别予以记载，凡10卷，共49件大事，主要围绕历代王朝经略巴蜀的历史展开，所述均侧重于军事攻防策略，考察四川各地的战略地位，总结历代王朝经略四

---

① （清）李清馥著，徐公喜等点校：《闽中理学渊源考》卷6《州牧李公谨先生文子》，凤凰出版社2011年版，第107页。
② （明）曹学佺：《蜀中广记》卷93《著作记第三》引，文渊阁《四库全书》影印本。
③ 《宋史》卷408《吴昌裔传》，第12304页。按，此书已佚。
④ （宋）佚名：《蜀鉴跋》，载（宋）郭允蹈《蜀鉴》卷末，巴蜀书社1984年影印明嘉靖三十四年刻本，第606页。

川的成败得失，为南宋治理四川和加强边疆防御提供借鉴。

是书资料翔实，考证严谨，在地理学及经世致用方面，皆有一定的成就和价值。书中叙事每遇及战略要地，便大量引用古籍文献资料考镜源流，考察这一地方的历代沿革、战略地位等，具有突出的地理学价值。四库馆臣评论曰："宋自南渡后，以荆襄为前障，以兴元、汉中为后户，天下形势，恒在楚蜀。故允蹈是书所述，皆战守胜败之迹，于军事之得失，地形之险易，恒三致意。而于古人用兵故道，必详其今在某处，其经营擘画，用意颇深。"此外，《蜀鉴》还蕴含着浓厚的经世思想，以求为边疆防御提供历史借鉴，这在我国地方史志研究中具有一定的指导作用。

是书今传《四库全书》本、《守山阁丛书》本、《丛书集成初编》本等。（董涛）

7.《蜀中广记》108卷，明曹学佺撰

曹学佺（1574—1646），字能始，又字尊生，号雁泽，自号石仓居士、西蜂居士，福建侯官（今福建闽侯）人。万历二十三年（1595）进士，授户部主事。后因考官张位贬官，受牵连，改调南京大理寺充任闲职。三十年（1602）官四川右参政，三十九年（1611）又升任四川按察使，清正廉明，颇得蜀中百姓爱戴。天启二年（1622），起广西右参政。崇祯初，起广西副使，力辞不就。家居20余年，著书石仓园中，尝谓："二氏有藏，吾儒何独无？"欲修儒藏与佛、道二藏鼎立，功未及就，两京继覆。明亡，入山投缳而死，年73，谥忠节。著有《石仓诗文集》《石仓十二代诗选》《蜀中广记》《四川集》等。《明史》卷288有传。

《蜀中广记》系曹学佺任职四川期间所编的一部大型的巴蜀文献类纂，全书凡108卷，计《蜀中名胜记》30卷、《蜀中边防记》10卷、《蜀中人物记》6卷、《蜀中宦游记》4卷、《蜀郡县古今通释》4卷、《蜀中风俗记》4卷、《蜀中方物记》12卷、《蜀中神仙记》10卷、《蜀中高僧记》10卷、《蜀中著作记》10卷、《蜀中诗话》4卷、《蜀中画苑》4卷。其纂辑之例，多分道叙述，如《名胜记》首川西，次上下川南，次上下川东，而终以川北，各志大率如此。唯《著作》以四部为次，《诗话》《画苑》以年代为次，而《方物》一记分纪草木、鸟兽、服用、食馔诸类，其茶、盐、酒、锦、纸等又皆别著录为谱，盖以其为蜀产之殊美者也。

是书之《名胜记》介绍了明代四川125个州县（遵义府的五县不计在内）的风景名胜，按川西、上下川南、上下川东、川北等道所属府州县，先简溯沿革，再分述各地的胜迹，并征引前人诗文，以为佐证，渊博详赡，颇多故实。后万历四十六年（1618），福清林茂之摘出单行，名曰"蜀中名胜记"，刻之于南京。钟惺为之序云："吾友曹能始，仕蜀颇久，所著有《蜀中广记》……予独爱其《名胜记》体例之奇。其书借郡邑为规，而纳山水其中；借山水为规，而纳事与诗文其中。择其柔嘉，撷其深秀，成一家言……要以吾与古人之精神，俱化为山水之精神，使山水与文字不作两事，好之者不作两人，入无所不取，取无所不得，则经纬开合，其中一往深心，真有出乎述作之外者矣。虽谓能始之记，以蜀名胜生，而仍以名胜乎蜀，可也。"是曹氏以"借郡邑为规，而纳山水其中；借山水为规，而纳事与诗文其中"之法，足使"吾与古人之精神，俱化为山水之精神，使山水与文字不作两事"，融历史古迹、文物、诗文于山水之中，达到了人与自然的高度和谐，这也就体现了《蜀中名胜记》的重要文学意义。而且，即便在现今，其在旅游开发、文献史料、宗教民俗、文学研究等方面也都具有极大的参考价值。

此外，书中的《人物记》《宦游记》介绍了蜀中人物及外乡游蜀士人，《神仙记》《高僧记》记载了许多道士和僧人的事迹，这四部分可以说是巴蜀人士传记资料的宝库，而《著作记》《诗话》《画苑》则保存了巴蜀的文献典籍资料，《边防记》辑录和记叙了川西、川南、川东、川北四方边防事务的相关资料，如此等等，可以说《蜀中广记》是集四川风土人情、方物地理、名画神仙、高僧宦游为一体的一部内容极为丰富的巴蜀文化志。故《四库全书总目》评价此书云："搜采宏富，颇不愧'广记'之名。"傅增湘亦云："石仓此编，皇皇百卷，穷搜广采，鸿博渊深，实为西川古今文献之渊海。"① 虽然此书亦有编次偶疏、载录不当、讹舛抵牾之处，"盖援据既博，则精粗毕括，同异兼陈，亦事势之所必至"，然"要之不害其大体，谈蜀中掌故者，终以《全蜀艺文志》及是书为取

---

① 傅增湘：《蜀中广记跋》，《藏园群书题记》卷4，上海古籍出版社1989年版，第224页。

材之渊薮也"。① 四库馆臣以《全蜀艺文志》及《蜀中广记》为蜀中掌故"取材之渊薮",所论诚是。

是书自万历年间成书刊刻后,世间传播并不是很广,蜀中人士竟多有不能举其名者。如傅增湘《蜀中广记跋》曾云:"余近十年来以纂辑《宋代蜀文辑存》,因旁及乡邦故实,访求此书甚为切挚。然历观内府藏书及南北藏家,皆渺不可得,惟《名胜记》于宣统初元四川书局曾有翻刻,此外别种偶见者,如故宫图书馆有《著作记》一种,李椒微师家有《郡县通释》《宦游记》《高僧记》三种,而余自频年以来南北搜求,亦得《方物记》《画苑》二种及《名胜记》残本十余卷,欲求全书完整,俾得以恣意披寻者,盖旷世而未尝一遇也。"故虽有刻本传世,然世不经见,因破例收入《四库珍本》之中。

《蜀中广记》今存版本主要有明刻本、《四库全书》本、《四库全书珍本初集》本、上海古籍出版社1993年影印本等。又《蜀中名胜记》有《粤雅堂丛书三编》第二十九集本、《丛书集成初编》本、重庆出版社1984年刘知渐点校本。(李冬梅)

8.《锦里新编》16卷,清张邦伸撰

张邦伸(1737—1803),字石臣,号云谷,汉州(今广汉)人。乾隆二十四年(1759)举人,会试大挑一等。历任河南辉县、襄城、固始等县县令、光州州判,以政绩称。后辞官回乡,晚年寓居成都。好为诗,撰4000余篇,今存《云谷诗钞》《氾南诗钞》。又著有《全蜀诗汇》《唐诗正音》《绳乡纪略》《云栈纪程》《云谷文钞》《锦里新编》等,为广汉地区的多产作家之一。

是书凡16卷,人物传记以类相从,各立小传。计名宦1卷、文秩2卷、武功1卷、儒林1卷、忠义1卷、孝友1卷、节烈流寓异人1卷、方伎高僧1卷、贼祲1卷、边防3卷、异闻3卷。边防、异闻,则以事为主,述及蜀中各地防务、奇闻逸事。

又卷首有《序》《凡例》,略述撰写旨趣及态度。《凡例》曰:"异闻,就蜀中所见所闻书也。事虽离奇,实非诞妄。……兹编以纪事为主,

---

① (清)永瑢等:《四库全书总目》卷70《蜀中广记》提要,文渊阁《四库全书》影印本。

其全属子虚者，概从删削，惟共闻共见而为世所不常有者始书之，以志不忘。"可见作者撰写是书，系本着认真求实的态度，所录明、清两代蜀中人物、各地防务、奇闻逸事，皆有根据。加之文字简练，描述生动，使得此书又有极强的阅读价值，是研究明、清时期四川文学、历史及其他方面不可或缺的重要参考资料。

是书撰成于嘉庆五年（1800）四月，当年即由敦彝堂镌刻行世。1913年成都存古书局有重版。1984年巴蜀书社又据敦彝堂版重印发行。（颜信）

9.《蜀典》12卷，清张澍撰

张澍（1776—1847），字时霖，一字伯瀹，号介侯，又号介白，甘肃武威人。嘉庆四年（1799）进士，历官贵州玉屏，四川屏山、大足、铜梁、南溪，江西永新等县知县，颇得地方拥戴。后弃官主讲汉南书院。平生好考订古事，能文章，极为典丽，见称于时，为清代西北最知名的学者。著有《姓氏五书》《蜀典》《续黔书》《养素堂集》，又辑刊《二酉堂丛书》。

《蜀典》是张澍在四川做官时所辑录的有关巴蜀掌故的文献，对保存和传承巴蜀地方文化作出了应有贡献。书凡12卷，卷首有张澍《自序》，述其撰著之缘起。澍因病乞假，在叙郡（今宜宾）休养，时四川大吏方延揽人士，续修《四川通志》，张澍申请被拒，于是在养病期间，愤而自修此书。张氏搜辑简编，考证时事，多述蜀中典故，故以"蜀典"命名。书分11目，分别为堪舆、人物、居寓、宦迹、故事、风俗、方言、器物、动植物、著作、姓氏，详细考证了四川的历史、地理和人文，是继《蜀中广记》之后又一部十分珍贵的四川地方史志文献类编。

作者广泛收罗，悉心研究，故此书内容丰富，文字简练，可读性强。尤其收集了大量与四川有关的古代文献和蜀人的散佚著述，而且还对四川的风土人情、动植物、矿产及民族姓氏的起源等，进行了详细考录。这对于研究四川的地方历史、文学及神话传说，都具有极强的参考价值。

是书撰成于道光十三年（1837），次年由安怀堂镌刻发行。（颜信）

10.《蜀学编》2卷，清方守道、童煦章原著，高赓恩、伍肇龄重订

方守道、童煦章，晚清诸生，肄业于尊经书院。高赓恩（1841—1917），字曦亭，宁河（今天津市）人。光绪二年（1876）丙子恩科进

士,改官,历太常寺卿。卒谥文通,著有《思贻堂诗集》。伍肇龄(1826—1915),字崧生,大邑人。道光进士,选翰林院庶吉士,后授编修、侍讲及侍讲学士。长期从教,先后主讲邛州书院、成都锦江书院和尊经书院,任山长多年,培育人才众多,有"天下翰林皆后辈,蜀中名士半门生"之誉。工书法,善诗文,著有《石堂藏书》《石堂诗抄》等,并与董贻清等合修《直隶绵竹志》。

巴蜀自文翁启化,蔚为大观,学风之盛,比于齐鲁,魁儒硕学,历代继踵,汉唐以来,含章之彦,史不绝书,但蜀学却未有专史专志。《蜀学编》是收集四川历史上"心术、学术不诡于正"的学人,辑录其事迹,并参考《关学编》《洛学编》体例而编成的一部蜀学专著。此书原为尊经书院两位生员方守道、童煦章所辑课艺,原题"蜀贤事略",后经曾任四川学政的高赓恩与尊经书院山长伍肇龄增补而成。

是书前有伍肇龄《序》及《凡例》,述及撰著经过。说是宁河高赓恩学使课士尊经书院时,命肄业诸生搜集巴蜀先哲言行,考订学术。其中方守道等所作颇合史家书法,也与《关学编》《洛学编》《北学编》等体例相近。高赓恩于是将方稿与另一院生童煦章所辑合并,与伍肇龄共同参订,加以厘正,编成一书。后来高氏差竣回京,复考正史及历朝学案、先儒传记、《理学备考》正续编等书,增入 22 人,并对前收诸人也增补了一些事迹,"大率增者什三,删者数十而一,其人皆无关于学脉者也"①。自汉代张宽起,至清代的川籍学人传记,皆汇于此,谓之"蜀学编"。计收汉人 14、唐人 1、宋人 32、元人 3、明人 15、清人 9。

该书参考《北学编》体例,于文章、经济并有采录,但收录范围比较严格,"是编固以学问为归,而兼有经济者,亦并述其政绩,采其奏议,以著体用兼备之谊……但或学术不传,第以勋业节烈著闻,蜀中名臣如何武、田锡、陈尧叟、杨栋、高稼、任伯雨者尚多,不敢泛入"②。

此书之作,意在清理蜀学学脉。高氏认为:蜀学之脉凡四五,汉则传经重大师,为洙泗之脉。宋则有伊洛之脉、湖闽之脉。元承宋学,明初承元学,嘉靖之后薛、吕、陈、王之学皆有趋之者,是为津会姚泾之

---

① (清)高赓恩:《续刻蜀学编序》,《儒藏·史部·儒林史传》,第 79 册,第 519—520 页。
② (清)伍肇龄:《蜀学编旧例》,《儒藏·史部·儒林史传》,第 79 册,第 505—506 页。

派。清代名儒宗派虽各不同，也应据此为断。其说虽较粗略，也可为研治蜀学者参考。至于引用文献，不下百种，大抵采自诸书，集萃成编。

是书先由尊经书院于光绪十四年冬初刊，光绪二十七年锦江书局又予以重校重刊，较原本为胜。四川大学《儒藏》史部《儒林史传》收录有校点本，四川大学出版社 2008 年出版。（杨世文）

11.《四川儒林文苑传》，清戴纶喆撰

戴纶喆，字吉双，四川綦江（今属重庆）人。《益州书画录》卷 1 称其为举人，官邛州训导。工隶书，善吟咏。据其《汉魏六朝赋摘艳谱说》自序及戴世怀跋，知其少从吴松轩学赋，受知于綦江县令田子实。继而南游黔，北游京，晚年返乡，于光绪七年（1881）主讲四川瀛山书院。著有《听鹂山馆骈文》《诗集》《诗话》《书记》《琐言》《江汉归船日记》《氍毹杂记》，多佚。今唯传其《汉魏六朝赋摘艳谱说》《綦江县续志》《四川儒林文苑传》。

汉唐以来，巴蜀学术文化繁荣，儒林、文苑，大师辈出，史不绝书。但至清世，达于国史，置之儒林、文苑者殆罕其人。体现清代经学成就的正、续二部《经解》之中，竟无蜀人之作。至于沈德潜《清诗别裁集》、王昶《湖海诗传》、张维屏《国朝诗人征略》、李元度《国朝先正事略》、贺长龄《皇朝经世文编》，所收蜀人之作亦寥寥无几。虽然不能据此否认清代四川的学术文化成就，但也从一个侧面说明，至少在晚清之前，四川的学术文化与江、浙、皖等省的差距还是比较显著的。戴纶喆总结其中的原因说："国朝文教昌明，超越古初，经列圣培养以来，涵濡渐被，遍于垓埏。独四川于岳、杨、张、曾诸公铭勋异域，著绩封疆外，曾无一人达于国史，以列诸《儒林》《文苑》者。岂其江汉炳灵，顾至今寂寂也欤？良以蜀当献贼之乱，孑遗无几，文献已荡如矣。嗣复吴藩煽逆，科举较迟，而其时隐逸之征，经学之选，博学鸿词之科，际其盛者亦最后，仅一许儒龙赴试，而卒不遇，文运举可知也。乾嘉以降，士气非不振兴，而又以金川、西藏日搆兵戎，教匪盐枭相继稔乱，蓬荜岩穴之中，复何暇撄大府怀乎？况其地距京师数千里，声华之盛，汲引之宏，生既不能与齐鲁吴越诸行省相埒，比其没也，尘编蠹简，几解收藏？郡县志乘，率多简略，又鲜有明于义法者，勒之志传，以表襮而恢奇之。纵揭德振华之士挺起一时，未几而风微顿歇，姓字模糊，在子孙且有不知其祖父之为何如人者。以故其志莫白，其书莫传矣。"[1] 戴氏归结的两点原因：一是四川遭受长期的战乱，影响了学术文化的发展；二是四川僻处西偏，远离政治文化重心。这大体上是不错的。

纶喆此书意在征文考献，表彰清代四川学术文化。故搜集资料，撰写清代儒学、文学人物传记，共49人。计有"蕴真抱璞、笃志儒修者"16人，曰费密、杨甲仁、唐甄、彭王垣、韩士修、顾汝修、林愈蕃、龚有融、李漱芳、李书、李惺、范泰衡、王达琮、戴琛、颜启芳、余焕文等，此皆巴蜀名儒经生。其"词华秀发、颖类倬群者"33人，曰刘道开、李璠、费锡璜、傅作楫、李专、彭端淑、许儒龙、何明礼、李调元、王汝璧、何人鹤、周立矩、张问陶、张怀泗、陈一津、汪仲洋、王怀曾、王劼、杨庚、孙澈、李崧龄、刘硕辅、冯世瀛、华暐、江国霖、孙缵、赵树吉、王再咸、朱鉴成、秦代馨、李汝南、武谦、陈树梁等，此皆巴蜀文学家。这些人物都在清代四川学术文化史上占有一定的地位，因此是书可以看成一部简明清代四川学术文化史。

是书有中华民国十一年刊本，四川大学《儒藏》史部《儒林史传》有收录，四川大学出版社2008年出版。（杨世文）

第三节 子学要籍

一 思想类

1.《老子指归》，汉严遵撰

严遵，字君平，本姓庄，因避汉明帝刘庄讳，遂改姓严，西汉蜀郡（今成都）人。生卒年不详，《汉书》说"君平年九十余，遂以其业终"，"扬雄少时从游学"，盖生活于西汉中后期，约当昭、宣至哀、平之间（前86—5年）。善《易》，好老庄，隐居不仕，在成都以卜筮为生。亦擅著述，文章冠天下，著有《蜀本纪》《老子注》《老子指归》等，前二书皆佚，今唯传《老子指归》残本。

是书又名"道德真经指归""道德指归论"，系严遵依据自己理解，

---

[1]（清）戴纶喆：《四川儒林文苑传·引首》，《儒藏·史部·儒林史传》，第79册，第787—789页。

对老子言论的发挥阐述。其卷数历代著录不一，《隋书·经籍志》云"《老子指归》十一卷"。《经典释文》则载"《老子指归》十四卷"，唐玄宗《道德真经疏外传》、杜光庭《道德真经广圣义》及新旧两《唐志》并同。及宋晁公武《郡斋读书志》作"《老子指归》十三卷"，《宋史·艺文志》、清钱曾《读书敏求记》并同。可见《老子指归》卷数有11卷、13卷、14卷之分。谷神子《序》云："《道德指归论》若干卷，陈隋之际已逸其半，今所存者止《论德篇》。"此书隋唐皆有著录，不过卷帙分合、内容残缺极不统一，致使今传之本是否真为严遵作品受到怀疑，四库馆臣即断为"能文之士所赝托"①。对此钟肇鹏有详尽驳辩，断作者为严遵无疑。②

是书主旨在于阐释、发挥老子微言大义。明刘凤曾概括其核心云："其为旨与老氏无间，故因其篇章以发归趣，以为道本于无：无无之无是生于无，未始之始是为太始。体既无矣，不得不虚，既未有始，莫之端倪。惟无倪也，故能周遍。虚之极也，复何所穷？故原物之生，始惟至柔。柔者，生之端；刚者，生之魄……此君平之指而老氏之大要也。"③是书对老子思想做了阐发和引申，同时对先秦诸子思想也有所吸收，不过却将宇宙生成论和本体论混同，既赋予道宇宙论意义，同时又予其以本体性规定。"道体虚无"，是对老子本体论的继承和发展，其所倡导的"道性自然"实际上是老子"道法自然"的翻版，其将道之属性与自然和无为与社会和政治领域相贯通，这实际上是对老子思想的进一步发展。在重视"无""虚"和"柔"的同时，严遵又提出"柔者，生之端；刚者，生之魄"和"未始之始，是为太始"等观点，有兼"有无""刚柔"的用意。

书中《易》《老》合一，援《易》入《老》，卷首开篇《君平说二经目》即曰："庄子（即严遵）曰：昔者《老子》之作也，变化所由，道德为母，效经列首，天地为象。上经配天，下经配地，阴道八。阳道九，以阴行阳，故七十有二首。以阳行阴，故分为上下。以五行八，故上经

---

① （清）永瑢等：《四库全书总目》卷146《道德指归论》提要，第1243页。
② 参见钟肇鹏《严遵》，载贾顺先、戴大禄主编《四川思想家》，巴蜀书社1988年版。
③ （明）刘凤：《严君平道德指归序》，载（汉）严遵《老子指归》附录三，第155页。

四十而更始。以四行八，故下经三十有二而终矣。"基于这种体认，严遵将《老子》分为上、下经，不过有别于河上公将《老子》分为八十一章，而是用《易》之八、九，将《老子》分为七十二章。他说："阳道奇，阴道偶，故上经先而下经后。阳道大，阴道小，故上经众而下经寡；阳道左，阴道右，故上经覆来，下经反往。反复相过，沦为一形。冥冥混沌，道为中主。重符列验，以见端绪。下经为门，上经为户，智者见其经效，则通乎天地之数、阴阳之纪、夫妇之配、父子之亲、君臣之仪，万物敷矣。"（《君平说二经目》）将《易经》阴阳观念和儒家五伦思想，都融入《老子》分篇之中。

书中有许多儒、道会通之说，如《上德不德篇》云："天地所由，物类所以：道为之元，德为之始，神明为宗，太和为祖。"将道、德、神明、太和等融合起来。在这样的理论框架下，又说："道有深微，德有厚薄，神有清浊，和有高下。清者为天，浊者为地，阳者为男，阴者为女。人物禀假，受有多少，性有精粗，命有长短，情有美恶，意有大小。或为小人，或为君子，变化分离，剖判为数等。故有道人，有德人，有仁人，有义人，有礼人。"将儒家的君子、小人、仁人、义士，与道家的道人、德人，同条共贯地整合起来。这些不同的人格情态又有何定义和区别呢？"庄子（严遵）曰：虚无无为，开导万物，谓之道人；清静因应，无所不为，谓之德人。兼爱万物，博施无穷，谓之仁人；理名正实，处事之义，谓之义人。谦退辞让，敬以守和，谓之礼人。"儒家人格情态，与道家的清修之士，完全都处于一个体系之中，并且说："凡此五人，皆乐长生。"与原始道家菲薄仁义，贱视诗书，迥然有别。这无疑体现出巴蜀文化的包容精神。其所形成"道、德、仁、义、礼"的价值结构，后为扬雄、赵蕤、张商英等人所继承，并影响中国道教理论的发展。

宋以后，是书《道经》6卷已佚，仅留《德经》7卷。今所传版本有二：一是6卷本，存卷1至卷6，有胡震亨本，题为"道德指归论"，收入《秘册汇函》《津逮秘书》《学津讨原》及《丛书集成初编》；二是7卷本，存卷7至卷13，有《道藏》本、怡兰堂本，题为"道德真经指归"，收入《道藏》及《怡兰堂丛书》《诸子集成续编》。6卷本不引《老子》经文，仅以《老子》每章开头几字作为篇名，卷前有《说目》。7卷本引用《老子》经文，但不列篇名，末卷有《序目》。中华书局1994

年出版的王德有校勘标点本《老子指归》，可资参考。（潘斌）

2.《长短经》9卷，唐赵蕤撰

赵蕤（约659—742），字太宾，梓州盐亭（今四川盐亭）人。相传为西汉易学家赵宾后裔，"好学不仕，著书属文，隐于梓州长平山"①。"博学韬钤，长于经世，夫妇俱有节操。"②蕤习术数之学、纵横之论，李白尝就学焉。开元中，益州长史（一作广汉太守）苏颋将赵蕤、李白一起向朝廷推荐，有"赵蕤术数，李白文章"③之称。玄宗数次征召之，屡辞不赴。著有《长短经》《关子明易传》。

《长短经》又名"长短要术"，主述王、霸之道，"大旨在乎宁固根蒂，革易时弊，兴亡治乱"④。刘向《战国策序》称《战国策》"或题曰《长短》"，纵横家又称"长短术"。赵氏此书辨析事势，其渊源出于纵横家，故以"长短"命名。书成于开元四年（716），赵蕤自序称"总六十有三篇，合为十卷"。《新唐书·艺文志》与晁公武《郡斋读书志》著录卷数相同。后佚1卷，但反多1篇为64篇，四库馆臣解释说："所存实为篇六十有四，疑蕤序或传写之讹也。"⑤

赵蕤自序著书宗旨说："故古之理者其政有三：王者之政化之，霸者之政威之，强国之政胁之。各有所施，不可易也。《管子》曰：'圣人能辅时，不能违时；智者善谋，不如当时。'……由此观之，当霸者之朝，而行王者之化则悖矣。当强国之世，而行霸者之威则乖矣。若时逢狙诈，正道陵夷，欲宪章先王，广陈德化，是犹待越客以拯溺，白大人以救火，善则善矣，岂所谓通于时变欤？"他认为治道有三种：一是"王道"，即儒家的仁义之政教化天下，也即孔子所谓"导之以德，齐之以礼"；二是"霸道"，即齐桓、晋文以法令为导向，以强权为手段，亦即孔子所谓"导之以政，齐之以刑"；三是"强国"，即苏秦、张仪"合纵连横"和

---

① （明）曹学佺：《蜀中广记》卷44《人物记第四》，文渊阁《四库全书》影印本。
② （五代）孙光宪著，贾二强点校：《北梦琐言》卷5《符载侯翺归隐》，中华书局2002年版，第119页。
③ （唐）苏颋：《荐西蜀人才疏》，载（明）杨慎《丹铅总录》卷12"太白怀乡句"条引，中册，第450页。
④ （唐）赵蕤：《长短经序》，《长短经》卷首，第1B页。
⑤ （清）永瑢等：《四库全书总目》卷117《长短经》提要，第1011页。

秦始皇"挥师扫六合",以武力解决问题。他认为治世应当审时度势,慎用经权,否则就将"王霸皆误"。他深恐"儒者溺于所闻,不知王、霸殊略,故叙以长短术,以经纶通变者,创立题目……名曰《长短经》……为沿袭之远图,作经济之至道"。也就是说,在治国方略上,他主张因时制宜,不拘一格,但最终结果是革除时弊,实现天下大治。

是书原10卷,依次为文治3卷,霸纪3卷,权议1卷,杂说1卷,兵权1卷,阴谋1卷佚。其重点为"论王霸、机权、正变之术"。从篇章结构看,文治讲王道,霸纪讲霸道,权议、杂说类于纵横术,兵权、阴谋是军事谋略。思想内容上杂糅了儒、道、兵、法、纵横诸家思想,涉及知人、论士、政体、君德、臣行、图霸、兵谋等,集王霸谋略为一体,成一部文韬武略的谋略全书。读此书,可以古为镜,鉴往知来。其用即在于将治理天下的各种方略都陈述出来,以供最高统治者因时制宜地选用,与《申鉴》《论衡》等书同流,也与《资治通鉴》相得益彰,被尊为"小《资治通鉴》"。

《长短经》纵论古今得失、人物贤愚忠奸,主因时制变,量才受职,其间虽"不免为事功之学",然大旨主于实用,非"策士诡谲之谋";依据"六经",折中孔、孟,"其言固不悖于儒者"①。尤其值得一提的是,是书视角独特,作者站在万物相反相成这一哲学原理的基础上,从相反的角度考察历史,看到历代统治者依据兴衰成败的史实而总结制定的治国安邦法规,不管其多么完善严密,在实施过程中总有负面作用。故是书亦被称为"反经"。

篇中注文颇详,广集诸子百家之说,叙历代更迭史实,其整体框架以谋略为经,史事为纬,交错纵横,蔚然成章。由于所引资料遍及经史子集,明抄暗引先秦至唐朝四部书百余种,故成为《艺文类聚》《通典》《初学记》等书外又一古代文献辑佚之渊薮。如其所引书今存者,由于赵蕤引时版本较早,故见于《长短经》的资料对今传本具有一定校勘价值,多能补正通行本之讹脱;其所引书今日不存者,如《玉铃经》《墨记》等,部分内容还借《长短经》得以保留,故文献价值极高。

今存版本主要有:南宋刊本,此本为孤本,原为常熟翁氏后代翁万

---

① (清)永瑢等:《四库全书总目》卷117《长短经》提要,第1011页。

戈所有,现藏上海图书馆;另有《读画斋丛书》本、《函海》本、《四库全书》本等。整理本有:岳麓书社1999年张兆凯等标点注译本,长春出版社2001年刘建国标点注译本等。(潘斌)

3.《老子解》2卷,宋苏辙撰

苏辙有《诗集传》,前已著录。是书创始于苏辙贬官筠州期间,修订于贬居海康时期,晚年居许昌时又对其有所订正。其自撰《颍滨遗老传》说:"凡居筠、雷、循七年,居许六年。杜门复理旧学,于是《诗》《春秋传》《老子解》《古史》四书皆成。"① 又在大观二年(1108)《题老子道德经后》中说:"予年四十有二,谪居筠州。……是时予方解《老子》。"苏辙"年四十有二",当元丰三年(1080),正是"乌台诗案",苏轼贬黄州、苏辙贬筠州之时。仕途受挫,世态炎凉,促成了两兄弟有时间去钻研儒释道经典,追求心灵的宁静和学术的永恒,这就是《老子解》诞生的历史背景。

苏辙力图将儒学的积极入世精神与释道旷达的超脱态度结合起来,具体实践孟子提倡的"达则兼济天下,穷则独善其身"的修身模式。不过,这种融合也有一个过程。绍圣四年(1097),兄弟二人再度南迁,相遇于藤州,苏轼对当时的注本并不满意。苏辙利用在雷州闲废的日子,又对旧稿进行修订。他在《老子解后跋》中说:"予昔南迁海康,与子瞻兄邂逅于藤州,相从十余日,语及平生旧学,子瞻谓予:'子所作《诗传》《春秋传》《古史》三书,皆古人所未至,惟解《老子》差若不及。'予至海康,闲居无事,凡所为书多所更定。"修订之后,苏辙曾"再录《老子》书以寄子瞻",可是未及得到苏轼的正面意见,即"蒙恩归北";既而苏轼途中染病,不幸卒于常州。苏辙回到许昌,直到十余年后的政和元年(1111)冬,从苏迈等人所编《先公手泽》中才得知苏轼对此书的态度:"昨日子由寄《老子新解》,读之不尽卷,废卷而叹:'使战国时有此书,则无商鞅、韩非;使汉初有此书,则孔、老为一;晋、宋间有此书,则佛、老不为二。'不意老年见此奇特!"② 看来苏辙最后的修订是成功的,深得其兄称赞。不过苏轼看到的《老子新解》也不是该书的最

---

① (宋)苏辙:《颍滨遗老传下》,《栾城后集》卷13,《栾城集》,第1313页。
② (宋)苏轼:《跋子由〈老子解〉后》,《苏轼文集》卷66,第2072页。

后定本，苏辙从元符三年（1100）回到许昌，至政和二年（1112）去世，都陆续有所更定。他在此书《后跋》中说："予自居颍川，十年之间，于此四书（即《诗集传》《春秋集解》《古史》《老子解》）复多所删改。"可见苏辙倾注了一生心血来修订这四部学术著作。

  是书的主要特征是融会儒、佛思想于道家，认为孔子与老子没有根本的对立，强调儒教与佛教尤其是与南宗禅的一致性，其注解的精彩之处在于"出于自然"和对"无心""解脱"思想的充分发挥。因此，有的学者认为："可以说苏辙的《老子解》往往成为无心无欲的修养论。"①他在创作是书时，已有佛界人士赞其全为"佛说"："有道全者，住黄檗山，南公之孙也。行高而心通，喜从予游。……是时予方解《老子》，每出一章，辄以示全，全辄叹曰：'皆佛说也！'予居筠五年而北归，全不久亦化去，逮今二十余年也。凡《老子解》亦时有所刊定，未有不与佛法合者。"（《题老子道德经后》）可见《老子解》是研究"三苏""三教合一"思想的经典著作，辙自己对此书也是非常看重的，他在《颍滨遗老传》中说："尝抚卷而叹，自谓得圣贤之遗意，缮书而藏之。顾谓诸子：'今世已矣，后有达者，必有取焉耳。'"

  《老子解》撰定之时，正当禁锢元祐学术之日，于是苏辙将其"缮书而藏之"，未暇刻板。据史少南序称，南宋时期，该书有两次刊布，一次是张方的石刻《老子解》，一次是宝祐本，为乡人王伯修所校梓。今传《老子解》版本有两个系列，即2卷本、4卷本，书名或称"老子解"，或称"道德真经注"。4卷本主要有《道藏》本、元刊本和明存诚书馆抄本。2卷本主要有焦竑序刻《两苏经解》本、《宝颜堂秘籍广集》本、钱穀抄本、《四库全书》本。此外还有明抄1卷本，但不常见。2017年四川大学出版社出版的《三苏经解集校》收有整理本，系以《四库全书》本为底本，以《道藏》本、《两苏经解》本、明抄4卷本校勘，补正了底本缺失之处，也订正了《两苏经解》本的讹误，足资参考。（舒大刚）

  4.《帝学》8卷，宋范祖禹撰

  范祖禹有《古文孝经说》，前已著录。是书乃范祖禹为宋哲宗讲经所

---

① ［日］佐藤錬太郎：《苏辙与李贽〈老子解〉的对比研究》，《首都师范大学学报》（社会科学版）2002年第6期。

作，综述自上古伏羲、神农至宋神宗32位君主的嘉言善行，特别是他们重学崇教的事迹，数列甚备。乾隆皇帝称此书"自宓羲迄宋，凡帝王务学求师之要，灿然眉列，实为千秋金鉴"。

书凡8卷，自上古至汉唐2卷，自宋太祖至神宗6卷，于宋代诸帝叙述独详。卷1选录伏羲、神农、黄帝、少昊、颛顼、帝喾、尧、舜、禹、汤、武丁、周文王、周武王、周成王14位，卷2选录汉高祖、汉文帝、汉武帝、汉昭帝、汉宣帝、东汉光武帝、明帝、孝章帝、北魏孝文帝、唐太宗、唐玄宗、唐宪宗12位，叙述帝王事迹，力求其精，或三数事，或一事。至于宋代六帝，事迹特详，太祖、太宗、真宗合为1卷，仁宗则有上、中、下3卷，英宗、神宗各为1卷，宋代君王尊学贵道之事，述之尤备。而且，由伏羲迄宋神宗，每条后亦间附论断。

范祖禹初侍哲宗经幄，因夏暑罢讲，即上书论今日之学与不学系他日治乱，而力陈宜以进学为急。又历举人主正心修身之要，言甚切至。史称其在迩英时守经据正，献纳尤多。又称其长于劝讲，平生论谏数十万言，其开陈治道，区别邪正，辨释事宜，平易明白，洞见底蕴，虽贾谊、陆贽亦不能过，被苏轼称为"讲官第一"。从是书来看，其言简义明，敷陈恳切，实不愧史臣所言。虽然宋哲宗为党论所惑，不能尽用祖禹之说，终致更张初政，国是混淆。然而祖禹忠爱之忱，以防微杜渐为念，观于是书，千载之下犹将见之矣。

是书今存有缪荃孙旧藏宋活字本，清省园刻本、清抄本、《四库全书》本等。（潘斌）

5.《道命录》10卷，宋李心传撰

李心传有《建炎以来系年要录》，前已著录。《道命录》乃李心传晚年作品，成书于理宗嘉熙三年（1239）。是书从历史的角度，采用文件编纂与注文论述相结合的体例，记载了程朱进退之本末，从而说明理学在宋代三起三落的兴废历程，为我们研究宋代党禁、程朱理学的发展历程和命运及李心传的思想等，提供了可靠而翔实的资料。此外，作为学术史著作，其对后来学案体史书的发展也有一定影响。

是书卷数历代著录不一，《宋史》本传载为5卷，而收录在鲍廷博《知不足斋丛书》中的却为10卷，《四库全书》所载亦为10卷。元至顺癸酉（四年，1333年）新安程荣秀序云："李公《道命录》五卷，刻梓在江州，毁于兵。荣秀尝得而读之，疑其为初稿，尚欲删定而未成者。斋居之暇，僣因原本，略加厘定，汇次为十卷如左。"原稿本为5卷，刻梓于江州，然毁于兵。后程荣秀因其原本略加厘定，汇次为10卷。

是书反映了李心传的历史观，在《道命录序》中，李氏云："故今参取百四十年之间道学废兴之故，萃为一书，谓之《道命录》。盖以为天下安危、国家隆替之所关系者，天实为之，而非（章）惇、京、（秦）桧、（韩）侂（胄）之徒所能与也。虽然，抑又有感者，元祐道学之兴废，系乎司马文正（光）之存亡；绍兴道学之兴废，系乎赵忠简（鼎）之用舍；庆元道学之兴废，系乎赵忠定（汝愚）之去留。"又云："道学之废兴，乃天下安危国家隆替之所关系。"在天意、奸相贤相与学术三者之间，李氏认为只有学术能使人心正，才能使天下国家兴盛。

是书今有明刻本、《知不足斋丛书》本、《丛书集成初编》本，均为10卷。（潘斌）

6. 《朱子语类》140卷，宋黎靖德编

黎靖德（1225—1276），永康导江（今都江堰）人①，后从其妻黄氏寓居南剑州乐将县，遂为乐将人。曾祖棻、祖伯巽，俱进士及第。父自淳，官惠州知州。淳祐六年（1246）以叔祖伯登奏荐，荫补将仕郎。初仕南剑州沙县主簿，累迁知邵武县、通判建昌军。"时郡守多急政，公佐以宽简，民便之。公余杜门勤书，纂次《晦庵语录》，分类成编，刻诸江西书院，士便之。"②继而通判邵武军，受代入京师，时丞相王爚欲任为丞相掾，因邵武民变事起，靖德以熟悉郡事，遂出守邵武军，至则"绥靖整饬"，暴乱遂平。德祐元年（1275），江西制帅黄万石从江西弃地入闽，靖德见其阴怀异志（后竟降元），兵民汹汹，不愿同流合污，遂弃官归隐于乐将朱岭。次年，卒于乱军纵火，享年51岁，官至朝请大夫。事迹见元刘壎《前朝请大夫邵武郡侯黎公墓志铭》（《水云村稿》卷8）。

朱子一生教学，门徒甚盛，师弟子之间，讲学论道，留下大量语录言论，弟子各有所记，后世弟子遂辑为"语录"或"语类"行世。最早

---

① 按《朱子语类·卷目》末黎靖德识语亦自题"后学导江黎靖德书"。
② （元）刘壎《前朝请大夫邵武郡侯黎公墓志铭》，《水云村稿》卷8，文渊阁《四库全书》影印本。

编集朱子语录的是李道传，继之而作的是他的弟弟李性传。朱熹死后15年（1215），李道传于池州搜辑朱子语录，共得33家所记，刻成43卷的《朱子语录》，史称"池录"。在"池录"基础上，其弟李性传又访得41家，于理宗嘉熙二年（1238）编辑《朱子语续录》刊于饶州，号称"饶录"。"饶录"中有34家是"池录"所无的，其余也有与"池录"相重的，有的则是"池录"中某些家的补充资料（"余录"）等，从而奠定了集成《朱子语类》的基础。理宗淳祐九年（1249），蔡抗编辑《朱子语类后录》刊于饶州，有20余家为"池录""饶录"所无。其分类编辑者则有宁宗嘉定十二年（1219）黄士毅编辑、魏了翁序的《朱子语类》刊于眉州，世称"蜀类"。"蜀类"以"池录"为基础，又加上38家所记，达70余家。理宗淳祐十二年（1252），王佖编辑《朱子语续类》刊于徽州。于此，各家类辑刊刻《朱子语类》者大备。

景定四年（1263），黎靖德乃依据诸家，删除其文字和记录人完全重复的条目，按照黄士毅本《朱子语类》（即"蜀类"）所用的主题类别加以编排，出版了比较完整的景定本《朱子语类大全》。咸淳元年（1265）吴坚编辑出版建州刊《朱子语别类》，黎靖德又将《别类》中的一些新条目编入景定本《朱子语类大全》中，于度宗咸淳六年（1270）刊刻于建昌军郡斋。黎本《朱子语类》综合了97家所记载的朱熹语录（其中有无名氏4家）。至此，《朱子语录》之类编遂成定本。

综观《朱子语类》的形成过程，蜀中学人实起了重要作用，首先是李道传、李性传兄弟首开辑编刊刻之路（即"池本""饶本"），成为后来各本所据的基础。继而黄士毅更类而分之（即"蜀类"），提供了《朱子语录》分类的基础。最后乃由导江人黎靖德编成分类的大全本语类。可见，蜀中学人于《朱子语类》有成始成终的作用，不可忽也。

是书所谈内容，140卷中，"四书"占51卷，"五经"占29卷，哲学专题如理、气、知、行等，专人如周、程、老、释等，以及个人治学方法等，约占40卷，历史、政治、文学等约占20卷，资料十分丰富，对研究朱熹思想学术十分重要。首先，结合《语类》和《文集》，我们了解了《四书集注》的成书过程，表明他的确曾用平生精力工作；其次，由于朱熹集中平生精力编写《四书集注》，因此他教导学生时要求他们认真学习；最后，通过《语类》，我们能更清楚地看到朱熹对"四书"的评价及其在经学中的地位。"四书"经过朱熹的注解和提倡,在元明清时期均为官方科举考试的教材,逐渐替代了"五经"的地位。不过朱熹也从事"五经"的整理和研究,并有很大的成就。从元明直到清初,官方的"五经"注疏即以朱熹的指导思想为主。朱熹对"五经"的注解,对于清代考据学也有很重要的启发意义。《朱子语类》对于理解朱熹的经学思想,在一定意义上来说比他的《四书集注》更为重要。

是书《四库全书》等多种丛书俱有收录。目前通用版本是中华书局1994年出版的点校本,系以清光绪庚辰贺瑞麟刻本(即《刘氏传经堂丛书》本)为底本,并参校明成化九年陈氏刻本、清康熙年间吕留良天盖楼刻本、清同治壬申应元书院刻本,颇为实用。(潘斌)

7.《潜书》4卷,清唐甄撰

唐甄(1630—1704),字铸万,号圃亭,达州人。顺治十四年(1657)中举人,曾在山西长子任知县,因与上司意见不合革职。后曾经商,因赔本乃流寓江南,卜居苏州,靠讲学卖文维持生活。著有《潜书》《毛诗传笺合义》《春秋述传》《圃亭集》等。

是书为唐甄的代表作,自云凡历"三十年而成"。原名"衡书",意在权衡天下,后因连蹇不遇,犹如《易》之"潜龙勿用",故更名为"潜书"。全书先分上、下两篇,每篇又各分上、下,合4卷之数,共97目。上篇自《辨儒》始,至《博观》止,共50目,多言学术;下篇自《尚治》始,至《潜存》止,共47目,多言政治。其书名由"衡"到"潜"的转变,正是当时呐喊反思的启蒙思潮由强转弱的一个信号,而且也暗示了服务政教的盛世文风渐成主流。

《潜书》在哲学上着力宣扬孟子的性善论,认为"性"就是仁、义、礼、智,即"人心"。其主要内容是对君主专制制度和专制君主进行批判,具有初步的民主启蒙思想。书中大胆提出"乱天下者惟君"(《鲜君》),"天子之尊,非天帝大神也,皆人也"(《抑尊》)的论点,揭露了自秦以来的君主制度下的大将杀人、偏将杀人、卒伍杀人、官吏杀人,其实都是皇帝杀人,主张给专制君主治罪。甚至指出皇帝是一切罪恶的根源,"自秦以来,凡帝王者皆贼也"(《室语》),与同时代黄宗羲(1610—1695)《明夷待访录》的观点相同。《潜书》提出了"抑尊",即限制君权,要求提高大臣的地位,使他们具有同皇帝及其他权贵做斗争的权力，以"攻君之过"，"攻宫闱过"，"攻帝族、攻后族、攻宠贵"之过，使皇帝有所顾忌。《潜书》还发展了产生于先秦的民本思想，强调民为国本，离开了民便没有国。他指出，国防的巩固靠民，府库的充实靠民，朝廷的尊崇靠民，官员的俸禄靠民。君主爱民，才能长治久安。如果无道于民，即使"九州为宅，九川为防，九山为阻，破之如椎雀卵也"①。

此书在当时很受推崇，每出一篇，人争传写。梁启超《中国近三百年学术史》对其赞扬有加："铸万（甄）品格高峻，心胸广阔，学术从阳明入手，亦带点佛学气味，确然有他的自得。又精心研究事物条理，不为蹈空骛高之谈。这部《潜书》，刻意慕追周秦诸子，想成一家之言……依我看，这部书，有粗浅语，却无肤泛语；有枝蔓语，却无蹈袭语；在古今著作之林，总算有相当位置，大约王符《潜夫》、荀悦《申鉴》、徐干《中论》、颜之推《家训》之亚也。"章太炎亦称此书直接孟子、孙卿、王守仁，下启戴震。② 现代学者谓此书是我国启蒙思想史上的重要著作，开后世资产阶级思潮之先河。

是书有唐甄之婿王闻远的原刻本、1883 年李氏刻本、1905 年邓氏刻本、中华书局 1955 年标点排印本和 1963 年再版本，四川人民出版社 1984 年版《潜书校注》本等。（潘斌）

二 医药类

1.《产宝》3 卷，唐昝殷撰

昝殷（797—859），一作昝商，成都人。精医理，擅长产科、幼科，通晓药物学，对摄生、食疗也颇有研究，其食治医方多具取材容易、价廉效验之特点，曾官至成都医学博士。著有《产宝》《道养方》《食医心鉴》等。

唐大中年间（847—859），昝殷因在剑南西川节度使白敏中家治病奏效，听其建议，遂将前人有关经闭、带下、妊娠、坐月、难产、产后诸证之医方及自己临症验方共 278 首（《蜀中广记》卷 94 作"378 首"），

---

① （清）唐甄著，吴泽民编校：《潜书·远谏》，中华书局 1963 年版，第 126 页。
② 参见章太炎《章氏丛书·文录·征信论上》，江苏广陵古籍刻印社 1981 年版。

编成《产宝》一书。此书是我国现存最早的一部中医产科专著，四库馆臣即云："妇人专科，始唐昝殷《产宝》。"故为唐以后医学家著书立说所必引，后很快传到日本，受到日本医药界重视。

是书又名"经效产宝"，凡 3 卷①，分 52 篇、371 方。上卷论述妊娠病症 12 论、产难 4 论，包括养胎、保胎、安胎、食忌、恶阻、胎动不安、漏胞下血、身肿腹胀、胎衣不下及难产诸疾证治与方药，重点介绍了横产、倒产等。所载处方和短论，简单清楚，实用性很强。如关于胎动不安，作者认为原因有二：一是孕妇有病，因而胎动流产；二是胎儿先天发育不良，引起流产。又如论妊娠反应，"夫蒠病之候，心中溃溃，头旋眼眩，四肢沉重，懈怠，恶闻食气，好吃酸咸果实"，"多卧少起，三月四月多呕逆，肢节不得自举者"，简明扼要。后所附三个处方，用人参、厚朴、白术、茯苓之类健脾利水，橘皮、生姜、青竹茹等化痰止呕，对于妊娠恶阻的疗效较为可靠。

中、下卷论述产后各种疾病的防治与方剂证治，共 25 论。对产后病因的分析科学有理，如指出产后烦渴，是因产时"水血俱下"，伤津所致；产后小便次数多，是"由产用气，伤于膀胱"导致；产后乳痈，是因"产后不曾乳儿，结成痈"。对于产后疾病的治疗，也给出了不少好的建议，如对于产后热结，大便不通，他不主张内服攻下药，而采用蜜煎导坐药通大便。对于产后血晕，急救时"须速投方药，若不急疗，即危其命也"，并可用烧红秤砣淬醋熏蒸，简便易行。全书注重妇女妊娠期以养胎保胎为主，治疗上力求调理气血、补益脾肾为辅，对后世妇产医学发展有重要影响。

是书宋时已有刊刻，然宋刊本至元明间已散佚，后由日本人船桥氏于《医方类聚》辑得 320 余方，刻本流传于世。清人张金城赴日时，得此书抄本，遂携归重刻。现存主要版本有清光绪三年影宋刻本，人民卫生出版社 1955 年曾据此影印。（潘斌）

2.《海药本草》6 卷，五代李珣撰

李珣（907—960），字德润，梓州（今四川三台）人。其祖先为波斯

---

① 又有作 2 卷、1 卷者，如《文献通考》《郡斋读书后志》《蜀中广记》皆作 2 卷，《产育宝庆集》提要引《唐书·艺文志》作 1 卷，《通志》《宋史·艺文志》则作 3 卷。

（今伊朗）人，隋代由"丝绸之路"来华，唐初随国姓改姓李。唐末战乱，随僖宗避难入蜀，定居于梓州，人称蜀中土生波斯。珣颇好辞章，素养甚高，所吟诗句，往往动人，尝以秀才预宾贡，为蜀后主王衍所知爱。著有《琼瑶集》，多感慨之音，然已佚，其诗作今存于《全唐诗》中尚有50余首。又好医药之学，曾游历岭南，熟识很多从海外传入的药物，著《海药本草》。

是书又名"南海药谱"，以引述海药文献为主，凡6卷，2万余字，分玉石、草、木、兽、虫鱼、果6部，共记载海药128种（又作124），其中90余种标注国外产地，另有16种为李珣首次在《海药本草》中正式记载。其所引之书，自《尔雅》《山海经》以下40余种，广收博采，稽其源委，为中医本草学的发展作出了重大贡献，是继唐代郑虔《胡本草》之后的又一部专门研究外来药的专著。李珣为了编写是书，曾经乘船经巫峡，过洞庭，到过当时已经发达的通商口岸，从外商、医生和药工处收集了大量资料，以此可见其著论之审慎。

是书对所载药物记述详尽，大凡药物形态、真伪优劣、性味主治、附方服法、制药方法、禁忌畏恶等无不涉及。如记载车渠"形似蚌蛤，有文理"；阿魏"其味辛温，善主于风邪，鬼注，并心腹中冷"；琥珀"主止血，生肌，镇心，明目，破症瘕气块，产后血晕，闷绝，儿枕痛"等。此外，一些药物虽然在秦汉时期已经引进内地，如丁香、肉豆蔻、降真香等，然使用并不广泛，是书对这些药物的资料多有补充，使这些药物逐渐被认识和利用。又详于偏方，于每味药之功用主治后常附偏方。所列偏方用法多样，汁饮、淋蘸、贴敷、酒服、蒸煮、烧炼、含化等，一一叙述，如云波斯白矾宜"烧炼服"，苏方木可"酒煎"，风延母"宜煎服"。

是书散佚已久，其内容散见于《证类本草》《本草纲目》诸书。今有尚志钧辑校本，人民卫生出版社1997年版，引注详明。（潘斌）

3. 《证类本草》32卷，宋唐慎微撰

唐慎微（1056—1093），字审元，成都华阳（今属双流）人，一说蜀州晋原（今崇州）人，后迁居成都。出身于医学世家，继承祖业，对经方深有研究，知名一时。曾经多年收集整理，编成《证类本草》。

是书全称"经史证类备急本草"，简称"证类本草"，是北宋仁宗时期我国出现的一部总结了中国两千多年医学成就的药典巨著。其书以宋代掌禹锡《嘉祐本草》和苏颂《图经本草》为基础，参阅《新修本草》和《本草拾遗》等专著，广泛采集医家常用和民间习用的验方单方，又从经史百家文献中整理出大量有关医药学的资料，结合自己丰富的实践经验进行研究，有综合、有调查，有继承也有发展，汇聚了历史最佳成果，代表了当时医药学的最高水平。用经史来证明本草，是其创新之处，故称"经史证类本草"。

是书原本22卷，政和修订本30卷，绍兴修订本32卷，共收载药物1558种（政和重修本收药物1746种），新增药物达600种（比唐修本草多出1倍以上），载古今单方验方3000余首、方论1000余首。在编纂体例上，将采录的经典医著和历代名医方论，以及搜集的大量单方、验方分别载入有关药物项下，使学者开卷之后，能一览用途用法。此外，多附药图，将药物理论和药物图谱汇编成一书，并对古书做了许多文字修订及续添增补，这样的编写和分类被后世本草学奉为范例。

是书具有很高的文献价值。唐氏旁征博引，精细考察，采用"图文对照"的形式，辑录了宋以前如《神农本草经》《本经集注》《新修本草》《炮炙论》《开宝本草》《海药本草》及"经史外传"和"佛书道藏"等著作的内容。在辑录古代文献时，唐氏忠实于文献原貌，以采录原文为主，使这些本已散佚的文献都依靠《证类本草》得以保存下来。因此，是书为后世保存了大量的医药文献，对于后人辑佚有很重要的文献价值，明人李时珍就评价说："（唐）慎微貌寝陋而学赅博，使诸家本草及各药单方垂之千古，不致沦没者，皆其功也。"（来源《本草纲目·历代诸家本草》）

是书为我国宋以前本草集大成之作，问世后很快受到了官府的重视，数次作为国家法定本草颁行，沿用500余年。宋代仁和县尉管句学士艾晟校勘并补入陈承《重广补注神农本草并图经》新增之内容，冠以"别说"以示出处，于大观二年（1108）刊刻印行，名曰"经史证类大观本草"，简称"大观本草"。徽宗认为此书可垂济万民，于政和六年（1116）命医官曹孝忠重新校定《大观本草》，赐名"政和新修经史证类备用本草"，简称"政和本草"。李时珍撰《本草纲目》时用该书作为蓝本，李氏曰："自陶弘景以下唐、宋本草，引用医书，凡八十四家，而唐慎微居多。"

(《本草纲目·相反诸药》）此书还远传朝鲜、日本，日本的本草学专家中尾万三曾经为本书的日本版本解题，考证详博，极备推崇之意。是书有《四库全书》本、《四部丛刊初编》本。（潘斌）

4.《医理真传》4卷、《医法圆通》4卷、《伤寒恒解》10卷，清郑寿全撰

郑寿全（1804—1901），字钦安，邛州（今邛崃）人。晚清中医伤寒学家，曾师从名儒兼名医刘沅，从受《周易》《内经》及《伤寒论》诸书，遂通医理。以善用大剂量姜、桂、附等大辛大热药挽救患者而名噪一时。同治年间在成都开创了"火神派"，《邛崃县志》称其为"火神派首领"，人誉"郑火神""姜附先生"，誉满川蜀。著有《医理真传》《医法圆通》《伤寒恒解》，合称"郑寿全医学三书"。

《医理真传》4卷，系郑氏阅读陈修园医书13种之后，对书中分阴、分阳之实据，用药活泼之机关，诸书略而不详者的一次补充。全书分题立论，条理清晰，诗解图文并茂。撮其要，有乾坤化育、人身性命立极、阴阳五行、气机盈缩、内因外因、阳虚阴虚、病情实据、分科立论、症候图解、方药释义等项。凡论深入浅出，言简意赅，尤其在治疗痢疾、产后瘀血腹痛、老年便秘、遗精、癫痫、目疾、喉症等病上，具有独到见解。

《医法圆通》4卷，以讨论杂病和常见病症为题目，辨明内外虚实、经方时方之要，再结合时弊详加论说，颇切临床实用。

《伤寒恒解》10卷，系郑氏伤寒学理论著作。其特点是不再抄袭前人陈说，而是紧密扣合临床实际，即情言理，并能独抒己见，对原书存疑之处，加以纠正。其《自序》亦谓："兹将原文逐条一一剖析，不敢与前贤并驾，但就鄙见所及，逐条发明，虽不敢云高出手眼，此亦救世之本心，聊以补名贤之不逮，亦大快事也。"

郑寿全最重要的学术观点是重视阳气，他以肾阳为人身立命之根本，这是就正常生理而言的。阳气衰弱与否是疾病善恶转化的关键，"万病皆损于阳气"，"阳气无伤，百病自然不作"。"有阳则生，无阳则死。"故其治病立法，首重扶阳，临证时首先考虑元气损伤情况，以辛热之药扶阳抑阴，擅用姜、附、四逆汤之类的方药，形成非常鲜明的用药风格。三书各具特点，又能理论联系实际，切合临床应用，一时为广大医家视

为济世活人之鸿宝。

三书除清刻本外,《医理真传》《医法圆通》有于永敏等校注本,中国中医药出版社1993年出版。另山西科学技术出版社2006年版《郑寿全医学三书》,收录有三书。(潘斌)

三 科技类

1.《糖霜谱》1卷,宋王灼撰

王灼,字晦叔,号颐堂,遂宁人。生卒年不详,据考证可能生于宋神宗元丰四年(1081),卒于宋高宗绍兴三十年(1160)前后。出身贫寒,青年时代曾到成都求学,后往京师应试,其学识渊博,然举场失意,终未入仕,只得寄人幕下。晚年闲居成都和遂宁,潜心著述,著有《颐堂文集》(57卷)、《周书音训》、《疏食谱》等,但已大部佚散。现存仅有《颐堂先生文集》《碧鸡漫志》各5卷、《颐堂词》《糖霜谱》各1卷。

是书共1卷,分为7篇。唯首篇题"原委第一",叙唐大历中邹和尚始创糖霜之事。自第二篇以下,则皆无标题。以其文考之,第二篇言以蔗为糖始末,言"蔗浆"始见《楚辞》,而"蔗饧"始见《三国志》。第三篇言种蔗。第四篇言造糖之器。第五篇言结霜之法。第六篇言糖霜或结或不结,似有运命,因及于宣和中供御诸事。第七篇则言糖霜之性味及制食诸法。盖宋时产糖霜者,凡福田、四明、番禺、广汉、遂宁5地,而遂宁为产糖霜最丰富之地。灼生于遂宁,故为此谱。

考《说文》有"饴"字,无"糖"字。徐铉《新附》中有此字,然亦训为"饴",不言蔗造。铉为五代宋初之人,尚不知蔗糖事。则灼所征故实,始于元祐年间,并非疏漏。唯灼称糖霜以紫色为上,白色为下,而今日所尚,乃贵白而贱紫。灼称糖霜须一年有半乃结,其结也以自然。今则制之甚易,其法亦不相同。是亦今古异宜,未可执后法以追议前人。

是书是我国乃至世界上第一部实用的甘蔗生产和制造工艺的科技专著,《文献通考》《四库全书》等都对其做了高度评价。王灼在《糖霜谱》中记载:"糖霜一名糖冰,福唐、四明、番禺、广汉、遂宁有之,独遂宁为冠。"可见此书对于考察中国古代制糖业和手工业有重要的参考价值。

是书现存有名为"颐堂先生糖霜谱"1卷者，版本有《楝亭藏书十二种》（康熙本、景康熙本）本、《美术丛书三集》第五辑本等；有名为"糖霜谱"1卷者，有《四库全书》本、《学津讨原》本和《丛书集成初编》本。巴蜀书社1996年出版了胡传淮、刘安遇校辑的《王灼集校辑》，其中收录了《糖霜谱》。（潘斌）

2.《数书九章》18卷，宋秦九韶撰

秦九韶（1202—1261），字道古，安岳人。与李冶、杨辉、朱世杰并称为"宋元数学四大家"。自幼聪敏好学，绍定四年（1231）中进士，先后在湖北、安徽、江苏、浙江等地做官，任县尉、通判、参议官、知州、司农寺丞等职。1261年左右被贬至梅州（今广东梅县），不久死于任所。在政务之余，潜心钻研数学，广泛搜集历学、数学、星象、音律、营造等资料，并进行分析和研究，著成《数书九章》。

是书初名"数术大略"或"数学大略"，为秦九韶于淳祐四年至七年（1244—1247）在为母亲守孝期间，将自己长期积累的数学知识和研究所得加以编辑而成，书凡9卷，分为9类，每类1卷。元代更名为"数学九章"，卷数亦由9卷改为18卷。其内容丰富，涉及面广，上至天文、星象、历律、测候，下至河道、水利、建筑、运输，各种几何图形和体积，钱谷、赋役、市场、牙厘的计算和互易。许多计算方法和经验常数直到现在仍有很高的参考价值和实践意义，被誉为"算中宝典"。

全书并不按数学方法来分类，而是采用问题集的形式，共列算题81问，分为9类，每类9个问题，主要内容如下：（1）大衍类，一次同余式组解法；（2）天时类，历法计算、降水量；（3）田域类，土地面积；（4）测望类，勾股、重差；（5）赋役类，均输、税收；（6）钱谷类，粮谷转运、仓窖容积；（7）营建类，建筑、施工；（8）军族类，营盘布置、军需供应；（9）市物类，交易、利息。

是书系对《九章算术》的继承和发展，囊括了宋元时期中国传统数学的主要成就，标志着中国古代数学的高峰。其在数学研究上颇具创新，完整保存了中国算筹式记数法及其演算式，并专条论述自然数、分数、小数、负数等，同时还第一次用小数表示无理根的近似值。秦氏在《孙子算经》"物不知数"问题的基础上总结出"大衍求一术"，使一次同余式组的解法规格化和程序化，这比西方高斯创用的同类方法早500余年，被公认为"中国剩余定理"。此外,卷17"市物类"给出完整的方程术演算实录,还作正负开方术,对任意次方程的有理根或无理根来求解,这也比19世纪英国霍纳的同类方法早500多年。

是书初以抄本传世,明初抄本被收入《永乐大典》。明代学者王应遴传抄时定名为"数书九章",明末学者赵琦美再抄时沿用此名。清修《四库全书》,馆臣校订后收入《全书》。后经宋景昌校订收入《宜稼堂丛书》,这是此书的第一次印刷出版,结束了数百年以来的传抄历史。另《古今算学丛书》《丛书集成初编》《国学基本丛书》亦有收录,且还有多种抄本传世。(潘斌)

3.《蚕桑说》1卷、《种棉说》1卷,清李拔撰

李拔(1713—1775),字清翘,号峨峰,犍为县人。乾隆十六年(1751)进士,历任长阳、钟祥、江夏知县和宜昌府同知。乾隆二十四年(1759)升任福宁知府,政绩卓著。乾隆二十六年(1761),调任福州知府,福宁民众为之立"去思碑"。终官湖北荆宜施道。乾隆四十年(1775)卒,赠中宪大夫。曾主持编修《福宁府志》并自任总纂,亦有大量诗文行于世。

李拔在福宁时,鉴于本地农民不知养蚕、种棉,便专门从外地引进棉、桑种苗和蚕卵,亲自在福宁府署后园和福州分别试种、试养,获得成功后写成《蚕桑说》《种棉说》加以推广。在《蚕桑说》中,首先介绍了桑之种类(压桑、子桑、花桑)和各自的生长习性,再介绍养蚕之法,从取蚕种到喂养、取茧、缫丝等均有极为细致的说明,最后指出了养蚕对于闽中淳风俗、利温饱的社会意义。《种棉说》内容亦大体如是。二书通俗易懂,言简意赅,具有较强的指导性和可行性。

二书收入贺长龄、魏源《清经世文编》卷37,有道光六年、光绪十二年、光绪十三年、光绪二十二年至二十三年、光绪二十四年、光绪二十八年等刊本。中华书局1992年有影印光绪十二年刊本,台湾文海出版社沈云龙《近代中国史料丛刊》亦收是书。(邹艳)

四 博闻类

1.《益州名画录》3卷,宋黄休复撰

黄休复,字归本,一作端本。祖籍江夏(今湖北武汉),五代末北宋

初居于成都，因所著书只记蜀事，故陈振孙疑为蜀人，曹学佺《蜀中广记》直题为成都人。通《春秋》之学，尝校《左氏》《公》《穀》"三传"，兼通诸子百家之说。与当时四川文人李畋、张及、任玠及画家孙知微、童仁益等人为友，游心画艺，深得厥趣。著有《益州名画录》《茆亭客话》。

益州经济文化素来发达，文章尔雅冠于西南，书画之士多汇聚于兹。是书卷前有李畋景德三年（1006）《序》，说"益都多名画，富视他郡"，自从唐玄宗、僖宗避难来蜀，成都又是历代蜀王、镇将的首府，"画艺之杰者游从而来"。黄休复长居此地，平时"以魏晋之奇踪、隋唐之懿迹，盈缣溢帙，类而珍之"。如果有"博雅之士款扉求见"，他就"敞茅屋、拂榻尘，架而陈之，娱宾赏心，万虑一泯"；如果僧舍、道居屋壁有画者，他便"靡不往而玩之，环岁忘倦"。北宋伐蜀之日，这些壁画还保存完好。然至淳化甲午（五年，994年）王小波、李顺起义攻入成都，兵火之下，使这些"墙壁之绘，甚乎剥庐；家秘之宝，散如决水"，其残余可观者，仅"十二三焉"。黄休复"心郁久之"，决计将这些绘画资料著录成书，以便流传。于是收集唐乾元（758—760）至宋乾德（963—968）与蜀地有关的画史资料，撰为《益州名画录》一书。

李畋还揭示黄氏此书："画之神妙功格，往躅前范，黄氏录之详矣。至如蜀都名画之存亡，系后学之明昧，斯黄氏之志也。"可见其书用意在于垂前代画师之规范，存成都名画之历史。书中所录皆黄氏亲眼看到的名家精品，共选录了58人，"品以四格，离为三卷"。

是书为唐代中后期、五代时期和北宋初年成都绘画史的缩影。以传记体的形式记载了这一时期活跃于成都地区的画家，自孙位至邱文晓等共58位，各家小传、壁画作品和创作逸事，俱有所录。按"逸、神、妙、能"四格来编排。其在编写上虽曾受到唐代裴孝源、朱景玄、段成式等人绘画史籍的影响，然作为地区性绘画史籍的体例，此书确有开创之功。在其影响下，后世不断出现地区性绘画史著作。

是书重在引述而少评论，评论部分主要在篇首《目录》，其先定四格之目，并用精简的文字对四格各自的特点予以说明，以此作为评定画家艺术成就高下之标准。因此，四格之说集中反映了作者的艺术见解。在四格中，黄氏认为"逸格"最难，唯有孙位勘当此格。另附有画无名及无画有名者之记录。四库馆臣称"其书叙述颇古雅,而诗文典故所载尤详,非他家画品泛题高下、无所指据者比也"①。

是书于画家生平的记载,主要涉及籍贯、官职升迁、师承关系、作品名目及作品绘制的地方位置等情况。黄氏依靠寻访壁画遗迹,经年积累而成是书,因此书中对这一时期寺院壁画的名目、年代、内容、构图、绘画特点等方面的记载,都是作者本人采访所得,真实可靠。又因所录壁画作者多为西蜀画院画家,因此是书关乎画院制度、招录升迁、职位待遇、师承关系、绘画创作、艺术流派等均有记载,是后人研究五代宋初西蜀地区绘画艺术重要的文献资料。

是书有明王世贞所辑《王氏画苑》本、宛委山堂《说郛》本、《唐宋丛书》本、《函海》本、《四库全书》本等。1964年人民美术出版社出版的秦岭云点校本,最便阅读。(潘斌、李冬梅)

2.《益部方物略记》1卷,宋宋祁撰

宋祁(998—1062),字子京,安州安陆(今湖北安陆)人。天圣二年(1024)与兄宋庠同举进士,时称"二宋"。累迁同知礼仪院、尚书工部员外郎,知制诰。又改龙图学士、史馆修撰,拜翰林学士承旨。卒谥景文。文史兼通,尝修《新唐书》,为列传150卷。著有《宋景文公集》《益部方物略记》等。

是书乃嘉祐二年(1057)宋祁由端明殿学士、吏部侍郎知益州时所作。自序云:"益为西南一都会,左阻剑门,右负夷蕃,内坦夷数百里,环以长江,裹以复岑。川陆盛气,碍而不得东,回薄蜿蜒,还负一方。为珍木,为怪草,为鸟、鱼、芋、稻之饶。日旸雨雨,嘘和吐妍,层出杂见,不可胜状。殆岷精缊灵,示完富璚璃于兹壤也。嘉祐建元之明年,予来领州,得东阳沈立所录剑南阳物二十八种,按名索实,尚未之尽。故遍询西人,又益数十物,列而图之,物为之赞。图视状赞,言生之所以然,更名《益部方物记》。凡东方所无及有而自异,皆取之,冀裨风土聚丘之遗云。"

是书所记,凡草木之属41,药之属9,鸟兽之属8,虫鱼之属7,共65种。每种先系以赞,次题其物名,其下注明其产地、形状、性味、功

---

① (清)永瑢等:《四库全书总目》卷112《益州名画录》提要,第956页。

用、异名等。如赞曰："竹生三岁，色乃变紫。伐干以用，西南之美。"题曰："右紫竹。"题下注："蜀诸山中尤多，园池亦种为玩。然生二年色乃变，三年而紫。"图则已佚。

西南地气稍晚，宋祁所记物候往往与他地不符，故明胡震亨跋是书，引范成大《圣瑞花》诗证是花开于春夏间，说宋祁注称"率以秋开"为非。又引薛涛《鸳鸯草》诗"但娱春日长，不管秋风早"句，说宋祁注是草"春叶晚生"不确，皆是此类。至于虞美人草，本是借人（项羽姜虞姬）以名物，一如菊号西施，宋祁必改为"娱美人草"，则是曲生训释，实无必要。

是书今传有《说郛》本、《秘册汇函》本、《津逮秘书》本、《学津讨原》本、《四库全书》本、《湖北先正遗书》本和《丛书集成初编》本等。（潘斌）

3.《续博物志》10卷，宋李石撰

李石（1108—1181），字知几，号方舟，资州盘石（今四川资中）人。绍兴二十一年（1151）进士，调成都户掾。二十七年（1157），除太学录。二十九年（1159）由赵逵推荐，任太学博士，不久罢为成都府学学官。累官知黎州、合州、眉州，除成都路转运判官。淳熙二年（1175），罢职闲居，晚境日困。淳熙八年（1181），卒于成都。著有《方舟易学》《方舟集》《续博物志》等。《宋史翼》卷28有传。

是书记天下奇闻逸事，以补晋张华《博物志》所未备，体例上与张书大同小异。所记范围广泛，凡草木、动物、医药、养生、历史、地理等均多有记述。特别是记载了科技知识436项，对上古至北宋间科技成果多有总结，至今仍是研究宋以前历史文化的重要参考。然是书亦多自相矛盾和附会之处，王士禛《香祖笔记》摘其既云刘亮合仙丹，得白蝙蝠，服之立死，又云陈子真得蝙蝠，大如鸦，食之，一夕大泄而死。乃更云丹水石穴蝙蝠，百岁者倒悬，得而服之，使人成仙，其自相矛盾如此。又摘其以文帝使欧阳生受伏生《尚书》，以伏生墓为在漯水，以磻溪为在汲郡，皆附会舛误。此为间引旧闻，未及考证所致。

是书有《古今逸史》本、《格致丛书》本、《稗海》本、《秘书二十一种》本、《四库全书》本、《百子全书》本、《说郛》本、《丛书集成初编》本。另有巴蜀书社1991年版李之亮点校本。（潘斌）

4.《丹铅录》(含《丹铅余录》17 卷、《续录》12 卷、《摘录》13 卷、《总录》27 卷),明杨慎撰

杨慎有《升庵经说》,前已著录。《丹铅录》系杨慎杂记其考证诸书异同的书,之所以用"丹铅"为名,系与其处于贬谪状态有关。《丹铅总录》卷 25 云:"按《左传》襄公二十三年'斐豹隶也,著于丹书'。注:'犯罪没为官奴,以丹书其罪。近世魏律,缘坐没,配为工乐杂户者,皆用赤纸为籍,其卷以铅为轴。此亦古人丹书之遗法。'据此,则丹书,古人之法律书名也。盖戒人之怠与欲,而勉以敬义,失敬义则入怠欲而隶于刑矣。"这是杨慎要告诫自己虽处于缧系,也不要"怠欲"而要保持"敬义"。不过"丹铅"原指点勘书籍用的朱砂与铅粉,借指校订之事。胡应麟《丹铅新录》云:"杨子用修拮据坟典,摘抉隐微,白首丹铅,厥功伟矣。"盖书名"丹铅录",亦有此由也。

是书对古文疑义,多所辨正,虽小说、童谣亦不放过。杨慎学问淹博,记忆超凡,其所考证,时有独到之处,故多为后世所援引。如考证《越绝书》作者云:"《越绝》后篇隐语云:以'去'为姓,得'衣'乃成。又曰:厥姓有'口',承之以'天',乃'袁'与'吴'也。《论衡·按书篇》云:临淮袁太伯、袁文术,会稽吴君高,岂即其人乎?又曰:君高之《越纽录》,疑《越纽》即《越绝》也,'绝'与'纽'字相近。"(《丹铅余录》卷 3)即为胡应麟《珍珠般》、田艺衡《留青札记》所引,遂成定论。然亦有说升庵文人习性,注意小说俗语、逸闻遗事,而颇忽略正经正史;又自恃博洽,率意成篇,急于刻梓,难免疏失。王世贞谓"明兴称博学饶著述者,盖无如用修",然其"工于证经而疏于解经,博于稗史而忽于正史,详于诗事而不得诗旨,精于字学而拙于字法,求之宇宙之外而失之耳目之前"。① 四库馆臣以为确论。而且,杨慎又好伪撰古书以证成己说,睥睨一世,谓无足以发其覆。故杨慎之后,陈耀文对杨氏博学不服,特作《正杨》一书,指出《丹铅》诸录中的 150 条错误。万历年间,胡应麟又仿杨慎《丹铅录》而作《丹铅新录》。这都从反面证明了此书影响之深。

是书原成《余录》17 卷、《续录》12 卷、《闰录》9 卷,杨慎又自删

---

① (明)王世贞:《弇州四部稿》卷 149,文渊阁《四库全书》影印本。

为《摘录》13 卷，刻于嘉靖二十六年（1547）。后其门人梁佐会合诸《录》，分类编辑，去其重复，校其讹误，为《总录》27 卷，《总录》一出而诸录遂不显。然后人以诸录考之，发现互相之间仍可互补，四库馆臣谓可"以《总录》补三录之遗，以三录正《总录》之误"，实为得之，故后世仍然诸录并存。

诸录今传版本主要有《函海》本、《宝颜堂秘籍》本、《丛书集成初编》本。另有巴蜀书社1991年出版的李之亮点校本、天地出版社2002年《杨升庵丛书》校点本，《总录》有浙江古籍出版社2013年出版的王大淳笺注本。（潘斌）

第四节　文学要籍

一　别集类

1. 《司马相如集》1 卷，汉司马相如撰

司马相如（前179—前117），字长卿，小名犬子，因慕战国蔺相如之为人，遂更名为相如，蜀郡成都人。少时好读书击剑，善属文。尝以赀为郎，事汉景帝，为武骑常侍。景帝不好文，遂称病辞官，客游于梁，为梁孝王门客。梁孝王死，归蜀，因家贫往依好友临邛令王吉，以一首《凤求凰》取悦临邛富人卓王孙女卓文君，携之私奔成都。汉武帝时，得狗监杨得意引荐，以《子虚赋》见知于武帝，又作《上林赋》《大人赋》以献，武帝大悦，任以为郎。后迁中郎将，奉使西南。其后，有人上书言其出使时受金纳贿，因被免官。居岁余，复召为郎，旋拜为孝文园令。晚年因病辞官，家居茂陵（今陕西兴平东南），年 62 卒，以《封禅文》留奏武帝。《史记》卷 117、《汉书》卷 57 均有传。

司马相如口吃，不擅交际，不慕官爵，生平以闲居、读书、写作为最大乐趣。一生作品甚多，《汉书·艺文志》载其有赋 29 篇，可惜多已失传，现仅存《子虚赋》《上林赋》《大人赋》《长门赋》《美人赋》[①]《哀秦二世赋》6 篇，另有《梨赋》《鱼葅赋》《梓桐山赋》仅存篇名。

[①] 《长门赋》《美人赋》，有人疑此二赋为伪作。如南齐时陆厥云："《长门》《上林》，殆非一家之赋。"（《南齐书·陆厥传》，中华书局1972年校点本，第899页）

除赋体外，亦有论说杂文存世，如《谕巴蜀檄》《难蜀父老》《谏猎书》《封禅文》等，而《史记》《汉书》中提到的《遗平陵侯书》《与五公子相难》《草木书》及文字学著作《凡将篇》，今都已失传。又《隋书·经籍志》著录司马相如有集1卷①，今也已散佚，现存《司马相如集》乃明人"取其《上林赋》《难蜀父老文》及《封禅颂》诸作"②，编辑成册。

辞赋是汉代最主要、成就最大的文学体裁，它从《楚辞》的"骚体"演化而来。司马相如赋作成就极高，乃汉赋的集大成者，素有"文章西汉两司马"（司马相如、司马迁）之美誉，又位居汉赋"四大家"（贾谊、司马相如、王褒、扬雄）之列。今文集中收录司马相如赋6篇，《美人赋》《子虚赋》《上林赋》为文赋，《大人赋》《长门赋》《哀秦二世赋》为骚体赋。其中《子虚赋》《上林赋》是司马相如最具有代表性的作品，它承枚乘《七发》的传统，开创和奠基了汉赋"铺张扬厉"的大赋体制和"劝百讽一"的赋颂特点。如《子虚赋》，虚设"子虚""乌有先生"问答，写楚"游戏之乐，苑囿之大"不合诸侯之制，实乃借楚事以讽梁王之奢侈。《上林赋》设"亡是公"之言，极力铺张天子上林苑之广大，游猎的壮观，结处谓"终日暴露驰骋，劳神苦形，罢车马之用，抏士卒之精，费府库之财，而无德厚之恩，务在独乐，不顾众庶，忘国家之政，而贪雉兔之获，则仁者不由也"。虽然立意在于讽谏，但整篇铺张扬厉，反不免于劝。故后世多从文学性方面评论之，王世贞《艺苑卮言》即评论云："《子虚》《上林》，材极富，辞极丽，而运笔极古雅，精神极流动，意极高，所以不可及也。"

《西京杂记》载司马相如论作赋之法云："合綦组以成文，列锦绣而为质，一经一纬，一宫一商，此赋之迹也。赋家之心，包括宇宙，总览人物，斯乃得之于内，不可得而传。"③总观司马相如赋作，大抵如此。其结构宏伟，辞采富丽，长于描写，又富于音韵变化，因此对当时及后世影响甚大，成为赋家范文。扬雄《法言·吾子篇》云："如孔氏之门用

---

① 其卷数有1卷和2卷之说。如《隋书·经籍志》《玉海》作1卷，《旧唐书·经籍志》《新唐书·艺文志》《通志》《蜀中广记》作2卷，盖仅分卷不同而已。
② （明）曹学佺：《蜀中广记》卷97《著作记第七》，文渊阁《四库全书》影印本。
③ （汉）刘歆撰，（晋）葛洪辑：《西京杂记》卷2《百日成赋》，《四部丛刊初编》本。

赋也，则贾谊升堂，相如入室矣。"《答桓谭》又云："长卿赋，不似从人间来，其神化所至耶。"其《甘泉》《长杨》《河东》《羽猎》诸赋，均仿司马相如《子虚》《上林》两赋之作。班固、张衡、左思等人赋作，亦常拟司马相如之作。鲁迅《汉文学史纲要》亦赞司马相如之赋，"制作虽甚迟缓，而不师故辙，自摅妙才，广博闳丽，卓绝汉代"。

司马相如不仅以大赋绝代，其论说杂文也足以流芳。如文集中《谕巴蜀檄》《难蜀父老》《谏猎书》《封禅文》等篇，大多能针对现实问题，有的放矢，慷慨陈词，具有强烈的政论色彩和现实针对性。以《谕巴蜀檄》《难蜀父老》为例，公元前130年，汉朝在今贵州北部和四川南部设置夜郎郡后，派唐蒙打通西南夷道，唐蒙遂征发数万巴蜀民工凿石修路。然由于工程艰险，唐蒙又动辄军法从事，致使民工苦不堪言，数年之间，死者大半，一时间"惊惧子弟，忧患长老"。司马相如奉命入蜀，他一方面指责唐蒙扰民；另一方面又晓喻朝廷旨意，抚慰民众，稳定民心，分析打通西南夷之路的重要性，于是有《谕巴蜀檄》之作。稍后，蜀中长老对开发西南夷政策提出非难，朝中大臣也多有非议，司马相如故又作《难蜀父老》，以赋体的假设问答为结构，先写"蜀都耆老大夫缙绅先生"向使者进言，认为开发西南夷是"割齐民以附夷狄，弊所恃以事无用"，然后使者对"缙绅先生"进行驳斥，最后以诸大夫诚服作结。总观其文，语言切直，气势充畅，有战国纵横说辞的余风，又铺张繁饰，以赋入文，实有开后世骈文的先声。故李充《翰林论》称《谕巴蜀檄》为盟檄之"德音"，刘勰《文心雕龙·檄移》称《难蜀父老》"文晓而喻博，有移檄之骨焉"。

是集又名"司马长卿集""司马文园集"，原本久佚，现存乃明人辑本。今所见善本主要有：明汪士贤辑刻的《汉魏六朝诸家文集二十二种》中的《司马长卿集》，万历间刻本，有近人傅增湘校并跋；明张燮辑的《七十二家集》中的《司马文园集》，天启、崇祯刻本；明张溥辑的《汉魏六朝百三家集》中的《司马文园集》，明末八闽徐博刻本；今人金国永校注的《司马相如集校注》（上海古籍出版社1993年版），朱一清、孙以昭校注的《司马相如集校注》（人民文学出版社1996年版），李孝中校注的《司马相如集校注》（巴蜀书社2000年版）等。（李冬梅）

2. 《王谏议集》1卷，汉王褒撰

王褒，汉宣帝时人，生卒年不详，字子渊，蜀郡资阳（今四川资阳）人。时汉宣帝好儒，讲论"六艺"，爱好诗歌，欲兴文治。益州刺史王襄听闻王褒有俊才，使作《中和》《乐职》《宣布》等诗。后宣帝征入都，献《圣主得贤臣颂》，遂与张子侨、刘向等待诏金马门。数从宣帝游猎，辄为歌颂，未几，擢为谏议大夫。后太子有疾，诏使往侍，朝夕诵读奇文及所自作，至疾平而归。太子喜其《甘泉宫颂》《洞箫颂》诸篇，命后妃、嫔妃、近侍皆诵读之。会方士言益州有金马、碧鸡之宝，宣帝命之前往祭祀，欲求金马、碧鸡，然病死于道中。《汉书》卷64下有传。

王褒善诗，工辞赋。《汉书·艺文志》著录"王褒赋十六篇"，今存有《九怀》9篇，即《匡机》《通路》《危俊》《昭世》《尊嘉》《蓄英》《思忠》《陶壅》《株昭》，以及《洞箫赋》《圣主得贤臣颂》《甘泉宫颂》《碧鸡颂》①，凡13篇。此外，亦有《四子讲德论》《僮约》《责髯奴文》②等文。又《隋书·经籍志》载有《王褒集》5卷，然今已散佚，今存本乃明人所辑，仅为1卷。

王褒乃"汉代四大辞赋家"之一，亦是蜀中最著名的辞赋家之一，他继承并发扬了枚乘、司马相如大赋创作的传统，以辞赋创作闻名，但其文学成就整体上却不如其他三人（贾谊、司马相如、扬雄）。今文集中赋作如《洞箫赋》为王褒典型代表作，它与司马相如或叙事或抒情的散体大赋不同，是一篇咏物摹声小赋。其中描写声音之妙，充分利用赋体的优势，反复铺排，颇为生动，实开后世咏物小赋之先河，且有"音乐赋之祖"的美誉。刘勰《文心雕龙·铨赋》称："子渊《洞箫》，穷变于声貌。"而《九怀》乃吊屈原之作，王逸《九怀章句序》云："褒读屈原之文，嘉其温雅，藻采敷衍，执握金玉，委之污渎，遭世混浊，莫之能识。追而愍之，故作《九怀》，以裨其词。"③不过此作因系模仿之作，影响不是很大。

其他文论之作如《四子讲德论》，为《中和》《乐职》《宣布》诗之传，

---

① 又名"移金马碧鸡文"。
② 《责髯奴文》作者，尚有争议，《古文苑》以为黄香作。
③ （汉）王逸：《楚辞章句》卷15《九怀章句序》，文渊阁《四库全书》影印本。

《文选》李善注引如淳曰："言王政中和,在官者乐其职,《国语》所谓宣布哲人之令德也。"此文以对话问答方式铺展,抑扬反复,引经据典,极尽歌颂之意。明孙月峰称道之,谓"其佳处,在舒徐自在,亦正于淡处见风致"。从写作技巧上来说,确为有见地之言。又《僮约》一文,系王褒买奴券文,它不仅提供了一些当时社会的历史材料,而且也多为后人仿作,如石崇仿作《奴券》,黄庭坚仿作《跛奚移文》,足见此文之价值。

是集久佚,明张溥辑《王谏议集》1卷,收入《汉魏六朝百三家集》。今人整理本主要有牛贵琥《王褒集校注》(新华出版社1993年版)、王洪林《王褒集考译》(巴蜀书社1998年版)。(李冬梅)

3. 《扬雄集》5卷,汉扬雄撰

扬雄有《太玄》,前已著录。是集又名"扬子云集""扬侍郎集",《隋书·经籍志》《旧唐书·经籍志》等皆著录为5卷,然其本已佚。[①] 宋谭愈"好雄文,患其散在诸篇籍,离而不属"[②],因取《汉书》及《古文苑》所载40余篇,仍辑为5卷,聊补原书之缺。明万历时,遂州郑朴又取扬雄所撰《太玄》《法言》《方言》三书及类书中所引《蜀王本纪》《琴清英》诸条,与其诸文、赋合之,厘为6卷,而以逸篇之目附卷末,今《四库全书》所收即此本。

在文学上,扬雄主要以辞赋知名,乃"汉代四大辞赋家"之一。其早年甚喜辞赋,尝慕乡人司马相如作赋弘丽温雅,故每拟之以为式。《汉书·艺文志》于"诗赋略"即著录"扬雄赋十二篇",今存《蜀都赋》等11篇,《核灵赋》1篇乃残篇。后来他认为辞赋非"贤人君子诗赋之正","童子雕虫篆刻","壮夫不为",遂转而研究哲学。其代表作是仿效司马相如《子虚》《上林》的"四赋",即《甘泉》《河东》《羽猎》《长杨》,此四赋皆因事而作,旨在谏戒帝王息佚猎、绝奢侈、惜民力、重国防。他继承的是司马相如散体大赋的路子,并将其推向了极致。而其《蜀都赋》则又是展现蜀地风貌的绝佳之作。此赋对蜀中地理位置、山川物产、竹木禽兽、都城规模、花果蔬菜、布帛蜀锦、饮食肴馔、歌

---

① 原本5卷,惜早已散佚,今辑本有1卷、3卷、4卷、5卷、6卷之别。
② (宋)赵希弁:《昭德先生郡斋读书志·后志》卷2,载王云五主编《万有文库》第2辑700种,商务印书馆1937年版,第892页。

舞习俗等方面都做了铺陈，这不仅对于外界了解蜀地甚是有用，而且也开始了都邑题材作品的创作。此后班固《两都赋》、张衡《二京赋》、左思《三都赋》，都导源于此。

除辞赋外，扬雄亦有书、箴、颂、难、连珠等类论说之文。如他曾作《十二州箴》《二十五官箴》，将辞赋的艺术手法纳入箴言之中，以期达到劝谏君王施行德政、安不忘危，官司其职，国富民强的目的。故王应麟《汉艺文志考证》引晁氏曰："雄见莽更易百官，变置郡县，制度大乱，士皆忘去节义，以从谀取利，乃作《司空》《尚书》《光禄勋》《卫尉》《廷尉》《太仆》《司农》《大鸿胪》《将作大匠》《博士》《城门校尉》《上林苑令》等箴，及荆、扬、兖、豫、徐、青、幽、冀、并、雍、益、交《十二州箴》，皆劝人臣执忠守节，可为万世戒言。"① 不过对于扬雄所撰诸箴存世篇数及部分篇章真伪，后世亦多存有异议。如《古文苑》及《中兴书目》皆为 24 篇，晁公武《郡斋读书志》则称 28 篇，多《司空》《尚书》《博士》《太常》4 篇。而《四库全书》所收明郑朴辑本又增以《太官令》《太史令》为 30 篇。考《后汉书·班固传》注引扬雄《尚书箴》，《太平御览》引扬雄《太官令》《太史令》2 箴，则郑朴所增，未为无据。然又考《汉书·胡广传》，称扬雄作《十二州箴》《二十五官箴》，其 9 箴亡，则汉世止 28 篇。刘勰《文心雕龙》称《卿尹州牧》25 篇，则又亡其三，不应其后复出。且《古文苑》载《司空》等 4 箴，明注崔骃、崔瑗之名，则此 4 箴或许真非扬雄所作。故陈振孙《直斋书录解题》云："今广德军所刊本，校集中无《司空》《尚书》《博士》《太常》四箴。集中所有，皆据《古文苑》。而此四箴，或云崔骃，或云崔子玉，疑不能明也。"②

是集现存版本除《四库全书》本外，尚有明张燮《七十二家集》本、张溥《汉魏六朝百三家集》本、汪士贤《汉魏六朝诸家文集二十二种》本、严可均《全上古三代秦汉三国六朝文》本等。其中严辑本可谓目前辑录扬雄集最为完善的本子，此本无因袭，无重出，各篇之末都注明见于某书某卷，复查核对非常方便。今人整理本主要有张震泽《扬雄集校注》（上

---

① 晁氏语，今本《郡斋读书志》无。（宋）王应麟：《汉艺文志考证》卷 5 引，第 212 页。
② （宋）陈振孙：《直斋书录解题》卷 16，第 461 页。

海古籍出版社1993年版)、郑文《扬雄文集笺注》(巴蜀书社2000年版)、林贞爱《扬雄集校注》(四川大学出版社2001年版)。(李冬梅)

4.《陈子昂集》10卷，唐陈子昂撰

陈子昂(661—702)，字伯玉，梓州射洪(今四川射洪)人。出身富家，任侠尚气，年十七八后始慨然立志于学，文明元年(684)登进士第。武后光宅元年(684)，诣阙上书，受赏识，拜麟台正字。天授二年(691)，母丧，归蜀守制，服除，擢右拾遗，故后世又称为陈拾遗。旋坐"逆党"下狱，狱解，复原官。万岁通天元年(696)，任建安王武攸宜参谋，随军东征，抵御契丹，至渔阳等地。武氏统率无方，前军大败，三军震恐，子昂一再进谏，不纳，徙为军曹。军还，复右拾遗，寻以父老而解官归乡。又数年，县令段简罗织诬陷，系之于狱，忧愤而卒，年仅42。《旧唐书》卷190、《新唐书》卷107有传。陈子昂工诗善文，著有文集10卷，然作品散佚颇多，今仅存文110余篇、诗120余首。

初唐之时，诗文创作仍沿袭陈隋浮艳华丽、注重形式的宫廷诗和骈丽文遗风。陈子昂则力主革新六朝诗文风气，其《与东方左史虬修竹篇序》以为"齐梁间诗，彩丽竞繁，而兴寄都绝"，故标举风雅比兴、汉魏风骨和建安、正始诗风，提倡写"骨气端翔，音情顿挫，光英朗练，有金石声"之诗。此诗学革新理论，后为李白、杜甫、白居易所继承发扬。

陈子昂之诗，以五古见长，善于托物寄兴，质朴无华，不假雕饰而遒劲刚健，为唐代诗歌革新的先驱。如《感遇》38首，或感怀身世，或讽谏朝政，高昂清峻，独具一格，尽洗六朝宫体艳丽之风。故朱熹"爱其词旨幽邃，音节豪宕，非当世词人所及"①。方回赞其为"古体之祖"②，高棅亦称其"继往开来，中流砥柱，上遏贞观之微波，下决开元之正派"③。胡应麟谓"唐初承袭梁、隋，陈子昂独开古雅之源"④。如此

---

① (宋)朱熹:《斋居感兴二十首·序》，《晦庵先生朱文公文集》卷4，载朱杰人、严佐之、刘永翔主编《朱子全书》，第20册，第360页。
② (元)方回选评，李庆甲集评校点:《瀛奎律髓汇评》卷1，上海古籍出版社1986年版，第1页。
③ (明)高棅著，(明)汪宗尼校订，葛景春、胡永杰点校:《唐诗品汇·五言古诗叙目》，第131页。
④ (明)胡应麟:《诗薮》内编卷2，上海古籍出版社1979年版，第35页。

都指出了他对变唐初诗风、开盛唐诗风的重要作用，其诗代表了初唐诗歌的最高成就。

陈子昂之文，包括表、书、文、序、颂、启各体，其中以对策、奏疏最有价值。其文言之有物，平实流畅，"以风雅革浮侈"①，开古文运动之先河。故韩愈《荐士》诗曰："国朝盛文章，子昂始高蹈。"清李调元亦曰："吾蜀文章之祖，司马相如、扬雄而后，必首推子昂。"②

据卢藏用《陈氏别传》载，陈子昂"其文章散落，多得之于人口，今所存者十卷"。又云"君故人范阳卢藏用，集其遗文，为序传，识者称其实录"。卢氏《陈伯玉文集序》也说："合采其遗文可存焉，编而次之，凡十卷。"赵儋《大唐剑南东川节度观察处置等使户部尚书兼御史大夫梓州刺史鲜于公为故拾遗陈公建旌德之碑》亦云："有《正声集》十卷，著于代。友人黄门侍郎范阳卢藏用为之序，以为文章道丧，五百年得陈君焉。"按：两《唐志》并著录《陈子昂集》10卷，与别传、《序》、《旌德碑》所述相合，是陈子昂有集10卷，为其友人卢藏用在陈子昂去世后集其遗文为之编次，并作有序、传，从而行于世。此本原卷已佚，今只能从敦煌写本《故陈子昂集》残卷略窥其貌。

至宋，官私书目亦载有陈子昂集，其或题"《陈子昂集》十卷"，如《宋史·艺文志》《通志·艺文略》《郡斋读书志》《文献通考·经籍考》等；或题"《陈拾遗集》十卷"，如《崇文总目》《直斋书录解题》等；又或直言其集，不言卷数，如《遂初堂书目》，仅云"陈子昂集"。可见宋时卢氏所编《陈子昂集》10卷仍流传于世，只是宋元旧版今不见传世。至于题名"《陈拾遗集》十卷"者，今亦不见宋版传世。

明清以来，陈子昂集历有刊刻，今传世最早的刻本是明弘治四年（1491）的杨澄刻本。此本题"陈伯玉文集"，系从卢本翻刻而来，篇目次第，一如卢本，大致保存了卢本原貌，故其后各种版本，大多出自杨澄本，《四部丛刊》即据此影印。至清，除以明人邵廉隆庆五年（1571）翻刻的卢本为底本的《四库全书》本外，又有道光丁酉（1837）蜀州杨

---

① （唐）梁肃：《补阙李君前集序》，载（宋）李昉等编《文苑英华》卷703，中华书局1966年版，第5册，第3626页。

② （清）李调元：《诗话》卷下，《函海》本。

国桢刻本。此本题为"陈子昂先生全集",其中文集3卷,诗2卷,系合《全唐文》《全唐诗》而来,后之亦有传刻。

现今传世的10卷本陈子昂集,各本在编排体例、收文数量和文字方面虽不尽相同,不过体裁内容却大体一致。除去各自序跋、附录,全集一般分为诗赋、杂诗、表、碑文、志铭、杂著、书、启诸类。至于题名为"陈伯玉集",著录为2卷者,一为明翻宋本,一为明刊本,乃仅录诗,不载文,显然属于派生本。而《唐十二家诗》《唐十二名家诗》《唐五十家诗集》等所收陈子昂诗集,已非全集之原貌。

今整理本则有徐鹏《陈子昂集》点校本(上海古籍出版社2013年修订本),此本以《四部丛刊》本为底本,以《全唐诗》、《全唐文》、清道光十七年蜀州杨国桢刻本参校,补入诗文十余篇,后并附相关资料,是目前最为完备的版本。陈子昂诗文尚未见有全注本,诗有1981年四川人民出版社出版的彭庆生《陈子昂诗注》,可以参考。(李冬梅)

5.《草堂集》10卷[①],唐李白撰,李阳冰编

李白(705—766[②]),字太白,号青莲居士,绵州彰明(今四川江油)人。幼善赋诗,才调逸迈,益州长史苏颋称其"天才英特,少益以学,可比相如"[③]。开元十二年(724),欲奋其智能,以实现其辅弼朝廷、拯济苍生之志,遂出三峡,先后至江陵、襄州、武昌,并与司马承祯、孟浩然等交游。继而游云梦旧地安陆(今属湖北),与前宰相许圉师孙女结亲,自此隐居安陆达10年之久。天宝元年(742),经道士吴筠举荐,至长安,见于玄宗,授以翰林学士。玄宗仅以文学侍臣遇之,未得参与国政,且又为权臣高力士、驸马张垍所忌,故居3年后上书求放归,玄宗亦以其非廊庙器,优诏罢遣之。由此得游天下,结识杜甫、高适、李邕、魏万(魏颢)等人。至德二年(757),永王璘东巡,辟为僚佐。未

---

① 是书《新唐书·艺文志》《通志》《蜀中广记》又作20卷,不过晁公武《郡斋读书志》、乐史《李翰林别集序》、宋敏求《李太白文集后序》则均云10卷。

② 李白生卒年通常作701—762年。按李士训《记异》载"大历初"得"石函绢素《古文孝经》","初传李白"[(宋)朱长文:《墨池编》卷1引],说明李白大历初(766)犹在人世。李华《故翰林学士李君墓志铭》又说李白"年六十有二,不偶,赋《临终歌》而卒",由此上推62年,即生于唐中宗"神龙之初(705年)"。详见舒大刚、黄修明《李白卒年诸说平议》,《文学遗产》2006年第5期。

③ (宋)马永易:《实宾录》卷9《谪仙》(三则),文渊阁《四库全书》影印本。

几,以璘兵败,"附逆"当诛,系浔阳狱中,经郭子仪请解官以赎,改长流夜郎。乾元二年(759),经巫峡闻赦,重至浔阳,后往来于宣城、金陵间,穷愁潦倒,赖人周济为生。大历初年(766)病卒,享年62。代宗新立,曾以左拾遗召之,命至而已辞世。《旧唐书》卷190、《新唐书》卷202有传。

李白性情豪放浪漫,善于为诗。其诗以《诗经》、屈赋为宗,壮浪纵恣,不受格律拘束,为一代大家,杜甫谓其"笔落惊风雨,诗成泣鬼神"。沈德潜《唐诗别裁集》亦曰:"七言绝句以语近情遥,含吐不露为贵。只眼前景、口头语,而有弦外音,使人神远,太白有焉。"故历代论者皆以李白与杜甫并称,一曰"诗仙",一称"诗圣"。李白又工文,其文内容丰富,体裁多样,行文骈散兼具,艺术上多受庄子散文、纵横家言论、屈原楚辞、西汉司马相如赋和六朝骈文影响,风格清雄奔放,极富浪漫主义色彩。不过其文名多为诗名所掩,后世论及者殊少,然卓然可观者却不在少数,如《与韩荆州书》《春夜宴从弟桃李园序》等,乃脍炙人口之名篇。今诗存900余首,文存60余篇,其诗文集历代颇多编录,注本亦繁多,《草堂集》即为李白从叔李阳冰所编录,然今已不见原本。

据史料记载,李白之诗文于唐时曾有过两次编录。一为魏颢(万)所编《李翰林集》,其《序》云:"颢平生自负,人或为狂,白相见泯合,有赠之作,谓余:'尔后必著大名于天下,无忘老夫与明月奴。'因尽出其文,命颢为集。颢今登第,岂符言耶!"[①]又云:"经乱离,白章句荡尽。上元末,颢于绛偶然得之。沉吟累年,一字不下。今日怀旧,援笔成序。首以赠颢作、颢酬白诗,不忘故人也。次以《大鹏赋》、古乐府诸篇,积薪而录。文有差互者两举之。白未绝笔,吾其再刊。付男平津子掌。其他事迹,存于后序。"[②]是魏颢曾与李白交游,李白亦嘱魏颢编集,故魏颢编录此集并作序,内容有李白赠魏颢作、魏颢酬李白诗、《大鹏赋》、古乐府等,不过今已无传本存世。二为李白从叔李阳冰作序编录之《草堂集》。宝应元年(762)十一月,李白于当涂"疾亟,草稿万

[①] (唐)魏颢:《李翰林集序》,载(明)杨慎辑《全蜀艺文志》卷31,中册,第810页。
[②] (唐)魏颢:《李翰林集序》,载(明)杨慎辑《全蜀艺文志》卷31,中册,第811页。

卷，手集未修"①，故"枕上授简"②，俾李阳冰为序，以成《草堂集》10卷。此集广泛流传于北宋初年，后宋真宗咸平元年（998），乐史以《草堂集》为基础，又"别收歌诗十卷，与《草堂集》互有得失，因校勘排为二十卷，号曰《李翰林集》。今于三馆中得李白赋序表赞书颂等，亦排为十卷，号曰《李翰林别集》"③。是本后世有传，主要版本为宋度宗咸淳五年（1269）刻本和清光绪年间刘世珩影刻咸淳本，这就形成了宋代以后李白诗文集的第一个系统。

此外，宋神宗熙宁元年（1068），宋敏求又在乐史30卷本的基础上，参之各本，重编了另一个30卷本的《李太白文集》。其《李太白文集后序》云："治平元年，得王文献公溥家藏白诗集上中二帙，凡广一百四篇，惜遗其下帙。熙宁元年，得唐魏万所纂白诗集二卷，凡广四十四篇。因裒唐类诗诸编，泊刻石所传，别集所载者，又得七十七篇，无虑千篇，沿旧目而厘正其汇次，使各相从，以别集附于后，凡赋、表、书、序、碑、颂、记、铭、赞文六十五篇，合为三十卷。"④ 不过宋敏求虽以类广李白诗文，然未考次其作之先后，且又不免阑入他人所作，故后来曾巩得其书，"乃考其先后而次第之"⑤。元丰三年（1080），苏州太守晏知止将此书交毛渐校正刊行。这就是后世流传最广、影响最大的宋敏求编、曾巩重编、晏氏校刻的30卷本李白诗文集的第一个刻本，世称"苏本"，亦即李白诗文集的第二个系统。

此后，李白之诗文集其他各本，基本上都是从乐史、宋敏求两大系统之本演化而来的，其中虽然篇目次第略有不同，但万变不离其宗，大体相差无多。

---

① （唐）李阳冰：《草堂集序》，载（明）曹学佺《蜀中广记》卷97《著作记第七》，文渊阁《四库全书》影印本。

② （唐）李阳冰：《草堂集序》，载（明）曹学佺《蜀中广记》卷97《著作记第七》，文渊阁《四库全书》影印本。

③ （宋）乐史：《李翰林别集序》，载（唐）李白著，（清）王琦注《李太白全集》卷31《附录一》，第1453—1454页。

④ （宋）宋敏求：《李太白文集后序》，载（唐）李白著，（清）王琦注《李太白全集》卷31《附录一》，第1477—1478页。

⑤ （宋）曾巩：《李太白文集后序》，载（唐）李白著，（清）王琦注《李太白全集》卷31《附录一》，第1478页。

除此之外，李白诗文集注本亦颇多善本，如宋杨齐贤注《李翰林集》、元萧士赟补注《分类补注李太白诗集》，这是李白诗的第一个注本，实有开创之功。而清王琦辑注《李太白全集》，则是一部集大成的李白诗文辑注本，现有中华书局 1977 年校点排印本，后面附有篇目索引，比较方便适用。今上海古籍出版社 1980 年出版的瞿蜕园、朱金城《李白集校注》，巴蜀书社 1990 年出版的安旗主编《李白全集编年注释》，百花文艺出版社 1996 年出版的詹瑛《李白全集校注汇释集评》，则俱为李白集研究的重要成果。（李冬梅）

6.《范蜀公集》1 卷，宋范镇撰

范镇（1007—1087），字景仁，世称范蜀公，成都华阳（今属四川双流）人。宝元元年（1038）举进士，为礼部第一，累知制诰。英宗立，迁翰林学士。神宗即位，迁礼部侍郎，复为翰林学士兼侍读，知通进银台司。哲宗朝，拜为端明殿学士，提举崇福宫，以银青光禄大夫致仕，累封蜀郡公。元祐二年（1087）病卒，年 81，赠金紫光禄大夫，谥忠文。生平著述颇多，有《文集》《谏垣集》《内制集》《外制集》《正言》《乐书》《国朝韵对》《国朝事始》《东斋记事》《刀笔》等，然多散佚。《宋史》卷 337 有传。

范镇"学本六经，口不道佛、老、申、韩之说"①，又工诗善文，有"风流文采，相如、子昂"② 之誉。据苏轼《范景仁墓志铭》云，范镇"有文集一百卷"③，然多散佚不传，今唯有《两宋名贤小集》《四库全书珍本六集》存《范蜀公集》1 卷。

《范蜀公集》载文 120 余篇，诗近 70 首。其文内容多奏疏、书论而少赋，形式多用骈句，骈散结合，文辞豪放壮阔，寄意高远，故文章名动朝野，时人评价甚高，如韩维谓"其为文章温润简洁，如其为人"④，

---

① 《宋史》卷 337《范镇传》，第 10790 页。
② （宋）冯山：《代赵端明祭范蜀公文》，载（明）杨慎辑《全蜀艺文志》卷 50，下册，第 1532 页。
③ 《郡斋读书志》作 10 卷，《文献通考·经籍考》作 120 卷，《蜀中广记》作 112 卷。
④ （宋）韩维：《端明殿学士银青光禄大夫致仕柱国蜀郡开国公食邑二千六百户食实封五百户赠右金紫光禄大夫谥忠文范公神道碑》，载曾枣庄、刘琳主编《全宋文》卷 1071，第 49 册，第 252 页。

苏轼称"其文清丽简远,学者以为师法"①。其诗则留存不多,亦平淡古朴如其人。

又《宋代蜀文辑存》收范镇文 124 篇,《全宋文》辑范镇文 12 卷,《全宋诗》辑范镇诗 2 卷,可互为参校。(李冬梅)

7.《苏学士集》15 卷,宋苏舜钦撰

苏舜钦(1008—1048),字子美,梓州铜山(今四川中江)人,自曾祖移居开封。景祐元年(1034)中进士,累迁集贤等职校理、监进奏院殿。后因值宿鹥官署邸报废纸饮酒,为政敌倾陷,被劾除名,遂寓居苏州。庆历八年(1048),复官湖州长史,年底即病卒,年仅 41。《宋史》卷 442 有传。

苏舜钦幼承家学,工诗善古文。其诗与梅尧臣齐名,世称"苏梅"。其文承韩愈、柳宗元传统,"不牵世俗趋舍","为欧苏大家之前导",以《沧浪亭记》为最著。著有《苏学士集》15 卷行世。②

据欧阳修《苏氏文集序》曰:"予友苏子美之亡后四年,始得其平生文章遗稿于太子太傅杜公(衍)之家,而集录之以为十卷。③ 子美,杜氏婿也,遂以其集归之。"④ 又《与梅圣俞四十六通》(第二十五)曰:"近为子美编成文集十五卷,凡述作中人可及者,已削去之,留其警绝者,尚得数百篇。"⑤ 是此集最初乃欧阳修于其亡后 4 年所编。不过今本《苏学士集》已非其旧,《四库全书总目》云:"是集据欧阳修《序》,乃舜钦没后四年,修于其妇翁杜衍家搜得遗稿编辑。修《序》称十五卷,晁、陈二家目并同⑥,而此本乃十六卷,则后人又有所续入。考费衮《梁溪漫志》,载舜钦《与欧阳公辨谤书》一篇句下各有自注,论官纸事甚详,并有修附题之语。盖修编是集时,以语涉于己,引嫌避怨而删之。此本仍

---

① (宋)苏轼:《范景仁墓志铭》,《苏轼文集》卷 14,第 442 页。
② 是集又名"苏子美集""苏学士文集""苏子美文集""沧浪集""苏舜钦集"。其卷数《通志》《直斋书录解题》《文献通考·经籍考》《国史经籍志》作 15 卷,而《郡斋读书志》《宋史·艺文志》则作 16 卷。
③ 欧集各本同作"十卷",殆脱"五"字。
④ (宋)欧阳修:《苏氏文集序》,《欧阳修全集》卷 43,第 613 页。
⑤ (宋)欧阳修:《与梅圣俞四十六通》,《欧阳修全集》卷 149,第 2456 页。
⑥ 衢本《读书志》作 15 卷,袁本《读书志》作 16 卷。

未收入，则尚有所佚矣。"① 何焯《跋》亦云："按欧公《序》，出于公之所集录者十五卷，今必纷更旧次为十六卷，是亦好妄而已。徐节孝《爱爱歌序》云'子美有诗'，今亦不见集中。晁氏《读书记》载《李文公集》，前有苏舜钦《序》云：'唐之文章称韩、柳，翱文虽词不逮韩，而理过于柳。'今颂与此《序》无之，盖亦非完书云。"由此推知，欧阳修所编，盖仅就杜氏家所藏遗稿，且有删削，而未辑录散佚篇什。

其文集最迟至孝宗乾道年间已有刊刻。施元之《序》云："《苏子美集》十五卷，欧阳文忠公为之首序。子美在宝元、庆历间有大名，其文章瑰奇豪迈，自成一家。不幸沦落早世，故生平所著，才止于此，而近时亦少见之。元之因俾镂板于三衢，又得尚书汪公圣锡所藏豫章先生诗，为子美作也，惜其未大传，并附之左方。若祭文、墓志，已见于《文忠集》中，此不复载。"是施元之以欧阳修编本为据，刊刻苏舜钦文集于三衢，并略有辑佚。

是集宋刻今已不存，现存清初抄本、清康熙三十七年徐氏白华书屋刊本、清中期黑格抄本、清宣统三年北京龙文阁书局石印本、《四库全书》本、《四部丛刊初编》本、《四部备要》本等。整理本则有沈文倬校点的《苏舜钦集》，中华书局上海编辑所1962年排印、上海古籍出版社1981年重排印，以及巴蜀书社1991年出版的傅平骧、胡问涛《苏舜钦集编年校注》，资料丰富，校订精审，颇便使用。（李冬梅）

8.《嘉祐集》20卷，宋苏洵撰

苏洵有《三苏经说》，前已著录。苏洵工古文，少作诗，据欧阳修《故霸州文安县主簿苏君墓志铭》、曾巩《苏明允哀词》、张方平《文安先生墓表》及《宋史》本传所云，苏洵有文集20卷行世。不过其集最初并未有专有题名，至晁公武《郡斋读书志》始称"苏明允《嘉祐集》十五卷"后，苏洵集才冠此名。之后，因其声名极高，文集屡经付梓，题名、卷数遂各有不同，著录亦因而互异。

其题名有"苏洵集""眉山嘉祐集""苏老泉文集""嘉祐新集""老泉先生集""苏老泉集""老泉先生文集"等，其卷数亦有20卷、15卷、

---

① （清）永瑢等：《四库全书总目》卷152《苏学士集》提要，第1313页。

30卷、16卷、14卷、13卷等不同之说。如欧阳修《故霸州文安县主簿苏君墓志铭》称"有文集二十卷",《宋史》本传同之,张方平《文安先生墓表》亦云"所著文集二十卷",曾巩《苏明允哀词》也说"明允所为文集有二十卷行于世"。又《郡斋读书志》《直斋书录解题》《宋史·艺文志》《文献通考·经籍考》等作15卷。《通志·艺文略》则著录"《老苏集》五卷、又《嘉祐集》三十卷"。而《四库全书总目》《增订四库简明目录标注·续录》又分别载录为16卷、14卷,此外还有13卷之说等。据此可知,苏洵集宋时盖有两本,一为20卷本、一为15卷本,而15卷本或因有所散佚而致。另16卷、14卷、13卷之说,则应系出于明代重编之故。

今所传《嘉祐集》收诗40余首、文近100篇。其文,"杂出于荀卿、孟轲及《战国策》诸家"①,凌厉奇峻,纵横捭阖,"以雄迈之气,坚老之笔,而发为汪洋恣肆之文。上之究极天人,次之修明经术,而其于国家盛衰之故,尤往往淋漓感慨于翰墨间"②。特别是其史论文章极有名,如《六国论》有感于时事而发,对朝廷贿赂外敌之事极为愤慨,有战国纵横家风范,故欧阳修论其文"博辩宏伟","纵横上下,出入驰骤,必造于深微而后止"③。曾巩亦评其文:"少或百字,多或千言,其指事析理,引物托喻,侈能尽之约,远能见之近,大能使之微,小能使之著,烦能不乱,肆能不流。其雄壮俊伟,若决江河而下也;其辉光明白,若引星辰而上也。"④可见苏洵乃吸众家之长,养自家之体,从而"能驰骋于孟、刘、贾、董之间,而自成一家者也"⑤。其诗,多五、七言古诗及四言诗,近体亦佳,以古朴见长,正如叶梦得《避暑录话》称:"明允诗不多见,然精深有味,语不徒发,正类其文。"

---

① 高海夫主编:《唐宋八大家文钞校注集评·老泉文钞引》,三秦出版社1998年版,第4177页。

② (清)邵仁泓:《嘉祐集序》,载祝尚书《宋集序跋汇编》卷7,中华书局2010年版,第328—329页。

③ (宋)欧阳修:《故霸州文安县主簿苏君墓志铭并序》,《欧阳修全集》卷35,第512—513页。

④ (宋)曾巩著,陈杏珍、晁继周点校:《苏明允哀辞》,《曾巩集》卷41,中华书局1984年版,第560页。

⑤ (清)邵仁泓:《嘉祐集序》,载祝尚书《宋集序跋汇编》卷7,第329页。

是书今存版本甚多，主要有宋刻本、明刻本、《四库全书》本、《四部丛刊初编》本、《三苏全集》本等。又曾枣庄、金成礼整理之《嘉祐集笺注》（上海古籍出版社 1993 年版），以明刻 16 卷本《苏老泉先生全集》作底本，再补入《类编增广老苏先生大全文集》增多之诗，校以各本，颇为实用。（李冬梅）

9.《东坡集》40 卷①，宋苏轼撰

苏轼有《苏氏易传》，前已著录。苏轼才华丰茂，善于创新，诗、文、词皆一代宗师。苏辙《亡兄子瞻端明墓志铭》曰："其遇事所为诗、骚、铭、记、书、檄、论撰，率皆过人。有《东坡集》四十卷、《后集》二十卷、《奏议》十五卷、《内制》十卷、《外制》三卷。公诗本似李、杜，晚喜陶渊明，追和之者几遍，凡四卷（即《和陶集》）。"② 以上共 6 集 92 卷，其中《东坡集》又称"东坡前集"，"乃东坡手自编者，随其出处，古律诗相间，谬误绝少……《后集》乃后人所编"③。另《和陶集》据苏辙《子瞻和陶渊明诗集引》转述苏轼之语云："吾前后和其诗凡百数十篇……今将集而并录之，以遗后之君子。"④ 是《和陶集》亦为苏轼亲自编定。而《奏议》《内制》《外制》3 集，乃苏轼进呈及代言之作，应无伪作，亦系其生前编定，多为可靠。晁公武《郡斋读书志》著录略同："苏子瞻《东坡前集》四十卷、《后集》二十卷、《奏议》十五卷、《内制》十卷、《外制》三卷、《和陶集》四卷、《应诏集》十卷。"此即世所称"东坡七集"，较《墓志铭》多出《应诏集》10 卷。陈振孙《直斋书录解题》、马端临《文献通考》从之，然《宋史·艺文志》则载"苏轼《前后集》七十卷"，卷数与前著录不同，此外又别出《奏议补遗》3 卷、《南征集》1 卷、《词》1 卷、《南省说书》1 卷、《别集》46 卷、《黄州

---

① 由于苏文盛行，苏轼集编刻多种多样，其名亦纷繁复杂，如《郡斋读书志》《直斋书录解题》《文献通考》等有所谓"东坡七集"之称，即《东坡前集》《后集》《奏议》《内制》《外制》《和陶集》《应诏集》。此外诸家目录著录者又有"东坡前后集""东坡文集""苏轼集""东坡集""东坡续集""苏文忠集""苏东坡集""苏长公全集""苏文忠公全集""苏文忠奏议""乐语""东坡和陶诗""和陶诗""东坡全集""东坡七集"等之名。而其版刻不同，卷数亦不同，今 40 卷仅指《前集》。

② （宋）苏辙：《亡兄子瞻端明墓志铭》，《栾城后集》卷 22，《栾城集》，第 1422 页。

③ （宋）胡仔：《渔隐丛话后集》卷 28《东坡三》，文渊阁《四库全书》影印本。

④ （宋）苏辙：《子瞻和陶渊明诗集引》，《栾城后集》卷 21，《栾城集》，第 1402 页。

集》2卷、《续集》2卷、《北归集》6卷、《儋耳手泽》1卷。如此等等，可见轼集名目颇为繁多。①

今考苏轼之诗文生前已广为流传，其诗文集宋世便有多种刊刻之本。据陈振孙《直斋书录解题》云："坡之曾孙给事峤季真刊家集于建安，大略与杭本同。盖杭本当坡公无恙时已行于世矣。麻沙书坊又有《大全集》，兼载《志林》《杂说》之类，亦杂以颍滨及小坡之文，且间有讹伪剿入者。有张某为吉州，取建安本所遗尽刊之，而不加考订，中载应诏、策论，盖建安本亦无《应诏集》也。"又云："杭、蜀本同，但杭无《应诏集》。"苏轼集宋世即有蜀本、杭本、建安本、麻沙书坊本、吉州本。胡仔《渔隐丛话后集》卷28又曰："东坡文集行于世者，其名不一，惟《大全》《备成》二集诗文最多，诚如所言，真伪相半。其后居世英家刊大字东坡前、后集，最为善本。"是当时以居氏所刻大字本为最善。另邵博《闻见后录》、王辟之《渑水燕谈录》、洪迈《容斋五笔》、叶盛《水东日记》还提及京师印本、范阳刻本、江州本、细字小本等。此后，由于"元祐党禁"解除，苏文得到广泛推崇，又出现重编、改编、补编之《续集》《外集》《大全集》，以及类编、分编、选编、注释之诗集、文集，此外其他各种版刻、钞传之本，更不知其数。"然传本虽夥，其体例大要有二：一为分集编订者，乃因轼原本原目而后人稍增益之。即陈振孙所云杭本，当轼无恙之时已行于世者。至明代江西刻本犹然，而重刻久绝。其一为分类合编者，疑即始于居世英本。宋时所谓大全集者，类用此例。"②

是集今传之主要版本有宋刻残本、明成化四年程宗刻本、《四库全书》本、《三苏全集》本、《四部备要》本等。又今人孔凡礼点校有《苏轼诗集》（中华书局1982年版）、《苏轼文集》（中华书局1986年版），为苏轼诗文集比较完善的整理本。另有张志烈、马德富、周裕锴主编《苏轼全集校注》（河北人民出版社2010年版），对苏轼诗集、词集、文

---

① 如《重编东坡外集序》述及苏轼传世之集凡24种："《南行集》《坡梁集》《钱塘集》《超然集》《黄楼集》《眉山集》《武功集》《雪堂集》《黄冈小集》《仇池集》《毗陵集》《兰台集》《真一集》《岷精集》《谈庭集》《百斛明珠集》《玉局集》《海上老人集》《东坡前集》《后集》《东坡备成集》《类聚东坡集》《东坡大全集》《东坡遗编》。"

② （清）永瑢等：《四库全书总目》卷154《东坡全集》提要，第1326页。

集进行了全面的校勘、注释、编年、辑佚，代表了当代整理的最高水平。（李冬梅）

10.《栾城集》50卷①，宋苏辙撰

苏辙有《诗集传》，前已著录。苏辙长于文，喜作诗，苏轼谓其为文汪洋淡泊，有一唱三叹之声，而其秀杰之气终不可没。所作《栾城集》《栾城后集》《栾城第三集》，乃其手自编定。《栾城后集引》曰："予少以文字为乐，涵泳其间，至以忘老。元祐六年，年五十有三，始以空疏备位政府，自是无述作之暇。顾前后所作至多，不忍弃去，乃裒而集之，得五十卷，题曰《栾城集》。九年，得罪出守临汝，自汝徙筠，自筠徙雷，自雷徙循，凡七年。元符三年，蒙恩北归，寓居颍川。至崇宁五年，前后十五年，忧患侵寻，所作寡矣，然亦班班可见，复类而编之，以为《后集》，凡二十四卷。"又《栾城第三集引》曰："崇宁四年，余年六十有八，编近所为文，得二十四卷，目之《栾城后集》。又五年，当政和元年，复收拾遗稿，以类相从，谓之《栾城第三集》。方昔少年，沉酣文字之间，习气所薰，老而不能已。既以自喜，亦以自笑。今益以老矣，余日无几。方其未死，将复有所为。故随类辄空其后，以竢异日附益之云尔。"孙觌《与苏守季文》亦曰："《栾城》三集，黄门手自编次，固无遗矣。"② 因此，"自宋以来，原本相传，未有妄为附益者"③。

"《栾城》三集"宋世即有建安本、麻沙本、蜀本、家藏本流传，然"建安本颇多缺谬，其在麻沙者尤甚，蜀本舛亦不免"，是以其三世孙苏诩淳熙已亥（六年，1179年）遂"以家藏旧本前后并《第三集》，合为

---

① 苏辙集的编订因有分集本和类编本之分，故题名多有不同。存世本著录题名有"栾城集""苏文定公文集""苏文定公栾城全集""类编增广颍滨先生大全文集""苏辙集"等。其他目录书著录亦有《苏颍滨文集》《子由栾城集》《苏子由栾城集》《苏黄门集》《黄门集》等。其卷数又有《后集》24卷、《第三集》10卷、《应诏集》12卷。然《通志·艺文略》除著录"《栾城》三集"外，又有《苏黄门集》70卷。《遂初堂目》亦别有《苏黄门奏议》。《宋史·艺文志》则又著录"《栾城集》八十四卷、《应诏集》十卷、《策论》十卷、《均阳杂著》一卷"。据《四库全书总目》所云，《黄门集》"疑即《栾城集》之别名"，《宋史·艺文志》《栾城集》84卷"盖统举言之，《策论》当即《应诏集》"，乃"复出其目"，"惟《均阳杂著》未见其书，或后人掇拾遗文，别为编次，而今佚之"。《总目》之言盖是，不过认为《应诏集》是"误以十二卷为十卷"，则非，因《藏园群书经眼录》所记旧写本《应诏集》正为10卷。

② （宋）孙觌：《与苏守季文》，《内简尺牍》卷7，文渊阁《四库全书》影印本。

③ （清）永瑢等：《四库全书总目》卷154《栾城集》提要，第1328页。

八十四卷,皆曾祖自编类者","与同官及小儿辈校雠数过,锓版于筠之公帑"。① 之后,四世孙苏森因讽刻筠州本"其板以岁久字画悉皆漫灭",故开禧丁卯(三年,1207年)又重刊三集,"乃一新之"②。

除此之外,苏辙集又有附《应诏集》的4集96卷本。晁公武《郡斋读书志》云:"苏子由《栾城集前集》五十卷、《后集》二十四卷、《第三集》十卷、《应诏集》十二卷。"陈振孙《直斋书录解题》、马端临《文献通考》著录同之。《应诏集》非辙亲手编定,据丁丙《善本书室藏书志》载,"《应诏集》乃其孙籀集其策论与应试诸作",不知确否? 而其何时与"《栾城》三集"最早合刊,则待考。不过庆元间眉山苏氏功德寺所刊大字本已有《应诏集》,则至少在淳熙筠州本后、开禧筠州本前,《应诏集》即与"《栾城》三集"合刊。

是集今传版本主要有宋刊残本、明嘉靖二十年刊本、明铜活字本、明清梦轩刊本、清宛陵贡彧校刻本、《四库全书》本、《三苏全集》本、《四部丛刊初编》本等。又曾枣庄、马德富和陈宏天、高秀芳分别有点校本《栾城集》和《苏辙集》。其中曾、马本《栾城集》由上海古籍出版社1987年出版,该本以明清梦轩本为底本,校以宋残本、《四部丛刊》本、"三苏"祠本等,辑佚诗、词、文凡37首为《栾城集拾遗》。陈、高本《苏辙集》由中华书局1990年出版,此本亦以清梦轩本为底本,校以各本,后附刘尚荣《苏辙佚著辑考》,辑得苏辙佚诗文70余篇。(李冬梅)

11.《范太史集》55卷,宋范祖禹撰

范祖禹有《古文孝经说》,前已著录。范祖禹自幼受家学影响,后以司马光为师,博学能文,司马光称他"好学能文,而谦晦不伐,如无所有"③,苏轼也论其"清德绝识,高文博学,非独今世所无,古人亦罕有能兼者,岂世间混混生死流转之人哉?"④ 平生有《范太史集》⑤ 传世,

---

① (宋)苏诩:《栾城集跋》,载曾枣庄、刘琳主编《全宋文》卷4869,第219册,第326—327页。
② (宋)苏森:《栾城集跋》,载曾枣庄、刘琳主编《全宋文》卷6707,第294册,第354页。
③ (宋)司马光著,李文泽、霞绍晖校点:《荐范梦得状》,《司马光集》卷45,四川大学出版社2010年版,第975页。
④ (宋)苏轼:《与范元长十三首·八》,《苏轼文集》卷50,第1460页。
⑤ 是集又名"范祖禹集""范太史文集""太史范公文集"。

收录其所著诗文。集中诗作不多，仅有3卷（卷1、卷2、卷3），多为应酬及生活实录，艺术价值不大。不过表状、札子、奏议却颇多，乃其精华所在。本传谓其"开陈治道，区别邪正，辨释事宜，平易明白，洞见底蕴，虽贾谊、陆贽不是过云"①。《四库全书总目》亦云："类皆湛深经术，练达事务，深有裨于献纳。"② 诚可谓"公之文可以经世，皆不刊之说"③。

据汪应辰《题范太史集》曰："太史范公家所藏书，有曰《翰林词草》者，自元祐六年七月，止绍圣改元，其间往往公手笔改定。然公元祐四年十一月，始为翰林学士，不知前此者，谁所作也？恐或有故，今皆存之。《乐语》则得于成都宇文氏所编次《纶言集》中，亦附于卷末。"④ 范祖禹此集最早盖由汪应辰守成都时编刊，其中恐有误收。又魏了翁《范正献公文集序》云："公之文集，玉山汪公应辰既尝板行于某所矣，今公之诸孙子长守潼川，又以刻诸郡斋而属叙，所以识诸篇端，倘庶几世道之补云。"⑤ 可见宋时此集又有范祖禹后人所刻潼川本，且有魏了翁序。不过宋刻今早已失传，现唯存传抄本。《四库全书总目》著录为浙江汪启淑家藏本，并曰："其文集世有两本，一本仅十八卷，乃明程敏政从秘阁借阅，因为摘录刊行，非其完本。此本五十五卷，与《宋史·艺文志》卷目相符，盖犹当时旧帙也。"⑥ 程氏摘刊本今亦不见著录，唯黑龙江省图书馆藏有休宁汪氏摘藻堂抄本《太史范公文集钞》18卷，当就程刊本传录。而四库所据浙江汪启淑家藏本亦为抄本，底本今藏日本大仓文化财团。

是书有清抄本、《四库全书》本、《四库全书珍本初集》本等。（李冬梅）

12.《南轩集》44卷⑦，宋张栻撰

张栻有《南轩易说》，前已著录。张栻生前曾"以平日所著之书并奏

---

① 《宋史》卷337《范祖禹传》，第10800页。
② （清）永瑢等：《四库全书总目》卷153《范太史集》提要，第1321页。
③ （宋）晁说之：《晁氏客语》，文渊阁《四库全书》影印本。
④ （宋）汪应辰：《题范太史集》，《文定集》卷10，文渊阁《四库全书》影印本。
⑤ （宋）魏了翁：《范正献公文集序》，《重校鹤山先生大全文集》卷53。
⑥ （清）永瑢等：《四库全书总目》卷153《范太史集》提要，第1321页。
⑦ 是书又名"张南轩集""南轩文集""张南轩文集""南轩先生文集""张南轩先生文集"等。其卷次著录不一，《郡斋读书附志》《续通志》作44卷，《直斋书录解题》《文献通考·经籍考》《国史经籍志》作30卷，《蜀中广记》作30卷、又《奏议》10卷，《宋史·艺文志》作48卷，《钦定国子监志》作40卷等。

议、讲解百余册，装潢以进"①，然文集生前却并未有结集，待逝世之后，才由其弟张枃、友人朱熹编刊而成。朱熹淳熙甲辰（1184年）十二月《序》述及编纂始末和义例曰："敬夫既没，其弟定叟（枃）哀其故稿，得四巨编，以授予曰：'先兄不幸蚤世，而其同志之友亦少存者。今欲次其文以行于世，非子之属而谁可？'予受书，愀然开卷呕读……然吾友平生之言，盖不止此也。因复益为求访，得诸四方学者所传凡数十篇。又发吾箧，出其往还书疏读之，亦多有可传者。方将为之定著缮写，归之张氏，则或者已用别本摹印而流传广矣。遽取观之，盖多向所讲焉而未定之论。而凡近岁以来谈经论事、发明道要之精语，反不与焉……于是乃复亟取前所搜辑，参伍相校，断以敬夫晚岁之意，定其书为四十四卷……敬夫所为诸经训义，唯《论语说》晚尝更定，今已别行。其他往往未脱稿时学者私所传录，敬夫盖不善也，以故皆不著。其立朝论事及在州郡条奏民间利病，则上意多乡纳之，亦有颇施行者，以故亦不著。独取其《经筵口义》一章，附于表奏之后，使敬夫所以尧舜吾君而不愧其父师之传者，读者有以识其端云。"② 定叟即张枃。此本为张栻集之所谓淳熙甲辰本，盖亦赵希弁《郡斋读书附志》著录《南轩先生文集》44卷者。然《直斋书录解题》《文献通考·经籍考》又著录《南轩集》30卷，疑即为朱熹所云"别本"，如朱熹《答胡季随》文中便提到"黄州印本"③。而《宋史·艺文志》则又作《南轩文集》48卷，不详为何人所刻。至明清，张栻集30卷本、44卷本均有著录，《万卷堂书目》《澹生堂藏书目》著录44卷本，《世善堂书目》《绛云楼书目》著录30卷本，而《赵定宇书目》亦载44卷本，且注明为"宋版大字"，《季沧苇藏书目》亦录有宋刻44卷本。由此而知，明清之时，是集尚不乏宋本，且30卷、44卷两本皆传世。只不过后来30卷本逐渐散佚，不见著录，而仅传

---

① （宋）张端义：《贵耳集》卷上，文渊阁《四库全书》影印本。
② （宋）朱熹著、杨世文点校：《张南轩文集序》，《张栻集》附录，中华书局2015年版，第1623—1625页。
③ 朱熹《晦庵先生朱文公文集》卷53《答胡季随》云："《南轩集》误字已为检勘，今却附还。其间空字向来固已直书，尤延之见之，以为无益而贾怨，不若刊去。今亦不必补，后人读之自当默喻也。但序文后段若欲删去，即不成文字。兼此书误本之传不但书坊而已，黄州印本亦多有旧来文字，不唯无益，而反为累。若不如此说破，将来必起学者之疑。"（朱杰人、严佐之、刘永翔主编：《朱子全书》，第22册，第2514页）

44卷本。

张栻治学勤谨,卓然有见,虽为南宋一代经师,然诗词文赋亦俱佳,今传文集以词、赋、古诗、律诗、表、启、记、序、史论、说、书、答问、题跋、铭、箴、赞、墓志铭、祝文、祭文顺序编排。作为一代理学大师,张栻为学主"明理居敬""义利之辨",为文以哲理论说为主,文风平实坦易,返朴还淳,可谓辞畅而旨明,气清而味永,颇具儒家学者从容不迫之象。为诗常寓义理于比兴中,风格淡雅,诗意浓郁,颇具文学性。如《鹤林玉露》卷13即评论其《题南城》《东渚》《丽泽》《濯清》《西屿》《采菱舟》云:"六诗平淡简远,德人之言也。"

是书今有宋刊残本、明嘉靖元年刘氏翠岩堂慎思斋刊本、清康熙四十五年锡山华氏剑光书屋刻本、清道光二十五年陈钟祥绵竹洗墨池刻本、《四库全书》本等。此外,《两宋名贤小集》收有《南轩集》1卷,明嘉靖十年聂豹编刊《南轩文集节要》8卷、清康熙四十八年张伯行刊选本《南轩集》7卷。①而也有将张栻诗从文集中抽出单独刊刻者,如清康熙三十三年武林张氏遥述堂刊行《南轩先生诗集》7卷,清雍正十年冠英堂重刊《南轩先生诗集》8卷等,皆可与文集本互勘。

不过由于朱熹编集张栻集时曾削其少作,又以时忌删其奏议、书信等文字②,故综观张栻文集传世各本,遗漏尤多。今人杨世文、王蓉贵将张栻流传下来的著作进行全面整理,编为《张栻全集》(长春出版社1999年版,后中华书局2015年有修订版,题名"张栻集"),收录有《南轩易说》《论语解》《孟子说》《南轩集》《汉丞相诸葛忠武侯传》。其中《南轩集》以嘉靖元年刘氏翠岩堂慎思斋刊本《新刊南轩先生文集》为底本,校以今传其他各本,并参考宋元以来各种文献,网罗散佚,又辑为《南轩集补遗》1卷,收录佚诗词49首、佚文67篇。且书后附有张

---

① 此本清同治年间收入《正谊堂全书》,后《丛书集成初编》本、《国学基本丛书》本由之出。

② (宋)朱熹:《张南轩文集序》,《张栻集》附录。又《晦庵先生朱文公文集》卷53《答胡季随》亦云:"《南轩文集》方得略就,便可刊行。最好是奏议文字及往还书中论时事处,确实痛切,今却未敢编入。异时当以奏议自作一书,而附论事书尺于其后,勿令广传,或世俗好恶稍衰,乃可出之耳。"(朱杰人、严佐之、刘永翔主编:《朱子全书》,第22册,第2506页)由此而知朱熹删削的情况。

弑重要的序跋、传记资料和《南轩集人名索引》《引用书目》，最为完备。（李冬梅）

13.《鹤山集》110 卷①，宋魏了翁撰

魏了翁有《周易集义》，前已著录。据淳祐己酉（九年，1249 年）夏宛陵吴渊《序》云："岁在丙申（1236 年），公假督钺道吴门，予时兼制置之事，故读公诗文为尤熟。公没十二年，而近思、近愚②公之二子也，萃遗稿刻梓用传，属予序之。"是魏了翁集乃其殁后十余年，由二子魏近思、魏近愚萃其遗稿，刻梓于姑苏，且请吴渊作序。又吴潜《后序》曰："公之子近思、克愚相与搜遗罔轶，有《正集》《外集》《奏议》一百卷，将锓梓行于世。"是姑苏本共百卷，含《正集》《外集》和《奏议》。宋刻又有温阳本，据开庆元年（1259）佚名"鹤山集跋"称其"字画精，纸墨善"，然"舛误犹姑苏本"，盖据姑苏本翻刻。明《文渊阁书目》《内阁藏书目录》《万卷堂书目》及《绛云楼书目》等皆著录有百卷本，题曰"鹤山先生文集"。《国史经籍志》亦著录《鹤山集》百卷。可见官私所藏，当即姑苏、温阳二本，卷次为百，但二本后皆失传。

今存宋本魏了翁集为宋理宗开庆元年成都刻本，题曰"重校鹤山先生大全文集"。其《跋》云："继叨西臬，距先生衮乡百里许。家有先生遗稿，刊正之局方开，嘉定法掾赵与楥以得于先生次翁温本相过，字画精，纸墨善，意无以出其右。寻熟读，则舛误犹姑苏本。既而制干何璟、漕幕朱景行、昌士卢贞，皆以所藏先生《雅言》《周礼折衷》大魁之作来。至如墓志、书札等文，求与大全集者项背相望，类成一编，比姑苏、温阳二本加详焉。余谓是编不容不再刊之。先生残编断简散落人间，未易裒集，复命汉嘉士杨起寅偕寮友日夕相与校正，屡工锓梓。"则开庆本于百卷外又增刻数种，故题曰"大全文集"，凡 110 卷，今存本缺 18 卷，存卷中亦时有缺叶。中华民国时，尝影印入《四部丛刊初编》中，并用明锡山安氏本补阙，但仍缺第 108 卷。开庆本并不精善，佚名《跋》曰：

---

① 是集题名甚多，如"鹤山全集""鹤山文集""魏鹤山文集""鹤山先生文集""重校鹤山先生大全文集""鹤山大全集"等。其卷数宋刻有 100 卷和 110 卷之别，因百卷本失传，故今以存本卷数著录。不过存本亦有残缺，为 109 卷，《续通志》《续文献通考》著录者即是。

② 魏近愚，又作魏克愚。

"深恨四郊多垒，工则取之于惊徒，力则取之于搏节，纸墨则取之于散亡，要以是纪斯文之不坠。若曰字精工巧，墨妙纸良，将有望于方来。"不过因世间仅存此宋本，故仍为后来各本之祖。

《鹤山集》今存109卷，内有诗12卷、笺表制诰奏议等18卷、书牍7卷、记9卷、序铭字说跋等16卷、启3卷、志状21卷、祭文挽诗3卷、策问1卷、长短句3卷、杂文4卷、又制举文3卷、《周礼折衷》4卷、《拾遗》1卷、《师友雅言》2卷，可谓诗、词、文各体皆备。

魏了翁为南宋大儒，遵承朱熹、张栻义理之学，穷经学古，自为一家，与真德秀齐名。凡为文章，深衍闳畅，豪赡雅健。《四库全书总目》谓其"所作醇正有法，而纡徐宕折，出乎自然，绝不染江湖游士叫嚣狂诞之风，亦不染讲学诸儒空疏迂腐之病，在南宋中叶，可谓翛然于流俗外矣"①，所评大致如实。魏了翁虽为理学名家，但他并不排斥文学，而是认为二者两不相妨。他曾说："辞虽末伎，然根于性，命于气，发于情，止于道，非无本者能之。"②又说："眉山自长苏公（轼）以辞章自成一家，欧（阳修）、尹（洙）诸公赖之以变文体，后来作者相望，人知苏氏为辞章之宗也，孰知其忠清鲠亮临死生利害而不易其守？此苏氏之所以为文也。"③故其在宋季理学名家中，颇有文学成就。其诗有为而作，融以"理趣"，质朴纯正。其词则以事标题而不标调名，又十之九皆寿词，为宋词中之较特别者。特别是集中"记"文亦不少，且绝大多数作于蜀中，颇具文化史料价值。如《眉州新开环湖记》，颇用欧阳修《丰乐亭记》和苏轼《赤壁赋》的笔法，文采风流，较之元祐诸大家，似不多让。

是集今有宋开庆元年残刻本、明锡山安氏活字排印本、明嘉靖三十年邛州吴凤刊本、《四库全书》本、《四部丛刊初编》本等。（李冬梅）

14.《道园学古录》50卷，元虞集撰

虞集（1272—1348），字伯生，号道园，又号邵庵，世称邵庵先生。祖籍陵州仁寿（今四川仁寿），后随其父虞汲侨居临川崇仁（今江西崇

---

① （清）永瑢等：《四库全书总目》卷162《鹤山全集》提要，第1391页。
② （宋）魏了翁：《杨少逸不欺集序》，《重校鹤山先生大全文集》卷55。
③ （宋）魏了翁：《杨少逸不欺集序》，《重校鹤山先生大全文集》卷55。

仁)。幼聪颖，3岁即知读书，其母杨氏口授《论语》《孟子》《左传》及欧、苏文章，闻辄成诵。及长，从大儒吴澄游，受教甚厚。大德初，以荐授大都路儒学教授。历国子助教、博士，改太常博士，迁集贤修撰。延祐六年（1319），除翰林待制，兼国史院编修官，以丁忧归。泰定元年（1324），召除国子司业，迁秘书少监。拜翰林学士，兼国子祭酒。文宗立，除奎章阁侍书学士，领修《经世大典》。文宗崩，谢病归，卒谥文靖。所著今存有《道园学古录》《道园类稿》《道园遗稿》《伯生诗后》《翰林珠玉》等。《元史》卷181有传。

据是集至正六年（1346）翰林学士欧阳玄《雍虞公文集序》云："太史夏台刘君伯温，蚤岁鼓箧，从公成均，及为江右肃政使者，近公寓邑，乃哀公文，将传诸梓。书来京师，属玄为序。言惟李汉于昌黎（韩愈）、子瞻（苏轼）于庐陵（欧阳修），皆能知而能言者，是岂为前人役乎？第于公有世契，生平敬慕公之文，以附著姓名为幸。又高刘君政事之暇，敦笃夙谊如是，遂不敢辞，而为之序。"又其《圭斋文集》卷9《虞雍公神道碑》云："其存稿自题曰《道园学古录》，门人汇而锓之，得《应制》十二卷，《在朝》二十四卷，《归田》三十六卷，《方外》八卷，其散佚尚多。"李本《跋》亦云："至正元年十有一月，闽宪韩公使文公之五世孙炘来求记屏山书院，并征先生文稿以刻诸梓本，与先生之幼子翁归及同门之友编辑之。得《在朝稿》二十卷，《应制录》六卷，《归田稿》一十八卷，《方外稿》六卷。盖先生在朝时为文多不存稿，固已十遗六七。归田之稿间亦放轶，今特就其所有者而录之，所谓泰山一豪芒也。"此集为李本与虞集之幼子翁归及其同门友人所编，并由虞集亲自题名，刊刻约在至正元年至至正六年间。集凡四编，为《在朝稿》《应制录》《归田稿》《方外稿》，其中诗稿又别名"芝亭永言"。此后，自元迄明清，《道园学古录》屡经刊刻，然皆从元蜀本出也。

除《道园学古录》外，时人复辑虞集诗文，另为一编，名"道园类稿"，然与《道园学古录》所载时有得失。又虞集之从孙虞堪亦编有《道园遗稿》6卷，为《道园学古录》的补编，收诗741首，并附录词，最初由金伯祥刊于元至正十四年（1354）。《四库全书总目》说："考哀录集之遗文者，别有《道园类稿》。以校此编，《类稿》所已载者仅百余篇，《类稿》所未载者尚五百余篇。集著作虽富，而散佚亦多。当李本编《学古录》时，已有'泰山一豪芒'之叹。则云烟变灭者不知凡几。堪续加搜访，辑缀成编，纵未能片楮不遗，要其名篇隽制，挂漏者亦已少矣。集中《题花鸟图》一首，《元诗体要》作揭傒斯诗。今观其格意，于揭为近。或堪一时误收，亦未可知。然《元音》及《乾坤清气集》均载是诗，又题集作。此当从互见之例，疑以传疑，不足以为是书病也。"①

虞集博学多闻，诗文俱工。文学上主张"宗唐宗古"，追求一种清醇典雅的诗文风格。其文为有元一代冠冕，一时宗庙朝廷之典册、公卿大夫之碑板皆出其手。"平生为文万篇，稿存者十二三。"② 欧阳玄评其文云："公之临文，随事酬酢，造次天成，初无一毫尚人之心，亦无拘拘然步趋古人之意。机巧自无，境趣自生，左右逢源，各识其职。"③《元史》本传谓其"学虽博洽，而究极本原，研精探微，心解神契，其经纬弥纶之妙，一寓诸文，蔼然庆历、乾、淳风烈"。胡应麟亦云："虞奎章在元中叶，一代斗山。所传《道园集》，浑厚典重，足扫晚宋尖新之习。第其才力不能远过诸人，故制作规模，边幅窘迫，宏逸沉深之轨，殊自杳然。"④ 其诗用典妥帖，句律精切，对仗工谨，深稳畅达，与杨载、范梈、揭傒斯并称"元诗四大家"。欧阳玄《梅南诗序》云："京师近年诗体一变而趋古，奎章虞先生实为诸贤倡。"⑤ 王叔载于四家中更盛赞其曰："光芒变化，诸体咸备，当推道园，如宋朝之有坡公也。"⑥ 不过虞集之诗文内容则多以应酬为主，缺乏直接反映现实的佳作，不为无憾。

除了在文学上的成就外，是集保存了大量有价值的碑铭、墓志、行状、传记、序跋、制诰等史料，以及许多有关南方道教的资料，这对于研究元代的政治、经济、宗教、文化史等，都具有重要的史料价值。

是集今有明景泰七年刻本、明嘉靖四年刻本、清康熙吕无隐抄本、

---

① （清）永瑢等：《四库全书总目》卷167《道园遗稿》提要，第1440—1441页。
② 《元史》卷181《虞集传》，第4181页。
③ （元）欧阳玄：《雍虞公文序》，载（明）朱存理《珊瑚木难》卷2，文渊阁《四库全书》影印本。
④ （明）胡应麟：《诗薮》外编卷6，第241页。
⑤ （元）欧阳玄著，陈书良、刘娟点校：《梅南诗序》，《欧阳玄集》，岳麓书社2010年版，第85页。
⑥ （明）瞿佑：《归田诗话》卷下，载丁福保辑《历代诗话续编》，中华书局2006年版，第1273—1274页。

清蒋氏西圃抄本、《四库全书》本、《四部丛刊初编》本等。又2007年天津古籍出版社出版有王颋点校的《虞集全集》，此集诗文搜罗详备，为迄今为止最为完善的虞集诗文集之整理本。（李冬梅）

15.《升庵集》81卷，明杨慎撰

杨慎有《升庵经说》，前已著录。杨慎知识渊博，学通四部，著述最富，衡以今之学科，则遍及哲学、历史、地理、天文、金石、书画、文字、音韵、文学和文学批评等方面，著作达数百种，故《明史》本传称："明世记诵之博，著作之富，推慎为第一。诗文外，杂著至一百余种，并行于世。"后人辑其著作为《升庵集》。

《升庵集》明代即有多次刊刻，初刻于蜀，复刻于秣陵，再刻于陈大科。万历十年（1582）宋仕《太史升庵文集序》云："余奉命按蜀，咨询耆旧文献，乃藩臬诸君咸称，升庵遗文宜为表率，唯种裘猥繁，今已多散落，恐久而就湮没矣。于是谋之抚台濠滨张公（士佩），檄藩司求之先生令侄大行益所君，抄录若干卷。凡先生闳言眇词，彻于著述比兴者，亦略具是。爰属稍加厘订，删要归正，道而论之。自一卷至四十卷，为赋、序、记、论、书、志、铭、祭文、跋、赞、词、传，与各体诗，皆取之文集，而以类编纂者。自四十一卷至八十一卷，皆训释整齐百家杂语，取诸《丹铅辑录》《谭苑醍醐》《卮言》等书，而以类编纂者，总名之曰《太史升庵文集》。……此外诸所校刻古文杂录，拾遗补艺，尚多有之，以非先生所著书，故集中不载。"①

又同年张士佩《订刻太史升庵文集序》云："余奉命抚蜀，谋之巡察可泉宋公（仕），以文献宜为表章，议克协矣，爰檄藩司往从，悉取其书。得之其家大行以义君藏辑者，有先生文集若干卷，赋、序、记、论、书、志、碑、赞、词、传，与各体诗，凡厥抒怀赠述者具焉，因就而抡次之。复得《丹铅辑录》《谭苑醍醐》《艺林伐山》《卮言》各种杂著，凡厥探赜索隐者具焉，因删而汇编之。刊削胧引，勒成一家之言，总之

---

① （明）宋仕：《太史升庵文集序》，载王文才、张锡厚辑《升庵著述序跋》中卷，云南人民出版社1985年版，第108—109页。

为八十一卷,如迁史所称,择其言尤雅者著乎篇,刻成而卒业焉。"①

蔡汝贤《太史升庵文集跋》亦云:"岁辛巳(1581年),余再入蜀,承抚台濮滨张公、侍御可泉宋公檄,购先生从子益所公(大行),得家本数种,与未梓者若干篇。不揣寡昧,删重复,萃菁英,稍加品列,肇壬午(1582年)之春,历三时而竣于仲秋。卷分八十一,取阳数也;部总二十八,象列宿也;首《凤赋》而迄《太平》,非所以纪文明之盛事乎!"②

据此而知,杨慎集初刻于万历十年(1582),乃巡按四川监察御史宋仕,偕四川巡抚张士佩极力搜索,得之于杨慎之侄,而亲加厘订,分类排纂付梓。是集凡81卷,内有赋及杂文11卷,诗29卷,杂记41卷,分28类。大致是将其所著的《丹铅录》《谭苑醍醐》等书删去重复,分类编次于诗文之后而成。然他人所校刻古文杂录,拾遗补艺则不予收录。再刻于万历二十九年(1601),萧如松、王藩臣又"爰取蜀本重校,付之剞劂,复索胠箧中先生手书遗草增入之"③,是为秣陵本。此本在蜀本基础上又有增补。此后又有陈大科刻本。其《刻太史杨升庵全集序》述经过云:"先生杂著《丹铅辑录》《谭苑醍醐》诸书,亡虑数十种。我先司寇,尝从滇蜀归,悉授余(大科)读,且谓将谋汇刻之,适与行会未遑也。久之,余从都下过先生从子侍御君(大行)所,得见先生全集焉,则韩城张公并汇诗文,刻诸蜀中矣。曾杀青几何时,而其字已刓且蚀矣,此其摹印之者众矣,谁谓鸡林纸贵之语诞也哉!顷以其暇,奉笥中所受诸遗书,参以蜀本,手雠校焉,而付之剞劂,成先志也。"④ 此三刻现今皆犹存,后之抄录、重刻本亦多源之或参校。

杨慎集除正集外,又有《外集》100卷、《遗集》26卷。"《遗集》系万历时山左王大司马象晋巡抚四川,搜寻先生遗集,先生之孙尚宝卿

---

① (明)张士佩:《订刻太史升庵文集序》,载王文才、张锡厚辑《升庵著述序跋》中卷,第110页。
② (明)蔡汝贤:《太史升庵文集跋》,载王文才、张锡厚辑《升庵著述序跋》中卷,第114—115页。
③ (明)王藩臣:《重刻杨升庵先生文集叙》,载王文才、张锡厚辑《升庵著述序跋》中卷,第117页。
④ (明)陈大科:《刻太史杨升庵全集序》,载王文才、张锡厚辑《升庵著述序跋》中卷,第120页。

金吾与其弟宗吾,编集遗文,在陈(大科)刻八十一卷外,另录三十六卷,以应王大司马之求,而布政使汤公日昭所刊刻者。《外集》则先生没后,焦太史弱侯(竑)将先生所撰杂著,删其重复,分门别类,依次排纂,付先生之侄名有仁,刊刻行世"①。

杨慎文学多能,诗赋词曲皆其擅长,而尤以诗词为胜。其诗涉及游山玩水、悼古伤今、友朋酬唱、思乡怀人等诸多方面,清新流丽,蕴藉情深,可谓"沈酣六朝,揽采初唐,创为渊雅博丽之词"②,于明前后七子之外独树一帜,雄视一代,流风之远,及于清人。故王士禛云:"明诗至杨升庵,另辟一境,真以六朝之才,而兼有六朝之学者。"③ 其文题材广泛,形式多样,疏奏、记事、杂说、序跋、碑铭等,自然流畅,情感充沛,既善论理,又长叙事。《四库全书总目》总评其诗文曰:"慎以博洽冠一时,其诗含吐六朝,于明代独立门户。文虽不及其诗,然犹存古法,贤于何李诸家窒塞艰涩,不可句读者。"④ 不过,"至于论说考证,往往恃其强识,不及检核原书,致多疏舛。又恃气求胜,每说有窒碍,辄造古书以实之。遂为陈耀文等所诟病,致纠纷而不可解"⑤。

是集今传版本主要有明万历十年张士佩等刻本、明万历二十四年庄诚刻本、明万历二十九年刻本、明万历陈大科刻本、明崇祯十二年陈宗器刻本、《四库全书》本等。又四川人民出版社1981年出版有王文才《杨慎诗选》,于杨慎近2300首诗中选注140余首,颇为实用。此外还有王文才、万光治《杨升庵丛书》中之整理本(天地出版社2002年版)。(李冬梅)

16.《燕峰诗钞》1卷、《燕峰文钞》1卷,清费密撰

费密(1623—1699),字此度,号燕峰,费经虞子,新繁(今属四川新都)人。幼好学,及长,从杨展图谋恢复明朝,展败亡,密历险逃归。归里后,父经虞遣往褒城授徒。后流寓淮南,谒孙奇逢,称弟子,究心

---

① (清)张奉书:《重刻杨升庵外集跋》,载王文才、张锡厚辑《升庵著述序跋》上卷,第62页。
② (清)钱谦益:《列朝诗集》丙集,中华书局2007年版,第3778页。
③ (清)王士禛著,湛之点校:《香祖笔记》卷5,上海古籍出版社1982年版,第99页。
④ (清)永瑢等:《四库全书总目》卷172《升庵集》提要,第1502页。
⑤ (清)永瑢等:《四库全书总目》卷172《升庵集》提要,第1502页。

性之学。与遂宁吕潜、达州唐甄合称"清初蜀中三杰"。晚年卜居野田村,以授徒为业。四方从游者众,才彦盈庭,一时称盛。年77以痢病卒,门人私谥中文先生。平生著述甚多,杨宾《亡友费燕峰》诗称其"著书百余帙",今存有《荒书》《宏道书》《燕峰诗钞》《燕峰文钞》等。《清史稿》卷506有传。

费密不仅学识渊博,而且工诗善文,时与成都邱履程、雅州傅光昭以诗文雄西南,人称"三子"。所著《燕峰诗钞》,嘉庆《四川通志》、中华民国《新繁县志》皆作20卷,今则仅存1卷,录诗57首。其诗大多抒写亲身经历,感情真挚,意境深远,文笔清新,朴实自然,存世数量虽少,但佳作甚多。如《朝天峡》《栈中》《北征》等均为名篇。其诗"以深厚为本,以和平为调,以善寄托为妙,常戒雕巧快心之语"①。故李调元说:"吾蜀诗人,自杨升庵(慎)、赵文肃(贞吉)、任少海(瀚)、熊南沙(过)四大家后,古学几凌递。费氏父子起而振之,其诗以汉魏为宗,遂为西蜀巨灵手。"②

费密以诗名世,而文亦佳。尝论"我著书皆身经历而后笔之,非敢妄言也",强调作文"必本之人情事实,不徒高谈性命,为无用之学"。生平喜爱韩愈之文,深得其精髓,"故所为文,浩然如水之无涯,而未尝骋才矜气也"③。原著有《燕峰文钞》20卷,然由于清初的禁书运动,以及历遭火灾,著作大多散佚失传,《文钞》今亦仅存1卷。张邦伸论其文云:"蜀中著述之富,自杨升庵后,未有如密者。杨主综览旧闻,密则独摅己见,较杨更精。"④《四库全书总目》亦评其集云:"今观是集,不涉王李之摹拟,亦不涉袁钟之纤仄,奇矫自喜,颇有可观,然往往好持异论。"⑤

《诗钞》今传《怡兰堂丛书》本、《渭南严氏孝义家塾丛书》本,后又有几种传抄本,多出百余首,并附有《天下名家赠此度先生诗》。《四库全书总目》存目著录《燕峰文钞》江苏巡抚采进本,但今《四库全书

---

① (清)张邦伸:《锦里新编》卷5,清嘉庆五年刊本。
② (清)李调元:《蜀雅》三,《函海》本。
③ (清)张邦伸:《锦里新编》卷5。
④ (清)张邦伸:《锦里新编》卷5。
⑤ (清)永瑢等:《四库全书总目》卷181《燕峰文钞》提要,第1638页。

存目丛书》却未收录。(李冬梅)

17.《白鹤堂文稿》不分卷，清彭端淑撰

彭端淑（1699—1779），字仪一，号乐斋，眉州丹棱（今四川丹棱）人。幼而颖异，10岁能文。雍正十一年（1733）与弟肇洙同榜进士，授吏部主事。乾隆十年（1745）擢吏部员外郎，不久再升吏部文选司郎中。十二年（1747）充顺天乡试同考官。二十年（1755）擢广东肇罗道署察使。二十六年（1761）告归还乡，次年应四川学使博卿额之聘，主锦江书院讲席，造士尤众。乾隆四十四年（1779），卒于锦城南之白鹤堂，年81。著有《白鹤堂晚年自订诗稿》《白鹤堂晚年诗续刻稿》《白鹤堂诗戊戌草》《白鹤堂文稿》《白鹤堂时文稿》等。《清史列传》卷71有传。

《白鹤堂文稿》，又名"白鹤堂文集"，系其自编文集，初刊于清乾隆三十六年（1771），为彭氏家刻本，有山阴胡天游、崇宁蔡时豫《序》。每篇文末有胡天游、蔡时田、蔡时豫、蔡寅斗、沈廷芳、窦光鼐诸家评语。此本今传，藏于湖南省图书馆。

彭端淑工诗，尤工时文及古文，其《白鹤堂晚年自订诗稿序》云："余一生精力尽于制义，四十为古文，五载成集，近五十始为诗，今已二十五年矣。"由此可见，彭端淑文集所收古文盖始作于40岁时，历时5载方成集，年近50方作诗。其论文宗仰司马迁、韩愈，主张学、识、才并重，为文气势雄厚，笔力刚健，文字清奇，质实厚重，"几跨越一代，独步千古"，士林奉为圭臬。《清史列传》说他"诗学汉魏，文学《左》《史》，皆诣极精微"；又说："蜀诗自费密父子后，奉节傅作楫、铜梁王恕继之，皆能步武唐贤。古文则罕问津者，惟端淑为崛起。"徐世昌《晚晴簃诗汇》谓："晚始为诗，取法杜韩，涂辙甚正，盘空出硬语，不肯落当时窠臼，自是雅音。"

是集今传版本有清乾隆三十六年刻本、清嘉庆五年刻本、清同治六年刻本、清抄本等。又有李朝正、徐敦忠《彭端淑诗文注》，1995年由巴蜀书社出版。(李冬梅)

18.《童山诗集》42卷、《童山文集》20卷，清李调元撰

李调元（1734—1803），字羹堂、赞庵、鹤洲，号雨村，又号童山等，四川罗江人。与其从弟李鼎元、李骥元号称"绵州三李"。乾隆二十八年（1763）进士，曾官文选司、考工司主事，办事刚正，人称"铁员

外"。后由广东学政改任直隶通永道。因劾永平知府弓养正获罪,发遣伊犁,后以母老赎归,隐居乡里20余年,居家著述以终老。嘉庆《四川通志》、嘉庆《华阳县志》及《清史列传》等有传。

李调元出生于书香世家,自幼好学不倦,自经史百家及稗官野乘,靡不博览,群经小学,皆有撰述。平生素以诗文著称,在清代文学史上占有重要地位,所著《童山诗集》《童山文集》被袁枚视作"名山之业",与眉山彭端淑、遂宁张问陶时称"蜀中三才子"。戏曲理论著作《雨村曲话》《雨村剧话》,使之成为有清一代蜀中著名戏曲理论家。其他文学著作亦有《蠢翁词》《童山自记》《雨村诗话》《雨村词话》《雨村赋话》等。

《童山诗集》42卷,为其晚年自编的编年诗集,收录他15岁到69岁所写诗作,题材广泛,举凡经历、行踪、感受、交往等,都有所记载,其中也有不少反映民生疾苦之作。其诗学李白,豪放自然,不喜雕饰,袁枚评为"才豪力猛"[1],又称"醒园篇什随园句,兰臭同心更有谁"[2]。朝鲜使臣徐浩修见其诗,以为超脱沿袭之陋,而合于山谷、放翁,极为敬服,因作启求其他著述而去。[3] 孙桐生说他:"诗文敏捷,天才横溢,不假修饰,少作多可存,晚年有率易之病,识者宜分别观之。"[4] 可谓信实之评。

《童山文集》20卷,"是集裒成于嘉庆四年,为调元晚年手定。自谓才华既退,学问亦荒,譬如老牛谢犁,惟思卧啮枯草,终老天年,安能与少年骐骥,共争名于天壤间"[5]。集前有嘉庆四年(1799)李调元《自序》,集内按类分卷编排,依次为赋、论、策、奏、序、记、传、书、说、考、跋、祭文、墓志铭、行述、四六文。其为文喜苏轼,浩荡壮阔,深藏意蕴,又"由其学有本原,故于序录群书,考录学术之际,于一名一物,悉能穷流溯源,洞究其所以然,谅非空疏不学者所易为。乾嘉中

---

[1] (清)袁枚著,顾学颉校点:《随园诗话·补遗》卷9,人民文学出版社1982年版,第802页。
[2] (清)李调元:《童山诗集》,中华书局1985年版,第21页。
[3] 参见(清)佚名著,王钟翰点校《清史列传》卷72,中华书局1987年版。
[4] (清)孙桐生:《国朝全蜀诗钞》卷14,清光绪五年刻本。
[5] 张舜徽:《清人文集别录》卷7,华中师范大学出版社2004年版,第192页。

四川士夫之有文才而兼治朴学者，固未能或之先也"①。

除诗文外，李调元又精于文学理论，著有《雨村诗话》《雨村词话》《雨村赋话》等理论著作。《雨村诗话》以时间为序，评述了从三代到明代杨慎时的主要诗人及其诗歌。全书有2卷、4卷、16卷之别，主要论述了《诗》学的基本问题与基本理论。袁枚评说李调元"《诗话》精妙处，与老夫心心相印，定当传播士林，奉为矜式"②。《雨村词话》凡4卷，体例与《雨村诗话》相似，主要称引自李白遗词至清人毛先舒止历代词人的名篇名句，在词的渊源发生论、美学论、创作论等方面，不乏心得与创见。《雨村赋话》10卷，详细阐述历代赋的成就，系论写赋诸般手法和技巧的专著。此外，李调元亦是巴蜀最早从事戏曲研究和剧本创作者之一，著有《雨村曲话》2卷、《雨村剧话》2卷，创作了《春秋配》《花田错》等川剧剧本，对于川剧的形成和发展都是极为有力的推动。

《童山诗集》今传版本主要有乾隆刻嘉庆十四年重校《函海》本、嘉庆元年万卷楼刻本、道光五年补刻《函海》本、道光罗江李氏万卷楼刻本、《丛书集成初编》本等。另有今人罗焕章主编，陈红、杜莉注释的《李调元诗注》，巴蜀书社1993年出版。

《童山文集》今存《函海》本、嘉庆四年李氏万卷楼刻本、清刻《童山全集》本、《丛书集成初编》本等。

《诗话》《词话》《赋话》《曲话》今俱有《函海》本，《剧话》有中华民国两江陈氏铅印本、中华民国二十九年上海中华书局铅印本等。又詹杭伦有《雨村诗话校正》（巴蜀书社2006年版），以及《雨村赋话校证》（台湾新文丰出版公司1993年版），可资参考。（李冬梅）

二 总集类

1.《花间集》10卷，五代后蜀赵崇祚辑

赵崇祚，生卒年不详，字弘基，一作宏基，里贯不详。事后蜀孟昶，为卫尉少卿，编选有《花间集》。

---

① 张舜徽：《清人文集别录》卷7，第193页。
② （清）李调元著，詹杭伦、沈时蓉校正：《雨村诗话校正》，巴蜀书社2006年版，第372页。

蜀中之地，古来素称富饶，秦汉倚之以得天下。及文翁化蜀，"蜀学之盛比于齐鲁"，成都渐为人文荟萃之所。东汉以后，天下三分，蜀虽疲惫而犹得其一。降及隋唐，巴蜀与江南同富庶，中央财政依仰之若天府陆海。唐末中原离乱，战火纷飞，藩镇割据，王建镇蜀，颇称安辑。后梁代唐，王建亦称帝于成都，建立蜀国，史称"前蜀"。中因继嗣之君王衍怠于政事，为后唐所灭。后唐西川节度使孟知祥据有三川之地，再次建立蜀国，史称"后蜀"。自公元907年至965年的60年间，中原经历了梁、唐、晋、汉、周五朝更迭，国无宁日，生灵涂炭；而蜀中却相对稳定，呈现出社会安宁、文化发达之势。加之唐末大乱之际，世家、宦族投奔蜀土，蜀主多加录用，有的甚至被任为宰相；而文人雅士、歌儿舞女，也怀才抱艺，荟萃于兹。于是歌声曼渺，管弦丝竹，锦江画舫，武担游春，一派升平气象。世事缥缈，以乐以舞；激情洋溢，为诗为词，好事者遂搜集访求，编而成集，《花间集》于是成焉。

《花间集》是我国第一部词录总集，它汇录了中唐以来产生的这种新型文学形式（"词"）的经典作品。集中词作者主要有晚唐五代的温庭筠、皇甫松、和凝、孙光宪、韦庄、牛峤、毛文锡、牛希济、尹鹗、魏承班、李珣、顾敻、鹿虔扆、阎选、毛熙震、欧阳炯、薛昭蕴、张泌18家。凡此诸家所作之"诗客曲子词五百首"，皆予精选录入，"分为十卷"[1]。

集前有欧阳炯序，署大蜀广政三年（940）夏四月，《花间集》在此年编成。此集所收作品，率皆歌舞之场的感性之作，创作形式多以温庭筠为范式，内容大都写上层享乐生活、女性体态和闺情离思，词风以浓艳香软为多，间有效法韦庄清俊流丽者。宋人晁谦之《跋》评之曰："《花间集》十卷，皆唐末才士长短句，情真而调逸，思深而言婉。"其为宋词"婉约体"之鼻祖，不可忽也。

花间词辞藻华丽，音律婉媚，情景交融，优美动人，作为我国最早的一部文人词总集，它不仅保存了唐五代珍贵的词学文献，而且在词的体制、风格上亦为后代婉约词派提供了样板，故被词家奉为正宗，在词的发展史上，具有一定的枢纽地位。欧阳炯《花间集序》赞扬赵氏收集

---

[1] （后蜀）欧阳炯：《花间集序》，载（后蜀）赵崇祚辑，杨景龙校注《花间集校注》，中华书局2014年版，第2页。

编纂之功曰:"拾翠洲边,自得羽毛之异;织绡泉底,独殊机杼之功。"《四库全书总目》亦评论曰:"诗余体变自唐,而盛行于五代。自宋以后,体制益繁,选录益众。而溯源星宿,当以此集为最古。唐末名家词曲,俱赖以仅存。"①

《花间集》所选18家词中,除温庭筠、和凝外,其余16家或出仕于蜀,或即为蜀中人士,皆与巴蜀有关。可以说,以成都为中心的蜀地,是"花间词派"的大本营,作为唐五代巴蜀词之总汇的《花间集》产生于成都,由此也可见巴蜀文学的高度发展。著名词学大家唐圭璋评论唐宋两代蜀词曾说:"宋人黄叔阳选《唐宋诸贤绝妙词选》,以李白为'百代词曲之祖'。可知词之最初伟大创作家,即为蜀人。而《花间集》共选十八人,五百首词;编者为蜀人,作者亦多为蜀人,更可知唐、五代时西蜀词风之盛。论词以宋为极盛,然蜀人实导其先路。且宋代蜀人之为词者亦众。风流相扇,由来已久。"② 在词学这个新兴的文学创作领域,由蜀人引领风骚,似乎是不争的事实。

关于《花间集》的刊刻,据诸家书目著录及现存资料记载,最早的刻本是所谓的"建康旧有本",然此本并未流传下来,现今流传下来的最早宋本是晁谦之用"建康旧有本"为底本校刻的南宋绍兴十八年建康刻本。此外,南宋还有两个刊本,一是淳熙间用鄂州公文纸背印刷的淳熙鄂州本(此本今存),一是陆游两跋本(此本已佚)。这3个宋本构成了《花间集》的3个版刻系统,后世《花间集》版本几乎都是由此演化而来的。其中值得一提的是,明万历八年茅一祯刻本和万历三十年玄贤斋刻本。前者后附有《花间集补》,补选了李白等14人的71首词;后者将10卷割裂为12卷,又将欧阳炯序中"分为十卷"改为"分为十二卷",并附《补遗》2卷。

今传版本主要有:南宋绍兴十八年晁谦之跋本,有明正德辛巳陆元大覆刻本、清代徐氏丛书翻刻本、近代双照楼宋金元词影印本、1955年文学古籍刊行社影印本。南宋淳熙间鄂州本,有四印斋影刻本、《四部备

---

① (清)永瑢等:《四库全书总目》卷199《花间集》提要,第1823页。
② 唐圭璋:《唐宋两代蜀词》,载华东师范大学中文系古典文学研究室编《词学研究论文集》,上海古籍出版社1988年版,第253页。

要》本。此外,明汲古阁毛晋还刊有陆游跋的南宋开禧本,《四库全书》所收即为此本。明万历玄贤斋巾箱本,《四部丛刊》本据此影印,等等。

此书的整理本,则有华连圃《花间集注》(上海商务印书馆 1934 年版)、李一氓《花间集校》(人民文学出版社 1958 年版)、李冰若《花间集评注》(河北教育出版社 1999 年版),3 本或汇录前人书中有关词人的本事及对每首词的评语,或就本词中的字句加以注解,或用各种版本互相校订,对于《花间集》的研究都具有一定的参考价值。(李冬梅)

2.《成都文类》50 卷,宋袁说友辑

关于《成都文类》的编者,诸家著录或题袁说友,或题程遇孙等。《四库全书总目》辨之云:"案《成都文类》诸家著录皆称宋袁说友编……是编前有说友序,盖其庆元五年为四川安抚使时所作。然卷首别有题名一页,称'迪功郎、监永康军崇德庙扈仲荣,迪功郎、新差充利州州学教授杨汝明,从事郎、广安军军学教授费士威,从事郎、前成都府学教授何憙固,文林郎、山南西道节度掌书记宋德之,文林郎、前利州东路安抚司干办公事赵震,宣教郎、新奏辟知绵州魏城县、主管劝农公事徐景望,奉议郎、新云安军使兼知夔州云安县、主管劝农公事、借绯程遇孙编集'。而不列说友之名,说友序中亦但云'爰属僚士,摭诸方策,裒诸碑志',而无自为裁定之语。然则此集之编,出说友之意,此集之成,则出八人之手。当时旧本题识本明,后人以序出说友,遂并此书而归之,非其实也。"① 此集乃庆元间袁说友为四川安抚使时,嘱其僚属扈仲荣、杨汝明、费士威、何憙固、宋德之、赵震、徐景望、程遇孙所辑,目曰"成都文类",深有表章文献之功。袁说友为主持人,程遇孙等 8 人为实际编撰者,故题名或属袁,或属程等。

袁说友(1140—1204),字起岩,号东塘居士,本建安人,后流寓湖州。隆兴元年(1163)进士,历官建康溧阳县主簿、秘书丞兼权左司郎官、侍左郎中兼右司郎官、户部侍郎、四川制置使兼知成都府、吏部尚书兼侍读、参知政事等,卒赠太师魏国公。著有《东塘集》,《宋史翼》有传。

程遇孙,生卒年不详,字叔达,隆州仁寿(今四川仁寿)人。宋孝

---

① (清)永瑢等:《四库全书总目》卷 187《成都文类》提要,第 1699 页。

宗淳熙间进士，累官太常寺丞、潼川路转运判官兼提举学士。《仁寿县志》有传。

是书成于庆元五年（1199），书前有庆元五年二月袁说友所作之序，自述其编纂体例道："爰属僚士，掇诸方策，裒诸碑识，流传之所脍炙，友士之所见闻，大篇雄章，英词绮语，折法度，极炫耀，其以益而文者，悉登载而汇辑焉。断自汉以下，迄于淳熙，其文篇凡一千有奇，类为十一目，厘为五十卷。益之文兹备矣。"所录凡赋1卷、诗14卷、文35卷，共50卷。所收作品，上起西汉，下迄宋孝宗淳熙年间，凡1000余篇，分为11门，各以文体相从，每类之中，又各有子目，故曰"文类"。

《文类》编成之后，盖于庆元年间即已付梓，此可据尤袤《遂初堂书目》著录而知。不过宋刻早已佚亡，今存唯以明椠为最早，后为两淮盐政采进，收入于《四库全书》。《增订四库简明目录标注》卷19谓："《四库》著录系曝书亭藏刊本。"朱彝尊《书成都文类后》称"予从海盐陈氏得刊本，重装而藏之"①。所谓"刊本"，当即明椠。

《成都文类》系现存继《花间集》后又一部巴蜀诗文总集，它对于其后巴蜀地区综合性总集的编选，无疑具有开启之功。而且它又整理和总结了宋以前巴蜀地区的诗文作品，这对于巴蜀乡邦文献保存和流传亦有重大贡献。不过较之杨慎所编《全蜀艺文志》，则多有遗漏，但正如《四库全书总目》所云："创始者难工，踵事者易密，固不能一例视之。且使先无此书，则逸篇遗什，复俊（按：四库馆臣误署《全蜀艺文志》为周复俊所编，故有此语）必有不能尽考者，其搜辑之功，亦何可尽没乎？"②是书今传版本有明刻残本、清初抄本、《四库全书》本等。（李冬梅）

3.《全蜀艺文志》64卷，明杨慎撰

杨慎有《升庵经说》，前已著录。《全蜀艺文志》是一部"博采汉魏以降诗文之有关于蜀者"的地方艺文总集，原系明嘉靖《四川总志》的一部分。嘉靖二十年（1541），时巡抚刘大谟聘请王元正、杨名及杨慎参与修《四川总志》，其中王元正负责《人物》，杨名负责《建置山川》，

---

① （清）朱彝尊：《书成都文类后》，载祝尚书《宋人总集叙录》卷4，中华书局2004年版，第204页。

② （清）永瑢等：《四库全书总目》卷187《成都文类》提要，第1699页。

杨慎负责《艺文》及《序》。后《艺文》部分单独印行，称"全蜀艺文志"，且将杨慎所作《四川总志序》改题为"全蜀艺文志序"，并附之于卷首。由于是时周复俊为按察司副使，例为主编，故《四库全书》本等又题"全蜀艺文志"为周复俊编者，然其实乃杨慎独纂也。

据杨慎嘉靖辛丑（二十年，1541年）《序》云："辛丑之春，值捧戎檄，暂过故都。大中丞东皐刘公，礼聘旧史氏玉垒王君舜卿、方洲杨君实卿，编录全志，而谬以艺文一局委之慎。……开局于静居寺宋、方二公祠，始事以八月乙卯日，竣事以九月甲申，自角匜轸，廿八日以毕。"①《全蜀艺文志》于嘉靖二十年撰成，耗时不到一月，可见杨慎记事之博，成事之敏。《序》又述其编撰凡例曰："捡故簏，探行箧，参之近志，复采诸家。择其菁华，褫其繁重，拾其遗逸，剪彼稂稗。支郡列邑，各以乘上……唐宋以下，遗文坠翰，骈出横陈，实繁有旷，乃博选而约载之，为卷尚盈七十。中间凡名宦游士篇咏，关于蜀者载之，若蜀人作仅一篇传者，非关于蜀亦得载焉，用程篁墩《新安文献志》例也。诸家全集，如杜与苏，盛行于世者，衹载百一，从吕成公《文鉴》例也。同时年近诸大老之作，皆不敢录，以避去取之嫌，循海虞吴敏德《文章辨体》例也。"②

全书凡64卷，上溯秦汉，下逮宋元，将巴蜀作家、作品搜集起来加以考订，并做简明评介，实属开创之举。其中赋2卷，诗22卷，诗余1卷，诏策、赦文、敕1卷，表、疏、状1卷，书笺1卷，书1卷，序3卷，记10卷，檄、难、牒1卷，箴、铭、赞1卷，颂1卷，碑文3卷，杂著3卷，碑目1卷，谱6卷，碑跋1卷，尺牍1卷，行纪3卷，行纪题名1卷。共计收录650余人、1800余篇作品。诗文按文体编排，篇次以作者时代先后为序。《四库全书》本卷首又有嘉靖壬寅（二十一年，1542年）周复俊《序》。

《全蜀艺文志》自嘉靖时依附《四川总志》刊行后，世间流传极少，

---

① （明）杨慎：《全蜀艺文志序》，载王文才、张锡厚辑《升庵著述序跋》上卷，第43—44页。

② （明）杨慎：《全蜀艺文志序》，载王文才、张锡厚辑《升庵著述序跋》上卷，第43—44页。

民间则多有抄本。到了清嘉庆年间，是书又有单行重刊本。据嘉庆元年（1796）俞廷举《全蜀艺文志序》云："丙辰夏，余偶来成都，朱遐唐以重刊升庵《全蜀艺文志》问序于余。余读之，卷帙浩繁，各体具备，不啻《昭明文选》。康对山（海）《武功志》以少胜，升庵此志以多胜，各极其妙，皆名元名志，纸贵洛阳者也，何今日卒不多觏！遐唐曰：此书湮没已久，今所得皆系抄本，搜罗校正，越三寒暑始蒇事。"① 是为朱遐唐（云焕）补刊本，其于乾隆五十九年（1794）始拟刊行，至嘉庆元年（1796）蒇事。

又嘉庆十二年（1807）谭言蔼《重校全蜀艺文志跋》云："江陵朱遐塘先生，由乡举令永宁，坐诖误去官，当事延为潜溪书院山长者十余年。博学嗜古，老而不厌，购得钞本，亟为校梓。此志之成也，于净居寺宋方二公祠。今宋以墓迁，故建专祠，辟书院，而别祠赵清献、方正学二贤于讲堂右。自嘉靖辛丑（1541年）迄嘉庆丁巳（1797年），阅二百五十七，而《艺文志》重刊于此，毋亦有数存邪？先生之殁今四年，子亦没，诸孙幼，板遂庋置。绵竹唐张友、犍为张汝杰两明经，金堂陈一津、达纪两文学，方将仿毕昇活字法，大辑琅嬛宛委，为艺林启伟观。而以《艺文志》传布未广，惧没先生之苦心也，先取其板，再雠而印行之，蔼亦与焉。"② 其辛未（嘉庆十六年，1811年）又《跋》云："此书丁卯七月所校，粗得崖略，未及刊正印行。……今秋君伟张君信来，告其尊人履堂州司马讣，兼索志文，其家玉田孝廉希埙执讯及此，遂令门人就当日简端所记，仓促钞付来信，未备者多，祈博雅君子正之。"③ 嘉庆十二年《全蜀艺文志》再经谭言蔼校雠，然未及刊正印行，直至嘉庆十六年才刊行，是为谭言蔼重刊本。嘉庆二十二年（1817），又行重镌，今有传本流传。

光绪三十一年（1905），邹兰生以朱遐唐嘉庆刻本"鲁鱼亥豕，不可卒读"，又"广征群集，求正原书，始克校论精详，用成升庵先

---

① （清）俞廷举：《全蜀艺文志序》，载王文才、张锡厚辑《升庵著述序跋》上卷，第45页。

② （清）谭言蔼：《重校全蜀艺文志跋》，载王文才、张锡厚辑《升庵著述序跋》上卷，第47页。

③ （清）谭言蔼：《又跋》，载王文才、张锡厚辑《升庵著述序跋》上卷，第48页。

生完书"①,是为光绪邹兰生刊本。

此外,万历四十七年(1619)续修《四川总志》时,杜应芳、胡承诏在杨慎《全蜀艺文志》基础上又重新编辑了《补续全蜀艺文志》56卷,其中赋2卷、风谣1卷、诗15卷、文38卷。此编将巴蜀诗文收录时代延伸到了明,其编排体例一如《全蜀艺文志》,诗文按文体编排,篇次以作者时代先后为序,可谓杨慎本的延伸和补充,亦扩大了巴蜀艺文收录的范围和时限。是书今传版本有明万历刻本,现已收入《续修四库全书》中。

《全蜀艺文志》以保存巴蜀作家、作品,反映蜀中文化故实为宗旨,无疑为研究巴蜀文化提供了重要的文献依据。故《四库全书总目》述其编撰经过并评价云:"宋庆元中,四川安抚使袁说友,属知云安县程遇孙等八人,裒《成都文类》五十卷,中间尚有所未备。嘉靖中,复俊官四川按察司副使,复博采汉魏以降诗文之有关于蜀者,汇为此书。包括网罗,极为赅洽。所载如宋罗泌《姓氏谱》、元费著《古器谱》诸书,多不传于今。又如李商隐《重阳亭铭》,为《文苑英华》所不录,其本集亦失载。徐炯、徐树谷笺注《义山文集》,即据此书以补入。如斯之类,皆足以资考核。诸篇之后,复俊间附案语。如汉初平五年《周公礼殿记》载洪适《隶释》,并载史子坚《隶格》。详略异同,彼此互见,亦颇有所辨证。其中若曹丕《告益州文》与魏人《檄蜀文》,伪词虚煽,颠倒是非,于理可以不录。然此志搜罗故实,例主全收。非同编录总集,有所去取。善恶并载,亦未足为复俊病。惟篇末不著驳正之词,以申公义,是则义例之疏耳。"② 馆臣又有云:"《四川通志》在明代凡四修。惟《艺文》出杨慎手,最为雅赡。"③ 评价可谓中允。

是书今传版本有明嘉靖刻本、明万历刻本、《四库全书》本、嘉庆二十二年重刻本、清光绪安岳邹兰生雨余山房刻本、中华民国铅印本等。又刘琳、王晓波有点校本,北京线装书局2003年出版,颇为完备。(李

---

① (清)邹兰生:《全蜀艺文志序》,载王文才、张锡厚辑《升庵著述序跋》上卷,第48—50页。

② (清)永瑢等:《四库全书总目》卷189《全蜀艺文志》提要,第1717页。

③ (清)永瑢等:《四库全书总目》卷68《四川通志》提要,第608页。

冬梅)

4.《宋代蜀文辑存》100卷，傅增湘纂辑

傅增湘（1872—1950），字叔和，又字沅叔，号姜斋，江安人。光绪二十四年（1898）进士，改庶吉士，授内阁中书。三十二年（1906）主管清理库存档案，三十四年（1908）署直隶提学使，宣统三年（1911）电请解职。入中华民国历教育总长等职。平生收藏宋元旧本书籍甚富，精于版本校勘之学，著有《藏园群书经眼录》《藏园群书题记》《藏园老人遗稿》，又编有《宋代蜀文辑存》《明蜀中十二家诗钞》等。事迹具《藏园居士六十自述》。

是书卷首有傅氏自序，述其编纂此书旨在"扬蜀国之光华，即以彰一朝之文治"。刘子健在该书龙门书局版《重印小引》中也说："傅先生的编纂，是极有系统，极详尽的整理。因为是在抗战中沦陷区出版的，不但流传不广，连知道有这部书的都不多。重印以后，一定对于今后从事研究宋代的学人，有很大方便。"其编法，略仿陈子龙《皇明经世文编》之例，地限巴蜀，时止宋代，以文存人，以人系传，大体按年代先后为序，不同于旧有蜀人总集如《成都文类》《全蜀艺文志》的按类编排，所谓"兹编主旨，凡为蜀人皆在所录，视诸书义例为宽，而画以时代，是为途转隘"，因此难度颇大：一是考订蜀中人物乡贯事迹；二是考订蜀人世族源流；三是以一人之力穷搜四海文献；四是故籍沦亡，孤本难求；五是志乘金石，求购不易。萧方骏《读宋代蜀文辑存书后》称"若只辑一代之文，而又限于一省者，则为途既隘而取材益艰，非公读书之勤，见闻之富，殆未易语此"。孙鸿猷序称："两宋之世，吾蜀人才臻于极盛，殆自来所未有……欲网罗吾全蜀之文，盖无逾于天水一朝矣。"

兹编引书达300余种，网罗作者450余人，辑存宋代蜀人遗集不存者及别集外遗文2600余篇。前有凡例、自序，以及孙鸿猷、周玉柄两序，萧方骏一跋，并载总目及引用书目、作者考，每卷下注明作者存文篇数，篇题下注明文章出处，又将续辑文章附于卷末。全书编排谨严，校订精审，倾一己之力而成，足见傅氏对乡邦文献的挚爱。

全书钩辑佚文较全，如张浚文集，前人所辑《张魏公文集》仅存文25篇，此书则多达210篇，编为5卷，将散见诸书的佚文汇聚一编，对宋代文化及蜀学研究者，裨益良多，当代学人研究、征引是书，比比皆

是，其重要性于此可见一斑。不过，限于人力及当时条件，此编不收妇女及方外之人，所收文章或为节文而有全篇现存者，所收作家文章亦难免遗漏，然瑕不掩瑜。

该书始编于1928年，历时16年，至1944年初刻于日伪占领区的华北，故流传不广。1971年香港龙门书店影印，1974年台湾新文丰出版公司再度影印，2005年北京图书馆出版社影印出版。近时又有吴洪泽《宋代蜀文辑存校补》，2014年重庆大学出版社出版，此本补充内容增加近一倍，纠谬订讹，成一善本。（吴洪泽）

三 综合性丛书类

1. 《槐轩全书》，清刘沅撰

刘沅有《周易恒解》，前已著录。刘沅旧居，因其在双流和成都的书塾均有一株古槐，故世称刘沅为槐轩先生，其学为槐轩之学，《槐轩全书》亦以此名。其所著之书，据清国史馆《刘沅传》载，刘沅"所著书有《周易恒解》六卷、《诗经恒解》六卷、《书经恒解》六卷、《周官恒解》四卷、《仪礼恒解》四卷、《礼记恒解》十卷、《春秋恒解》八卷、《四书恒解》十卷、《大学古本质言》一卷、《孝经直解》一卷、《史存》十六卷、《槐轩文集》四卷、《诗集》二卷、《约言》一卷、《拾余四种》二卷。又有《蒙训》《豫诚堂家训》《保身立命要言》《下学梯航》《子问》《又问》《俗言》等篇"，凡25种。又据后世多次辑刻的《槐轩全书》，刘沅还著有《良明志略》1卷、《寻常语》1卷及《性命微言》《医理大概约说》4卷。此外，刘沅兼通佛道，还撰有不少道书，中国台湾学者萧天石考证说：刘氏所著"计凡二十八种，都一百七十八卷。此外，青城藏经楼书目中，不在其内者尚约有四五种，各书均为成都致福楼重刊本版本"①。又据学人考证，萧氏所列书目中，有8种为各版《槐轩全书》所无；而各版《槐轩全书》所收书目又有6种为萧氏所遗。② 去重补缺，刘沅著作当在30种以上。这些著述，有的在其生时已经刊行，至其

---

① 萧天石：《道海玄微：刘止唐与四川刘门道》，道门语要博客，http：//blog.sina.com.cn/daomyy，2011年3月30日。

② 参见段渝《一代大儒刘沅及其〈槐轩全书〉》，《槐轩全书》卷首。

全集之刊印,则在刘沅卒后 50 年,亦即光绪三十一年(1905)《槐轩全书》的辑印。

《槐轩全书》是一部以儒学元典精神为根本,汇通儒、道、释三家学说,亦即融道入儒、会通禅佛而归本于儒,用以阐释儒、释、道三家学说精微,揭示为人真谛的学术巨著。其中光绪年辑刻之《槐轩全书》,凡 178 卷,收书 25 种,其一为"四书"《恒解》,包括《大学恒解》《中庸恒解》《论语恒解》《孟子恒解》,共计 14 卷。另有《大学古本》1 卷,发明程朱改定《大学》经传之前的古义。其二为"七经"《恒解》,包括《诗经恒解》6 卷、《书经恒解》6 卷、《易经恒解》6 卷、《礼记恒解》49 卷、《春秋恒解》8 卷、《周官恒解》6 卷、《仪礼恒解》16 卷。此外,还有《孝经直解》1 卷。其三为理学著作,包括《正讹》8 卷、《拾余四种》4 卷、《槐轩约言》1 卷、《子问》2 卷、《又问》1 卷、《俗言》1 卷。其四为文史著作,包括《史存》30 卷、《良明志略》1 卷、《槐轩杂著》4 卷、《埙篪集》10 卷。其五为教育著作,包括《蒙训》1 卷、《下学梯航》1 卷。

是书收书种类甚多,但以集解经义为重,与朱子颇有异同,亦多发明。其辑刻,凡有 3 次。第一次即光绪本,此版几乎收录了清国史馆《刘沅传》所列各书,只改《槐轩文集》《诗集》为《槐轩杂著》4 卷、《埙篪集》10 卷;而缺《保身性命要言》《豫诚堂家训》,另增《良明志略》1 卷、《正讹》8 卷二书,共 25 种。第二次在中华民国二十年至二十三年(1931—1934),为西充鲜于氏特园藏本,收录 24 种,较前少《寻常语》1 卷。第三次系巴蜀书社 2006 年影印本,其在鲜于氏本基础上,增加《性命微言》《医理大概约说》二书,共 26 种。考之诸本,光绪三十一年本最早,而以中华民国二十年西充鲜于氏特园藏本最佳,此本系刘沅之孙、中华民国"天才学者"刘咸炘亲任校勘,内容精确,版刻精美,故巴蜀书社据以影印重版。(颜信)

2.《观象庐丛书》,清吕调阳撰

吕调阳(1832—1892),又作"吕吴调阳",字晴笠,号竹庐,彭县人。同治三年(1864)举人。性甘淡泊,绝意仕途。光绪年间,主讲九峰书院、凤楼书院。晚年居住县城外北惜字宫,讲授经世致用之学,兼及历史、舆地、训诂、考证等学科,一时才俊皆出其门。光绪四年

（1878），彭县志重修，撰《山川》《田功》两志。十八年（1892）春，预修成都、华阳两县志，测绘伊始，即因病返乡，卒于寓所，年61岁。吕氏讷于言而敏于文，平生以治学为业，著述颇多，合曰"观象庐丛书"。《彭县志》有传。

此编丛书共收录吕调阳所著书凡27种87卷①，分别为《易一贯》6卷②、《六书十二声传》12卷、《古律吕考》1卷、《商周彝器释铭》6卷、《解字赘言》1卷、《志学编》8种［《大学节训》1卷、《中庸节训》1卷、《洪范原数》1卷③、《释天》1卷、《重订谈天正议》1卷、《三代纪年考》1卷、《周官司徒类考》1卷、《考工记考》1卷（附《考工图》1卷）］、《释地》3种（《群经释地》6卷、《古史释地》3卷、《诸子释地》1卷）、《五藏山经传》5卷、《汉地理志详释》4卷、《重订越南图说》6卷、《穆天子传》1卷、《曰若编》7卷、《史表号名通释》3卷、《齐民要术》10卷、《诗序义》4卷④、《逸经》1卷、《论孟疑义》1卷、《海内经附传》1卷。

其治学，工经史，善"六书"声韵，又长舆地之学。今观此丛书，其治《易》，有《易一贯》。是书卷首为《图说》，在《河图》《洛书》《先天》《太极》旧图外，自为《则图画卦》《则书定位》及《范围》《昼夜出入》《分至朔望》《生生》诸图。卷1至卷4，为上、下《经》，卷5为《系辞传》以下。全书旨趣以明来知德象学为宗，因象知辞，审数定理之说。据其咸丰戊午（八年，1858年）秋九月《自序》言，名曰"一贯"，"一"者，图之五十，卦之《恒》也，寂然不动也。"贯"者，图之三十八，卦之《泰》也，通也。其"一以贯之"之义，则图之十六，卦之《咸》也，感也。以《恒》《泰》《咸》三卦为《易》之本，会其说于周敦颐、张载之理和来知德之象，而要其归于《洛书》。是在吕氏看

---

① 《中国丛书综录》著录《观象庐丛书》收录有《弧角拾遗》1卷、《下学庵勾股六术》1卷，然《续修四库全书总目提要》所附《观象庐丛书》目及原书均未见，今不予著录。又《中国丛书综录》云《观象庐丛书》有《舆地今古图考》22卷，然《续修四库全书总目提要》所附《观象庐丛书》目未见著录，今查阅原书，亦只见卷首目著录，未见全书收录，不知何故？今亦不予著录。

② 今中国国家图书馆藏有清光绪年间刻1卷本。

③ 《续修四库全书总目提要》著录10卷。

④ 《续修四库全书总目提要》著录6卷。

来，象乃读《易》入门之第一要务。而圣人示象，旨在一贯。贯者，通也。天下万物，皆始于通。若以一贯之，"凡经传所载，诸子所言，精辞妙理，举不难烛照而无遗矣"①。

其治《书》，有《洪范原数》。此书系为《洪范》做新注，其中如谓《洪范》书数内外皆象坎，九畴象井田；又谓《洛书》自伏羲时有之，八卦五行二图皆禹所祖述，等等，多臆造无稽之谈。

其治《诗》，有《诗序义》。是书于《诗》或从毛说，或从朱说，或自创新说。然新说大多逞臆，但亦有考证详明、卓然有识者。

其治《礼》，有《周官司徒类考》《考工记考》。其中《考工记考》通贯全经，但并不一一训释，盖就本人有所见者录出，所论多从江永之说。

其治"四书"，有《大学节训》《中庸节训》《论孟疑义》。如解《大学》，用古本，依节为之训释。章首统言《大学》之道，第二章至第六章申言知止之事，第六章至第十章申言知本之事。所解不从朱子三纲领、八条目之说，然解有自圆其说者，亦有殊嫌含混者。

其治"六书"声韵，有《六书十二声传》，以五音分类，以宫、商、角、徵、羽、变宫、变商、变角、变徵、变羽、少宫、少商各为1卷，分卷立说。然不立韵目，分合殊不可解。又《古律吕考》，旨在明古律吕度数，大抵辩驳九九为宫，三分损益之非古。

其治史学，如《三代纪年考》，系改订夏、商、周三代之历年；《史表号名通释》，乃释《史记》之《高祖功臣侯表》《惠景间侯者表》《建元以来侯者表》《建元以来王子侯者表》四表，而《建元以来侯者表》《建元以来王子侯者表》皆有所补，大致是取所封之地与所封之人名相应者释之。

其治舆地，如《释地》三种之《群经释地》《古史释地》《诸子释地》，乃就《尚书》《诗》《周官职方》《礼记》《论语》《孟子》《尔雅》《春秋》《国语》《战国策》《竹书纪年》《逸周书》《穆天子传》《路史》及诸子等书，择其地名，加以考释。其所考释，多为精审。

凡此种种，足见吕氏治学之广。然吕氏天资虽高，却好为高论，以

---

① 《续修四库全书总目提要》"经部"《易一贯》提要，第131页。

至于穿凿附会、妙想臆造之说比比皆是，故商鸿逵评价其书云："治学于经、史、六书、地理，靡不究心，为蜀中耆儒。惟立言不甚谨慎，稍失夸张。"①

是书扉页有"光绪戊子开雕"字样，书内云弟子叶长高镌，即此书为叶长高刊于清光绪十四年（1888）。此本今存，中国国家图书馆、四川大学图书馆、台湾"中央"研究院等均有藏。（李冬梅）

3.《六译馆丛书》，清廖平撰

廖平有《穀梁春秋经传古义疏》，前已著录。廖平博通经史及诸子百家之书，凡先儒注疏，或从或驳，独抒己见，创一家之言。又学凡"六变"，著述等身，经学、医术、堪舆无不涉及。其女廖幼平著《六译先生已刻未刻各书目录表》曾言："先君六译先生著述极富，目录可考者殆数百种，除有目无书，及遗稿散佚，一时无法搜集外，现有未刻者二十一种，已刻者九十七种。刊刻年月先后不一，且非出自一人一地。二十年前经先君勒为《六译丛书》，书版并存存古书局，嗣由四川大学接管。未经收入《六译丛书》者，亦尚有数种。"② 可见，廖平实无愧于清季著述丰富之一代大儒也。

据《廖平年谱》所载，中华民国十年（1922），廖平"六变说"成，易号六译老人，将平生著作已刻者编为《六译馆丛书》，统由存古书局印行。《六译馆丛书》乃廖平晚年亲手编订之书。此版牌记题"中华民国十年四川存古书局刊"，系根据光绪间及中华民国间已刻廖平之书重订汇印而成。其刊刻体例是以类属之，为小学类、论学类、孝经类、春秋类、礼类、尚书类、诗经类、乐经类、易经类、尊孔类、医类、地理类、文钞类13类，各类著述共计108种。但其所刻版式凌杂、错讹颇多，各书前后编排次序、类别归属亦有不妥之处。钟肇鹏即云："廖平的著述很多，总计凡一百几十种，《六译馆丛书》校刻不精，搜集也不完备。其中有些重要著作尚未刊印，有的曾经刊印过的也并未收入丛书，有的则有目无书或稿已遗失。《六译馆丛书》虽然所收大小著作一百种左右，但并

---

① 《续修四库全书总目提要》"经部"《古律吕考》提要，第662页。
② 载中华民国三十一年（1942）三月成都出版《图书集刊》创刊号。

非完善的本子。"① 故中华民国二十一年（1932），廖平以垂暮之年，谋赴成都整理、刊行所著，不意竟病逝于途中。

此编丛书内容多考订经义。廖氏学经"六变"，每变益奇，而自立新说，莫不精邃。正如谢兴尧所云："（廖）氏疏解各经，均以整理旧说、发挥新义为主，抉隐探微，以经证经，虽间有妄诞，大皆宏博精深，诚清季通儒也。"② 谢氏又评论此书云："先生全书之长，其说皆冥心独造，别树一帜，虽无一不新，实无一不旧，凡所标立纲目，莫不由苦思而得，然皆本旧说，不过精思所至，有非寻常循行数墨者所能望其肩背。"③ 所评诚是。

此丛书今传有中华民国十年四川存古书局汇印本，中国国家图书馆、四川大学图书馆等有藏。另据《清史稿艺文志拾遗》《中国丛书见知录》著录，《六译馆丛书》还有中华民国十四年、中华民国十六年存古书局集成本、汇印本，大概是中华民国十年后此丛书又在不断增编补刊，此二本今存。又上海古籍出版社2015年出版有舒大刚、杨世文《廖平全集》整理本，此本在《四益馆经学丛书》《六译馆丛书》基础上，广泛普查，收录廖平已刻、未刻各类著述及散落在各种杂志中的单篇文章155种，并对廖平生平传记资料、研究资料进行辑录与整理，作为附编置于全书之后，可谓迄今为止廖平学术文献之大成本。（李冬梅）

4.《守中正斋丛书》，清姜国伊撰

姜国伊，生卒年不详，字尹人，四川郫县人。光绪十二年（1886）举人。王闿运主讲尊经书院时，曾条举"四书"疑义数十以问，王闿运极称之。平生博学多能，既工诗赋，又穷究经术，尤专于《易》，对医理也有研究，论者谓其经学优于诗赋，诗赋优于文章，医学则在经学、诗赋之间。著有《周易古本》《诗经思无邪序传》《大戴礼记正本》《春秋传义》《大学古本述注》《中庸古本述注》《孟子外书》《孝经述》《孔子家语》《经说》等20余种，多收入《守中正斋丛书》中镌版行世。奎俊

---

① 钟肇鹏：《廖平》，载张立文、默明哲编《中国近代著名哲学家评传》，齐鲁书社1982年版，上册，第423—424页。
② 《续修四库全书总目提要》"经部"《四益易说》提要，第182页。
③ 谢兴尧：《重订六译馆丛书》提要，载中国科学院图书馆整理《续修四库全书总目提要（稿本）》，第32册，第130页。

督蜀，将其著述进呈，诏奖五品章服，后卒于家。《郫县志》有传。

姜氏自幼聪颖，立志穷经，涉猎汉唐宋儒，笺注传训，尤专于《易》。其所注经传，系以经解经，一扫唐宋诸儒窠臼，兼综条贯，处处有新解，条条有卓见，于经学、医学、农学无所不包。历近30年，倾毕生之力，完成30余部著述，刻成《守中正斋丛书》。当时四川总督奎俊、学政张之洞将其著述呈给朝廷，并奏请奉官以资褒赏，光绪皇帝诏见大臣商议，结果谕旨特授五品奉服。

《守中正斋丛书》是一部规模较大、颇有学术价值的丛书。是书仅收姜氏自撰著作，有《周易古本》12卷附2卷、《诗经思无邪序传》4卷、《春秋传义》12卷、《孔子家语正本补注》10卷、《孝经述》1卷、《孟子外篇》1卷、《大学古本述注》1卷、《中庸古本述注》1卷、《蜀记》1卷、《蜀记补说》1卷、《颐说》1卷、《尺牍存》1卷、《癸甲乙记》1卷、《丙申丁酉续记》1卷、《尹人文存》2卷、《尹人诗存》附赋话对联不分卷、《制艺存》1卷、《神农本草经》3卷、《本经经释》1卷、《晋王叔和脉经》10卷首1卷、《伤寒方经解》1卷、《医学六种》7卷、《大戴礼记正本》1卷，凡23种，78卷，成28册。

不过这并非姜氏的全部著作，据《蜀记》载，光绪二年（1876）夏，其渡黄河时归装甚多，船家疑为重货宝物，遂全部盗走，其实全为书稿，计有《易诗注解》《神农本经注释》《伤寒经解》《论方经解》及诗文、杂著若干种。可见若不遇盗，《丛书》当更为丰富，内容远不止28册，故姜氏无限感慨地说："关天下后世之民命，最可惜者也"[①]，这无疑也是巴蜀文献的损失。除此之外，还有《尚书考释》《仪礼考释》《论语翼注》《孟子翼注》《孟子述注》《颐说补》等书稿，可惜今亦已难觅踪影，盖早已散佚无存了。

其中，《周易古本》以孔子为宗，后儒诸说一概不取，内容包括《八图》《周易上下篇》《彖上下传》《象上下传》《系辞上下传》《文言传》《说卦传》《序卦传》《杂卦传》，末卷附《洪范说》，阐释注疏，语多精辟，乃其力作，为时人所看重。《诗经思无邪序传》肯定《诗经》言性情，促人伦，以温柔敦厚为教化，谓"诗三百情则诚而意则贞"，遂能成

[①] （清）姜国伊：《蜀记序》，《蜀记》卷首，《守中正斋丛书》本。

天下万世之业，故诗之所以为教化之本，归结起来不出"思无邪"；并说诗有四难，读诗有二法。这在一定程度上体现了姜氏的诗论水平、鉴赏能力及评诗标准。《大戴礼记正本》，全书收文40篇，且有《序》《后序》《例序》各1篇，置于《丛书》之末，可谓全书压卷之作。

由上述可见，是书内容丰富，其中绝大多数是体现文人内在功底的对经书的注释、阐发、笺疏、考辨。不过姜氏又精医理，善于诗赋，故《丛书》中于医学、农学、文学等方面亦都有展现，于此足见其知识浩瀚、修养渊深，因此能彪炳于世，领袖一代学人。而《守中正斋丛书》的成书刊刻，也是巴蜀文化在清季的一种复苏现象，更是地方学术与文化繁荣发展的表现。姜国伊乡梓郫县，文化向来独领风骚，西汉之扬雄，隋代之何妥，宋代之张俞、杨天惠，清代之许儒龙、孙澍、孙鋠等，都堪称一代才彦。姜国伊承乡邦文化之润，研经著书，俨然成一大家。这在晚清的文化方阵中，无疑为巴蜀文化的焕然耀眼又增添了许多亮色。

是书刻于清同治、光绪年间，百余年来仅此一刻，版刻精善，然国内藏家却不多，仅上海图书馆、南京大学图书馆、湖北省图书馆、四川大学图书馆有藏。（李冬梅）

5.《寿栎庐丛书》，清吴之英撰

吴之英有《仪礼奭固》《仪礼礼事图》《仪礼礼器图》，前已著录。吴氏平生博览群书，凡经史百家、天文历算、术数医卜、诗词歌赋，靡不精湛，而尤邃于礼，"洵清季蜀中通儒也"[①]。尊经书院山长王闿运即言："诸人欲测古，须交吴伯朅。之英通《公羊》，精三《礼》，群经子史，下逮方书，无不赅贯。"[②] 故为川督丁宝桢、山长王闿运所赏重，称为特材。此编丛书乃吴之英卒后，经傅守中校勘，吴鉴、吴铣、吴铤、吴鋼、吴锬、王用宾、杨庆翔、殷树藩、胡运彬等分别再校，罗绍骥绘图，由其次子吴铣于中华民国九年（1919）刊成。共收吴之英著述凡10种69卷[③]，

---

① 谢兴尧：《卮言和天》提要，载中国科学院图书馆整理《续修四库全书总目提要（稿本）》，第32册，第90页。
② 《简阳县志·官师篇·循良》，中华民国十六年（1927）版。
③ 《四川通史》云为15种，不知何著录，其卷数又有70卷、73卷之别，系因或计《礼器图》首1卷，或计《卮言和天》4卷。

计为《仪礼奭固》17卷、《礼器图》17卷①、《周政三图》3卷②、《礼事图》17卷、《汉师传经表》1卷、《天文图考》4卷、《经脉分图》4卷、《文集》1卷、《诗集》1卷、《卮言和天》4卷③，其中以言《周礼》者最多最精。首有颜楷题签、杨永浚《伯朅先生遗像》，以及宋育仁、黄崇麟、谭创之《序》，傅守中《寿栎庐先生故事》。

吴氏尝言："五经皆以礼为断。"因此，治经以礼为首为重，所著《仪礼奭固》《仪礼礼事图》《仪礼礼器图》《周政三图》，覃思研精，30年乃成。足见吴氏于礼学用力甚深、著述甚勤。其中《仪礼奭固》主要采用随文解义的校注体方式对《仪礼》经文进行疏解，除了全录《仪礼》经、记、传之外，并未载录郑玄等前辈学者注疏。后人认为"辑古今经说而折衷之，或解释经义，或考究字说，颇多精意"，又说此书"创通大义、发疑正读，与二戴、高密，未知孰为后先，诚近世蜀中之通儒也"。④将吴氏礼学成就与大小戴、郑玄并比，可以说是极高的评价。

《仪礼礼事图》《仪礼礼器图》与《仪礼奭固》互相表里，皆依《仪礼》17篇之旧，为17卷。《仪礼礼事图》凡为图462幅，《仪礼礼器图》则先引经说，次为释义，末附以图，共520余条，图亦如之。二书以图释礼之名物礼制，颇为形象直观，故谢兴尧评价吴氏《仪礼礼器图》云："是编虽取袭前人之图，而分门别类，条分缕晰，颇称宏博，且能以《说文》、古史证明古制，发前人所未发，致力之深，洵足钦矣。"⑤刘师培也称《仪礼奭固》"简明雅洁"，《仪礼礼器图》优于张惠言《仪礼图》。⑥不过龚道耕则认为"名山吴之英之《仪礼奭固》，其意皆欲驾乎郑氏之

---

① 是书《中国丛书综录》著录有"首一卷末三卷"，其中"末三卷"为《周政三图》。《续修四库全书》所收有"首一卷末一卷"，"末一卷"亦为《周政三图》，因分上、中、下，故有1卷或3卷之说。

② 是书《中国丛书综录》未予著录，实附于《礼器图》末，故《丛书》或著录为9种，或著录为10种。

③ 《续修四库全书总目提要（稿本）》之《卮言和天》提要著录为8卷，而《续修四库全书总目提要（稿本）》之《寿栎庐丛书》提要所附目录中，著录此书为1卷。是书仅有中华民国九年（1920）刊本，不知为何著录有此差别？

④ 《续修四库全书总目提要》"经部"《仪礼奭固》提要，第525—526页。

⑤ 《续修四库全书总目提要》"经部"《礼器图》提要，第525页。

⑥ 见刘师培为吴虞开列之"小学"、经学书目。参万仕国《刘师培年谱》卷3，第218页。

上，然实无以相过也";又说所绘图异于张氏（惠言），"局于篇幅，不便观览，传写辄至谬误"，且"吴氏好为异说，可从者少，且为其门人摹绘，间有与其所说不合者。《宫室》总图，不绘平面，尤谬"。① 盖吴之英、廖平主批评郑学，而龚氏则表彰之，学术异趋，故不为苟同。

吴氏又据《周官》《小戴记》成《周政三图》，凡上、中、下三编，图说并重，故称"三图"。首考封建之制，中附公侯伯子男五等国图，详其宫室衣服，论其道里典制。次井田，先考王畿，次考井邑丘甸县都，及比闾族党州乡邻里等之官制户口，附以沟洫浍川等各图考，凡邦畿之制、山泽之赋，以至于军旅，莫不详备。次学校，首王国学，次侯国学，凡古昔教养之方、五学之法，与三老五更之席，礼乐经典之度，三代之规，于此可见。故学者称"此书考上三政遗制，以经证经，洵为杰构"②。

除经学格致外，其文章辞藻，亦典雅闳肆，力追汉魏，自成一家。他对当时"徒知标榜，空疏肤浅"的各种文派和"仅能摹仿，人足自立"的诸文体，都持否定态度，主张为文要有充实的内容、精密的组织和含蓄的情感。宋育仁论其诗文即云："比于近代文家，有如胡稚威、王仲瞿……其为文坚栗而光晔，以经术深湛之思，泽以楚艳韩笔，故肃穆而闳肆。"③

此外，吴氏辞官返乡后，又悉心研究岐黄之术和天文历算之学。曾通读《内经》《难经》等医书，写成《经脉分图》，分图次与论次，互相发明，讨论经脉医理。又曾以各史《天文志》为据，间及纬书经传，写成《天文图考》，亦以图论说，广征博考，考据颇详。

是书今有中华民国九年名山吴氏刊本，中国国家图书馆、四川大学图书馆等有藏。其诗文类著作，今有吴洪武、吴洪泽、彭静中校注本《吴之英诗文集》（四川大学出版社2008年版）；其经学著作，则有潘斌编《吴之英儒学论集》（四川大学出版社2010年版）。（李冬梅）

6.《问琴阁丛书》，宋育仁撰

宋育仁（1857—1931），字芸子，又字芸岩，号问琴阁主，晚号道

---

① 龚道耕：《经学通论》，载李冬梅编《龚道耕儒学论集》，四川大学出版社2010年版，第46页。
② 《续修四库全书总目提要》"经部"《周政三图》提要，第630页。
③ （清）宋育仁：《寿栎庐丛书叙》，《寿栎庐丛书》卷首，第2页。

复，四川富顺人。早年入成都尊经书院肄业，师从王闿运，与杨锐齐名，并称为"扬（雄）宋（玉）"。光绪十二年（1886）进士，授翰林院检讨。二十年（1894）出使英、法、意、比，充驻英二等参赞。二十一年（1895）辞差回京，进呈《采风记》，被誉为"四川睁眼看世界的第一人"。二十二年（1896）奉旨回川办理商务，在重庆创办四川地区第一张报纸《渝报》，被称为"四川报业鼻祖"。二十三年（1897）兼任成都尊经书院山长，创立"蜀学会"，创办《蜀学报》，印行《蜀学丛书》，是四川地区维新运动的主要组织者和推动者。1916年后，任四川国学院（即后来的"四川国学专门学校"）院长，创办《国学月刊》，兼四川通志局总纂，编撰《四川通志》。1931年病逝，享年74岁，私谥"文康"。著述颇多，计有《孝经正义》《说文解字部首笺正》《经术公理学》《经世财政学》《时务论》《采风记》《问琴阁丛书》等经史、政论、诗文数十种。事迹具宋维彝《宋芸子先生行状》、萧月高《宋芸子先生传》、刘海声《宋育仁先生年谱》等。

宋育仁自幼聪颖，光绪元年（1875），张之洞督学四川，创办尊经书院，宋育仁首批被选入院深造，时与名山吴之英、井研廖平、绵竹杨锐并称"尊经书院四杰"，为书院山长王闿运所赏识。尊经书院讲学主张"微言大义""通经致用"，宋育仁深受影响，读书能贯通大义，平生博通"六艺"，泛览词林，尤邃于经史。且自许以"经术致用"，不愿仅以文章知名，曾言："《周礼》以建侯均田为经，兴学起徒为纬，经纬互用，以成政教，教莫隆于礼，礼莫大于五，祀莫先于宗庙。"（萧月高《宋芸子先生传》）故有《周礼十种》之作，其中《周官图谱》为复古改制提出蓝图，亦为康有为《新学伪经考》之导源。时人陈炽曾评曰：宋氏"谈新政最早，治经术最深，著作等身，名满天下"①，数语可以尽其生平事业。

宋氏著述颇多，然亡佚者亦多，门人范天杰、胡淦等汇集其经学、文学、史学等各书，编为《问琴阁丛书》，仅占其著作的1/10。该丛书目前有两种版本。一为中华民国四年刻本，刻于富顺考隽堂。凡收书5种，

---

① 秦嵩年：《哀怨集序》，载宋育仁《哀怨集》卷首，中华民国四年（1915）刊《问琴阁丛书》本，第5册，第1A页。

为《问琴阁文录》2卷、《夏小正文法举例》1卷、《三唐诗品》3卷、《哀怨集》1卷附《城南词》1卷、《问琴阁诗录》1卷，卷首有乙卯（中华民国四年，1915年）秋九月名山吴之英《问琴阁丛书五种叙》及《问琴阁诗文纪事》。据卷首所题"问琴阁丛书丁部之一"，以及《问琴阁诗文纪事》云"民国四年乙卯之夏，同门友谋印《问琴阁丛书》，先就原刻《文录》《诗录》《三唐诗品》《哀怨集》各述所闻分析志于书眉，俾阅者知作者意匠经营摘词旨要……以先生近注《夏小正》，贯通中西文法，今释合为五种"。似此丛书由几部分组成。此本今存，四川大学图书馆等有藏。

二为中华民国十三年本，刻于成都。此本所收著述以宋育仁之作为主，兼及他人作品，其中共收宋育仁著述凡12种12卷，并附蒲渊、卢懋、龚道熙3人著述各1种1卷，计为《孝经正义》1卷、《急就篇》1卷、《管子弟子职说例》1卷、《许氏说文解字说例》1卷、《夏小正说例》1卷、《诗经说例》1卷、《大学修身章说例》1卷（附蒲渊《修身齐家章注》1卷）、《论语学而里仁说例》1卷（附卢懋《论语新注》1卷）、《礼记曲礼上下内则说例》1卷、《学记补注》1卷、《国语敬姜论劳逸说例》1卷、《孟子说例》1卷（附龚道熙《孟子许行毕战北宫锜问章注》1卷）。

两种《问琴阁丛书》所录宋氏著作，兼具思想性和文学性双重特征。其学术著作特别是经学著作，在经说经注、笺释考证中阐发其"经世致用"之旨，以宣扬其维新改良的思想。因此萧月高评价其著述云："主通经致用为济天下立伦教之本。征美繁博，转机持缕，发挥旁通，文理密察，自先汉诸黎献，荵晚近诸师臣经训说治术者，未之闻也。"① 可见，经世致用乃宋育仁撰书立说之主要宗旨。而《丛书》中所录宋氏文学作品，又体现了他在诗、文、词上的造诣。在维新变法年代，他的诗词无论是感怀赋事、酬唱应和、山川景色，都洋溢着一种忧国伤时的情感，一种"投笔请缨"的壮志。该丛书有中华民国四年刊本、中华民国十三年刊本。（李冬梅）

---

① 萧月高：《宋芸子先生传》，载周开庆编著《民国四川人物传记》，台湾商务印书馆1966年版，第208—209页。

7.《推十书》,刘咸炘撰

刘咸炘(1896—1932),字鉴泉,别号宥斋,双流人。家世业儒,誉流蜀中,曾祖刘汝钦、祖父刘沅、父刘梖文皆以学术称誉乡邦。刘咸炘天赋聪慧,除幼时得父兄之教外,余皆全靠自学。尝习古文,读四史,继读章学诚《文史通义》,由是而知治学方法与著述体例,遂终身私淑章氏。1918年,从兄刘咸焌创办尚友书塾,以德业兼优被任为塾师。执教十余年,育才无数。后又与友人唐迪风、彭云生、蒙文通等创办敬业学院,任哲学系主任。继又被成都大学、四川大学聘为教授,乐群善诱,深受学生爱戴。1932年不幸咯血而逝,年仅36岁。生平遍览群书,博涉旧闻,著述颇多,有《推十书》行世。

《推十书》为刘咸炘的重要著作,是其所撰哲学纲旨、诸子学、史志学、文艺学、校雠目录学及其他杂著的总集。以"推十"名其书斋及其著作,盖有取于许慎《说文解字》"士"字为"推十合一"之意,亦借以显示其一生笃学精思,明统知类,志在由博趋约、以合御分之微旨。全书凡231[①]种,1169篇,475卷,按其自订类目,编为甲、乙、丙、丁、戊、己、庚、辛、壬、癸10类,其中:甲、纲旨,10部45卷;乙、知言,15部30卷;丙、论世,27部78卷;丁、校雠,20部36卷;戊、文学,70部143卷;己、授徒书,28部36卷;庚、祝史学,14部18卷;辛、杂作,11部20卷;壬、杂记杂钞,33部63卷;癸、其他,3部4卷。

观其内容,举凡经史子集,内圣外王,人心道心,世风学术,宏观微观,无所不包。以传统四部观之,经部有《易易论》《周官王制论》《儒行本义》《中庸述义》《礼运隐义》《春秋平论》诸篇,虽无专书,却语多警策。史部有《太史公书知意》《汉书知意》《后汉书知意》《三国志知意》等,或辨析史传,独下己意;或引录成说,间予按断。另有《史学述林》25篇,对于史题史目、合传分传,纪传编年之体例,记注实录之史源,条分缕析,各归于当。子部成篇者虽仅《诵老私记》《庄子释滞》《荀子正名篇诂释补正》《吕氏春秋发微》数篇,然皆极精微。而《子疏定本》高屋建瓴,阐述研治诸子应分为考校、专究、通论三步,指

[①] 《中国丛书综录》所录《推十书》的子目仅12种,不知据何本而言?

出明以前人疏于前两步，故流于粗疏；清代以后只做考校，故失于局狭；清末民初始作专究，却误于尚异。简介旧说之后，又独出机杼，将先秦两汉数十家学说之源流传承做了精辟的评述。集部除自己诗文集外，尚有《骈文省钞》《风骨集评》《风骨续集评》数种。其《文学述林》22篇，可以补正、开拓文学史各领域的研究。

《推十书》涉猎面广，见解精当，于中国古代文学、历史、哲学、校雠、版本、目录、民俗、宗教、方志学、文字学、语言学、佛学、道学等研究均极有建树，刘咸炘不愧为20世纪中国卓有成就的国学大师。故其学术备受学界推崇，如蒙文通赞其"精深宏卓，六通四辟，近世谈两宋史学者未有能过之者也"①；"其识已骎骎度骅骝前矣，是固一代之雄乎！""数百年来一人而已"②。萧萐父在其《刘鉴泉先生的学思成就及其时代意义》一文中亦指出："刘鉴泉先生玄思独运，驰骋古今，所取得的学术成就最为突兀，堪称近世蜀学中的一朵奇葩。"③庞朴在专论刘咸炘方法论的文章《一分为三论》中又指出："其文知言论世，明统知类，于执两用中、秉要御变之方法论方面，尤有独特贡献，为中国近代思想史上不可多见的学术珍品，值得仔细玩味。"④《推十书》包罗万象，无论宏观立场，还是微观考史，皆精核宏通，深造有得，许多真知灼见常与同世或后世学者不谋而合，由此足见刘咸炘的先知与睿智。

"推十书"为刘咸炘著作的总名，1926—1937年曾先后刊行69种体现其主要学术观点的著作。至1996年，为使刘氏著述不湮没无闻，在刘咸炘诞生百岁之时，成都古籍书店又影印出版《推十书》65种，151卷，合装三帙。此次影印所据底本大部分采用刘氏家刻本，以及少数排印本、石印本。如原刊本影印条件太差，则重排印刷，如《道教征略》等。书前有刘咸炘遗照、遗稿手迹，及萧萐父《推十书影印本序》、吴天墀《刘咸炘先生学术述略》、蒙默《推十书序》。此本为现今比较通行的《推十书》版本。

---

① 蒙文通：《跋华阳张君〈叶水心研究〉》，《蒙文通全集·史学甄微》，第532页。
② 蒙文通：《〈华西大学图书馆四川方志目录〉序》，《蒙文通全集·古地甄微》，第449、448页。
③ 萧萐父：《吹沙二集》，巴蜀书社1999年版，第454页。
④ 庞朴：《一分为三论》，上海古籍出版社2003年版，第151页。

2007年，黄曙辉编校《刘咸炘学术论集》，在广西师范大学出版社出版。全书选取刘氏最有代表性的著作，分为哲学、子学、史学、校雠学、文学讲义5编，分装9册，约230万言。此本施以断句，简体横排，颇便读者。

　　除以上两种版本外，刘咸炘还有大量未刊稿200万余字，其中尚有不少精到力作。如《学史散篇》，蒙文通曾作书评："其书首《唐学略》，次《宋学别述》，次《近世理学论》，次《明末二教考》，次《长洲彭氏家学考》。前两篇最宏大杰出，第三篇立论殆别有旨，末二篇备言近世宗教史之故，事亦最奇。"[①] 此外尚有《翻史记》《蜀诵》《内景楼捡书记》《文式》等，皆为考察其学术全貌所必须。未刊稿经刘咸炘哲嗣刘伯穀等数年整理校勘，与前所刊《推十书》一并点校，汇为《推十书》（增补全本），由上海科学技术出版社于2009年出版发行，这是目前最全的刘氏著作整理丛书。（李冬梅）

[①] 蒙文通：《评〈学史散篇〉》，《蒙文通全集·史学甄微》，第471页。

参考文献

一 古代典籍（按朝代或作者姓氏拼音为序）

（秦）吕不韦著，陈奇猷校释：《吕氏春秋校释》，学林出版社1984年版。

（汉）班固：《汉书》，中华书局1962年标点本。

（汉）黄石公著，（宋）张商英注：《素书》，《汉魏丛书》本。

（汉）刘向编，缪文远、罗永莲、缪伟译注：《战国策》，中华书局2006年版。

（汉）刘歆撰，（晋）葛洪辑：《西京杂记》，《四部丛刊初编》本。

（汉）司马迁：《史记》，中华书局1975年校点本。

（汉）王充著，北京大学历史系《论衡》注释小组编：《论衡注释》，中华书局1979年版。

（汉）王充著，黄晖校释：《论衡校释》，中华书局1990年版。

（汉）王逸：《楚辞章句》，文渊阁《四库全书》影印本。

（汉）严遵著，王德有点校：《老子指归》，中华书局1994年版。

（汉）扬雄著，韩敬注：《法言注》，中华书局1992年版。

（汉）扬雄著，（清）钱绎撰集，李发舜、黄建中点校：《方言笺疏》，中华书局1991年版。

（汉）扬雄著，张震泽校注：《扬雄集校注》，上海古籍出版社1993年版。

（汉）应劭撰，王利器校注：《风俗通义校注》，中华书局1981年版。

（汉）赵岐注，（宋）孙奭疏：《孟子注疏》，北京大学出版社1999年版。

（汉）郑玄著，（清）陈鱣辑：《六艺论》，中华书局1865年版。

（晋）常璩著，刘琳校注：《华阳国志新校注》，四川大学出版社2015

年版。

（晋）陈寿：《三国志》，中华书局1959年标点本。

（晋）郭璞注，袁珂校注：《山海经校注》，巴蜀书社1993年版。

（南朝宋）范晔：《后汉书》，中华书局1965年标点本。

（南朝梁）沈约：《宋书》，中华书局1974年校点本。

（南朝梁）萧统：《文选》，中华书局1977年版。

（南朝梁）萧子显：《南齐书》，中华书局1972年校点本。

（唐）陈子昂：《陈拾遗集》，上海古籍出版社1992年版。

（唐）杜甫著，高仁标点：《杜甫全集》，上海古籍出版社1996年版。

（唐）房玄龄等：《晋书》，中华书局1974年校点本。

（唐）韩愈著，马其昶校注：《韩昌黎文集校注》，上海古籍出版社1986年版。

（唐）韩愈著，（清）方世举编年笺注：《韩昌黎诗集编年笺注》，中华书局2012年版。

（唐）李白著，鲍方校点：《李白全集》，上海古籍出版社1996年版。

（唐）李白著，（清）王琦注：《李太白全集》，中华书局1977年版。

（唐）李隆基注，（宋）邢昺疏：《孝经注疏》，北京大学出版社1999年版。

（唐）陆德明：《经典释文》，中华书局1983年影印本。

（唐）欧阳询等编，汪绍楹校：《艺文类聚》，上海古籍出版社1965年版。

（唐）魏徵：《隋书》，中华书局1973年标点本。

（唐）赵蕤：《长短经》，《巴蜀全书》影印南宋杭州净戒院刊本。

（五代）孙光宪著，贾二强点校：《北梦琐言》，中华书局2002年版。

（北魏）郦道元注，（清）杨守敬疏、段熙仲点校：《水经注疏》，江苏古籍出版社1989年版。

（宋）晁公武著，孙猛校证：《郡斋读书志校证》，上海古籍出版社1990年版。

（宋）晁说之：《晁氏客语》，文渊阁《四库全书》影印本。

（宋）陈傅良：《止斋集》，文渊阁《四库全书》影印本。

（宋）陈尧佐著，程瑞钊等注析：《陈尧佐诗辑佚注析》，巴蜀书社1991年版。

（宋）陈振孙：《直斋书录解题》，上海古籍出版社 1987 年版。

（宋）程颢、程颐著，王孝鱼点校：《二程集》，中华书局 2004 年版。

（宋）崔子方：《春秋经解》，文渊阁《四库全书》影印本。

（宋）邓椿著，刘世军校注：《〈画继〉校注》，广西师范大学出版社 2015 年版。

（宋）范成大著，孔凡礼整理：《范成大佚著辑存》，中华书局 1983 年版。

（宋）范祖禹：《太史范公文集》，《宋集珍本丛刊》，线装书局 2004 年版。

（宋）冯椅：《厚斋易学》，文渊阁《四库全书》影印本。

（宋）高斯得：《耻堂存稿》，文渊阁《四库全书》影印本。

（宋）郭允蹈：《蜀鉴》，巴蜀书社 1984 年影印本。

（宋）郭忠恕著，（清）郑珍笺正：《汗简笺正》，上海书店 1994 年版。

（宋）何薳著，张明华点校：《春渚纪闻》，中华书局 1983 年版。

（宋）洪适：《隶释》，文渊阁《四库全书》影印本。

（宋）胡仔：《渔隐丛话后集》，文渊阁《四库全书》影印本。

（宋）江少虞：《宋朝事实类苑》，上海古籍出版社 1981 年版。

（宋）乐史著，王文楚点校：《太平寰宇记》，中华书局 2007 年版。

（宋）黎靖德编，王星贤点校：《朱子语类》，中华书局 1986 年版。

（宋）李焘：《续资治通鉴长编》，上海古籍出版社 1986 年影印本。

（宋）李昉等编：《文苑英华》，中华书局 1966 年版。

（宋）李昉：《太平广记》，中华书局 1961 年版。

（宋）李石：《方舟集》，文渊阁《四库全书》影印本。

（宋）李心传著，徐规点校：《建炎以来朝野杂记》，中华书局 2000 年版。

（宋）李攸：《宋朝事实》，台北：文海出版社 1967 年版。

（宋）陆游著，钱仲联校注：《剑南诗稿校注》，上海古籍出版社 1985 年版。

（宋）吕陶：《净德集》，文渊阁《四库全书》影印本。

（宋）罗泌：《路史》，文渊阁《四库全书》影印本。

（宋）马永易：《实宾录》，文渊阁《四库全书》影印本。

（宋）欧阳修著，李逸安点校：《欧阳修全集》，中华书局 2001 年版。

（宋）施宿等：《会稽志》，文渊阁《四库全书》影印本。

（宋）释道璨：《柳塘外集》，文渊阁《四库全书》影印本。

（宋）司马光著，李文泽、霞绍晖校点：《司马光集》，四川大学出版社 2010 年版。

（宋）苏轼著，孔凡礼点校：《苏轼文集》，中华书局 1986 年版。

（宋）苏轼著，（清）王文诰辑注：《苏轼诗集》，中华书局 1982 年版。

（宋）苏颂：《苏魏公文集》，中华书局 1988 年版。

（宋）苏洵著，曾枣庄、金成礼笺注：《嘉祐集笺注》，上海古籍出版社 1993 年版。

（宋）苏辙著，曾枣庄、马德富点校：《栾城集》，上海古籍出版社 1987 年版。

（宋）孙觌：《鸿庆居士集》，文渊阁《四库全书》影印本。

（宋）孙觌：《内简尺牍》，文渊阁《四库全书》影印本。

（宋）汪应辰：《文定集》，文渊阁《四库全书》影印本。

（宋）王称：《东都事略》，台北：文海出版社 1979 年版。

（宋）王明清：《挥麈录》，文渊阁《四库全书》影印本。

（宋）王溥：《唐会要》，中华书局 1955 年版。

（宋）王钦若著，周勋初校订：《册府元龟》，凤凰出版社 2006 年版。

（宋）王尧臣等：《崇文总目》，中华书局 1985 年版。

（宋）王应麟：《诗考》，中华书局 1985 年版。

（宋）王应麟：《玉海》，文渊阁《四库全书》影印本。

（宋）王应麟著，（清）翁元圻辑注，孙通海点校：《困学纪闻注》，中华书局 2016 年版。

（宋）王应麟著，（清）阎若璩、何焯、全祖望注，栾保群、田松青校点：《困学纪闻》，上海古籍出版社 2015 年版。

（宋）王应麟著，张三夕、杨毅点校：《汉艺文志考证》，中华书局 2011 年版。

（宋）魏了翁：《鹤山集》，文渊阁《四库全书》影印本。

（宋）魏了翁：《重校鹤山先生大全文集》，《四部丛刊初编》本。

（宋）夏竦：《古文四声韵》，中华书局 1983 年版。

（宋）谢枋得：《叠山集》，《四部丛刊续编》本。

（宋）谢枋得著，熊飞等校注：《谢叠山全集校注》，华东师范大学出版社 1994 年版。

（宋）杨简：《慈湖遗书》，文渊阁《四库全书》影印本。

（宋）叶梦得著，侯忠义点校：《石林燕语》，中华书局 1984 年版。

（宋）叶寘：《爱日斋丛钞》，《守山阁丛书》本。

（宋）俞琰：《读易举要》，文渊阁《四库全书》影印本。

（宋）袁说友编，赵晓兰整理：《成都文类》，中华书局 2011 年版。

（宋）曾巩著，陈杏珍、晁继周点校：《曾巩集》，中华书局 1984 年版。

（宋）曾宏父：《石刻铺叙》，《知不足斋丛书》本；

（宋）张端义：《贵耳集》卷，文渊阁《四库全书》影印本。

（宋）张方平：《乐全集》，《宋集珍本丛刊》本，线装书局 2004 年影印请钞本。

（宋）张栻著，杨世文点校：《张栻集》，中华书局 2015 年版。

（宋）张栻著，杨世文、王蓉贵校点：《张栻全集》，长春出版社 1999 年版。

（宋）章樵注，（清）钱熙祚校：《古文苑》，商务印书馆 1937 年版。

（宋）赵鹏飞：《木讷先生春秋经筌》，《通志堂经解》本。

（宋）赵善璙：《自警编》，《丛书集成初编》本，中华书局 1985 年据《历代小史》影印本。

（宋）赵希弁：《昭德先生郡斋读书志·后志》，载王云五主编《万有文库》，商务印书馆 1937 年版。

（宋）周密：《齐东野语》，文渊阁《四库全书》影印本。

（宋）周密著、吴企明点校：《癸辛杂识后集》，中华书局 1988 年版。

（宋）朱熹：《伊洛渊源录》，中华书局 1985 年版。

（宋）朱熹著，郭齐、尹波点校：《朱熹集》，四川教育出版社 1996 年版。

（后蜀）赵崇祚辑，杨景龙校注：《花间集校注》，中华书局 2014 年版。

（南唐）徐铉著，李振中校注：《徐铉集校注》，中华书局 2016 年版。

（元）邓文原：《巴西集》，文渊阁《四库全书》影印本。

（元）董真卿：《周易会通》，文渊阁《四库全书》影印本。

（元）方回选评，李庆甲集评校点：《瀛奎律髓汇评》，上海古籍出版社 1986 年版。

（元）方回：《瀛奎律髓》，上海古籍出版社 1993 年版。

（元）胡一桂：《周易启蒙翼传》，文渊阁《四库全书》影印本。

（元）刘壎：《水云村稿》，文渊阁《四库全书》影印本。

（元）马端临：《文献通考·经籍考》，华东师范大学出版社 1985 年版。

（元）马端临：《文献通考》，中华书局 2011 年版。

（元）欧阳玄著，陈书良、刘娟点校：《欧阳玄集》，岳麓书社 2010 年版。

（元）盛如梓：《庶斋老学丛谈》，中华书局 1985 年版。

（元）脱脱等：《宋史》，中华书局 1985 年标点本。

（元）吴师道著，邱居里、邢新欣点校：《吴师道集》，浙江古籍出版社 2012 年版。

（元）辛文房著，周绍良笺证：《唐才子传笺证》，中华书局 2010 年版。

（元）虞集：《道园学古录》，文渊阁《四库全书》影印本。

（元）赵汸：《春秋师说》，文渊阁《四库全书》影印本。

（元）赵汸：《东山存稿》，文渊阁《四库全书》影印本。

（明）曹学佺：《蜀中广记》，文渊阁《四库全书》影印本。

（明）高棅编选，（明）汪宗尼校订，葛景春、胡永杰点校：《唐诗品汇》，中华书局 2015 年版。

（明）胡应麟：《诗薮》，上海古籍出版社 1979 年版。

（明）胡直：《衡庐精舍藏稿》，文渊阁《四库全书》影印本。

（明）来知德：《来瞿唐先生日录》，明万历刻本。

（明）陆深：《俨山外集》，文渊阁《四库全书》影印本。

（明）宋濂等：《元史》，中华书局 1976 年标点本。

（明）苏伯衡：《苏平仲集》，《丛书集成初编》，中华书局 1985 年版。

（明）王世贞：《弇州四部稿》，文渊阁《四库全书》影印本。

（明）杨慎辑，刘琳、王晓波点校：《全蜀艺文志》，线装书局 2003 年版。

（明）杨慎：《升庵集》，文渊阁《四库全书》影印本。

（明）杨慎著，王大淳笺证：《丹铅总录笺证》，浙江古籍出版社 2013 年版。

（明）杨士奇、黄淮等编：《历代名臣奏议》，文渊阁《四库全书》影印本。

（明）赵用贤：《松石斋集》，明嘉靖四十一年刻本。

（明）朱存理：《珊瑚木难》，文渊阁《四库全书》影印本。

（清）戴伦喆：《四川儒林文苑传》，四川大学出版社 2008 年《儒藏》本。

（清）丁日昌著，张燕婴点校：《持静斋藏书记要》，《书目题跋丛书》，中华书局 2012 年版。

（清）杭士骏《经解》，文渊阁《四库全书》影印本。

（清）胡煦著，程林点校：《周易函书附卜法详考等四种》，中华书局 2008 年版。

（清）李承熙：《锦江书院志略》，四川大学出版社 2011 年《儒藏》本。

（清）李道平，张彭龄校字：《周易集解纂疏》，中华书局 1994 年版。

（清）李调元：《蜀雅》，绵州李氏万卷楼刊、道光五年补刻《函海》本。

（清）李调元：《童山诗集》，中华书局 1985 年版。

（清）李调元著，詹杭伦、沈时蓉校正：《雨村诗话校正》，巴蜀书社 2006 年版。

（清）李光地：《周易通论》，文渊阁《四库全书》影印本。

（清）李清馥著，徐公喜等点校：《闽中理学渊源考》，凤凰出版社 2011 年版。

（清）厉鹗：《樊榭山房集》，文渊阁《四库全书》影印本。

（清）刘景伯：《蜀龟鉴》，《四库未收书辑刊》本。

（清）刘毓崧：《通义堂文集》，南林刘氏求恕斋木刻本。

（清）刘沅：《槐轩全书》，巴蜀书社 2006 年版。

（清）刘沅著，谭继和、祁和晖笺解：《十三经恒解笺解》，巴蜀书社 2015 年版。

（清）陆心源：《皕宋楼藏书志》，中华书局 1990 年影印本。

（清）钱谦益：《列朝诗集》，中华书局 2007 年版。

（清）强汝询：《求益斋文集》，《续修四库全书》本。

（清）全祖望：《鲒埼亭集外编》，《清代诗文集汇编》，上海古籍出版社 2011 年版。

（清）阮元校刻：《十三经注疏》，中华书局 1980 年版。

（清）孙桐生：《国朝全蜀诗钞》，清光绪五年刻本。

（清）唐甄著、吴泽民编校：《潜书》，中华书局 1955 年版。

（清）唐甄著、吴泽民编校：《潜书》，中华书局 1963 年版。

（清）王闿运辑：《尊经书院初集》，清光绪成都刻本。

（清）王士禛著，勒斯仁点校：《池北偶谈》，中华书局 1982 年版。

（清）王士禛著，湛之点校：《香祖笔记》，上海古籍出版社1982年版。

（清）王士禛撰，张世林点校：《分甘余话》，中华书局1989年版。

（清）吴谦等编：《医宗金鉴》，人民卫生出版社1956—1957年影印清乾隆七年武英殿刊本。

（清）吴任臣著，徐敏霞、周莹点校：《十国春秋》，中华书局1983年版。

（清）吴汝纶评选：《汉魏六朝百三家集选》，浙江人民出版社1985年影印本。

（清）佚名著，王钟翰点校：《清史列传》，中华书局1987年版。

（清）雍正《四川通志》，文渊阁《四库全书》影印本。

（清）永瑢等：《四库全书总目》，中华书局1965年版。

（清）袁枚著，顾学颉校点：《随园诗话》，人民文学出版社1982年版。

（清）张邦伸：《锦里新编》，清嘉庆五年刊本。

（清）张廷玉：《明史》，中华书局1974年标点本。

（清）张之洞编撰，范希曾补正，孙文泱增订：《书目答问补正》，中华书局2011年版。

（清）周中孚著，黄曙辉、印晓峰标校：《郑堂读书记》，上海书店出版社2009年版。

（清）朱彝尊：《经义考》，上海古籍出版社2010年新校本。

刘咸炘：《推十书》，成都古籍书店1996年影印本。

章太炎：《章氏丛书》，江苏广陵古籍刻印社1981年版。

［日］小川琢治：《〈山海经〉的考证及补遗》，《支那历史地理研究》1928年。

二 研究论著（按作者姓氏拼音为序）

程元敏：《三国蜀经学》，台北：台湾学生书局1997年版。

丁福保辑：《历代诗话续编》，中华书局2006年版。

董其祥：《巴蜀文字的探讨》，《西南师范大学学报》（社会科学版）1989年第3期。

冯广宏：《巴蜀古文字的破译途径》，《文史杂志》2000年第2期。

冯广宏：《巴蜀文字的期待（一）》，《文史杂志》2004年第1期。

冯广宏：《巴蜀文字探究和释读》，《成都理工大学学报》（社会科学版）

2004年第3期。

冯汉骥：《记唐印本陀罗尼经咒的发现》，《文物参考资料》1957年第5期。

冯惠民、李万健等选编：《明代书目题跋丛刊》，书目文献出版社1994年版。

傅增湘：《藏园群书题记》，上海古籍出版社1989年版。

高海夫主编：《唐宋八大家文钞校注集评》，三秦出版社1998年版。

谷建：《苏轼〈论语说〉辑佚补正》，《孔子研究》2008年第3期。

何忠礼：《王称和他的〈东都事略〉》，《暨南学报》（哲学社会科学）1992年第3期。

胡昭曦：《胡昭曦宋史论集》，西南师范大学出版社1998年版。

华东师范大学中文系古典文学研究室编：《词学研究论文集》，上海古籍出版社1988年版。

黄开国：《廖平评传》，百花洲文艺出版社2010年版。

贾顺先、戴大禄主编：《四川思想家》，巴蜀书社1988年版。

金德建：《司马迁见过〈司马相如集〉吗？》，《人文杂志》1986年第1期。

金生杨：《汉唐巴蜀易学研究》，巴蜀书社2007年版。

李冬梅编：《龚道耕儒学论集》，四川大学出版社2010年版。

李冬梅、舒大刚：《蜀学五事论稿：读谢无量先生〈蜀学会叙〉札记》，《湖南大学学报》（人文社科版）2015年第6期。

李复华：《四川郫县红光公社出土战国铜器》，《文物》1976年第10期。

李复华、王家佑：《关于巴蜀图语的几个问题》，《贵州民族研究》1984年第4期。

李均惠：《孟蜀石经与蜀文化》，《文史杂志》1998年第6期。

李学勤：《弘扬国学的标志性事业》，《西南民族大学学报》（人文社科版）2005年第9期。

廖宗泽：《六译先生年谱》，四川大学出版社2008年《儒藏》本。

刘道军：《巴蜀文字研究的回顾和展望》，《黑龙江民族丛刊》2007年第6期。

刘起釪：《尚书学史》，中华书局2017年版。

刘瑛：《巴蜀兵器及其纹饰符号》，《文物资料丛刊》1983 年第 7 期。

刘瑛：《四川郫县发现战国船棺葬》，《考古》1980 年第 6 期。

吕子方：《中国科学技术史论文集》，四川人民出版社 1984 年版。

蒙文通：《蒙文通全集》，巴蜀书社 2015 年版。

莫伯骥：《五十万卷楼群书跋文》，中华民国三十年排印本。

潘雨廷著、张文江整理：《读易提要》，上海古籍出版社 2003 年版。

庞朴：《一分为三论》，上海古籍出版社 2003 年版。［日］佐藤鍊太郎：《苏辙与李贽〈老子解〉的对比研究》，《首都师范大学学报》（社会科学版）2002 年第 6 期。

舒大刚、黄修明：《李白卒年诸说平议》，《文学遗产》2006 年第 5 期。

舒大刚：《今传〈古文孝经指解〉并非司马光原本考》，《中华文化论坛》2002 年第 2 期。

舒大刚、李冬梅：《巴蜀易学源流考》，《周易研究》2011 年第 4 期。

舒大刚、李文泽主编：《三苏经解集校》，四川大学出版社 2017 年版。

舒大刚：《"七经"、"十三经"、〈儒藏〉——"蜀学"与儒家经典的体系构建》，韩国首尔：成均馆大学《儒教文化研究》第 26 辑，2016 年 8 月。

舒大刚、任利荣：《"庙学合一"：成都汉文翁石室"周公礼殿"考》，《四川大学学报》（哲学社会科学版）2014 年第 5 期。

舒大刚、申圣超：《道德仁义礼："蜀学"核心价值观论》，《社会科学研究》2017 年第 2 期。

舒大刚：《试论大足石刻范祖禹书〈古文孝经〉的重要价值》，《四川大学学报》（哲学社会科学版）2003 年第 1 期。

舒大刚：《试论"蜀石经"的镌刻与〈十三经〉的结集》，《宋代文化研究》第 15 辑，四川大学出版社 2008 年版。

舒大刚：《"蜀石经"与〈十三经〉的结集》，《周易研究》2007 年第 6 期。

舒大刚：《"蜀学"三事：成都文翁石室丛考》，《孔学堂》2015 年第 3 期。

舒大刚：《司马光指解本〈古文孝经〉的源流与演变》，《烟台师范学院学报》（哲学社会科学版）2003 年第 1 期。

舒大刚、尤潇潇、霞绍晖：《"三才皇"与"五色帝"——巴蜀的古史体系与古老信仰》，《西南民族大学学报》（人文社会科学版）2017年第1期。

谭兴国：《蜀中文章冠天下——巴蜀文学史稿》，四川人民出版社2001年版。

唐世贵：《〈山海经〉成书时地及作者新探》，《辽宁师范大学学报》（社会科学版）2006年第4期。

童恩正、龚廷万：《从四川两件铜戈上的铭文看秦灭巴蜀后统一文字的进步措施》，《文物》1976年第7期。

万仕国：《刘师培年谱》，广陵书社2003年版。

王文才、万光治主编：《杨升庵丛书》，天地出版社2002年版。

王文才：《杨慎学谱》，上海古籍出版社1988年版。

王文才、张锡厚辑：《升庵著述序跋》，云南人民出版社1985年版。

隗瀛涛主编：《四川近代史稿》，四川人民出版社1990年版。

魏学峰：《古蜀地存在过拼音文字质疑——兼论巴蜀文字的性质》，《四川文物》1989年第6期。

吴天墀：《宋代四川藏书考述》，《四川文物》1984年第3期。

吴天墀：《吴天墀文史存稿》，四川大学出版社1998年版。

萧萐父：《吹沙二集》，巴蜀书社1999年版。

谢无量：《蜀学会叙》，中国国家图书馆藏民国间油印本。

谢无量：《蜀学原始论》，四川国学院《国学杂志》第6号，1913年2月。

许家星：《苏轼〈论语说〉拾遗》，《兰台世界》2012年5月。

许肇鼎著、许孟青等修订：《宋代蜀人著述存佚录》，四川大学出版社2015年版。

杨伯峻：《论语译注》，中华书局2009年版。

杨桦：《湖南常德德山楚墓发掘报告》，《考古》1963年第9期。

余嘉锡：《四库提要辨证》，中华书局1980年版。

曾枣庄：《宋代序跋全编》，齐鲁书社2015年版。

张立文、默明哲编：《中国近代著名哲学家评传》，齐鲁书社1982年版。

张舜徽：《清人文集别录》，华中师范大学出版社2004年版。

张秀民：《中国印刷术的发明及其影响》，上海人民出版社 2009 年版。
中国科学院图书馆编：《续修四库全书总目提要》，中华书局 1993 年版。
中国科学院图书馆整理：《续修四库全书总目提要（稿本）》，齐鲁书社 1996 年版。
周萼生：《近代出土的蜀石经残石》，《文物》1963 年第 7 期。
周开庆编著：《民国四川人物传记》，台北：台湾商务印书馆 1966 年版。
朱杰人、严佐之、刘永翔主编：《朱子全书》，上海古籍出版社、安徽教育出版社 2002 年版。
祝尚书：《宋集序跋汇编》，中华书局 2010 年版。
祝尚书：《宋人总集叙录》，中华书局 2004 年版。

后　　记

本书是有关"蜀学"及其"文献"的简明读本,其盖起源于2006年四川省启动的《巴蜀文化通史》(以下简写为《文化通史》)工程。该《文化通史》分为主卷、辅卷和文献卷三个序列,计划字数1200多万。承蒙主编章玉钧、谭继和,副主编万本根等先生不弃,将"文献卷"撰稿任务委托于我。我于是约请当时四川大学李冬梅等青年博士、四川师范大学王川等青年教授一道,分工合作,克期完成。经三年"征文考献"的辛苦工作,终于在2008年底提交了90万余字的书稿。旋即得到章玉钧先生、谭继和先生、李绍明先生、胡昭曦先生、万本根先生、沈伯俊先生、彭邦本先生、罗鸣先生等及时审读,提出许多修改意见。之后几经修改、补充,并由四川人民出版社打印样本,内部征求意见。

书稿的"通论"部分对2000余年巴蜀文献的发展演变进行了梳理,"叙录"部分对600余种重要巴蜀典籍撰写了提要。如果当时能及时出版,无疑将对初学者起到些许指引门径的作用。

但由于集体编书,进度不一,质量不齐,故该套大型《文化通史》一直到今天也未能正式出版。当年参加撰稿的许多青年学子,目前已经学成离校,奔赴四方,有的还晋升为教授、副教授、讲师;而当年的审稿诸君子,也都相顾华颠,有的(如李绍明先生、胡昭曦先生、万本根先生、沈伯俊先生)竟已驾鹤西去。书稿虽然沉睡多年,未能及时问世,但是也给我们留下了修改提高的机会。十余年来,凡有所得,时有修订,这就减少了原稿中的不少谬误。为了纪念这段合作经历,也为了将其中重要内容早些与人分享,故在原稿基础上删节(部分有补充)成这部《蜀学与文献》,交由中国社会科学出版社出版。

此次编写，仍由舒大刚负责"绪论"部分的删定，并改写"源远流长，高潮迭起：蜀学的渊源与流变"，增写"尊道贵德，明体达用：蜀学的成就与贡献"两章；由李冬梅负责从 600 余种提要中选取 90 种，进行补充和修订，还补写了当初漏略的要籍 10 种。合计字数 34 万左右，略可当巴蜀文献的"概览"。为纪念当初合作的情谊，此书仍然保留原有署名，虽然有的提要已有较大修改，也署名依旧。由于时间关系，修改稿件未能一一找到原作者审核认定，其间如有违背作者原意处，尚请诸君谅解焉。

　　最后，我们还要说的是：感谢当年的各位合作者！感谢当年的各位审稿专家！感谢所有信任和支持我们的同仁！

舒大刚谨记

2021 年 7 月 6 日于川大花园寓所